KB181587

AN ECONOMIC THEORY OF DEMOCRACY

정당론 클래식 2

경제 이론으로 본 민주주의
민주주의에서 정당정치는 어떻게 이루어지는가

1판1쇄 | 2013년 9월 10일
1판3쇄 | 2023년 3월 13일

지은이 | 앤서니 다운스
옮긴이 | 박상훈, 이기훈, 김은덕

펴낸이 | 안중철, 정민용
책임편집 | 정민용
편집 | 윤상훈, 이진실, 최미정

펴낸곳 | 후마니타스(주)
등록 | 2002년 2월 19일 제2002-000481호
주소 | 서울 마포구 신촌로14안길 17, 2층 (04057)
전화 | 편집_02.739.9929/9930 제작·영업_02.722.9960 팩스_0505.333.9960

블로그 | blog .naver.com/humabook
트위터, 페이스북, 인스타그램 | @humanitasbook
이메일 | humanitasbooks@gmail.com

인쇄 | 천일문화사_031.955.8083 제본 | 일진제책사_031.908.1407

값 22,000원

ISBN 978-89-6437-192-3 94300
     978-89-6437-191-6 (세트)

이 도서의 국립중앙도서관 출판시도서목록(CIP)은 e-CIP홈페이지(http://www.nl.go.kr/ecip)와 국가자료공동목록시스템(http://www.nl.go.kr/kolisnet)에서 이용하실 수 있습니다. (CIP제어번호: CIP2013016595)

AN ECONOMIC THEORY OF DEMOCRACY

P

ANTHONY DOWNS

민주주의에서 정당정치는 어떻게 이루어지는가

경제 이론으로 본 민주주의

앤서니 다운스 지음 | **박상훈 · 이기훈 · 김은덕** 옮김

후마니타스

일러두기

1. 이 책을 우리말로 옮기는 과정에서 기존 번역본인 『민주주의의 경제학 이론』, 전인권·안도경 옮김(나남, 1997)과, 박찬욱, "다운즈의 선거정치에 관한 경제학적 이론", 안청시·정진영 엮음, 『현대 정치경제학의 주요 이론가들』(아카넷, 2000)을 포함한 해설서, 그리고 다운스 이론을 적용한 많은 국내 논문을 참조했다.

2. 이 책에 나오는 원서 가운데 국내 번역본이 있을 경우 서지 사항을 소개했다. 인용된 문장이 있는 경우 해당 번역본을 참고했지만, 내용의 정확성과 가독성을 최대한 높이는 방향으로 자체 번역을 했다.

3. 이 책에서 사용되는 개념과 용어에 대한 우리말 표기는 학계 공통의 용례 내지 다수가 따르는 용례를 사용했다. 그런 용례가 없는 경우는 경제학 용어를 참조하거나 원문의 의미에 가깝다고 여겨지는 용례를 택했다.

4. 본문에서 사용된 문장부호 [ ]는 독자의 이해를 돕기 위해 옮긴이가 첨언한 내용임을 가리킨다. 옮긴이가 추가한 설명주는 [옮긴이] 표시를 했다.

5. 고유명사 표기는 국립국어연구원에서 발간하는 외래어 표기 용례를 따랐다.

6. 이 책의 7장까지는 박상훈, 10장까지는 김은덕, 11장 이하는 이기훈이 옮겼다.

부모님께 이 책을 바친다.

― 앤서니 다운스

차례

감사의 글

독창적인 것으로 간주되는 모든 저작이 그렇듯이, 이 연구 역시 많은 부분에서 다른 사람들의 생각과 수고에 빚지고 있다. 특별히 나는 케네스 애로Kenneth Arrow에게 감사한다. 그는 많은 시간을 함께하며 내 생각을 이끌어 주었고 잘못을 바로잡아 주었다. 또한 여러 가지 탁월한 아이디어를 제공함으로써 이 책에 도움을 주었다. 또한 로버트 달Robert A. Dahl과 멜빈 레더Melvin W. Reder에게도 감사한다. 이 두 사람은 이 책의 초고를 읽고 많은 제안을 해주었는데, 나는 그 제안들을 이 책 안에서 통합해 냈다.

아울러 도로시 윈Dorothy Wynne에게도 감사한다. 그는 이 책 10장의 초고에 있던 몇 가지 오류를 고쳐 주었다. 율리우스 마골리스Julius Margolis에게도 감사한다. 초기에 이 책의 주제를 둘러싼 토론 과정에서 그가 보여 준 관심과 인내심 덕분에 나는 이 연구를 시작할 용기를 갖게 되었다. 타이핑과 초고 편집이라는 큰 수고를 해준 캐롤린 영Carolyn Young과 제임스 스미스James Smith에게도 감사한다. 마지막으로 나는 이 연구를 할 수 있도록 재정을 지원해 준 해군연구소Naval Research의 호의에 감사한다. 당연한 말이지만, 이 책에 오류가 있다면 그 어떤 것이든 내 잘못으로 간주되어야 할 것이다.

1956년 5월 스탠퍼드 대학교에서

앤서니 다운스

스탠리 켈리의 소개 글

이 책은 민주주의 국가들의 정당정치party politics를 이해 가능한 방식으로 다룸으로써, 이 책의 주제, 즉 민주주의 국가에서 통치는 어떻게 이루어지는가 하는 문제를 규명하려 한다. 정당정치는 그런 지적 문제를 공략하기 위해 저자 스스로 선택한 전략적 요충지였다. 적어도 내게는 그렇게 보인다. 경쟁적 정당 체제competitive party systems는 공산주의가 아닌 사실상의 모든 민주주의 국가에서 발견되는 뚜렷한 특징이기 때문이다. 그보다 훨씬 더 중요한 사실이 있다. 그것은 통치에 참여한다는 것과 정부의 관직을 차지하기 위해 경쟁한다는 것이 결국은 같은 일이 된다는 점이다. 근본적으로 통치란 사람들에게 뭔가를 하게 하거나 뭔가를 하지 못하게 하는 것을 의미한다. 누군가 공적 권위를 가지고 실제로 통치를 하고자 한다면 그는 누가 자신의 편이고 누가 반대편인지를 알아내고자 노력해야만 한다. 이를 둘러싼 정보전과 선전전이야말로 현대 민주주의 국가에서 볼 수 있는 **실제의** 정당정치이고, 설령 그게 다는 아닐지라도 대체로 그렇게 이루어진다고 할 수 있다. 이런 사실을 무시하는 민주주의 이론이라면 우리가 바라는 것, 즉 민주주의 정부가 어떻게 작동하는지를 이해하는 데 별 도움을 주지 못할 것이다.

● [옮긴이] 스탠리 켈리(Stanley Kelley, Jr., 1926~2010) : 오랫동안 프린스턴 대학교 교수로 있었고, 미국의 정당 체제와 선거, 투표 행태를 연구했다.

정당정치를 중심에 놓고 민주주의를 사고한다는 점에서, 다운스는 다른 정치학자들과 매우 다른 방식으로 민주주의를 다룬다. 그가 기울이는 모든 노력은 정당과 유권자의 행동을 **설명**하는 데 있다. 그의 설명은, 유권자와 정당들 각각의 결정에 영향을 미친 동기motivations 및 그들의 행위 선택이 이루어지는 환경environment에 관해 정밀하게 정의된 가정들과 체계적으로 결부되어 있다. 또한 그런 가정들로부터 연역될 수 있는 방식으로 이루어져 있다. 의식적으로 그는 설명의 경제성에 관심을 집중한다. 즉 매우 제한된 수의 사실과 제한된 수의 명제를 통해 현상을 설명하려고 노력한다. 그는 또한 미국 등 어느 한 나라만이 아니라 민주주의 국가라면 **어떤 나라든지** 나타나게 되어 있는 정당정치의 중심적 특성을 설명하는 데 관심을 집중한다. 과거 이 분야 최고의 저작들이 갖는 특징은 정당의 활동 양상을 세세하게 묘사하고 놀랄 만큼 많은 문서를 동원해 서술했다는 데 있는데, 다운스의 이 책이 그런 노력을 쓸모없는 것으로 만드는 것은 결코 아니다. 오히려 다운스의 책은 지금까지 이루어졌고 또 앞으로 이루어질 수많은 연구 업적들에 체계적인 질서를 부여하고 그 중요성을 부각시키는 출발점이 될 것이다.

다운스는 정당과 유권자들이, 분명하게 규정될 수 있는 특정의 목표를 추구하며 합리적으로 행동한다고 가정한다. 실제로 그의 이론에 설명력을 불어넣고 있는 것은 바로 이 가정이다. [무의식이 행동에 미치는 영향을 강조한 심리학자인] 프로이트Sigmund Freud를 무비판적으로 추종하는 우리 시대 대부분의 사람들은, "그가 그렇게 한 것은 자신이 원하는 것을 획득할 수 있는 가장 좋은 수단이 그것이라 판단했기 때문이다."라고 말하는 것에 대해 별 의미 없는 일이라 간주하기 쉽다. 그러나 이익 추구를 위해 합리적으로 행동하는 것에 무관심한 기업이 결국 망하기 쉬운 것처럼 표를 획득하기 위해 합리적으로 행동하지 않는 정치가 역시 더는 그 역할을 할 수 없을지 모른다. 유권자의 행위 선택이 [정보나 지식의 부족으로 인한] 무지에 근거한 것일 수 있지만, 그것이 곧 비합리적인 행위인 것은 아니다. 정치 행위자의 합리성에 대한 가정이 유용한지 여부는 실제 경험에 비추어 엄격하게 검증되어야 할 것이다. 하지만 다운스가 그 가정에 바탕을 두고 이룩한 업적을 놓고 판단한다면, 합리성 가정이 갖는 유용성은 매우 분명하다.

　지금 나는 추천의 글을 쓰고 있지만, 앤서니 다운스의 이 책이 무결점의 완벽한 책이라고 말할 수는 없을 것이다. 다만 내가 솔직하게 말할 수 있는 것은 지금껏 내 사고에 이렇게 큰 영향을 미친 책은 없었다는 점, 이 책이야말로 내가 썼더라면 얼마나 좋았을까 하고 바라는 그런 책이라는 점이다. 다운스의 이 책이 앞으로 몇 년 안에 정치학 분야에서 매우 중대한 진전을 가져올 수 있게 한 출발점으로 인정받지 못한다면, 나는 오히려 그 사실에 놀랄 것이다. 이 책이 갖는 위력은 이미 상당하고, 앞으로는 더욱 커질 것이다.

1965년 5월 프린스턴 대학교에서

스탠리 켈리

모형의 기본 구조

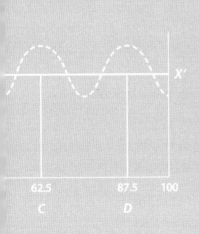

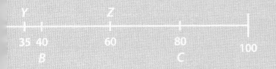

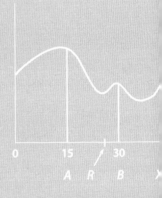

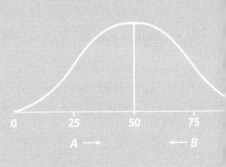

1
서론

세계 어느 나라든 정부가 경제 영역을 지배한다. 정부의 재정지출은 완전고용의 실현 여부를 결정한다. 정부가 부과하는 세금은 [경제 영역에서의] 수많은 결정에 영향을 미친다. 정부 정책은 국제무역을 통제한다. 국내적으로도 정부 규제는 거의 모든 경제행위에 영향을 미친다.

그러나 경제학 이론의 세계에서는 정부의 역할이 갖는 이 지배적인 영향력이 그에 상응할 정도로 반영되어 있지 않다. 물론 경제학의 각 분야에서 최근의 사조는, 사적 영역에서의 행위 결정에 정부가 미치는 영향 내지 경제적 총량에서 정부가 차지하는 비중에 집중하는 성과를 보였다. 그러나 합리적 생산자와 합리적 소비자를 설명하기 위해 전통적으로 사용했던 행위 규칙behavior rule과 상응할 정도로, 합리적 정부를 설명할 수 있는 보편적이고도 현실적인 행위 규칙을 발전시키는 데는 진전이 거의 없었다. 그 결과 [모든 경제적 요인들이 맺고 있는 상호 의존의 질서를 밝히려는 경제학 이론인] 일반균형이론general equilibrium theory 안에서 정부의 역할을 사적인 의사 결정자들과 통합해 설명하는 일은 성공적으로 이루어지지 못했다.

이 연구는 민주주의 정부를 설명할 수 있는 행위 규칙을 제공함과 동시에 그것이 갖는 함의를 추적해 보려는 하나의 시도이다. 이런 목표를 추구한다고 해서, 이 분야에서의 분석적 시도를 좌절시켰던 기존의 모든 문제를 내가 다 해결하겠다는 것은 아니다. 다만 몇몇 문제에 대해 하나의 해결책을 찾는 일을 시작하고자 하고, 그 밖의 다른 문제들에 대해서는 그것이 왜 본질적으로 해결하기 어려운가를 합리적으로 변명할 수 있기를 바랄 뿐이다.

1. 우리 모형에서 합리성의 의미

1) 경제학 이론에서 합리성의 개념

거의 언제나 경제학 이론가들은 합리적 사고방식에 따라 의사 결정이 이루어진다고 봐왔다. 어떤 행위가 일어날지를 예측하기 위해 어느 정도 그런 단순화는 필요한 일이다. 상호 무관하거나 무작위로 내린 결정은 규칙적 패턴이 될 수 없기 때문이다. 인간 행동은 오직 어떤 규칙적 패턴을 형성하고 있을 때에만 예측할 수 있다. 또 그럴 때에만 행위와 행위 사이의 관계를 분석의 대상으로 삼을 수 있다. 따라서 경제학자들은 행위들 사이의 질서 내지 순위ordering of behavior가 있다고 가정해야 했다.

그런 행위의 질서 내지 순위가 합리적이라는 가정, 즉 의식하고 있는 목표를 달성할 수 있는 방향으로 행위들이 배열되어 있다는 가정을 한다고 해서, 거기에 그 어떤 선험적인 근거가 있는 것은 아니다. 그럼에도 경제학 이론은 의식적인 합리성conscious rationality이 인간 행동을 지배하고 있다는 가정 위에 세워져 있다. [개인의 합리적 선택에 의존하는 신고전주의 경제학을 비판했던] 베블런Thorstein Veblen이나 클라크John Maurice Clark처럼 정반대의 입장에서 신랄한 주장을 펴는 사람들이 없는 것은 아니지만 말이다. 우리 모형은 [경제 이론으로 문제를 본다는] 정의 그 자체에서 부터ex definitione 합리적 행위에 관한 것이다. 따라서 우리 또한 그렇게 [의식적인 합리성이 인간 행동을 지배한다고] 가정한다.[1]

그 결과 예측과 분석에 관한 경제학의 전통적 방법은 우리 모형 안에서도 적용할 수 있는 것이 되었다. 예를 들어, 한 이론가가 있고 그는 의사 결정자가 갖고 있는 목적을 알고 있다고 하자. 그러면 그 목적을 달성하기 위해 의사 결정자가 선택하게 될 행위를 그 이론가가 예측하는 방식은 다음과 같다. ① 우선 의사 결정자가 목표에 도달할 수 있는, 논리적으로 가장 합당한reasonable 방법을 따져 본다. 그리고는 ② 의사 결정자가 합리적rational이기 때문에 실제로 그 방법을 선택할 것이라고 가정한다.

이처럼 경제학적 분석은 대개 두 단계로 이루어진다. 첫 번째 단계는 의사 결정자가 추구하는 목적을 발견하는 것이고, 다음으로는 목적을 달성하기 위해 가장 합리적인 수단이 무엇인지, 즉 한정된 희소 자원을 가장 적게 투입할 수 있는 방법이 무엇인지를 분석하는 것이다. 첫 번째 단계를 수행하기 위해 일반적으로 이론가들은 각각의 경제주체들이 추구하는 여러 목적ends을 하나의 목표goal로 환원하려 했고,[2]

---

1) 이 장(章)의 각주 4)를 보라. 3장에서 논의되는 특수한 경우를 제외하고, 합리성에 대한 우리의 정의에는 사람들이 자신의 이익을 숨기지 않고 직접적으로 내세워 추구한다는 가정이 포함된다. 합리적 인간이 자신의 선호를 숨기는 경우에 관한 분석에 대해서는 다음을 보라. Kenneth J. Arrow, *Social Choice and individual Values* (New York: John Wiley & Sons, 1951), p. 7[『사회적 선택과 개인의 가치』, 윤창호 옮김, 한국경제신문사, 1987]. 애로의 연구처럼 우리 연구에서도, 특별히 언급되는 몇몇 경우를 제외하고, 별다른 목적 없이 그저 '게임을 즐기기' 위해 내리는 결정은 합리성의 범위에서 배제한다.

2) [옮긴이] 다운스는 end와 goal을 구분해 사용하는데, 여기서는 전자를 목적으로 후자를 목표로 옮겼다. end는 현실 세계에서 행위자가 가질 수 있는 여러 목적을 뜻하는 반면, goal은 합리적 행위자가 갖는 것으로 가정되는 하나의 목표를 가리킨다. 목표가 하나로 정의되어야만,

그 목표를 달성하는 데 가장 효율적인 방법을 찾고자 했다. 목표를 하나가 아닌 여러 개로 설정하는 것이 허용된다면, 한 목표를 달성하는 데 적절한 수단이 다른 목표를 달성하는 데는 방해가 되는 경우도 생길 수 있고, 그렇게 되면 합리적 의사 결정자가 따라야 하는 그 어떤 유일한 경로도 찾아낼 수 없기 때문이다. 이런 난관을 피하기 위해 이론가들은, 기업은 이윤을 극대화하고 소비자는 효용을 극대화한다고 가정한다. 기업과 소비자가 갖고 있는 다른 목표들은, 이윤과 효용의 극대화라는 주된 목표를 달성하려는 합리적 경로로부터 벗어나 있는 것으로 간주된다.

이런 분석에서 **합리적**이라는 용어는 행위자의 목적이 아니라 목적 달성을 위한 수단에 대해서만 적용된다.[3] 이는 합리적이란 효율적인 것, 다시 말해 투입 대비 산출을 극대화하거나 산출 대비 투입을 최소화하는 것이라는 정의에 따른 것이다. 따라서 경제학자들이 '합리적 인간'이라고 말할 때, 그것은 오직 논리적으로만 사고하는 인간을 가리키거나 편견 없는 인간 또는 감정이 작용하지 않는 인간을 지칭하는 것이 아니다. 일상적인 의미에서는 이들 모두 합리적 인간으로 간주될 수 있다. 그러나 경제학에서 말하는 합리적 인간은 자신의 지식을 최대한 활

합리성을 기준으로 그에 합당한 유일한 선택의 경로를 추적할 수 있기 때문이다.

[3] 이 책 전체를 통해 우리는, 의사 결정자의 마음속에서 목적이 수단으로부터 분리될 수 있다고 가정한다. 목표란 그것을 달성하는 과정에서 조정되는 것이라고 반박할 수도 있겠지만, 어느 정도 목적과 수단의 분리는 허용되어야 한다. 그렇지 않으면 모든 행위는 혼란스럽고 의미 없는 것이 되고 만다. 따라서 우리는, 설령 이들 목적이 잠정적이거나 어떤 궁극적인 목표에 대한 수단일 수 있다고 할지라도, 모든 의사 결정자가 목적에 대한 수단이라는 관점에서 그들 앞에 있는 대안들을 평가한다고 가정한다. 이 문제에 대한 논의는 다음을 보라. William J. Baumol, *Welfare Economics and the theory of the State* (London: Longmans, Green and Co., 1952), p. 121n.

용해, 산출될 가치 대비 최소한의 희소 자원을 투입함으로써 자신의 목표를 달성하려는 사람들을 지칭한다.

이 정의를 더 분명하게 하기 위해, 오직 경제학적 관점으로 볼 때에만 합리적인 행위의 예를 들어 보자. 어떤 수도사가 신에 대한 신성한 깨달음의 상태에 도달하는 것을 자신의 목표로, 의식적으로 선택했다고 가정해 보자.[4] 그가 자신의 목표를 달성하기 위해서는, 자신의 마음속에서 모든 논리적인 사고와 함께 목표를 추구하려는 의식을 제거해야만 한다. 경제학의 관점에서 보면 이런 행위는 합리적이다. 비록 경제학이 아닌 관점에서 합리성을 정의할 때 이런 행위가 불합리하거나 최소한 합리적인 것과는 무관한 것으로 보일지 모르지만 말이다.

경제적 합리성을 또 다른 방법으로 형식화해서formally 정의할 수 있다. 즉 합리적 인간이란 다음과 같이 행동하는 사람이다. ① 그는 선택할 수 있는 일련의 대안을 마주하게 되면 언제든 결정을 내릴 수 있다. ② 그는 어느 대안을 다른 것보다 선호하거나, 혹은 서로 무차별indifferent[대안들 사이에 효용 차이가 없어서 무엇을 선택해도 무방하다는 의미]하다고 보거나, 어느 대안이 다른 것보다 열등하다고 보거나 하는 식으로 자신이 선택할 수 있는 모든 대안에 순위를 매긴다.[5] ③ 그의 선호 순위는

---

4) 의식적으로 선택된 목표라 할지라도 ① 목표를 추구하는 동안 끊임없이 목표가 무엇인지를 인식해야만 하는 것은 아니며, 또한 ② 순수한 의미에서 자유로운 선택이어야 하는 것도 아니다. 이 가운데 첫 번째 논점은 본문에 나온 예목표를 추구하려는 의식 자체를 제거하는 수도사를 통해 증명되는 문제이다. 두 번째 논점은, 식욕이 인간 본성에 내재해 있는 기본적 욕구임에도 사람들이 의식적으로 음식을 구하려 한다는 사실로 증명될 수 있다. 때때로 의식적인 선택이란 그 근본에서는 무의식적인 어떤 욕구를 특정한 방식으로 수행하는 것과 다름없을 수도 있는 것이다.

5) [옮긴이] 행위자가 자신이 선택할 수 있는 모든 대안에 순위를 매긴다는 조건을 합리적 선택 이론에서는 '완비성' 내지 '완전성'(completeness)이라고 부른다. 즉 순위를 매길 수 없는 대안은 없다는 점에서 완전한 것이다.

이행성transitivity을 갖는다.[6] ④ 그는 언제나 가능한 대안 가운데 자신의 선호 순위preference ordering가 가장 높은 대안을 선택한다. ⑤ 동일한 대안들에 직면할 때마다 그는 언제나 동일한 결정을 내린다.[7] 정당·이익집단·정부를 포함해 우리 모형에서 합리적 의사 결정자들은 모두 이상과 같은 행위의 특징을 보인다.

합리성을 이렇게 정의하면, 그것은 행위 과정에서의 합리성일 뿐, 목적이 합리적이냐 아니냐, 또는 의도한 목적을 달성하는 데 성공했느냐 안 했느냐에 달려 있는 개념이 아니게 된다. 누구나 알고 있듯이, 제아무리 합리적으로 계획했다 해도 그 결과는 순전히 운으로 얻은 결과보다 훨씬 더 나쁠 수 있다. 다만 장기적으로 볼 때 다른 조건들이 동일하다면 결국 합리적 인간이 성취해 낸 것이 비합리적 인간이 성취해 낸 것보다 나을 것이라고 보는 것은 자연스럽다. 그 과정에서 우연한 요인들이란 서로 상쇄될 수밖에 없고, 결국 효율성이 비효율성보다 우월할 것이기 때문이다. 그럼에도 우리 모형에서의 행위들은 그 결과로는 검증될 수 없기 때문에, 우리는 오직 행위의 과정, 즉 수단에 대해서만 **합리성과 비합리성**이라는 용어를 적용한다. 물론, 어떤 중간 단계에서의 매개적 목적은 다른 궁극적 목표에 대해서는 수단이 될 수 있다. 그런 경우 그 매개적 목적이 갖는 합리성에 대해서는 판단할 수 있을지 모르나, 궁극적 목표의 합리성 문제는 우리가 다룰 범위를 벗어난다.

---

6) [옮긴이] 이행성이란 선호 순위가 전이될 수 있어야 한다는 것을 뜻한다. 예를 들어, a보다 b가 선호되고 b보다 c가 선호되고 그래서 c가 a보다 선호된다면 이행성의 조건을 만족시킨다고 할 수 있다.

7) 이들 조건은 Arrow, *Social Choice and individual Values* (1951), 1장과 2장의 분석을 원용한 것이다.

2) 이 연구에서 채택한 협의의 합리성 개념

비록 의사 결정자의 목적이 합리적인지 아닌지 여부를 따질 수는 없다고 하더라도, 먼저 그의 목적이 무엇인지를 알아야만 어떤 행위가 그에게 합리적인지를 판단할 수 있다. 게다가 그런 목적이 무엇인지를 규정할 때에도, 다음과 같은 동어반복적인 결론을 내리지 않도록 조심해야 한다. 모든 인간의 행위는 항상 합리적인데, 왜냐하면 ① 그런 행위가 어떤 목적을 추구하고 있고, ② 행위자의 관점에서 볼 때 행위에 든 비용보다 행위에 따른 보상이 틀림없이 더 컸을 텐데, 안 그랬다면 그런 선택을 하지 않았을 것이기 때문이다.

이런 논리의 함정을 피하기 위해 이 모형에서는 개인과 집단이 추구하는 경제적·정치적 목표에 대해서만 관심을 집중할 것이다. 물론 사람들이 추구하는 다른 많은 목표들로부터 이런 목표들만 분리해 내는 일이 대단히 자의적이라는 점은 인정한다. 예를 들면, 어떤 기업의 경영자가 더 높은 소득을 얻기 위해 일을 하는 이유는, 자신의 구매력을 높이기 위해서이기도 하지만 동시에 일이 즐겁기 때문일 수도 있다. 따라서 구매력을 추구하는 것만이 유일한 진짜 동기라고 간주하는 것은 자의적일 뿐만 아니라 잘못이다. 그렇지만 우리의 연구는 심리적인 차원에서의 합리성이 아니라 경제적·정치적 합리성에 대한 연구이다. 따라서 경제학과 정치학 모두에서 심리학적 고찰이 타당한 근거가 있고 중요한 위치를 차지하기는 하지만, 2장에서 간단히 언급하게 될 내용을 제외하고 이 책에서 심리학적 고찰은 무시된다.

선거에 대한 우리의 접근 방법은 이상과 같은 합리성에 대한 협의의 정의가 어떻게 작용하는지를 잘 보여 준다. 우리는 민주주의에서 선거의 정치적 기능은 정부를 선택하는 것이라고 가정한다. 따라서 선거와 관련된 합리적 행위는 다른 것이 아니라 오로지 정부 선택이라는 목적을 추구하는 행위이다. 어떤 사람은 정치적 관점에서 A당을 선호한다. 그런데, B당을 찍지 않으면 그의 부인이 화를 낸다고 가정하자. 그에게는 부인을 화나지 않게 하는 것이 A당에 투표하는 것보다 더 중요할 수 있다. 이때 그가 B당에 투표하는 것이 그 **개인에게는** 완전히 합리적이다. 그러나 우리 모형에서 그런 행동은 정치적 수단을 비정치적 목적에 적용하는 것이기 때문에 비합리적이라고 간주된다.

이와 같이 특정인에게 어떤 행위가 합리적인가를 논의할 때, 우리는 그가 가진 개인적 특성 모두를 고려하지 않는다. 각각의 행위들이 지향하는 목적의 엄청난 다양성, 각자가 가진 동기의 복잡성, 그의 정서적 욕구와 그의 생활 각 부분이 내밀하게 이어지는 방식을 감안하지는 않는다는 것이다. 우리가 원용하고 있는 것은, 전통적인 경제 이론에서의 합리적 소비자 개념이다. 베블런과 몇몇 다른 사람들이 혹평해 마지않았던, 그 악명 높은 **경제적 인간**homo economicus에 상응하는 우리의 **정치적 인간**homo politicus은, 유권자 집단 속의 '평균적 인간'이자 우리의 민주주의 모형 속에서는 '합리적 시민'을 가리킨다.

우리는 이 정치적 인간이 미래를 불확실해 한다는 사실을 받아들이며, 따라서 그를 계산기 같은 머리를 가진 인간, 즉 공리주의적 규범을 따르는 경제적 인간utilitarians' economic man으로 간주하지는 않을 것이다. 그럼에도 우리 모형에서의 정치적 인간은, 실제 인간이 갖고 있는 개성의 풍부함으로부터 추출해 낸, 하나의 추상적 존재이다. 우리가 가정하는 정치적 인간은, 한쪽 눈은 자신이 얻게 될 이익을 보고 다른 한쪽 눈은 자신이 감당해야 할 비용을 계산하며, 양자 사이의 균형을 예민하게 다룰 능력이 있고, 합리성이 이끄는 방향이라면 어디라도 따라가고자 하는 강한 욕구를 갖고 모든 상황에 접근하는 사람이다.

우리 모형에서 가정하고 있는 세계에 거주하는 사람들이 그런 가공의 인간들artificial men이라는 사실에서 알 수 있듯이, 그들의 합리적 행위를 현실 세계에서의 인간 행위에 곧바로 대입해 비교하는 것은 무리가 있다. 현실 세계에서 어떤 사람은 자신의 정치적 선호를 표출하기 위해서가 아니라 부인을 기쁘게 할 목적으로 누군가에게 표를 던진다. 가족 내부의 관점에서 보면 대개의 경우 그런 행위는 매우 합리적이다. 그간의 경험적 연구들은 다음과 같은 사실에 일치된 결론을 보이고 있는데, 거의 모든 개인들에게 훨씬 더 결정적인 영향을 미치는 것은 경제적·정치적 후생welfare의 고려라는 [인과적으로 거리가] 먼 요인보다 [자신에게 직접적인 영향을 미치는] 1차 집단 내부의 갈등 조정이라는 것이다.8)

그럼에도 우리의 모형에서는 사람들이 자신의 행위를 주로 경제적·정치적 후생에 따라 결정한다고 가정해야만 한다. 그렇지 않으면 경제학 혹은 정치학의 모든 분석은 1차 집단에 관한 사회학 연구의 부속물로 전락할 것이기 때문이다. 사실 거의 모든 1차 집단들은 전반적인 경제적·정치적 조건들로부터 강한 영향을 받는다. 나아가 각각의 1차 집단이 갖는 특이성이라는 것도, 전체적으로는 서로 다른 1차 집단이 가진 정반대의 특이성들에 의해 상쇄된다고 볼 수 있다. 따라서 우리 모형에서 합리성을 [1차 집단 안에서의 특수한 상황이 아닌] 전반적인 [경제적·정치적] 조건에만 적용되는 것으로 정의한다고 해서 앞서 생각했던 것만큼 그렇게 현실을 왜곡하는 것은 아니다.

합리적 행위에 대한 우리의 서술을 이끄는 경제적·정치적 목적들이 정확히 어떤 성격을 갖는 것인지는 우리 모형이 가진 특정의 구조 속에

---

8) 이런 연구들의 요약에 대해서는 Elihu Katz and Paul F. Lazarsfeld, *Personal Influence* (Glencoe, Illionois: The Free Press, 1955), 1부를 참조할 것.

서 드러나게 될 것이다. 그러나 그 구조에 대해 고찰해 보기 전에, 우리가 합리성이라 할 때 그 의미를 명확히 구분해야 할 측면이 하나 더 있다. 어떻게 합리적 인간의 실수와 비합리적 인간의 정상적 행위를 구분할 수 있을까? 합리성이 실제로는 효율성을 의미한다면, 비효율적인 사람은 언제나 비합리적인가? 아니면 합리적인 사람도 비효율적으로 행동할 수 있는가?

3) 정치적 합리성의 기본 기능과 비합리성

합리적 실수rational errors[합리적 인간이 저지르는 잘못이나 오류와 비합리적 행위를 명확하게 구분하는 것은 쉬운 일이 아니다. 일차적으로 생각하기 쉬운 것은, 실수를 저지른 합리적 인간의 경우는 최소한 비용과 보상 사이에서 수지를 맞추고자 하는 의도성intention은 갖고 있는 반면, 비합리적 인간은 의도적인 행위를 하지 못하는 사람이라고 결론짓는 것이다. 그러나 [노이로제나 강박증, 히스테리 증상 등] 무의식적인 신경증의 수많은 사례들은 그런 기준으로 구분하는 것이 잘못임을 보여 준다. 가망 없는 정신이상자조차, 현실에 대한 왜곡된 인식의 문제가 있다는 것을 전제하고 보면, [의도성이 없는 것이 아니라는 점에서] 완전히 합리적으로 행위한다고 봐야 할 때가 많다. 따라서 의도성이 있었는지 없었는지의 여부는 적절한 구분 기준이 되지 못한다.

우리의 모형이 지향하고 있는 제한된 목적에서 보면, 의도성보다는 교정 가능성correctability이 [합리적] 실수와 비합리적 행위를 구분하는 데 더 나은 기준이다. 반복해서 체계적으로 어떤 실수를 저지르는 합리적인 인간은, ① 무엇이 실수인가를 알게 되고, ② 실수를 그대로 뒀을 때의 이익보다 실수를 교정하는 비용이 적다는 것을 깨닫기만 하면, 더는 같은 실수를 범하지 않을 것이다. 같은 조건 아래에서, 비합리적 인간은 같은 잘못을 반복하는 비논리적인 성향을 가지고 있기 때문에 그것을 교정하지 못할 것이다. 그의 행위 동기는 분명한 목적을 효율적으로 달성하려는 욕망에 기초해 있지 않기 때문이다. 따라서 목적을 효율적으로 달성할 수 있는 상황에서조차 그렇게 하지 못하는 것이다.

[합리적] 실수를 비합리성과 이런 식으로 구분하는 방법에 대해 두 가지 이의 제기가 있다. 첫째는, 실수를 하는 합리적 인간이 언제나 자신의 잘못을 발견하는 것은 아니라는 점에서, 교정 가능성이라는 기준은 많은 경우 가설을 통한 검증을 필요로 한다는 것이다. 어떤 사람이 계속 실수를 저지른다고 할 때, 그가 비합리적이어서 그런 것인지 아니면 단순히 정보가 부족해서 그런 것인지를 어떻게 구별할 수 있겠는가? 구별할 수 없다면 방금 앞에서는 적절한 기준이 아니라고 했던 의도성의 문제로 다시 내몰리는 것은 아닌가?

이런 이의 제기는 모든 주장을 실험을 통해 증명할 수 없는 사회과학의 무능력 내지 근본적 한계를 잘 보여 준다. 그리고 그런 이의 제기가 우리의 주장을 약화시킨다는 것은 의심의 여지가 없다. 그러나 그런 문제 제기에 대해 무기력하게 굴복한다면, 사회과학의 수많은 중요 쟁점과 관련해 우리는 어떤 주장도 할 수 없게 된다. 이런 상황을 극복하기 위해 우리는, 사회과학에서 가설을 통한 접근이 한계가 있음을 인식하면서도, 가설이 꼭 필요할 때마다 적극적으로 세워 나갈 것이다.

두 번째 이의 제기는 이미 앞에서 살펴본 논점과 유사하다. 그에 따르면, 합리성에 대한 우리의 정의로 볼 때는 누군가의 행위가 비합리적이라 하더라도 그 개인의 성격이 갖는 심리 경제psychic economy[즉 심리적 만족을 위해 긴장 요인을 억제하는 개인들의 내적 체계] 안에서는 매우 합리적이다. 신경증적인 행위가 때때로 무의식 세계 깊숙이 존재하는 갈등으로부터 올라오는 심리적 긴장을 완화하는 긴요한 수단이 되기도 한다.9) 그러나 우리가 하려는 것은 합리적인 정치 행위에 대한 연구일 뿐, 심리학 내지 정치 행위의 심리학을 연구하려는 것이 아니다. 따라서 어떤 사람이 정치적 목표를 효율적으로 달성하는 데 도움이 되지 않는 행동을 할 때, 그것이 제아무리 심리적 조정을 위해 필요한 것이라 하더라도, 그런 행동을 정치적으로 비합리적이라고 말하는 것은 정당한 일이다.

우리가 합리적 실수와 비합리적 행동을 주의 깊게 구분하고자 하는 이유는, ① 정보 비용cost of information의 문제가 어떻게 해서 합리적인 인간으로 하여금 정치의 영역에서 체계적 오차systematic errors[무작위 오차random error와는 달리, 측정하고자 하는 속성에 체계적으로 영향을 미치는 요인에 의해 발생하는 오차]를 만들게 하는지를 보여 주는 동시에, ② 어떻게든 정치적 비합리성에 대한 논란에서 빠져나오려는 데 있다. 우리가 정치적 비합리성의 문제를 다루지 않으려는 이유는 다음 세 가지이다. 첫째, 정치적 비합리성이라는 주제가 갖는 복잡성 때문이고, 둘째, 순수하게 합리적 행위에만 기초한 우리 모형과 양립하기 어렵기 때문이며, 셋째, 정치적 비합리성은 연역 논리deductive logic로 다뤄질 수 없을 뿐만 아니라 우리 연구의 범위를 넘어 [귀납적] 사실 조사를 필요로 하는 경험적 현상이기 때문이다.

우리 모형과 관련해 비합리성에 대한 논의가 필요한 유일한 문제는 다음과 같다. 정치체제 내의 상당수 사람들이 비합리적으로 행동한다면 합리적으로 행동하는 사람들은 곤란한 문제에 직면하게 된다. 그럴

---

9) 이에 대해서는, Karen Horney, *The Neurotic Personality of Our Time* (New York: W. W. Norton & Company, Inc., 1937)[『현대인의 이상성격』, 김재은·김현옥 옮김, 배영사, 1991] 의 여러 곳을 참조하라.

때 그는 어떻게 행동해야 할까? 비합리적 세계에서 합리적 인간이 택할 수 있는 가장 좋은 선택은 무엇일까?

이 질문에 대한 대답은 그가 직면한 비합리성의 문제가 예측 가능한 유형의 행위인지에 달려 있다. 만약 예측이 가능하다면, 그는 여전히 합리적으로 행동할 수 있다. 아무도 자신들의 목표를 효율적으로 추구하고 있지 않다면 어떤 사회도 오래 존속할 수 없기 때문에, 정치체제는 대개 어느 정도 예측이 가능하기 마련이다. 비합리적 행위자가 존재하는 것은, 누군가 그들의 비합리적 행위에서 이익을 얻는 사람들이 있고 그들이 그런 비합리적 행위를 하도록 부추기기 때문이다. 예를 들어, 끊임없이 허위 공약을 남발하는 정당은 유권자들로 하여금 그런 거짓말을 믿도록 해야만 표를 얻을 수 있다. 그런 정당에게는 유권자를 비합리적으로 행동하게 만드는 것이 합리적이다. 어느 사회든 때로 이런 식의 긴장이 있기 마련이지만, 그래도 그 가운데 합리적인 쪽이 더 우세하다면 행위의 예측 가능성은 유지될 수 있다.

따라서 합리적 인간이 외견상 비합리적으로 보이는 행위에 대처하려면, 겉으로는 잘 보이지 않더라도 그 안에 숨어 있는 합리성의 유형을 찾아내려고 노력해야 한다. 그런 행위가 실제로 누구의 목적에 봉사하고 있으며, 대체 그의 목적은 무엇인지를 찾아야 한다. 그래야만 비합리적으로 보이는 그런 행위에 어떻게 반응해야 하는지를, 자신의 목적에 맞게 결정할 수 있다. 자신의 목표를 알고 있는 사람이 합리적 경로를 선택할 수 없는 유일한 상황이란, 어떤 행위 유형도 발견할 수 없고 모든 행동이 예측 불가능할 때, 다시 말해 오직 혼돈만이 세상을 지배할 때뿐이다.

그러므로 합리적으로 행위하기 위해서는 예측 가능한 사회질서가 필요하다. 합리적 생산자가 사리에 맞게 투자하려면 수요와 비용을 정확히 예측해야 하는 것이 당연한 것과 마찬가지로, 정치에서 합리적 인간은 다른 시민과 정부의 행위를 대략적으로라도 예측할 수 있어야 한다. 어느 정도의 모호성은 불가피한 일이지만, 불확실성이 크게 증가할수록 합리성을 추구하는 것도 그만큼 어려워진다.

정부는 사회를 제대로 설 수 있게 하는 질서의 기본 틀을 제공한다. 따라서 정치적 합리성은 단순히 통치 과정에서 발생하는 낭비를 제거하는 데 그치지 않고 매우 근본적인 기능을 갖는다. 합리적 행위는 정부가 제공하는 질서정연한 안정 없이 불가능하다. 그러나 정부가 그런 안정을 계속해서 제공하는 것은 정치체제가 효율적으로 기능할 때, 즉 정치체제가 합리적일 때에만 가능하다. 그러므로 정치적 합리성이란 모든 형태의 합리적 행위를 가능케 하는 **필수 조건**인 것이다.

물론, 정치적 합리성이 우리 모형에서처럼 반드시 민주적으로 작동해야 하는 것은 아니다. 전제정치가 지배한다고 하더라도 불확실성이 제어되고 안정적 질서가 자리 잡고 유지되는 한, 합리적 행위는 가능하다. 게다가 정치적 합리성이 완전해야만 하는 것도 아니다. 대부분의 정치체제는 비효율적인 요소를 일부 안고 있음에도 잘 견디고 작동하기 때문이다. 그럼에도 규모가 큰 사회라면 어디나 자신의 문제를 스스로 잘 해결하기 위해 높은 수준의 정치적 합리성을 어김없이 필요로 한다.

2. 우리 모형의 구조

우리 모형은 "모든 정부는 정치적 지지를 극대화하려 한다."라는 가정에 기초하고 있다. 또한 정부는 선거가 주기적으로 실시되는 민주적인 사회에 존재하고, 정부가 지향하는 제1의 목표는 재선[재집권]이다. 그리고 현재 집권하지 않고 있는 반대당들의 목표는 당선[집권]이라고 가정한다. 선거에서 가장 많은 득표를 (반드시 과반수는 아니더라도) 얻은 정당은, 국민[투표이든] 혹은 의회에서[의 불신임 투표]이든 중간에 투표하는 일이 없다면, 다음 선거 때까지 정부를 통제한다. 그러므로 집권당은 헌법이 제한하고 있는 범위 내에서 자유롭게 조치를 취할 수 있다.

이때 말하는 제한 범위 가운데 가장 중요한 것은 정부, 즉 집권당이 다른 정당의 활동을 방해할 수는 없다는 것이다.[10] 정부는 다른 정당의 언론 자유, 그들이 활발하게 선거운동을 할 수 있는 능력, 또는 어떤 정당에 대해 반대할 수 있는 시민의 자유를 제한할 수 없다. 또한 일정 기간마다 주기적으로 실시되는 선거 시기를 바꿀 수도 없다.[11]

그러나 경제적으로 정부가 권력을 행사하는 데는 아무런 제약이 없다. 정부는 모든 것을 국유화하거나 모든 것을 사적 부문에 넘겨줄 수 있고, 이들 양극단 사이에서 어떤 균형을 취할 수도 있다. 정부는 자신이 원하는 어떤 조세도 부과할 수 있고, 어떤 지출도 집행할 수 있다. 다만 유일한 제약은 정치적 자유를 유지해야 한다는 것이다. 특히 정부는 반대당에 해를 입히기 위한 경제정책으로 반대당을 무력화시키려 해서는 안 된다. 또한 정부는 투표할 수 있는 시민의 권리를 경제적으로 뒷

---

10) 특별한 언급이 없는 한 이 책에서 **정부**(government)라는 용어는 유럽적인 의미, 즉 **집권당**(governing party)을 지칭한다.

11) 우리 모형에서 선거는 일정한 간격을 두고 실시된다. 그러나 영국의 선거제도가 그런 것처럼, 집권당은 정확한 일정을 제시하는 조건으로, 주어진 기한 **내에서** 어느 때라도 선거를 실시할 수 있다. 따라서 우리의 제한은 필요 이상으로 엄격한 것이다. 그러나 우리가 선거 주기에 엄격한 제한을 두는 것은 선거 시기를 정하는 문제를 정당의 전략 대상에 포함하지 않으려는 아주 단순한 이유에서이다. 우리 모형에서 이 조건을 영국의 선거제도처럼 바꾼다고 하더라도 우리의 결론에는 아무런 영향이 없다.

받침해 주어야 한다.[12]

정치학자들 가운데는, 우리의 가정이 실제 작동하는 정부와 별로 관계가 없어 보인다는 이유로 반대하는 사람이 있을 것이다. 사회학자들의 반대는 더할 수도 있다. 누구에게든 재선[재집권] 그 자체가 가치 있는 것이 아니며 그 이면에 더 깊은 동기가 있음이 틀림없다는 이유로 말이다. 이 두 비판에 대해서는 2장에서 자세히 다룰 텐데 적어도 그 이전까지는 중앙정부든, 광역 지방정부든, 기초 지방정부든 상관없이, 일단 모든 정부는 재선[재집권]을 목표로 삼는다고 가정한다.[13]

정부의 목적이 가정되었으므로, 우리는 그 목적을 달성하기 위해 정부가 채택할 수 있는 가장 효과적인 수단이 무엇인지를 발견할 수 있게 된다. 달리 말해, 우리는 앞서 우리가 묘사한 형태의 민주주의 국가에서, 합리적인 정부가 어떻게 행위하는지를 보여 주는 모형을 구성할 수 있다는 것이다. 그러나 그 전에 먼저 우리 모형에서 정부가 기능하는

---

12) 시민은 정부의 통제로부터 벗어나 독립적으로 존재해야 하기 때문에, 정부가 시민의 정치적 자유를 보장하려고 한다면 '사유재산권'을 파괴해서는 안 된다는 주장이 제기될 수 있다. 그러나 그런 의미의 **사유재산**이라면 그것은 생산수단에 대한 소유권의 우위가 아니라, 산출된 결과물 가운데 법적으로 보호된 시민들의 몫을 가리킨다고 할 수 있다. 만약 한 시민이 자신의 소득은 직무를 잘 수행하느냐에 달려 있고 직무와 관련이 없는 일로 인해 소득의 손실이 발생하는 것을 법이 막아 준다는 사실을 알고 있다면, 그 시민은 국가를 위해 일하든 사기업에서 일하든 상관없이 자신의 정치적 성향을 자유롭게 향유할 수 있다. 그는 일을 갖고 있으며, 직무를 수행하고 있는 한, 정당한 법 절차에 따르지 않고는 그 일을 박탈당하지 않는다. 이에 대한 적절한 사례는 노동조합에서 흔히 볼 수 있는 연공서열의 권리나, 공무원들 사이에서 볼 수 있는 직급과 연공에 따른 호봉제 같은 것들이 있다. 우리는, 정치적 자유를 유지하려 한다면 정부가 이런 종류의 사유재산뿐만 아니라 생산수단의 사적 소유를 폐지해서는 안 된다는 데 동의하고자 한다. 결국 정부의 경제적 권력은 어느 정도 제한되는 것이다. 나아가 모든 사유재산은 정치로부터 독립된 법률 체제에 따라 달라지기 때문에, 법률 체제 역시 우리 모형을 구성하는 하나의 요소로 삼는 것이 불가피하다.

13) 이 책의 주된 관심 대상은 중앙정부이다. 그러나 우리가 추론하는 것의 상당 부분은 다른 유형의 정부에도 적용된다.

세계는 어떤 것인지를 좀 더 살펴볼 필요가 있다.

이 세계는 불확실성을 내포하기 때문에 [고전적인 경제학에서 말하는] 통상적인 일반균형general-equilibrium의 세계와는 다르다. 물론 우리의 정치경제학 안에서 이루어지는 의사 결정의 기본 논리를 탐구하기 위해, 3장과 4장에서는 완전한 지식이 존재하는 상황[모든 확실한 정보가 알려져 있는 완전 정보 상황]을 가정해 볼 것이다. 그러나 그것은 그 뒤에서 논의하게 될 불확실성이 지배하는 경우의 행위 분석을 위한 예비 단계일 뿐이다.

불확실성을 강조하는 이유는, 내가 볼 때 그것이야말로 인간의 모든 활동, 특히 경제활동을 좌우하는 기본적인 힘이기 때문이다. 불확실성에 대처하는 것이야말로 거의 모든 제도가 갖는 주요 기능이다. 각각의 제도들이 갖는 서로 다른 성격 역시 그런 불확실성에 대처하는 과정에서 만들어진다. 가장 좋은 예는 화폐이다. 케인스John M. Keynes 등 경제학자들이 보여 주듯이, 화폐는 불확실성에 대한 하나의 대응으로, 현재와 아직 확정되지 않은 미래를 묶는 연결 고리이다.14) 불확실성이 없는 확실한 세계를 가정해서 화폐를 연구하고 그렇게 해서 화폐의 본질을 발견할 수 있다고 생각한다면 그것이야말로 어리석은 일이다. 그런 시도는 우리를 해결할 수 없는 자가당착적 상황으로 이끌 뿐이다.

마찬가지로, 불확실성이 없는 어떤 '확실한' 세계에 있는 정부를 분석함으로써 합리적 정부가 어떻게 작동하는지를 어느 정도 알 수 있다

---

14) 다음을 보라. John Maynard Keynes, *The General Theory of Employment, Interest and Money* (New York: Harcourt, Brace and Co., 1936), 17장[『고용, 이자, 화폐의 일반이론』, 이주명 옮김, 필맥, 2010]. 이 장에 대한 좀 더 명료한 설명에 대해서는 다음을 보라. Abba P. Lerner, "The Essential Properties of Interest and Money," *Quarterly Journal of Economics* LXVI(1952), pp. 172-193.

하더라도, 그보다는 불확실성 그리고 그것이 야기하는 문제들과 씨름할 때 훨씬 더 많은 것을 배울 수 있다. 이런 문제 가운데 많은 것은 정보를 획득하는 데 드는 비용과 관련된다. 그러므로 우리는 이 비용이 합리적 정치 행위에 미치는 영향을 여러 장에 걸쳐 살펴볼 것이다.

우리는 이 연구가 민주주의를 연구하는 사람은 물론 경제학자에게도 흥미로운 것이기를 바란다. 우리의 결론 가운데 새로운 것은 별로 없다. 사실 어떤 것은 여론과 민주주의 정부의 관계를 다룬 월터 리프먼Walter Lippmann의 뛰어난 3부작에 자세히 서술되어 있다.[15] 그러나 합리적 인간들이 시민으로서뿐만 아니라 정부 안에서 어떻게 행위할 것인가를 추적하려는 우리의 시도는 내가 아는 한 새로운 것이다. 동시에 그것은 리프먼 등이 정치를 경험적으로 관찰해 도달한 주장들을 논리적으로 증명하는 것이기도 하다.

요컨대 우리 모형은 경제학적 관점에서 본 정치적 합리성에 관한 연구라고 말할 수 있겠다. 독자들은 이 연구에서 등장하는 합리적 행위의 모습과 실제의 정치 행위를 비교함으로써, 민주주의에서 정치가 어떻게 작동하는지에 관해 몇 가지 흥미로운 결론을 얻을 수 있을 것이다.

---

15) Walter Lippmann, *Public Opinion* (New York: Macmillan Company, 1922); *The Phantom Public* (New York: Harcourt, Brace and Company, 1925); *Essays in the Public Philosophy* (Boston: Little, Brown and Company, 1955)[『여론』, 이충훈 옮김, 까치, 2012].

3. 정부에 관한 우리 모형과 기존 경제학 모형의 관계

정부를 다루는 경제학 문헌의 대다수는 통화관리, 고용 유지, 물가 안정, 독점 규제, 국제무역 등 특정 분야의 정책들에 관심을 쏟고 있다. 정부의 전반적인 활동을 다룬 몇 안 되는 분석조차도 대부분 규범적이다. 즉 정부가 수행할 합당한 기능이 무엇인지에 관한 윤리적 기본 원리로부터, 정부가 **수행해야만**should 하는 행위 유형이 어떤 것인지를 연역해내는 것이다.

마찬가지로 우리의 분석도 기본적인 규칙을 제시하고 그로부터 결론을 이끌어 낸다는 점에서 연역적이다. 그러나 우리는 무엇이 일어나**야만**should 하는지가 아니라, 일정한 조건 아래에서 무엇이 **일어날**will 것인지를 서술하려 하기 때문에 또한 실증적positive이기도 하다. 그럼에도 우리는 우리의 분석이 다른 경제학자들에 의해 개진되었던 몇몇 규범적인 사고들과 어떻게 관련되는지, 그리고 그들이 제기한 특정의 문제들을 어떻게 해결하고자 하는지를 간단하게 살펴보고자 한다.

1) 잘못된 의인화 대 과도한 개인주의의 문제

제임스 뷰캐넌James Buchanan은 "정부 재정에 관한 순수 이론"이라는 논문에서 국가의 의사 결정을 고찰하는 두 개의 상호 배타적인 방법을 제시한 바 있다.[16] 하나는 국가를, 구성원 개개인들의 목적과 반드시

---

16) James Buchanan, "The Pure Theory of Government Finance: A Suggested Approach," *Journal of Political Economy* LVII(December, 1949), pp. 496-505.

연계되어 있는 것은 아닌, 자신만의 독자적인 목적을 가진 하나의 독립된 인격체로 간주하는 것이다. 이때 국가는 지출을 늘림으로써 발생하는 한계이익이 조세를 늘림으로써 발생하는 한계 손실과 같아지도록 정부 지출과 조세를 조정해 국가 자신의 후생 내지 효용을 극대화하기 위해 행동한다. 이들 이익과 손실은 국가라고 하는 하나의 인격체에 의해 감지된다는 점에서 사회적인 성격을 가진다. 다시 말해 그것은 [국가라고 하는] 어떤 집합적 형태 안에 있는 개개인의 이득과 손실이 아니라는 것이다.

뷰캐넌이 지적했듯이, 이 '유기체적'organic 접근은 이론적으로는 그럴 듯해 보이지만 사실 실질적 내용이 없다. '한 인간으로서의 국가'state-as-a-person의 후생 함수가 어떤 것인지는 아무도 모를 뿐만 아니라 아무도 발견해 낼 수 없다. 그러므로 실천적인 지침이 될 수 있는가의 관점에서 보면 이런 접근은 아무 쓸모가 없다.

뷰캐넌이 제시하는 다른 하나의 접근은 오직 개인들만 목적 체계end structure를 갖는다고 간주하는 것이다. 국가는 그 자신의 후생 함수를 갖지 않는다. 국가는 개인들이 그들의 필요를 집합적으로 만족시키기 위한 수단에 불과할 뿐이다. 예를 들면, 국가는 어떤 서비스의 공급을 독점한다. 그러나 그러면서 국가는 이익 극대화를 추구하기보다는 결국 비용을 충당할 방법만 찾으려 한다. 개인들은 국가로부터 서비스를 구매하면서 오직 그들이 받은 서비스에 대해서만 대가를 지불한다. 그러므로 국가의 기능을 규정하고 또 정부가 하는 일에 제약을 가하는 것은, 기본적으로 [수익자가 혜택을 얻는 대신, 응분의 대가를 지불한다는 의미에서] 응분 보상 원칙quid pro quo benefit principle이다.[17]

일견 국가에 대한 이런 자발주의적voluntaristic 관점은 조세 징수에 강제가 사용된다는 사실과 잘 부합하지 않는다. 조세가 단지 제공된 서비스에 대한 응분의 지출이라면, 왜 시민은 조세를 납부하도록 강제되는가? 새뮤얼슨Paul Samuelson은 국가가 오직 분할 불가능한 편익indivisible benefits을 제공하는 활동을 담당한다고 주장함으로써 이 문제를 해결하려 했다.18) 그 비용을 누가 지불했든 상관없이 국가가 제공하는 편익을 누구나 향유할 수 있기 때문에, 각각의 개인은 조세 납부를 회피하려는 동기를 갖는다. 그러나 다른 사람들 모두가 각자 자기 몫의 비용을 감당하게 된다면, 조세 납부를 회피하려던 사람도 ― 자신 역시 그 대가로 편익을 얻고 있으므로 ― 기꺼이 자기 몫의 비용을 지불하려고 한다. 따라서 모든 시민은 강제를 받아들이게 된다. 각 개인이 얻는 편익은 강제되지 않으면 향유할 수 없는 것이기 때문이다. 따라서 국가가 갖는 자발주의적 성격과 국가에 의한 강제의 사용은 모순되지 않는다.19)

마골리스Julius Margolis는 이런 국가의 개념이 아주 비현실적인 것이라

---

17) 이 두 가지 접근 방법은 밴필드(Edward C. Banfield)에 의해 좀 더 세련된 내용으로 구체화되었다. 그는 국가에 대한 두 개의 '일원적'(unitary) 관점과 세 개의 '개인주의적'(individualistic) 관점을 구분했다. 그의 분석은 뷰캐넌의 사고를 현실에 더 가깝게 접근시키기는 했지만, 우리가 지금 논의하고 있는 이분법을 근본적으로 바꾸지는 못했다. 다음을 참고하라. "Note on the Conceptual Scheme," Martin Meyerson and Edward C. Banfield, *Politics, Planning, and the Public Interest* (Glencoe, Ill.: The Free Press, 1955), pp. 322-329.

18) Paul A. Samuelson, "The Pure Theory of Public Expenditures," *Review of Economics and Statistics* XXXVI(November, 1954), pp. 387-389. 나아가 새뮤얼슨은, '윤리적 납세자'(ethical observer)를 만족시키기 위해 정부가 (세수를 넘는 정부 지출과 같은) 직접적 이전 지출(direct transfer payment)을 할 것이라고 말했다. 그러나 이런 형태의 이전 지출은 [조세로 확보한] 자원을 소모하는 [것으로 가정한] 정부 활동에 해당되지 않는다. 따라서 이곳에서의 우리 논의와는 관련이 없다.

19) 보몰이 이와 유사한 접근을 Baumol, *Welfare Economics and the theory of the State* (1952)에서 시도했고, 머스그레이브가 Richard A. Musgrave, "The Voluntary Exchange Theory of Public Economy," *Quarterly Journal of Economics* LIII(1939)에서 이를 비판했다. 이런 분석들은 모두 새뮤얼슨의 분석과 유사하기 때문에 우리가 따로 구분해 살펴볼 이유가 없다.

며 강력하게 비판했다.[20] 그는 국가가 수행하는 거의 대부분의 역할이 순수하게 분할 불가능한 편익을 생산하는 데만 있는 것은 아니라고 지적했다. 분할 불가능한 편익 가운데 가장 고전적인 사례라 할 수 있는 국방조차도 더 많이 도움이 되는 사람과 그렇지 않은 사람이 있고, 따라서 추가적 한계 지출이 어떤 시민에게는 사실상 피해가 될 수 있다. 정부의 다른 행동들도 대부분 분명하게 분할될 수 있는 편익을 제공한다. 예를 들어 보자. 정부가 건설한 도로를 시민 B부터 시민 Z에 이르는 사람들이 더 많이 이용하면 할수록 이 도로는 점점 붐비게 되고, 시민 A는 도로 사용에 있어서 점점 더 적은 효용을 얻게 된다. 사기업이 아닌 정부가 그런 활동을 수행하고 있다는 사실을 새뮤얼슨의 기준으로는 설명할 수가 없다. 마골리스는 새뮤얼슨 모형에 대해, 국가의 역할을 지나치게 협소한 행동들로 제한하고 있기 때문에 정부 활동에 대한 규범적 이론으로서도 받아들일 만한 것이 못된다고 말했다. 우리도 이에 동의한다.

뷰캐넌-새뮤얼슨의 접근 방법에 대해 우리가 비판적인 이유는, 그들의 접근이 잘못된 이분법, 즉 [국가를 독립된 인격체로 바라보는] 완전히 그릇된 견해와, [국가를 개인들의 효용 함수에 수동적으로 반응하는 존재로 보는] 일부 진실을 포함하고 있는 견해로 사태를 단순화했기 때문이다. 정부에 대한 유기체적 접근은, 개개인들과는 아무 상관없는, 국가라는 신

---

20) Julius Margolis, "A Comment on the Pure Theory of Public Expenditure," *Review of Economics and Statistics* XXXVII(November, 1955), pp. 347-349을 보라. 새뮤얼슨은 마골리스가 지적한 몇 가지 점을 인정하고, '공공재'와 '사적 재화'의 특성을 명확히 했다. 이에 대해서는 다음을 보라. Paul A. Samuelson, "Diagrammatic Exposition of a Theory of Public Expenditure," *Review of Economics and Statistics* XXXVII(November, 1955), pp. 355-356.

화적 단위에 기초해 있기 때문에 그릇된 것이다. 다른 한편 개인주의적 관점은 [다음 장에서 자세히 살펴볼 정당이라는] 연합체들coalitions을 고려하고 있지 않기 때문에 불충분하다.

2장에서 보게 되겠지만, [정당이라는] 연합체 안에서 활동하는 소수의 사람들로 이루어진 그룹이 국가기구를 운영한다고 한다면, 마땅히 우리는 정부를 시민 개개인과 구분하는 의사 결정자로서 다룰 수 있다. 그런 식으로 우리는, 사회를 보는 관념에 있어 하나의 개념적 구조물로 잘못 의인화하는 관점과 과도한 개인주의의 관점 모두의 한계를 피할 수 있다. 그러나 아직도 더 알아야 할 문제가 있다. 그것은 정부의 역할을 분할 불가능한 편익만을 제공하는 것에 한정 짓지 않는 [정당이라는] 연합체의 목적과 [시민] 개개인들의 전반적인 목적이 서로 어떤 관계를 갖느냐는 것이다. 그런 관계를 살펴보는 것, 이것이 바로 우리 모형이 시도하고자 하는 것이다.

2) 사회적 후생 함수의 문제

정확히 똑같은 문제가 신후생경제학21)에서 오랫동안 중심적인 논

---

21) [옮긴이] 신후생경제학(new welfare economics) : 일반적으로 후생경제학은 어떤 정책이 사회 후생에 기여하고 어떤 정책이 그렇지 못한지를 규명하는 '경제정책의 경제학'이라 할 수 있다. 경제학설사의 입장에서 후생경제학을 구후생경제학과 신후생경제학으로 분류한 사람은 새뮤얼슨이다. 보통 구후생경제학은 피구로 대표되는데, 그는 개인의 효용을 상호 비교하는 것이 가능하다고 가정했다. 그러나 뒤에 여러 경제학자들이 개개인의 효용을 비교하는 것은 경험적으로 불가능하다며 피구의 이론에 이의를 제기했고 이로부터 신후생경제학이 형성되었다. 신후생경제학은 개인의 효용을 비교하려는 노력을 포기하고 파레토최적의 개념에 기초를 둔 보상 원리와 사회적 후생 함수 등을 원용하며 경제적 후생을 증가시키는 데 필요한 조건을 규명하는 데 중점을 두었다. 신후생경제학의 대표자로는 존 힉스, 어브램 버그슨 등이 있다.

쟁이 되었는데, 그 과정에서 버그슨Abram Bergson은 하나의 해결책으로 '사회적 후생 함수'social welfare function를 발전시키고자 했다.22) 버그슨은 [구후생경제학의 두 축이라 할 수 있는] 기수적 효용cardinal utility과 개인들 사이의 심리적인 [후생] 비교psychological interpersonal comparisons를 거부하고, 이를 개개인의 목적으로부터 사회적 목적을 도출할 수 있는 추상적 규칙들로 대체하고자 했다. 이 규칙들을 그는 '사회적 후생 함수'라고 불렀다.

[사회적 후생이라고 하는] 이 무정형의 실체는 그간 크게 두 측면에서 비판의 표적이 되었다. 하나는 집합적인 목적 체계collective end structure를 도출하는 과정에서 개개인의 욕구에 가중치를 두어 평가해야 할 필요를 없애지 못한다는 데 있다. 그러나 [개개인의 욕구에] 가중치를 두어 평가하는 것은 사실상 후생에 대한 개인 간 비교가 아닐 수 없다. 그리고 그것은 피구Arthur Cecil Pigou의 초기 분석에서 모든 인간은 윤리적으로 동등한 가치를 갖는다는 가정이 했던 것과 별 다를 것 없는 기능을 한다. 그러므로 사회적 후생 함수를 사용한다고 해서 개인 간 [후생] 비교의 문제가 해결된 것은 아니라는 사실을 버그슨 자신도 인정해야 했다.23)

두 번째 비판은 애로가 제기한 것으로, 자세한 것은 4장에서 다룰 것이다.24) 간단히 말해, 애로는 만약 대부분의 선택 상황이 세 개 이상의 대안을 포함하고, 개인들의 선호가 충분히 다양하다면, 그 어떤 사회적 후생 함수도 [개인들의 선호로부터 단 하나의 사회적 선택을 만들 수 있다는 의미에서] 유일하고unique [선호 순위가 일관적이라는 의미에서] 이행적인transitive

22) Abram Bergson (Burk), "A Reformulation of Certain Aspects of Welfare Economics," *Quarterly Journal of Economics* LII(February, 1938), pp. 314-344.
23) 다음을 보라. Tiber Scitovsky, "The State of Welfare Economics," *American Economic Review* XLI(1951), pp. 303-315.
24) Arrow, *Social Choice and individual Values*(1951)의 여러 곳을 보라.

결정을 보장할 수 없다는 것을 밝혔다. [즉 모든 사회적 후생 함수는 때때로 유일하지 않거나 이행적이지 않은 결과를 만들어 낸다.] 사회의 한 부분이 사회의 나머지 부분을 그렇게 하도록 강제하지 않는 한 그런 일은 불가능하다는 것이다. 이로써 버그슨의 사회적 후생 함수는 남김없이 파괴되었고, 사회적 후생 함수를 통해 구축하려고 했던, 개인의 목적과 사회적 목적 사이의 연계는 해체되어 버렸다.

그렇게 해서 후생경제학은 애초 기수적 효용과 개인 간 후생 비교라는 두 개의 가정을 거부하면서 출발했던 바로 그 무기력한 상태로 다시 떠밀려 나게 되었다. 첫 번째 가정[기수적 효용]은 불필요하고, 두 가정은 모두 경험적으로 볼 때 인간에 대한 잘못된 심리적 관점에 기초하고 있다는 이유로 폐기된 바 있었다. 그러나 그 두 가정이 없다면, 혹은 그것을 대체할 다른 가정이 없다면, 유의미한 정책적 주장을 하기는 어렵다.

우리 모형은 [투표라는] 정치적 장치를 수단으로 하여, 개인의 목적 체계와 사회의 목적 체계 사이의 실증적인positive 관계를 구축해 보고자 한다. 성인 시민은 저마다 한 표씩 동등한 투표권을 행사할 수 있기 때문에, 후생에 대한 시민 개인의 선호는 그의 후생이 아니라 오직 그의 투표에 관심을 갖고 있는 정부의 관점에서 가중치가 평가된다. 따라서 버그슨의 시도를 부정했던 첫 번째 비판에 대한 대답으로, 우리는 투표권의 평등이라고 하는 윤리적 원칙을 모형 안으로 받아들이고 있음을 [즉 이를 통해 개인의 목적과 사회적 목적을 통합하려 함을] 분명히 밝히고자 한다. 그것은 윤리적 원칙 역시 정치의 한 부분이라고 보는 관점인데, 그런 관점에서 우리는 사회적 윤리의 문제를 다루지 않으면 안 된다고 믿는다. 요컨대, 우리는 [애초 경제학의 출발점이었던] **정치경제학**political economy으로 돌아가고 있는 것이다.

그렇다고 해서 합리적인 사회 행동[즉 합리적인 집합 행동]이 때때로 불가능하다는 애로의 주장을 부정하는 것은 아니다. 애로의 비판에 대해 우리의 모형은 두 가지 방어책을 준비해 놓고 있다. 우리가 보여 주고자 하는 것은 ① 애로의 비판이 언제나 적절한 것은 아니고, ② 그것이 적절한 비판인 경우에도 그것이 미치는 영향은 예상보다 훨씬 좁은 범위에 한정된다는 것이다. 그런 논박은 4장에서 다뤄질 것이다.

버그슨이 해결하려고 했던 후생경제학의 근본 문제와 우리 모형이 서로 관련은 있지만, 그렇다고 해서 우리 모형이 규범적인 모형인 것은 아니다. 우리 모형을 사용해, 사회는 상태 A에 있을 때보다 상태 B에 있을 때 더 풍요로워진다거나, 정부는 Y가 아니라 X를 행해야 한다고 주장할 수는 없다. 이 모형이 담고 있는 유일한 규범적 요소는, 모든 성인 시민은 누구든 오직 한 표의 투표권만을 갖는다는 가정 속에 내포되어 있을 뿐이다. 분명 이런 가정을 궁극적으로 정당화해 주는 것은 윤리적인 판단이지만, 우리는 이런 가정을 파라미터parameter[25])로 우리 모형 안에 포함시키려고 한다. 그러므로 개인의 목적과 정부의 목적 사이에서 우리가 구축해 보고자 하는 관계는, 어떤 특정 조건하에서라면 존재할will 것이라고 믿는 것이지 어떤 이상적인 필요조건들을 충족시켜야 하기에 존재해야만should 하는, 그런 것이 아니다.

---

25) [옮긴이] 특정 조건 아래에서는 일정한 값을 갖고 있으나 조건을 변화시키면 다른 값을 갖는 계수를 가리키는 것으로서 매개변수 혹은 조변수(助變數)라고도 한다. 예를 들면 주어진 소득을 가지고 효용을 극대화할 수 있는 재화의 양을 구한 다음 소득을 변화시켜 그에 대응하는 재화량의 변화를 연구할 경우, 소득은 처음에는 상수로 여겨지지만 그다음부터는 변수, 즉 파라미터가 된다. 이 개념은 정책적으로도 중요한데, 이자율이나 공공투자를 조정해 완전고용이라는 목적을 실현할 경우는 이자율이나 공공투자가 파라미터가 되고, 세율을 조정해 소득재분배를 추구할 경우는 조세정책이 파라미터가 되기 때문이다.

3) 기술적인 문제들

정부의 의사 결정에 대한 많은 규범적 접근은, ① 모든 사안을 국민 투표로 결정하는 상황, ② 정부가 모든 시민의 선호 체계를 알고 있는 상황, ③ 보상에 대한 정확한 계산과 지불이 이루어지는 상황과 같은 장치들로 이루어져 있다. 의심의 여지없이 그런 장치들은 이론적인 분석에서는 꼭 필요한 정당화의 역할을 한다. 때때로 우리 자신도 그런 장치들을 사용한다. 그러나 우리 연구의 대부분은 매우 현실적인 세계에 사는 사람들이 합리적으로 행동한다면 실제로 어떤 일이 일어날 것인지에 대한 것이다. 그러므로 우리는, 앞서 언급한 세 가지처럼 [실제의] 사회적 노동 분업 속에서는 현실이 될 수 없는 그런 절차에 의존할 수가 없다.

다른 한편 우리의 분석 역시, 소비자와 기업의 행위를 다루는 전통적인 경제학 이론을 괴롭혀 왔던 것과 똑같은 일반화의 문제를 안고 있다. 우리는 『가치와 자본』Value and Capital에서 힉스John R. Hicks가 무차별 지도indifference maps[여러 상이한 수준의 선호와 만족을 나타내는 무차별곡선들의 집합] 또는 생산함수에 대해 자세하게 서술했던 것보다 더 자세하게 투표 함수를 완성할 수가 없다.26) 그것은 정치가·소비자·기업가들 각자가 할 일이다. 우리처럼 추상적으로 문제를 다루는 분석가들은 오직 이런 세세한 것들이 사물의 일반적 체계에 어떻게 부합하는지를 보여 줄 수 있을 뿐이다.

---

26) J. R. Hicks, *Value and Capital* Second Edition (Oxford: Clarendon Press, 1950), I, VI, VII장[『가치와 자본』, 민경휘 옮김, 한국경제신문사, 1988].

4. 요약

어떤 경제체제든 정부의 역할이 결정적으로 중요함에도 그간 경제학 이론은 소비자나 기업의 행동을 예측하는 데 사용하는 행위 규칙과 비견될 정도로 만족스러운 [정부의] 행위 규칙을 만들지 못했다. 우리의 연구에서는, 민주주의 정부가 정치적 지지를 극대화하기 위해 합리적으로 행동한다는 가정에 바탕을 두고, 그런 정부의 행위 규칙을 만들어 보려 한다.

합리적 행동이라 할 때 그것은, 행위자가 의식적으로 선택한 정치적 혹은 경제적 목적을 달성하기 위해 효율적으로 설계된 행동만을 의미한다. 우리 모형에서 정부는 다음의 세 조건 아래에서 자신의 목적을 추구한다. 첫째, 반대당의 존재가 허용되는 민주주의 정치체제이고, 둘째, 다양한 정도의 불확실성이 존재하는 환경이며, 셋째, 합리적 투표자로 구성된 유권자 집단이 있다는 것이다.

우리 모형은 정부에 대한 그간의 경제학 모형과 깊은 관련을 갖는다. 비록 우리 모형은 실증적이고 다른 모형들은 대부분 규범적이라는 차이가 있지만 말이다. 뷰캐넌은 국가에 대한 유기체적 개념과 개인주의적 개념 사이의 이분법적 선택을 제시했다. 그러나 우리는 그 양극단 모두를 넘어서려 했다. 새뮤얼슨과 보몰William J. Baumol은 국가가 직접적인 소득 이전과 분할 불가능한 편익 제공의 역할만 효율적으로 떠맡을 수 있다고 주장했다. 그러나 우리는 국가가 정당성을 갖고 수행할 수 있는 역할은 그 밖에도 많다는 것을 보여 주려 했다. 버그슨은 순수한 윤리적 가정을 통해 개인의 목적과 사회의 목적 사이에 관계를 구축하려 했으나, 우리는 정치적인 형태로 그런 윤리적 공리를 수용하려 한다. 애로는 독재가 아니고서는 그런 관계가 합리적으로 구축될 수 없음을 증명했다. 그러나 우리는 어떻게 애로의 딜레마를 회피할 수 있는지를 보여 주고자 한다.

현실에 부합하는 모형을 통해 이 작업을 시도하려 하지만, 우리가 개인과 정부 사이의 관계에 대한 아주 세세한 내용까지 다 채우지는 못할 것이다. 단적으로 말해 우리가 하고자 하는 것은, 어떤 형태의 정치 행위가 민주주의 안에 살고 있는 정부와 시민에게 합리적인 것인지를 찾아보는 데 있다.

2
사회 속에서 정당의 행위 동기와 정부의 기능

이론적 모형은 기본적으로 가정이 얼마나 현실적인지가 아니라 예측이 얼마나 정확한지에 따라 검증되어야 한다.[1] 그럼에도 우리 모형이 내적 일관성을 갖기 위해서는, 우리 모형 안에서 정부가 사회적[공적] 기능을 수행할 수 있다는 점을 최소한 이론적으로라도 보여 주어야 한다.[2] 이 장에서는 집권당의 행위 동기가 사회적 기능과 무관함에도 집권당이 왜, 그리고 어떻게 사회적 기능을 담당하게 되는지를 보여 주고자 한다.

---

1) 이런 관점에 대한 뛰어난 언급은 다음을 보라. Milton Friedman, "The Methodology of Positive Economics," *Essays in Positive Economics* (Chicago: University of Chicago Press, 1953).

2) 이 장에서 **정부**라는 용어는 집권당을 의미하는 것으로 간주했던 앞 장에서와는 달리 제도[제도화된 조직의 체계]를 가리킨다. 그러나 다음 장부터는 다시 집권당이라는 의미로 돌아갈 것이다.

1. 우리 모형에서 민주주의 정부의 개념

1) 정부의 성격

이 연구에서 사용되는 정부에 대한 정의는 달Robert A. Dahl 과 린드블롬 Charles E. Lindblom 에게서 빌려 왔다. 그들은 다음과 같이 썼다.

> 정부란 …… 일정 지역 내에 존재하는 다른 조직들과의 분쟁을 법규에 맞게 해결하는 데 필요한 통제력을 독점하고 있는 조직이다. …… 누구든 정부를 통제하는 사람은 특정 사안에 대해 대개의 경우 '최종 결정권'을 가지며 특정 지역 내에 있는 다른 조직들에게 결정을 강제할 수 있다.[3]

달과 린드블롬이 지적하듯이, "정부에 대한 모든 짤막한 정의들은 본질적으로 모호할 수밖에 없다."[4] 그럼에도 달과 린드블롬의 정의는 정부의 권한과 권한이 아닌 것을 세세하게 구분하지 않고도, 다른 사회 기관들로부터 정부를 차별화하는 데 성공하고 있다. 따라서 우리의 모형을 위해서는 이 정의가 이상적인데, 그 이유는 앞서 1장에서 설명한 대로 정부가 매우 광범한 권력을 갖고 있는 존재로 정의되고 있기 때문이다.

정부는 그런 권력으로 무엇을 하게 되어 있는가? 사회적 노동 분업의 구조에서 정부만이 하게 되어 있는 역할은 무엇인가? 현실의 정치 세계에서 이 질문들이 중요하다는 것은 분명하다. 그런데 정부와 [정부

---

3) Robert A. Dahl and Charles F. Lindblom, *Politics, Economics and Welfare* (New York: Harper & Brothers, 1953), p. 42.

4) Dahl and Lindblom, *Politics, Economics and Welfare* (1953), p. 42.

를 뺀] 사회의 나머지 부분 사이의 윤리적 관계를 규정하지 않고는, 누구도 그 질문에 대답하기 어렵다. 윤리적 관계에 대한 규정은 실증적이기보다는 규범적인 차원의 문제이기 때문에 이 연구가 다루고자 하는 범위를 벗어나기도 한다. 우리 연구와 관련해서만 본다면 [달리 말해 우리 모형 안에서만 본다면], 정부는 1장에서 지적했듯이 헌법이 허용하는 범위를 벗어나지 않는 한 무엇이든 할 수 있는 존재이다.

현실의 세계에서 정부는 한 조직이 할 수 있을 것으로 간주되는 거의 모든 일을 한다. 그러나 모든 정부가 똑같은 일을 하는 것은 아니다. 따라서 정부의 전형적인 활동 목록을 작성해 정부의 기능을 서술해 보려고 하는 것은 헛된 일이다. 어떤 정부들은 그런 전형적인 활동 목록 모두를 수행하려 하지 않으며, 그런 활동들 가운데 거의 모두는 일부 비정부적 기구들에 의해서도 수행되곤 한다. 따라서 모든 정부가 공통적으로 수행하는 것을 규정하고자 한다면, 우리는 앞서 살펴본 정부에 대한 모호한 정의로 되돌아가게 된다.

앞서 살펴본 정부에 대한 정의는, 그 모호함에도 불구하고, 사회적 노동 분업에 있어 정부 기능과 관련해 두 가지 사실을 말해 준다. 첫째, 모든 정부는 그 사회에서 최종 권력의 소재지이다. 즉 정부는 사회의 다른 모든 집단에 대해 자신의 결정에 복종하라고 강제할 수 있지만, 다른 집단들은 그렇게 할 수 없다. 그러므로 최소한 정부의 사회적 기능에는 강제력을 앞세워 분쟁을 조정하는 최후의 보루로서의 역할이 포함되어야 한다.

[둘째,] 물론 (예컨대 종교의 세계에서 교회나, 정치의 세계에서 군주처럼) 한 사회 내부에서도 각기 다른 분야를 통제하는 강제의 '궁극적 보루들'이 공존할 수 있다. 그러나 우리 모형에서는 권력이 극단적으로 분권화된 경우라도, 어떤 지역 내에서 우리가 사용하는 정의에 맞는 조직은 오직

하나만 있다고 가정한다. 결론적으로 말해, 정부란 다른 모든 사회 행위자들과 구분되는 하나의 특수한 조직이다.[5]

그러므로 순수하게 실증적 기초 위에서, 윤리적 가정을 세우지 않고도, 다음과 같은 결론을 말할 수 있겠다. ① 정부는 다른 누구도 대신할 수 없는 특별하고도 독특한 사회 행위자이다. ② 정부는 사회적 노동 분업 구조에서 특정의 전문화된 기능을 갖는다.

2) 민주주의 정부의 특성

윤리적인 전제에 구속되지 않고 문제를 다루기 위해, 우리는 민주주의를 서술적으로 정의한다. 즉 실제로 민주주의 정부를 비민주주의 정부와 구분할 수 있게 해주는 몇몇 특성들을 열거하는 방식으로 정의하려는 것이다. 어떤 정부가 다음과 같은 조건이 충족되는 사회 내에 존재한다면, 그 정부는 민주적이다.

1. 하나의 정당(또는 정당 연합)이 보통선거를 통해 선택되어 통치 기구들을 운영한다.

---

5) [옮긴이] 이 부분에서 다운스는 베버의 국가(정부)관을 따르는 것으로 보인다. 베버는 국가란 여타 조직들과는 달리 매우 특수한 조직이라고 말한다. 그 특수성은 "국가만이 하는 고유 업무에 의해서가 아니라 그것이 고유하게 지니고 있는 특수한 수단"에 기인하는데, 그 수단이란 타인을 복종하게 만드는 강제력에 있다. 오로지 국가만이 유일하게 그런 강제력을 사용할 정당한 권리를 갖고 있다는 것이다. 즉 국가란 "특정한 영토 내에서 정당한 물리적 폭력/강권력의 독점을 (성공적으로) 관철시킨 유일한 인간 공동체"이며, "국가 이외의 다른 모든 조직체나 개인은 오로지 국가가 정하는 범위 내에서만 물리적 폭력/강권력을 행사할 수 있을 뿐"이다(막스 베버, 『막스 베버, 소명으로서의 정치』, 최장집 엮음, 박상훈 옮김, 후마니타스, 2011, 108-110쪽 참조).

2. 그런 선거는 일정한 주기로 실시되며, 그 주기는 집권당이 단독으로 변경할 수 없다.

3. 모든 성인은, 영주권자이며 분별력이 있고 그 나라의 법을 준수하는 한, 모든 선거에서 투표할 자격을 갖는다.[6]

4. 모든 유권자는 한 선거에서 오직 한 표만을 행사할 수 있다.

5. 투표자 가운데 다수의 지지를 얻은 정당(또는 정당 연합)은 정부 권력을 인수할 자격을 부여받으며, 그 권한은 다음 선거 때까지 지속된다.

6. 선거에서 패배한 정당들은 승리한 정당의 집권을 무력이나 불법적 수단을 동원해 방해하지 않는다.

7. 집권한 정당은 시민이나 다른 정당들이 무력으로 정부 전복을 기도하지 않는 한, 그들의 정치적 활동을 제재하지 않는다.

8. 모든 선거에서 두 개 이상의 정당이 통치 기구 장악을 위해 경쟁한다.

1장에서 살펴본 것처럼 우리가 모형으로 만든 사회는 이런 특성을 모두 갖추고 있으므로, 그 속에 있는 정부는 민주적이다.

이상의 정의에서 얻을 수 있는 중요한 결론은 이렇다. 민주주의에서 선거의 주된 목적은 정부를 선택하는 것이다. 그러므로 어떤 시민이 선거를 통해 정부를 선택할 때 자신의 역할을 효과적으로 수행할 수 있다면, 적어도 선거와 관련해 그는 합리적이다. 합리성에 관한 이 특정한 정의는 이후 대부분의 분석에서도 전제될 것이다.

---

6) 몇몇 민주주의 체제에서는 여성이나 영주권을 가진 외국인, 혹은 양자 모두에게 투표권을 부여하지 않고 있다.

2. 우리 모형에서 정당의 역할

앞의 논의는 민주주의 정부 안에서 정당이 얼마나 중요한 역할을 하는지를 보여 준다. 우리 모형에서 정당의 역할이 어떻게 수행되는지를 입증하기 위해, 다음으로 정당의 특성·동기·작용을 살펴보자.

1) 정당의 특성

넓은 의미에서 정당은 합법적 수단을 통해 통치 기구를 장악하고자 하는 사람들의 **연합체**coalition이다. 여기서 **연합체**란 공통의 목적을 가지고, 그것을 달성하기 위해 협동하는 개인들의 집단이다. 그들이 장악하고자 하는 **통치 기구**란 사회적 노동 분업 내에서 정부가 자신이 담당하는 특수한 역할을 수행하기 위해 사용하는 물리적·법적·제도적 장치이다. **합법적 수단**이란 공정하게 치러지는 선거나 정당하게 행사된 영향력을 의미한다.

이런 정의에 따르면, 한 정당에 규칙적으로 투표하고 때때로 그 정당의 선거운동에 시간과 돈을 할애하는 사람은, 비록 그가 정치적 직위를 추구하지 않는다 하더라도 그 정당의 구성원이다. 따라서 정당은 구성원 중의 누군가가 공직을 차지하도록 공동의 노력을 기울이는, 느슨하게 형성된 사람들의 집단이다. 그러나 그들은 선출된 사람들이 실제로 실행하려는 정책을 둘러싸고 서로 강한 이견을 가질 수도 있다.

이상의 정의가 일상적인 용법과 일치하지만, 우리 모형에 적용하기에는 두 가지 약점을 갖는다. 첫째, [서로 이견이 있을 수 있고 느슨하게 형성된 사람들의 집합으로서] 그런 연합체는 [합리적 행위 선택의 필요조건인] 유일하고도 일관된a unique, consistent 특정의 선호 순위를 갖지 않는다. 구성원들은, 어떤 목표에 대해서는 의견이 일치하지만 다른 많은 목표에 대해서는 그렇지 못하다. 따라서 정당이 채택한 정책적 조치들은 전체적으로 볼 때 합리적인 의사 결정이라기보다 내부적인 권력투쟁의 결과물인 각종 타협들로 뒤범벅되기 쉽다.

둘째, 실제로 구체적인 정부 결정을 내리는 사람들은 공직을 차지한 사람들이지만, 앞서 살펴본 정당에 관한 넓은 의미의 정의는 다수 시민이 의사 결정에 참여한다는 것을 함축한다. 물론, 결정에서 다수 시민이 차지하는 발언권이 공직을 차지한 사람의 발언권과 동등해야 하는 것은 아니다. 하지만 다수 시민의 발언권이 얼마나 강한지를 규정하는 문제는 다시금 당내 권력투쟁에 대한 분석과 뒤엉키게 된다.

이 두 가지 약점 모두는 정당을 연합체로 보는 장점을 무색하게 만든다. 정당을 연합체로 보려 했던 것은 1장에서 서술한 '잘못된 의인화 대 과도한 개인주의'의 딜레마를 피하기 위해서였다. 그러나 정당을 넓게 정의해 버리면 '과도한 개인주의'의 함정에 빠지게 된다. 집권당을 정부 정책을 통제하는 단일하고 합리적인 의사 결정의 실체로 간주할 수 없게 되기 때문이다.

이와 같은 사태를 피하기 위해 우리는 정당을 다음과 같이 다시 정의하고자 한다. 정당은 정당한 절차에 따라 실시되는 선거에서 공직을 얻음으로써 통치 기구를 통제하려고 하는 사람들의 팀team이다. **팀**이란 그 구성원들이 목표의 일부가 아니라, 모든 목표에 대해 동의하는 연합을 의미한다.7) 따라서 팀의 모든 구성원은 다른 구성원들과 정확히 똑

---

7) 팀에 대한 이 정의와 **연합체**에 대한 앞의 정의는 다음 글에서 따온 것이다. Jacob Marschak, "Towards an Economic Theory of Organization and information," R. M. Thrall, C. H.

같은 목표를 갖는다. 우리는 또한 모든 구성원을 합리적이라고 가정하고 있기 때문에, 그들의 목표가 유일하고도 일관된 선호 순위를 갖는 것으로 간주한다.

사실 이 정의는 정당을 마치 하나의 사람인 것처럼 취급한다. 따라서 이 정의는 '잘못된 의인화'로 보일 수도 있다. 현실 세계에서는 정부의 핵심 공직자들조차도 정확하게 똑같은 목표를 갖는 것이 아니므로, 우리는 이 정의가 실제 현실과는 거리가 있는 하나의 추상an abstraction임을 인정한다. 그럼에도 우리가 어떤 초인간적 실체의 존재를 상정하는 것은 아니기 때문에, 잘못된 의인화의 혐의를 갖는 것은 아니라고 생각한다. 우리는 단지 공직을 추구하는 연합체의 구성원들 사이에 목표에 대한 완전한 합의가 존재한다고 가정할 뿐이다.

이와 같은 방법으로 [정당에 대한] 정의를 좁힘으로써 1장에서 살펴본 딜레마를 피하는 한편, 정부를 시민과는 구별되는 별도의 의사 결정 행위자로 보는 모형을 구성하게 된다. 물론 시민들 가운데 어떤 사람들은 집권당의 구성원이기 때문에, 정부가 **모든** 시민으로부터 분리되어 있는 것은 아니다. 그러나 대다수 시민들이, 집권하고 있는 팀이나 이들과 권력을 다투는 다른 팀의 어느 쪽에도 속해 있지 않다고 가정하는 것은 합리적이다. 그러므로 우리는 현실을 부당하게 왜곡하지 않으면서도, 시민과 정당을 [서로 중첩되지 않는] 상호 배타적 두 집단으로 취급할 수 있게 된다.

이런 결론에 덧붙여 세 가지 부수적 조건이 있다. 첫째, 많은 민주주의 국가에서 대부분 정부의 행정 기구는 매우 크기 때문에, 상당수의

Coombs and R. L. Davis eds., *Decision Process* (New York: John Wiley & Sons, 1954), pp. 188-189.

시민을 고용하게 된다. 그러나 우리는 민주주의에 대한 관료제의 영향을 연구하는 것이 아니므로 행정부의 각 부서에 근무하는 사람들 가운데 소수만이 정당 팀party team의 구성원이라고 가정한다. 그 외의 모든 사람은 집권당이 교체되더라도 직업을 유지하는 피고용인들이다. 나아가 이들이 다루는 정책은 정당 팀의 구성원에 의해 완벽하게 통제되고 있다고 가정한다. 따라서 정부의 거의 모든 피고용인을 정당 구성원이라기보다는 시민으로 취급한다.

둘째, 우리 연구의 몇몇 부분에서는 정당을 팀이 아니라 불완전한 연합체로 취급한다. 즉 당내 권력투쟁이 있다고 가정한다. 우리는 당내의 권력투쟁을 분석하기 위해 일시적으로 정당에 대한 정의를 바꿀 것이다. 그러나 이것이 정당을 팀으로 정의한 관점에서 도출되는 결론과 양립 불가능한 결론으로 이끄는 것은 아니다.

셋째, 한 사회 내부에 정당 이외에도 다른 연합체나 팀이 존재한다고 하더라도, 우리 모형에는 오직 세 개의 정치적 의사 결정자만이 존재한다고 가정한다. 정당, 개별 시민, 이익집단이 그것이다. 이익집단의 범주에는 개개인들과 함께 법인, 노조, 동업자 단체와 같은 비정당적 연합체가 포함된다.8)

2) 자기 이익의 공리

각 정당 구성원들 모두가 동의하는 목표는 무엇일까? 이 문제에 대답하기 위해, 여기서 우리 모형의 이하 모든 부분에서 결정적으로 중요

---

8) 이익집단에 대한 정의와 더 자세한 논의는 6장을 보라.

한 공리axiom 하나를 제시하려 한다. 우리는 모든 개인은 합리적이면서 동시에 이기적이라고 가정한다. 칼훈John C. Calhoun은 **자기 이익의 공리**self-interest axiom를 도입하는 것의 의미를 이렇게 표현했다.

> 타인을 거쳐 간접적으로 영향을 받는 것보다 자신에게 직접 미치는 영향을 더 강렬하게 느끼는 것은 인간의 본성인데, 그 때문에 개인들 사이의 갈등은 피할 수 없다. 그 결과 개인은 누구나 다른 사람의 안전이나 행복보다 자신의 안전과 행복에 더욱 큰 관심을 가지며, 반대로 다른 사람들이 자신의 안전과 행복에 방해가 될 때는 자신의 이익을 위해 그들의 이익을 기꺼이 희생시키려 한다.[9]

우리는 모형 전체에 걸쳐 모든 행위자가 인간 본성에 대한 이런 관점에 걸맞게 행동한다고 가정한다. 따라서 우리가 합리적 행위에 대해 말할 때, 그것은 무엇보다 먼저 이기적 목적을 지향하는 합리적 행위를 의미한다.

현실 세계에서 인간이 언제나 이기적인 것만은 아니다. 심지어 정치의 세계에서조차 그렇다. 때때로 사람들은 사회적으로 합리적이라고 믿기 때문에 개인에게는 비합리적으로 보이는 일들을 행하곤 한다. 즉 자신에게는 개인적으로 해가 되지만 다른 사람들에게는 이익이 되는 일을 하기도 한다. 예를 들면, 현실 세계에서 정치가들은 때때로 표를 잃게 될 것임을 알면서도 사회 전체에 가장 좋다고 생각되는 행동을 한다. 어떤 분야에서든 사람들이 보여 주는 그런 이타주의를 고려하지 않

---

9) John C. Calhoun, "Disquisition on Government," Katz, Cartwright, Eldersveld and Lee eds., *Public Opinion and Propaganda* (New York: Dryden Press, 1954), p. 15.

는다면, 인간 행위에 대한 설명은 완전할 수 없다. 사람들이 존경해 마지않는 영웅들도 그런 이타주의의 소유자에 속한다.

그럼에도 사회적 행동에 관한 일반 이론들은 언제나 자기 이익의 공리에 크게 의존한다. 사실상 모든 경제학 이론은 이 가정에 기초하고 있다. 애덤 스미스Adam Smith는 다음과 같이 말했다.

> 사람들은 끊임없이 다른 사회 구성원들의 도움을 필요로 한다. 그러나 오직 그들의 선의에만 의존해 도움을 기대하는 것은 헛된 일이다. …… 우리가 저녁 식사를 기대할 수 있는 것은 푸줏간 주인, 양조업자, 제빵업자의 선의 때문이 아니라, 자신의 이익에 관한 그들의 관심 때문이다. 우리는 그들의 인간애humanities가 아니라 그들의 자기애self-love에 호소하며, 우리의 필요에 대해서가 아니라 그들의 이익에 대해 말한다.[10]

애덤 스미스의 논리는 정치에도 잘 적용된다. 그러므로 우리는 자기 이익의 공리를 분석의 기초로 받아들인다. [이 연구에서] 자기 이익의 정확한 의미는 우리 모형에서 다양한 정치적 의사 결정자들이 어떻게 행동하는지를 자세하게 서술할 때 분명해질 것이다.

3) 정당의 행위 동기

자기 이익의 공리로부터, 정당 구성원이 어떤 동기로 정치 행동을 하게 되는가에 대한 우리의 견해가 도출된다. 우리는 정당 구성원들이

---

10) Adam Smith, *The Wealth of Nations* (New York: Modern Library, 1937), p. 14[『국부론』 상·하, 김수행 옮김, 비봉출판사, 2007].

오직 공직 획득을 통해 얻게 되는 소득·명성·권력을 위해 행동한다고 가정한다. 따라서 우리 모형에서 정치인들은 결코 특정한 정책을 실현하기 위한 수단으로 공직을 추구하지 않는다. 그들의 유일한 목표는 공직 획득이라는, 그 자체의 보상을 거두어들이는 것이다. 그들은 정책을, 공직에 선출되어야만 획득할 수 있는 사적 목적을 달성하기 위한 수단으로 취급한다.

이런 추론으로부터 우리 모형이 근거하고 있는 기본 가설이 도출된다. 즉 정당은 정책을 만들기 위해 선거에 이기려는 것이 아니라, 선거에 이기기 위해 정책을 만든다.

이 가설은 일견 우리 모형 속의 정부를 사회적 기능을 수행할 수 없는 존재로 보게 만든다. 시민의 입장에서 보면 사회적 노동 분업에서 집권당의 기능은 정책을 만들고 수행하는 것이지, 그들의 구성원에게 소득·명성·권력을 제공하는 것이 아니다. 그러나 우리 모형에서 집권당은 구성원의 사적인 야심을 진작시키는 한에서만 그런 기능을 수행한다. 정당 구성원들의 사적인 야심 그 자체가 집권당의 기능과 무관한 일인데, 그렇다면 어떻게 그들의 야심 추구 행위가 집권당으로 하여금 사회적 기능을 수행하게 하리라 기대할 수 있단 말인가? 이처럼 목적과 수단이 혼란스럽다 보니 우리 모형 안에서 정부는 제대로 기능할 수 없는 존재로 보일지도 모른다.

그런 비판이 그럴듯해 보이지만, 사실은 전혀 그렇지 않다. 현실 세계에서조차 순수하게 노동 분업 그 자체를 위해 자신의 기능을 수행하는 사람은 거의 없다. 오히려 그런 기능은, 논리적으로는 별 관련이 없는 사적인 동기 때문에 그렇게 행동하도록 자극받은 사람들에 의해 수행된다. 따라서 사회적 기능은 대개의 경우 사적인 야심의 추구를 목적으로 삼는 인간 행동의 부산물이다. 이런 상황은 자기 이익의 공리로부터 곧바로 도출되는 것이기도 하다. 슘페터Joseph A. Schumpeter는 다음과 같이 설득력 있게 말했다.

특정 유형의 활동이 사회적 의미를 갖는다고 해서, 그 사회적 의미가 반드시 그 행위의 동기가 되는 것은 아니다. 마찬가지로 사회적 의미에 대한 설명이 곧 행위 동기에 대한 설명이 될 수는 없다. 그렇다면 사회적 목적 혹은 충족되어야 할 사회적 필요만을 분석하는 이론은 그에 기여하는 활동들에 대한 적절한 설명으로 받아들여질 수 없다. 예를 들어, 경제활동과 같은 일이 존재하는 이유는 당연히 사람들이 먹을 것과 입을 것 등을 원하기 때문이다. 그런 필요를 충족시키기 위한 수단을 제공하는 것은 생산의 사회적 목적이자 의미이다. 그럼에도 [필요와 목적 중심의] 이런 가정이야말로 상업 사회의 경제활동에 관한 이론의 출발점으로서는 지극히 비현실적인 것이며, 그보다는 이익에 대한 가정에서 출발하는 것이 훨씬 성과가 좋을 것이라는 데, 우리 모두는 동의하지 않을 수 없다.11)

똑같은 논리를 정치에 적용해 그는 이렇게 말했다.

마찬가지로 의회의 사회적 의미 내지 기능이 입법과, 부분적으로는 행정적 조치라는 사실은 의심의 여지가 없다. 그러나 민주주의 정치가 어떻게 이런 사회적 목표에 봉사하는지를 이해하고자 한다면, 우리는 권력과 공직을 향한 경쟁적인 권력투쟁을 이해하는 것으로부터 출발해야 한다. 나아가 생산이 이익을 창출하고자 하는 것의 부수적 결과이듯이, 민주주의 정치의 사회

---

11) Joseph A. Schumpeter, *Capitalism, Socialism, and Democracy* (New York: Harper & Brothers, 1950), p. 282[『자본주의·사회주의·민주주의』, 변상진 옮김, 한길사, 2011].

적 기능 역시 말 그대로 [권력투쟁의 과정에서] 부수적으로 충족된다는 사실을 알아야 한다.12)

이 눈부신 통찰력은 정부 기능에 대한 우리의 접근을 전체적으로 요약해 준다. 이는 조직에 대한 사회학자 셀즈닉Philip Selznick의 이원적 분석dual analysis[조직 내에서 공식 체계와는 별도로 비공식 구조가 이원적으로 발전하는 사실에 주목한 분석]과도 비슷하다. 그는 이렇게 썼다.

모든 공식 조직은 합리적으로 조직된 체계 내지 공언된 목표와는 별개로 존재하는 힘들forces에 의해 그 형태가 정해진다. 모든 공식 조직은 …… 그 자신의 목적을 달성하기 위한 수단으로 인적·기술적 자원을 동원하려 한다. 그러나 조직 내의 개인들은 수단으로 취급당하는 것에 저항한다. 그들은 전체적으로 상호작용을 하고, 자신들의 특수한 문제와 목적을 갖는다. …… 이는 조직 내에서 자신들의 존재 조건을 스스로 통제하려는 개인과 하위 집단들의 자연발생적인 노력을 반영하는, 비공식적 구조의 발전으로 이어진다. …… 이 비공식적 구조는 위임과 통제로 구성된 공식 조직에 불가피하면서도 동시에 중요한 존재가 될 것이다.13)

분명 정당이 내세우는 공식적 목적 — 즉 정책을 기획하고 집권해

---

12) Schumpeter, *Capitalism, Socialism and Democracy* (1950), p. 282. 민주주의에 대한 슘페터의 심오한 분석은 이 책 전체에 영감을 주었고 전체 논지를 구성하는 데 기초적 토대가 되었다. 슘페터에게 진 빚이 너무 크며, 그에게 깊이 감사한다.

13) Philip Selznick. "A Theory Organizational Commitments," Merton, Gray, Hockey and Selvin eds., *Reader in Bureaucracy* (Glencoe, Illinois: The Free Press, 1952), pp. 194, 195.

이를 실행하는 것 — 이 정부를 분석할 때 고려해야 할 유일한 것은 아니다. 정당의 공식적인 목표만큼이나 중요한 것은 비공식적 구조로, 이는 정당을 움직이는 사람들의 사적인 동기를 중심으로 이루어져 있다. 우리 모형은 이 [공식적·비공식적 측면의] 모든 요소를 정부의 작동에 관한 하나의 일관된 이론 안으로 결합하려 한다.

우리의 이론이 자기 이익의 공리에 기초하고는 있지만, 그렇다고 해서 정당 구성원의 욕망이 무한하다고 가정하는 것은 아니다. 각자의 자기 이익에는 최소한 두 가지 제한이 있다. ① 뇌물 수수나 헌법 위반에 자신의 권력을 사용하는 것과 같은 불법 행동을 하지는 않는다. ② 자신의 정당 팀에 속한 다른 구성원을 희생시키면서까지 자기 이익을 추구하지는 않는다. 비록 이 두 제한 모두 비현실적인 것이라 할지라도, 그런 제한이 부과되지 않는다면 분석의 범위는 지나치게 확대될 수밖에 없다.

4) 정당의 특수한 목표

우리 모형에서 정치가의 행위 동기에는 한편으로 소득·명성·권력에 대한 욕망이 있고, 다른 한편 모든 모험적인 행동에 공통적으로 존재하는 싸움에 대한 열망, 즉 '게임의 스릴'이 있다. 그러나 자신의 정당이 집권하지 못한다면, 게임의 스릴을 제외하고는 그들이 바란 것을 아무것도 얻을 수 없다. 따라서 그들의 일차적 목표가 선거에서 이기는 것이라고 말하는 것은 정당 구성원의 동기를 왜곡하는 것이 아니다. 이것이 의미하는 바를 달리 말한다면, 모든 정당은 다른 정당보다 더 많은 득표를 추구한다.

우리는 자기 이익의 공리로부터 1장에서 언급되었던 득표 극대화를 추구하는 정부를 추론해 냈다. 그런 정부를 운영하는 정당은 헌정 규칙을 위반하지 않는 범위에서 어떻게든 가장 많은 득표를 할 수 있도록 정책과 행동을 조정한다. 분명 그런 행위가 함축하는 것은, 정부 정책과 시민들의 투표 행태 사이에 어떤 분명한 관계가 있다는 것을 집권당이 의식하고 있다는 사실이다. 다음의 두 개 장에서는 이 주장들에 대해 자세히 살펴볼 것이다.

3. 윤리학과 서술 과학에 대한 관계

우리 모형은 규범적 모형과 [현실의 묘사라는 의미의] 서술적 모형 사이에 있는 애매한 중간 지대를 차지한다. 우리 모형은 규범적이지 않다. 왜냐하면 어떤 윤리적 가정도 포함하고 있지 않으며, 인간이 어떻게 행위해야 하느냐를 판단하는 데 적용될 수도 없기 때문이다. 그렇다고 우리 모형이 순전히 서술적인 것도 아니다. 왜냐하면 정치 현실에서는 비합리적인 사고가 매우 중요한 작용을 하지만, 이를 제외하고 있기 때문이다. 그러나 [규범적 모형 및 서술적 모형과는 달리] 우리 모형은 정치경제학을 특징짓는 규범적·서술적 차원 모두와 연관이 있으면서 각자의 차원에서 뚜렷하게 다른 기능을 수행하고 있다.

1) 규범적 함의

민주주의 정치에 관한 윤리적 혹은 규범적인 모형은 보통 다음과 같은 방식으로 구성된다.

1. 규범적 모형의 창안자는 특정의 목표를 '선한' 것으로 가정한다.
2. 그런 목표를 달성하는 데 필수적인 행위를 상정한다.
3. 진정한 민주주의 사회의 구성원들이라면 이런 행위를 반드시 수행'해야 한다'고 결론 내린다.

그러나 선한 것으로 옹호된 행동이 경제적 관점에서도 합리적인 것인지를, 위 모형의 창안자들이 늘 고려하는 것은 아니다. 선해 보이는 사람이 사회적 노동 분업 속에서 자신이 해야 할 역할을 효율적으로 수행하지 못할 수 있다. 사실 그들이 선한 행위라고 정의한 것이 매우 비효율적이어서 그런 행위가 과도해지면 그들이 바라는, 바로 그 사회 상태를 붕괴시킬 수도 있다. 그럴 경우 그들의 규범적 처방은 모순에 빠진다. 그러므로 선한 행위에 대한 그들의 개념은 재검토되지 않으면 안 된다.

규범적 모형에서 선한 것으로 처방된 행위들을 합리성의 기준으로 검증해 보지 않는다면 그런 모순은 발견될 수가 없다. 우리의 실증적 모형을 규범적 모형으로 전환해 봄으로써 우리는 그런 검증을 위한 훌륭한 도구를 만들어 볼 수 있다. 실증적 형식으로 이루어져 있는 우리 모형은, 사회를 움직이는 실제의 규칙들에 대한 단순 서술로 간주되는 일련의 조건들을 갖고 있다. 그런데 그와 완전히 똑같은 조건들이 어떤 윤리적 지침들로부터도 연역될 수 있다. 그렇다면 그런 조건들은 실증적인 것으로 다뤄질 수도 있고, 규범적인 것으로 다뤄질 수도 있다.

예를 들면, 우리 모형을 구성하는 두 개의 파라미터를 생각해 보자. 하나는, 모든 유권자는 각각 한 표를 행사할 수 있다는 것이다. 다른 하나는, 가장 많은 표를 획득한 정당이 선출된다는 것이다. 우리의 연구에서, 이들 규칙은 단지 사회에서 **일어나는 일**is done을 서술하고 있다. 그러나 달과 린드블롬에 의해 구성된 규범적 모형에서는 똑같은 규칙들이 무엇을 **해야 하는가**ought to be done를 나타낸다. 왜냐하면 그 규칙들은 다음과 같은 가치판단에서 도출되는 것이기 때문이다.

> 민주주의는 지향하는 목표goal이지 성취된 것achievement이 아니다. …… 민주적 목표는 두 부분으로 이루어져 있다. 그것은 달성해야 하는 특정의 조건과 그런 조건을 달성하기 위한 절차를 안내하는 특정의 원리로 구성된다. [달성해야 할] 특정의 조건이란 다음과 같이 정의되는 정치적 평등이다.
> **어느 한 시민의 선호가 다른 어떤 시민의 선호보다 중요하게 여겨지지 않도록, 정부의 결정에 대한 시민들의 통제권은 모두에게 공유된다.**

> [목표 달성을 위한 절차를 안내하는] 특정의 원리란, 다음과 같이 정의되는 다수 지배majority rule의 원리이다.

> 정부 결정에 대한 통제는, '최종 단계에서' 자신의 선호를 표현하는 다수에 의해 이루어져야만 한다.14)

마찬가지로, 우리가 실증적 차원에서 사용하는 다른 많은 파라미터 역시 윤리적 공리의 실천적 표현으로 간주될 수 있을 것이다.

그 결과, 규범적 모형의 창안자 또는 평가자는 그런 모형이 우리 모형과 동일한 행위 규칙을 많이 포함하고 있다는 것을 발견하게 될지도 모른다. 그렇다면 그는 자신이 선한 것이라고 간주한 행위가 효율적인 것인지를 검토하기 위해, 합리적 행위에 대한 우리의 실증적 서술을 이

---

14) Dahl and Lindblom, *Politics, Economics and Welfare* (1953), p. 41.

용할 수 있다. 그 과정에서 어떤 불일치를 발견하게 되면, 그는 자신이 내린 처방들이 실현 가능한지, 나아가 자신이 선한 것으로 간주한 것들이 실제로도 얼마나 선한 것일 수 있는지에 대해 의심해 보게 될 것이다.

이처럼 규범적 이론을 검증하는 데 우리의 모형을 사용할 수 있다 하더라도, 그것은 오직 선한 행위의 규칙으로 잘 알려진 지침들이 합리적 행위와 큰 차이가 날 때에만 검증을 위해 사용될 것이다. 그러나 우리가 윤리적으로 이상적 모형을 때때로 언급한다고 해서 그것이 앞으로 자주 언급될 정보 차원에서의 이상적인 모형informationally ideal model[완전 정보 상황]과 혼동되어서는 안 될 것이다. 이어지는 3장과 4장에서 우리는 모든 의사 결정자들에게 완전한 정보가 활용될 수 있는 상황을 가정해 봄으로써 그런 이상적 모형을 구축할 것이다. 그런 '확실성의 세계'certain world는 불확실성과 정보 비용이 민주주의에 미치는 영향을 알아보기 위한 실증적 규범으로 활용될 것이다.15)

2) 서술 과학에 주는 함의

우리 모형은 두 가지 차원에서 서술 과학에 대해 적절한 함의를 갖는다. 첫째, 우리 모형은 정부의 의사 결정과 정당의 행위를 일반화해 설명할 수 있는 단일 가설을 제시한다. 이런 가설은 검증 가능한 추론

---

15) 그러나 완전 정보의 세계는 '불확실성의 세계'와 너무 다르기 때문에 정보 차원에서 이상적인 우리 모형을 너무 넓게 확대할 수는 없다. 만약 그렇게 하면, 그 [이상적인 완전 정보 모형] 속에 있는 대부분의 제도들은 우리의 실제 모형과 비교하기 위한 토대로서 별 도움이 되지 않을 것이다. 따라서 우리는 정보의 차원에서 이상적인 세계의 몇 가지 특징에 대해서만 간략히 다룰 것이며, 그것들을 아주 자세하게 서술하려 할 때 생길 수도 있는 많은 문제들에 대해서는 무시할 것이다.

을 낳기 때문에, 경험적 증명의 대상이 될 수 있다. 가설이 사실로 입증되면, 그것은 정당의 행동과 발전에 관해 기존에 자명하게 생각했던 것과는 다른 결론으로 우리를 이끌 수도 있으며, 그렇게 해서 실제 현실에 대한 우리의 지식을 늘리는 데 기여할 수 있다.16)

둘째, 우리 모형은, 사람들이 정치에서 합리적으로 행동한다고 할 때 우리가 기대할 수 있는 행위가 어떤 것인지에 대해 말해 준다. 따라서 우리 모형은, ① 사람들이 현실 세계의 어떤 정치 상황에서 합리적이고, ② 어떤 정치 상황에서는 비합리적이며, ③ 그럴 경우 어떻게 합리성으로부터 이탈하는지를 발견하는 데 사용될 수 있다.

이 모든 방식으로, 우리는 이 모형이 사소한 문제보다는 중요한 문제들에 대한 경험적 연구를 이끄는 지침이 되기를 희망한다. 그럼에도 우리의 모형은 현실을 정확하게 묘사하려고 시도하지는 않는다. 사회과학의 모든 이론적 구조물들이 그러하듯, 우리 모형은 몇몇 변수를 결정적으로 중요한 것으로 다루는 대신, 실제로 어느 정도 영향력이 있는 다른 변수들은 무시한다. 특히 비합리성과 무의식적 행위의 경우 현실 정치에서 결정적인 역할을 한다 하더라도, 우리 모형에서는 모든 형태의 비합리성과 무의식적 행위를 무시한다.

우리의 연구가 실증적이지만 서술적이지 않다는 사실은 불가피하게

---

16) 모형을 통한 추론은 두 번째 가설, 즉 시민과 그 밖의 정치적 의사 결정자들이 합리적으로 행동한다는 가설 또한 구체화해 준다. 게다가 그런 [모형을 통한] 분석은 하나의 구조로 엮여 있기에, 대개의 경우 [정당과 정부가 합리적으로 행동한다는] 첫 번째 가설 역시 [시민과 그 밖의 정치 행위자들이 합리적으로 행동한다는] 두 번째 가설을 수단으로 확대되곤 한다. 그 결과, 합리성을 세분화하는 것이 득표 극대화와 별 상관이 없을지 몰라도, 그 역은 아니다. [즉 투표 극대화 가설은 합리성 가설과 무관하지 않다.] 결국 우리 모형을 통해 행위를 서술하는 것이 언제나 득표 극대화 가설을 검증해 주는 것은 아니라 할지라도, 합리성 가설을 검증하는 데 사용될 수 있다.

설명의 어려움을 낳는다. 우리의 분석에서 나타나는 언급들은 분명하게 현실 세계를 지칭하지 않는 한, 현실의 세계가 아니라 모형의 세계에 적용되는 것이다. 따라서 우리가 아무런 언급 없이, 사람들이 생각하는 방법, 정부가 수행하는 것, 반대당의 선택 가능한 전략 등에 대해 말할 때, **현실의**real 사람, **현실의** 정부, **현실의** 정당에 대해 말하는 것이 아니라, 이 연구의 합리적 세계에 존재하는 우리 모형 속의 시민·정부·정당에 대해 말하는 것이다.

이 책을 읽는 동안 계속해서 이런 차이에 주의해야 한다. 그렇지 않으면 우리의 전술이 전혀 현실에 대한 주장이 아님에도 독자들은 이 모형이 많은 부분에서 사실과 일치하지 않는 오류를 범했다고 비난할 것이다. [우리의 진술이 현실과 동일한 것은 아니라는 점에 주의해 달라는] 사전 양해에도 불구하고 혼란이 발생한다면, 독자들에게 다음과 같이 관용을 요청하는 바이다. 여러분 가운데 이 책의 어떤 주장이 경험적으로 오류라고 생각하고 싶은 유혹에 빠질 때마다, 그것은 단지 모형에서만 적용되는 것이라고 일단 가정해 주길 바란다. 논리적으로 앞뒤가 맞다면 그 주장은 옳을 것이고, 그렇지 못하다면 우리의 분석은 개선되어야 할 것이다.

4. 요약

이 연구에서 **정부**는 일정 지역 내에서 자신의 결정을 다른 기구나 개인에게 강제할 수 있는, 사회적 노동 분업 내에서 특정의 전문화된 기능을 가진 행위자로 정의된다. **민주주의** 정부는 두 개 이상의 정당이 모든 성인의 표를 둘러싸고 경쟁하는 보통 선거를 통해, 주기적으로 선택되는 정부를 의미한다.

정당은 선거를 통해 공직을 얻음으로써 통치 기구의 통제권을 추구하는 개인들의 팀이다. 사회적 노동 분업 안에서 차지하는 정당의 기능은 정부 정책을 수립하고, 집권할 때마다 이를 수행하는 것이다. 그러나 그 구성원들의 동기는 공직에 취임하기 때문에 얻을 수 있는 소득·명성·권력에 대한 사적인 욕망이다. 따라서 정당이 수행하는 사회적 기능이란, 그들의 관점에서 볼 때는 사적인 야심을 달성하게 하는 수단이다. 이런 진술이 이상하게 들리겠지만, 그런 현상은 사회적 노동 분업의 모든 분야에서 발견된다. 왜냐하면 인간의 행위는 주로 자기 이익을 위해 이루어지기 때문이다.

공직에 따르는 이런 부수적 특권들은 선출되지 않으면 얻을 수 없는 것이기 때문에, 모든 정당의 주된 목표는 선거에서 이기는 것이다. 따라서 정당의 모든 행동은 득표 극대화를 지향하며, 정책은 단지 이 [득표 극대화라는] 목적을 위한 수단으로 취급된다.

우리의 모형은 순수하게 실증적인 것이기는 하지만, 규범적인 정치 모형에 따라 처방된 행위의 합리성을 검증하는 데 사용될 수 있다. 서술 과학의 분야에서 우리 모형은, ① 민주주의에서의 정치 행위에 대한 설명으로서 득표 극대화 가설을 발전시키고, ② 정치에서 합리적 행위와 비합리적 행위를 구분하는 실증적 규범을 세우는 데 기여한다.

3

투표의 기본 논리

득표를 늘리기 위해 정책을 기획하고자 한다면, 정부는 자신이 하는 일과 시민의 투표 행태 사이에 어떤 관계가 있는지를 알아야 한다. 우리의 모형에서 이 관계는 시민이 정치의 세계에서 합리적으로 행동한다는 공리로부터 파생된다. 이 공리는 모든 시민이 그에게 더 많은 편익을 가져다줄 것이라고 생각하는 정당에 투표한다는 것을 의미한다.

외견상 당연해 보이는 이 정의는, 사실 복잡하고 모호한 개념들에 기초하고 있다. 이 장에서 우리는 '합리적 투표'가 실제로 무엇을 의미하는지를 보여 주기 위해 그 개념들을 주의 깊게 검토할 것이다.

1. 정부의 활동으로 얻는 효용 소득

유권자가 결정을 내릴 때 고려하는 **편익**benefits은 정부의 활동[1]으로부

---

1) [옮긴이] 다운스는 행위와 관련된 용어를 다양하게 사용한다. behavior는 '행위'로 옮겼고, 자주 쓰는 용례를 따라야 할 경우 '행태'로 옮겼다. action은 주로 '행동'으로 번역했고 문맥에 따라 '행위'로 옮기기도 했다, activity는 '활동'으로 옮겼다. act는 '조치'로 옮겼고 동사일 때

터 얻는 일련의 효용이다. 사실 이런 정의는 순환론적이다. 왜냐하면 우리는 **효용**utility을, 시민이 여러 대안적 경로 가운데 어떤 선택을 할지를 결정할 때 사용하는, 그의 마음속에 있는 편익의 척도a measure of benefit 라고 정의하기 때문이다. 다른 조건이 동일하다면, 합리적 인간은 서로 다른 몇 개의 대안 가운데 언제나 자신에게 가장 높은 효용을 제공하는 쪽을 선택할 것이다. 즉 그는 자신의 최대 편익을 위해 행동한다. 이는 1장에서 내린 합리성의 정의로부터 직접적으로 도출된다.

모든 시민은 정부의 활동으로부터 지속적으로 일련의 편익을 제공받는다. 거리의 치안 유지, 깨끗한 물, 도로 보수, 해안 경비, 쓰레기 청소, 기상예보 등이 그 예이다. 이들 편익은 사적인 경제활동이 제공하는 편익과 하나도 다르지 않다. 다만 제공자가 정부라는 사실에 의해 구분될 뿐이다. 물론 우리가 받는 편익들, 말하자면 국가 안보와 후식으로 파이를 먹는 것으로부터 얻는 편익 사이에는 엄청난 질적 차이가 있다. 그러나 모든 편익은, 그것이 질적으로 얼마나 다양하든 아니든, 희소 자원의 할당이라는 목적을 위해 어떤 공통분모로 환원되어야만 한다. 이는 사적 부문의 편익에도 똑같이 적용된다. 이 과정에서 사용되는 공통분모를 우리는 **효용**이라고 부른다.

시민은 자신의 물질적인 소득과는 아주 거리가 먼 일로부터도 효용을 얻을 수 있다. 예를 들면, 정부가 기아 문제를 겪고 있는 중국에 식량을 무상으로 제공하기 위해 세금을 올릴 경우, 어떤 시민들은 그로 인

의 act는 '행동하다'로 옮겼다. 이상을 사례로 표현하면 behavior rule은 '행위 규칙'으로 voting behavior는 '투표 행태'로, government activity는 '정부(의) 활동', government act는 '정부(의) 조치', government action은 '정부(의) 행동' 등으로 옮겼다. 문맥에 따라 '정부의 정책적 활동', '정책적 행동', '정책적 조치'로 옮기기도 했다.

해 자신들의 효용 소득utility income이 증가한 것으로 간주할 수도 있다. 이 타적인 자선 행위는 때때로 대단한 편익의 원천이기 때문에, '자기 자신의 최대 편익을 위한 행동'을 좁은 의미의 이기심과 단순 동일시해서는 안 된다. 따라서 우리 모형은 기본적으로 자기 이익의 공리에 의존하면서도 이타주의를 위한 여지를 남겨 놓는다.

이처럼 넓은 의미의 효용 개념을 사용함으로써, 우리는 정부의 활동으로부터 얻는 **효용 소득**에 대해 이야기할 수 있게 된다. 또한 여기에는 그가 편익을 얻고 있다는 것은 알지만 그 편익이 정확히 어디에서 나오는지를 모르는 편익도 포함된다. 예를 들어, 많은 시민들은 정부 기관에서 그들이 마시는 물을 검사하고 있다는 사실을 의식하지 못할 수 있다. 검사가 중단된다고 하더라도, 오염된 물을 마시기 전까지는 그들의 효용 소득이 감소했다는 사실을 알지 못할 것이다. 심지어 그런 경우가 실제로 발생하더라도, 정부의 검사 활동 중단이 효용 소득의 하락을 초래했다는 것을 그들 모두가 아는 것도 아니다.

사람들이 정부로부터 효용 소득을 얻고 있음을 인식하지 못한 채 효용 소득을 얻을 수 있다는 사실은 **소득**income에 대한 통상적인 정의와 어긋나는 것처럼 보인다. 그럼에도 이 [인식하지 못할 수 있다는] 가정을 유지해야만 한다. 왜냐하면 정부의 중요한 정치적 전략은 유권자가 이미 편익을 얻고 있음을 알리는 데 있기 때문이다. 그러나 유권자의 투표 결정에 영향을 미치는 것은 오직 그가 의식하게 된 편익뿐이고, 그렇지 않다면 그들의 행위는 비합리적이게 될 것이다.

2. 투표 행동의 논리 구조

1) 분석에서 사용되는 용어들

소득을 일정 기간 공급된 편익의 양으로 정의함으로써, 우리는 시간의 문제에 직면하게 된다. 왜냐하면 그 양은 오직 단위 시간에 대한 비율로서만 측정되기 때문이다. 우리가 사용하는 시간의 단위는 **선거 주기**election period이다. 이는 선거와 선거 사이에 존재하는 기간으로 정의되며, 한 유권자의 머릿속에서 판단의 기본 단위를 이룬다.

합리적 유권자는 적어도 두 개의 선거 주기를 고려한다. 다음 선거일에 끝나는 현재의 선거 주기와 다음 선거일부터 시작되는 [차기의] 선거 주기가 그것이다. 이 주기를 각각 t와 $t+1$이라고 부르겠다.

말로 표현된 분석을 수식으로 보여 주기 위해, 다음과 같은 기호를 사용한다.

U 각각의 유권자가 특정 선거 주기 동안 정부의 활동으로부터 얻는 실제 혹은 가상의 효용 소득을 나타낸다.

A 현재의 집권당, 즉 선거 주기 t의 집권당을 나타낸다.

B 현재의 반대당, 즉 선거 주기 t에서 집권하지 못한 정당을 나타낸다(우리는 이 장 전반부의 분석까지는 양당제를 가정한다).

U^a 특정의 선거 주기 동안 실제로 받은 효용을 나타낸다. 이는 그 주기 동안에 집권당에 의해 제공된 효용 소득이다.

U^i 특정의 선거 주기 동안 유권자가 생각하기에 받을 수도 있었다고 여기는 최대 효용 소득을 나타낸다. 이는 그 선거 주기에 이상적인 정부가 집권했더라면 그에게 제공되었을 효용 소득이다.

E 기대 가치를 나타낸다.

2) 양당제에서의 정당 간 효용 격차

우리 모형에서 각각의 유권자는 다가오는 선거 주기 동안 다른 정당보다 더 많은 효용 소득을 제공할 것이라고 믿는 정당에 투표한다.[2] 유권자는 어느 정당이 그런 정당인지를 판단하기 위해 각 정당이 집권했을 때 그가 받게 될 것이라고 믿는 효용 소득을 비교한다. 양당제 아래에서 이 비교는 다음과 같은 간단한 공식으로 표현한다.

$$E(U_{t+1}^A) - E(U_{t+1}^B)$$

이들 두 기대 효용 소득 간의 차이는 시민이 평가하는 **정당 간 기대 효용 격차**expected party differential를 나타낸다. 이것이 양(＋)이면 A정당에 투표하고, 음(－)이면 B정당에 투표하며, 0이라면 유권자는 기권한다.[3]

이렇게 보면 합리적 투표는 매우 간단한 일로 보인다. 그러나 이처럼 겉으로는 쉬워 보이는 일이 실제로는 그렇지 않을 수 있다. 왜냐하면 결정적인 문제가 남아 있기 때문이다. 합리적 유권자는 정당 간 기대 효용 격차를 이끌어 내는 기대 효용 소득을 어떻게 계산해야 하는가? 우리가 처한 어려움은 바로 이 문제에 답해야 한다는 데 있다.

투표를 할 때, 유권자는 다음 선거 주기(즉 t＋1) 동안에 자신을 통치

---

2) 지금부터 **효용 소득**이라는 용어는 특별한 언급이 없는 한, 정부 활동으로부터 얻는 효용 소득을 가리킨다.

3) 다당제에 적용되는 결정 규칙에 대해서는 이 장의 후반부에서 논의할 것이다.

하게 될 정부를 선택하려고 한다. 그러므로 방금 본 것처럼, 그는 경쟁하는 정당들에 대해 그가 예상하는 미래의 수행 능력을 비교한 후에 결정을 내린다. 그러나 그가 합리적이라면, 어떤 정당도 자신이 약속한 모든 것을 수행할 수 없다는 것을 안다. 그래서 그는 단순히 정당의 강령만을 비교할 수는 없다. 그보다는 그들이 집권했을 때 실제로 정당들이 어떻게 할 것인지를 염두에 두고 평가해야 한다.[4]

이미 한 정당이 정권을 잡고 있기 때문에 선거 주기 t 동안에 보인 집권당의 수행 실적은 유권자에게 미래를 예측하는 가장 적절한 기준을 제공한다. 집권당이 정책적 지속성을 보인다고 가정하면, 분명 그렇다.[5] 그러나 한 정당[집권당]이 현재 보여 주고 있는 수행 능력과 다른 정당[반대당]의 미래 예상 수행 능력을 비교하는 것은 비합리적일 것이다. 유의미한 비교를 위해서는 두 개의 수행 능력이 똑같은 조건, 즉 동일한 선거 주기 안에서 나타나는 것이어야 한다. 그러므로 유권자는 만약 이전 선거에서 반대당이 집권했더라면 이번 선거 주기 t 동안에 그 정당이 어떤 수행 능력을 보였을 것인가를 계산해야만 한다.

그러나 그런 수행 능력은 순전히 가설적이다. 따라서 유권자는 반대당으로부터 어떤 효용 소득을 얻게 되었을 것인지를 단지 상상을 통해 어림잡을 수 있을 뿐이다. 그러나 미래의 정당 B와 미래의 정당 A는 똑

---

4) 우리의 모형에서 집권당은 광범위한 권력을 가지고 있기에 아마도 그들이 공약한 바를 모두 실행할 수도 있다. 그러나 여기서는 두 가지 이유 때문에 그럴 수 없다고 가정한다. ① 현실 세계에서 그리고 불확실성에 기초를 둔 우리의 모형에서, 정부는 향후 직면하게 될 모든 장애물을 예측할 수 없으며, 이런 사실은 유권자의 사고방식에 큰 영향을 미친다. ② 양당제 아래에서 각 당은 의도적으로 모호한 약속을 한다. 따라서 강령은 우리의 모형에서조차 정부 행위를 미리 알려주는 것이 될 수 없다. 두 번째 논점에 대해서는 8장에서 자세히 살펴본다.
5) 모든 합리적 정당이 정책의 연속성을 유지하려는 경향에 대해서는 7장에서 논의한다.

같이 가설적이다. 그래서 그는 ① 두 개의 가설적 미래 효용 소득을 비교하거나, ② 실제의 현재 효용 소득(A정당)과 가설적 현재 효용 소득(B정당)을 비교해야만 한다. 의문의 여지없이, 유권자에게는 후자의 비교가 구체적인 사실을 좀 더 직접적으로 활용할 수 있게 해준다. 항목의 하나[집권당의 실제 현재 효용 소득]는 완전한 사실에 근거한 것이고, 다른 하나[반대당의 가설적 현재 효용 소득]도 어떤 상황에서 계산이 이루어지는지에 대해 충분히 알 수 있기 때문이다. 만약 유권자가 미래의 효용 소득을 비교하려고 한다면, 그는 후자의 이런 이점을 하나도 활용할 수가 없다. 그러므로 투표 결정은 완전한 미래의 사건에 기초하기보다는 현재의 사건에 기초해 이루어지는 것이 더 합리적이라고, 우리는 믿는다.

결과적으로 유권자의 투표 결정에서 가장 중요한 부분은, **정당 간 현재 효용 격차**current party differential의 크기, 즉 선거 주기 t 동안에 그가 실제로 받은 효용 소득과 반대당이 집권했더라면 받았을 효용 소득 간의 차이다.[6] 수식으로 표현하면, 그것은 다음과 같이 계산된다.

$$(U_t^A) - E(U_t^B)$$

이것이야말로 정당 간 기대 효용 격차를 결정하는 주된 요인이 아닐 수 없다.

그러나 이런 결론은 우리 모형에서 시민이 투표 결정을 할 때 미래를 무시한다는 것을 의미하지는 않는다. 투표의 목적은 미래의 정부를 선택하는 것이기 때문에 미래를 무시하는 태도는 분명히 비합리적이

---

6) 혼란을 피하기 위해 다음과 같은 규칙을 채택한다. 즉 **정당 간 효용 격차**라는 용어 앞에 **현재** (current)라는 형용사가 없으면, 그것은 언제나 정당 간 **기대**(expected) 효용 격차를 나타낸다.

다. 그러므로 우리 모형의 합리적 인간은 정당 간 기대 효용 격차를 계산하기 위해 정당 간 현재 효용 격차에 미래 시점을 고려한 두 개의 수정자modifiers를 적용할 것이다.

3) 추세에 따른 변동 요인과 수행 능력 평가

우리는 첫 번째 수정자를 간단히 **추세치**trend factor라 부르겠다. 이는 현재의 선거 주기 내에서 발생한 여러 일들을 통해 발견할 수 있는 어떤 경향적 추세를 적절히 다루기 위해 시민 각자가 정당 간 효용 격차를 조정하는 것을 말한다. 예를 들어, 어떤 유권자는, 현 정부가 처음 집권했기에 많은 실수를 저질렀지만 점차 이를 개선했으며 지금은 아주 노련하게 통치하는 것으로 생각한다고 가정해 보자. 이 유권자는 현 집권당이 다시 선출되면 이 노련함이 다음 선거 주기 동안에도 발휘될 것이라고 생각할 수 있다. 그러므로 그는 정당 간 현재 효용 격차를 조정해 집권당의 초기 실수들이 가져온 영향을 제거하려 할 것이다. 반대로 현 정부가 출발은 잘했지만 계속해서 나빠졌다고 생각한다면, 그는 기대 효용 소득을 계산할 때, 현 정부의 나쁜 수행 능력만을 고려할 것이다.

두 번째 수정자는 경쟁하는 두 정당 사이에서 시민들이 아무런 차이를 발견하지 못할 때에만 영향을 미친다. 즉 두 정당이 똑같은 강령과 정책을 갖고 있다고 생각할 때에만 해당된다.[7] 이런 교착상태를 벗어

---

7) 완전한 정보가 존재할 때, 시민들은 정당들의 정책이 실제로 똑같을 때에만 똑같다고 생각한다. 그러나 완전한 정보가 있기 어려운 세계에서는, 정당 간에 실제로 차이가 있더라도, 유권자가 인식할 만큼 차이가 충분히 크지 않기 때문에 주목받지 못할 수도 있다. 이런 가능성에 대한 더 자세한 설명은 이 장의 3절을 보라.

나기 위해, 합리적 시민은 판단의 기준을 현 정부가 전임 정부들이 보여 준 수행 능력만큼 잘했는지의 여부로 바꾸게 된다.

교착상태에서 벗어나고자, 이처럼 특별한 장치를 사용하는 것이 자의적으로 보일 수도 있다. 미래의 정부를 선택하는 합리적 유권자가 왜 과거로 시선을 돌려야 하는가? 현재 존재하는 정당 간 유사성 때문에 발생한 어려움을 해결하려는 유권자는 왜 과거의 정부를 끌고 들어오는가?

이 질문들에 대한 대답은 선거 그 자체가 정당의 행위 선택에 미치는 영향으로부터 살펴볼 수 있다. 사실 모든 선거는 현 집권당의 성적에 대한 평가이다. 그러나 집권당의 성적을 평가하는 데 사용되는 기준에는 두 가지 유형이 있다. 선거 주기 t에서 반대당의 정책이 집권당의 정책과 달랐다면, 이때 내려지는 판단이란 미래에 투사된 두[집권당과 반대당의] 정책 세트 사이에서 유권자가 어느 쪽을 선택했는지를 나타낸다. 그러나 반대당의 정책이 집권당의 정책과 같은 것이었다면, 두 정당의 정책을 단순히 미래에 투사해 보는 것은 유권자에게 아무런 의미가 없다. 이 경우, 그들의 판단은 어느 정도 추상적인 기준에 따라 집권당의 성적이 좋은가 나쁜가에 대한 평가를 나타내는 것이 된다.

결국 모든 선거는 정부 선택 장치government selector일 뿐만 아니라 신호 발송 장치signaling device이기도 하다. 그러나 양당제에서 선거는 두 개의 신호 중에서 하나의 신호만 보낼 수 있을 뿐이다. 집권당은 재선[재집권]을 늘 기존 정책을 지속하라는 유권자의 명령mandate으로 간주한다. 역으로 반대당은 그들의 승리를 집권당의 정책 가운데 최소한 몇 가지는 바꾸라는 유권자의 명령으로 받아들인다. 그렇지 않다면 사람들이 왜 반대당에 투표하려 했겠는가? 요컨대, 선거 결과는 '변화'change 혹은 '현상 유지'no change를 요구하는 것이다. 따라서 선거 주기 t에서 두 당의 성적이 아무리 유사했다 하더라도, 어느 당이 당선되느냐 하는 사실은 엄청난 차이를 가져온다. 만약 반대당이 이긴다면, 틀림없이 그들은 집권당이 승리했을 때 수행하게 될 정책과는 분명히 다른 정책을 수행할 것이다.

그럼에도 반대당이 승리했을 때, 그들이 정책을 어떻게 변화시킬지를 미리 아는 사람은 없다. 지금 우리는 반대당과 집권당의 정책을 같은 것으로 가정하고 논의하고 있기 때문에, 반대당이 선거 주기 t 동안 집권했다고 가정했을 때의 가상적 결과를 알아낼 방법도 없다. 그러나 반대당이 집권할 때의 변화가 어떤 것인지를 모른다면, 사람들이 어떻게 변화를 지지하거나 반대해 합리적 투표를 할 수 있다는 말인가?

합리적 인간들은 정책 그 자체가 아니라, 그 자신의 효용 소득에 관심이 있다. 만약 그들의 관점에서 현재 효용 소득이 매우 낮다면, 어떤 변화라도 그들의 소득을 증가시킬 것이라 믿을 것이다. 이 경우 그들은 집권당에 반대하는, 즉 변화 일반에 찬성하는 투표를 하는 것이 합리적이다.

다른 한편, 집권당의 정책으로부터 이익을 얻고 있는 사람이라면 변화가 그에게 도움을 주기보다는 손해가 될 것이라고 느낄 수 있다. 사실 반대당이 그의 효용 소득을 증가시킬 정책을 도입할지도 모른다. 그러나 그의 소득은 이미 충분히 높기 때문에 그는 현 정책의 연속성이 깨지는 것을 두려워한다. 그래서 그는 합리적으로 집권당에 찬성하는, 즉 변화 일반에 반대하는 투표를 한다.

이와 같은 두 가지 행동 모두는 선거가 불가피하게 변화와 무변화에 대한 사전 신호가 된다는 사실에 대한 합리적 반응이다. 이것들은 경쟁하는 두 정당의 성적이 선거 주기 t 동안 설사 똑같게 평가된 경우에도, 많은 시민이 선거 주기 t+1에 대해 두 당으로부터 서로 다른 효용 소득을 기대하는 것이 합리적임을 보여 준다. 그러므로 기권은 오직 ① 반대당이 승리할 경우 발생할 정책의 변화가 그들의 효용 소득에 아무런 순 효과를 미치지 못하거나, ② 이 변화가 그들의 소득에 영향을 미치기는 하나, 소득을 높일 확률과 소득을 낮출 확률이 같을 때, 즉 변화에 대한 기대 가치가 0일 때에만 합리적이다.

이런 추론에 대해 두 가지 점을 덧붙여야만 하겠다. 첫째, 지금까지 우리는 우리의 확실성 모형 안에 어느 정도의 불확실성이 존재함을 인정해 왔다. 그렇지만 이런 확실성 모형의 목적은 향후 불확실성 모형에 대한 분석을 발전시키려는 데 있다. 그러므로 불확실성이 합리적인 행동의 기본적인 구조에 영향을 미칠 때마다, 우리가 그것을 진지하게 고려하는 것은 당연한 일이라고 생각한다.

둘째, 지금까지 우리는 집권당과 반대당의 성적이 같을 때에도, 집권당의 성적을 좋다, 나쁘다 하고 판단할 수 있다고 주장해 왔다. 그러나 이 경우 판단의 기준은 무엇인가? 집권당의 성적은 무엇과 비교될 수 있는가?

현실 세계에서 사람들은 때때로 정부가 하고 있는 일을 평가할 때, 다른 정당을 고려하지 않은 채, 정부가 꼭 해야만 하는 일과 비교하곤 한다. 즉 그들이 현재 받고 있는 효용 소득을 이상적인 정부가 집권했더라면 받았을 효용 소득과 암묵적으로 비교한다는 말이다. 물론 모든 사람이 다른 사람과 같은 이상을 갖고 있는 것은 아니다. 그러나 누구든 집권당이나 다른 정당들의 **수행률**performance rating을 평가하기 위해, 이상적인 정부에 대해 각자가 가진 고유한 인식 틀을 사용할 수 있다.[8]

---

8) 현재 집권하지 않고 있는 정당의 수행률을 계산하기 위해서는 두 가지가 필요하다. ① 첫째는 지금 받고 있는 실제 효용 소득 대신, 집권하지 않는 정당이 제공했거나 (혹은 제공했을) 실제

이를 수식으로 표현하면 다음과 같다.

$$\left[\frac{U_t^i}{U_t^a}\right]$$

수행률은 서로 다른 기간 동안의 정부 활동, 심지어는 서로 다른 지역의 정부 활동을 서로 비교하는 데도 대단히 유용하다.[9] 앞에서 본 것처럼, 서로 다른 시간 주기에서 얻는 효용 소득의 절대적 크기는 직접적으로 비교될 수 없기 때문에, 수행률은 그런 비교를 위해 필수적이다. 정부의 수행률은 다음과 같은 경우에 바뀔 수도 있다. ① 다른 조건은 동일한데 정부가 자신의 정책 행동을 변화시킬 때, ② 정부가 동일한 정책 행동을 취하고 기존과 동일한 효용을 산출하지만, 그와는 달리 환경이 변화해 이상적인 효용 소득의 수준이 변할 때, ③ 정부가 동일한 정책 행동을 취하지만 환경이 변해 더는 동일한 효용을 산출하지 못할 때 등이다.

우리의 모형에서 수행률은 양당의 강령과 현재 채택하고 있는 정책이 같을 때마다 유권자의 의사 결정에 개입해 영향을 미친다. 이 규칙은 일견 유권자의 사고가 일관되지 못함을 의미하는 것처럼 보이지만, 사실은 그렇지 않다. 모든 합리적 유권자는 만약 반대당이 선출되어 집권한다면, 현재 집권당에 의해 채택되고 있는 몇몇 정책들을 바꾸려 한

(혹은 가상의) 효용 소득으로 대체하는 것이고, ② 둘째는 분자와 분모의 기준을 모두 똑같은 시간 주기에 일치시킬 수 있도록 적절한 이상 소득(ideal income)을 선택하는 것이다.

9) 우리가 수행 능력을 평가하기 위해 비율을 사용하는 것은 완전히 자의적이다. 따라서 상대적인 차이를 비교할 수 있는 그 어떤 수학적 측정 방법을 사용해도 상관은 없다. 그렇게 해도 이와 같은 주장은 달라지지 않는다.

다는 것을 알고 있다. 그러나 두 당이 각기 다른 강령과 정책을 갖고 있다면 구체적으로 어떤 변화가 일어날지도 알게 된다. 따라서 이 특정한 변화를 어떻게 생각하는지에 따라 두 정당 사이에서 그는 선택을 내릴 수 있다.

그러나 그가 생각하기에 두 당이 동일한 강령과 정책을 갖고 있다면, 그는 이제 반대당이 승리할 경우 구체적으로 어떤 변화가 생길지 알 수 없다. 그러므로 그는 변화 일반에 대한 자신의 태도에 기초해 결정을 내릴 수밖에 없다. 투표 결정을 하는 그의 방식이 달라지는 것은 아니다. 다만 그가 활용할 수 있는 근거가 달라짐으로써 애초의 도구를 버리고 다른 도구를 채택했을 뿐이다. 두 도구의 목표는 같다. 그것은 다른 정당이 아닌 특정의 정당에 투표해 얻게 되는 이익을 평가하는 데 있다.

따라서 유권자들은 오직 정당 간 현재 효용 격차가 0일 때에만 수행률을 사용한다. 그런 경우에도 언제나 사용하는 것은 아니다. 두 가지 이유에서 유권자의 정당 간 현재 효용 격차가 0일 수 있다. ① 두 당이 동일한 강령과 정책을 갖고 있을 때, 혹은 ② 두 당의 강령과 정책이 다르지만 각각이 동일한 효용 소득을 산출할 때이다. 후자의 경우에 반대당이 승리하면 어떤 변화가 생길지 알 수 있기 때문에 수행률은 그에게 유용하지 않다. 이 경우, 반대당의 집권이 가져올 변화가 그의 효용 소득을 변화시키지 않기에, 그는 기권할 것이다. 그러나 전자의 경우에는 반대당이 어떤 변화를 일으킬지 알 수 없기 때문에, 그는 변화 일반에 대한 자신의 태도를 결정하는 어떤 방법을 필요로 한다. 우리는 이미 다음의 두 가지 사실을 살펴보았다. ① 그의 태도는 집권당이 효용 소득을 가져다주는 데 얼마나 유능한가에 대한 판단에 달려 있다. ② 둘째, 그는 이상적인 정부의 수행 능력을 기준으로 집권당의 수행 능력을 평가할 수 있다. 그렇다면 그는 어떤 기준에 따라 수행률을 평가하는가? 예를 들어, 수행률 40퍼센트는 좋은 것인가 나쁜 것인가?

유권자들이 그런 기준을 세우기 위해서는 과거 정부들의 수행 능력을 고려해야 한다. 우리 모형에서 유권자는, 다른 정부들에 대한 경험으로부터 자신의 기준을 발전시킨다. 그들의 수행률을 계산함으로써, 그는 집권당이 통치를 잘했는지 못했는지 혹은 별다르지 않았는지를 판단할 잣대를 만든다. 수행률이 좋으면 지지하는 투표를 할 것이고, 나쁘면 반대투표를 하고, 별다르지 않다면 아예 투표를 하지 않을 것이다.10) 요컨대 두 당이 선거 주기 t에서 동일한 성적을 보인다 하더라도, 정당 간 기대 효용 격차에 0이 아닌 값을 부여하는 것이 합리적일 수 있다.

3. 불확실성이 초래하는 문제에 대한 예비적 검토

지금까지 우리는 정당 간 효용 격차와 수행률을 계산하는 것이 얼마나 어려운 일인지는 말하지 않은 채, 그것을 계산하는 유권자에 대해 손쉽게 말해 왔다. 양당제에서 유권자가 정당 간 현재 효용 격차를 알기 위해서는 다음과 같은 작업을 해야 한다. ① 어느 부분에서 두 정당이 다르게 행위할 것인지를 알아내기 위해 모든 단계의 정부의 정책 행동을 살펴봐야 한다. ② 다르게 행위할 때마다 그의 효용 소득이 어떤 영향

---

10) 투표하는 데 비용이 들지 않을 경우, 수행률을 적용하는 유권자는 집권당이 일을 잘했거나 혹은 못했다면 언제나 투표하게 된다. 그러나 투표하는 데 비용이 들 때에는 다르다. 이 경우에는, 그가 변화 일반으로부터 예상하는 손실이나 편익이 투표하는 데 드는 비용을 넘을 만큼 충분히 커야 한다. 그렇지 않으면 그는 집권당의 수행률과 상관없이 기권할 수 있다. 투표하는 데 비용이 드는 경우, 기권에 관한 자세한 논의는 14장을 보라.

을 받는지를 알아내야 한다. ③ 그런 효용의 차이를 모두 합산한 후에 한 정당이 다른 정당보다 얼마나 더 나은지를 가리키는 순수 값을 계산해 내야 한다. 이는 전통적인 경제 이론에서 합리적 소비자와 합리적 생산자가 살고 있는 세계에서와 똑같이, 비용이 들지 않는 완전 정보의 세계에서 합리적 유권자가 행동하는 방법이다.

현실 세계에서는 불확실성과 정보 부족으로 인해 가장 지적이며 충분한 정보 능력을 가진 유권자조차도 우리가 서술한 것처럼 행위하지 못한다. 그는 정부로부터 얻는 자신의 현재 효용 소득이 어떤 것이고 반대당이 집권했을 경우에는 어땠을 것인지에 대해 확신을 갖지 못하기 때문에, 단지 예측만 해볼 수 있을 뿐이다. 그는 정당 간의 충분한 차이가 드러날 만큼 인상적인 몇몇 분야의 정부 활동을 기준으로 평가해 보려 할 것이다. 전체 효용 양의 차이가 충분히 커서 어느 당이 집권하느냐가 더는 무차별하지 않게 될 때, 바로 그 지점이 그의 **정당 간 효용 격차의 임계치**party difference threshold가 된다. 그때까지는 한 정당이 다른 정당보다 높은 효용 소득을 제공한다고 할지라도, 어느 정당이 집권하느냐에 대해 별 관심이 없을 수 있다. 그런 임계치가 존재한다는 것은, 정당 간 기대 효용 격차가 0이 될 확률, 즉 기권이 발생할 확률을 높인다. 동시에 그것은 이미 벌어지고 있는 사태에 대해 좀 더 나은 정보를 제공함으로써 유권자가 생각을 바꾸는 것을 가능하게 하기도 한다.

여기서 우리는 두 가지 중요한 문제와 직면하게 된다. 첫째, 우리 모형을 불확실성의 문제에 개방하게 되면 우리는 오류나 실수, 거짓 정보, 무지와 같은 바람직하지 않은 것들을 받아들이지 않으면 안 된다. 이 장에서는 오직 투표의 기본 논리만을 다루므로 이런 요소들을 고려하는 일은 다음과 같은 조건만 지적하고 뒤로 미룰 것이다. 즉 이 책 전체적으로 우리는 불완전한 정보의 존재를 인정하지만, 거짓 정보(즉 틀린 사실)는 없다고 가정한다. 따라서 실수와 잘못된 데이터의 존재는 받아들이지만, 의도적인 거짓 정보의 존재는 배제한다.

두 번째 문제는 앞서 지적한 대로 [더 나은 정보가 제공될 경우] 어떻게 투표할지에 대한 유권자의 생각이 바뀔 수 있다는 바로 그 개념에서 유래한다. 지금까지 살펴본 대로, 모든 유권자는 여러 실제 혹은 가상의 효용 소득을 비교함으로써 투표 결정을 한다. 정부의 조치가 자신의 소득에 어떤 영향을 미치는지를 판단하기 위해, 유권자는 '좋은 사회'에 대한 자신의 관점에 따라 각각의 정부 조치를 좋은 것과 나쁜 것으로 평가한다. 우리 모형에서 모든 시민은 정부를, 좋은 사회를 얻기 위한 수단으로 보기 때문에 이런 [판단의] 절차는 합리적이다.

따라서 각 정당에 대한 한 시민의 평가는 궁극적으로 ① 각 정당의 정책에 대해 그가 갖고 있는 정보, ② 그런 정보와 좋은 사회에 대한 그 자신의 관념 사이의 관계에 달려 있게 된다. 유권자가 어떻게 투표할 것인가를 잠정적으로라도 결정했다면, 오직 이 두 요소 중의 하나가 변했을 때에만 그는 생각을 바꾸도록 설득될 수 있다. 이런 분석을 단순화하기 위해, 우리는 모든 시민이 좋은 사회에 대해 고정된 관념을 갖고 있으며, 그 관념을 각 정당의 정책에 대한 그의 지식과 결합해 이미 일관되게 판단해 왔다고 가정한다. 그러므로 [우리 모형에서는] 오직 새로운 정보만이 그의 생각을 변화시키도록 설득할 수 있다.

요컨대, 우리는 시민의 정치적 취향이 고정돼 있다고 가정하고 있는 셈이다. 장기적인 관점에서 볼 때 이 취향은 때로 크게 달라질 수 있지만, 전쟁이나 사회적 격변이 없다면 우리의 가정은 단기적으로 별 문제가 없다고 생각한다. 사실 수요에 대한 [경제학] 연구에서 일반적으로 가정하고 있는 소비 취향의 고정성보다, 정치적 취향을 고정된 것으로 보는 것이 훨씬 더 타당해 보인다.

4. 다당제에서의 변화

지금까지 우리는 양당제라는 조건 아래에서 분석해 왔지만, 그 과정에서 얻은 결론은 다당제에서도 적용될 수 있다. 다당제에서 유권자는 양당제에서와 똑같은 규칙을 따른다. 다만 여러 반대당 가운데 가장 높은 현재 수행률을 보이는 정당, 즉 그 당이 집권하고 있었더라면 지금 그에게 가장 큰 효용 소득을 주었을 정당과 집권당을 비교할 뿐이다.

그러나 다당제에서는 양당제에서 일어나지 않는 현상이 하나 있다. 그것은 합리적 유권자가 때때로 가장 선호하는 정당이 아닌 다른 정당에 투표할 수도 있다는 것이다. 예를 들면, 1948년 미국 대통령 선거에서 진보당Progress Party[11])이 후보를 냈을 때, 다른 어떤 후보보다 진보당 후보를 선호하는 일부 유권자들이 민주당 후보에 표를 던졌다. 그들은 자신이 가장 선호하는 후보는 당선될 가능성이 전혀 없고, 사람들이 진보당 후보에 많은 표를 던질수록 민주당 후보의 득표는 점점 더 줄어들 것이라고 느꼈기 때문이다. 민주당의 득표가 너무 낮아질 경우, 진보당 지지자의 관점에서 보면 가장 싫어하는 공화당 후보가 당선되는 것이다. 그런 식으로 그들이 가장 좋아하는 후보에 투표하는 것은 역설적이게도 그들이 가장 싫어하는 후보의 당선 가능성을 증대시켰다. 이런 결

---

11) [옮긴이] 1948년 선거에서 헨리 월리스(Henry A. Wallace)와 글렌 테일러(Glen H. Taylor)를 정·부통령 후보로 내세우고 흑백 분리 종식과 흑인 투표권 부여, 공적 건강보험 실시 등을 주장했던 진보적 정당이다. 1955년에 해산했다. 대통령 후보 월리스는 프랭클린 루스벨트(Franklin Roosevelt) 대통령 시절 농림부 장관, 부통령, 상무부 장관을 지낸 인물이었지만, 당에는 좌파 활동가들의 영향력이 컸다. 따라서 같은 이름의 정당으로, 1912년 시어도어 루스벨트(Theodore Roosevelt)가 이끌었던 진보당과 1924년 라폴레트 경(Robert M. La Follette, Sr.)이 이끌었던 진보당이 있었지만, 이와는 무관하다.

과를 피하기 위해, 그들은 자신들의 선호 순위에서 중간에 위치하는 후보에게 표를 던졌다.

이것은 분명히 합리적이다. 그러나 이것은 투표자가 어떻게 행동하는지에 대해 우리가 세운 단순한 규칙과 충돌한다. 이런 간극에 대한 설명이 필요하다. 우선 우리의 모형에서 선거는 정부를 선택하는 장치라는 점을 지적해야만 하겠다. 정부 선택을 위한 장치 이외에도, 선거가 실제로는 여러 목적을 갖고 있다고 할지라도 말이다. 그런 목적으로는 ① 현대 공산주의 국가들에서 보듯, 사회적 연대 의식을 만들어 내는 수단, ② 정치적 선호를 표출하는 장치, ③ (예를 들어, 선거운동과 같은) 합법적 통로를 통해 개인들이 갖고 있는 공격성을 발산하는 장치, 그리고 ④ 현재 진행 중인 사태에 대해 시민들 스스로 정보를 얻게 하는 유인 체계 등이 있을 수 있다. 그럼에도 우리는 선거를 오직 정부를 선택하는 수단으로 보는 데만 관심을 집중한다. 또한 합리적 행위를 바로 이 목적에 대한 것으로만 정의한다.

합리적 유권자는 먼저 그가 생각하기에 어느 정당이 그에게 가장 큰 편익을 줄 것인지를 결정한다. 그러고 난 뒤 그는 이 정당이 당선될 가능성이 있는지를 평가하려고 한다. 그의 투표는 선호를 표출하기 위한 것이 아니라, 정부를 선택하는 과정의 한 부분으로서 사용되어야 하는 것이기 때문이다. 따라서 그가 A당을 가장 선호한다 할지라도, B당과 C당에 비해 매우 적은 수의 사람들만이 A당을 선호하기 때문에 A당이 승리할 가능성이 없다면, A당에 대한 그의 투표는 '낭비'되는 것이다. 이 경우에 의미 있는 선택은 B당과 C당 사이에서 선택하는 것이다. A당에 대한 투표는 정부 선택의 현실적인 과정에서 유용하지 않기 때문에 비합리적이다.

따라서 어떻게 투표할지를 결정하는 데 중요한 부분은 다른 시민들의 선호를 평가하고 그들의 투표 경향을 예측하는 것이다. 모든 시민은 그가 가장 선호하는 정당이 정말로 의미 있는 선택의 범위에 들어 있는 지를 판단하기 위해 자신의 예상을 적용한다. 그가 예상하기에 가장 선호하는 정당이 당선될 가능성이 없다면, 합리성은 그에게 다른 정당에 투표하라고 명령한다.

다른 유권자들이 무엇을 할 것인지와 관련해 어떤 정보도 없는 상태라면, 합리적 유권자는 언제나 자신이 가장 선호하는 정당에 표를 던진다. 또한 정보를 통해 그가 선호하는 정당이 승리할 가능성이 상당히 크다고 믿게 될 때마다, 그는 자신이 가장 선호하는 정당에 투표한다. 여기서 '상당한'reasonable이라는 말의 정확한 확률적 의미는 선험적으로 정의될 수 없다. 그것은 각 유권자의 기질temperament에 달려 있는 문제이다. 그러나 어떤 유권자가 자신이 선호하는 정당이 승리할 가능성이 작다고 느끼면 느낄수록, 당선될 가능성이 있는 정당으로 지지표를 옮길 가능성이 더욱더 높아진다.

그가 누구에게 투표할지를 변경할 확률이 정확히 얼마나 될지는, 부분적으로 그가 가장 싫어하는 정당의 승리를 저지하는 것을 얼마나 중요하게 생각하느냐에 달려 있다. 예를 들어, 세 정당 — 우파 정당, 중도 정당, 좌파 정당 — 이 있다고 가정하자. 유권자 X는 중도 정당보다 우파 정당, 좌파 정당보다 중도 정당을 선호한다. 그러나 그는 우파 정당이 승리할 가능성이 매우 희박하다고 생각한다. 그런데 그가 중도 정당에 비해 우파 정당을 대단히 선호하고 중도 정당과 좌파 정당 사이에서 별다른 차이를 느끼지 못한다면, 그가 투표를 우파 정당에서 중도 정당으로 돌릴 가능성은 희박하다. 그러나 중도 정당에 비해 우파 정당을 약간 더 좋아하고, 대신에 좌파 정당을 혐오한다면 투표를 바꿀 가능성은 매우 높아진다.

이런 상황은 우리가 [다음과 같은] **미래 지향적 투표**future-oriented voting를 고려할 때 더욱 복잡해진다. 어떤 유권자는 특정 정당에 대한 자신의 투표가 그 정당을 성장하게 할 것이고 언젠가는 승리할 수 있는 정당이 될 것 ─ 그리하여 미래에는 자신에게 좀 더 넓은 선택의 범위를 제공할 것 ─ 이라는 믿음에서 현재는 승리의 가능성이 전혀 없는 정당에 지지를 보낼 수 있다. 또한 자신의 지지를 얻고자 한다면 지금과 같은 강령과 정책을 변화시켜야 한다는 점을 특정 정당에게 경고하기 위해, 지금 당장은 승리할 가능성이 희박한 정당을 일시적으로 지지할 수도 있다. 이 두 가지 행동은 모두, 지금 당장 정부를 선택하는 데 참여하기보다 미래에 더 나은 대안을 선택할 기회를 선호하는 사람에게는 합리적이다.[12]

5. 요약

유권자에게 비용 없이 완전 정보가 제공되는 세계에서 합리적 시민은 다음과 같이 투표 결정을 한다.

1. 유권자는 현 정부의 활동으로부터 (추세치를 통해 조정하고) 얻은 일련의 효용 소득을 [이번 선거 주기에] 반대당이 집권했다면 얻을 수 있었으리라 생각하는 일련의 효용 소득과 비교함으로써, 정당 간 현재 효용 격차를 구한다. 이런 효용 격차가 여러 경쟁하는 정당

---

12) 다당제하에서 투표에 대한 자세한 논의는 8장과 9장을 보라.

들 사이에서 그의 선호를 결정한다.

2. 양당제에서 유권자는 그가 선호하는 정당에 투표한다. 다당제에서 유권자는 다른 유권자들의 선호를 평가한 후 다음과 같이 행동한다.

❶ 유권자는 그가 가장 선호하는 정당이 승리할 가능성이 상당 정도 있을 때, 그 정당에 표를 던진다.

❷ 유권자는 그가 가장 선호하는 정당이 승리할 가능성이 거의 없을 때, 그가 가장 싫어하는 정당의 승리를 저지하기 위해 승리의 가능성이 상당한 다른 정당에 투표한다.

❸ 만약 유권자가 미래 지향적인 투표를 하는 유권자라면, 그는 미래에 자신에게 제시될 대안을 좋게 만들기 위해 현재는 승리할 가능성이 전혀 없는 정당에 지지를 보낼 수 있다.

3. 최소한 하나의 반대당이 현 집권당과 동일하게 가장 높은 선호 순위를 갖기 때문에 유권자가 선호를 정할 수 없다면, 그는 다음과 같이 행동할 것이다.[13]

❶ 만약 두 정당이 서로 다른 강령과 정책을 갖고 있음에도 우열을 가리지 못해 교착상태에 있다면 그는 기권한다.

❷ 만약 두 정당이 똑같은 강령과 정책을 갖고 있기 때문에 교착상태에 있다면, 그는 집권당의 수행률을 이전에 집권했던 정당들의 수행률과 비교한다. 그리하여 집권당이 잘했다면 그는 집권당에 투표한다. 집권당

---

13) 우리의 결정 규칙에서는 둘 이상의 반대당이 동일하게 가장 선호되는 경우를 다루지 않았지만 유권자가 자신의 선호 순위에서 가장 높은 위치에 있는 반대당 가운데 어느 정당이 되었든 승리할 가능성이 높은 정당에 투표하는 것이 합리적이다. 그의 결정에 영향을 미친 다른 요인들이 무엇이었는지에 대해서는 9장을 보라.

이 잘못했다면 집권당에 반대하는 투표를 한다. 그리고 집권당의 수행률이 좋은 것도 나쁜 것도 아니라면 기권한다.

4

정부의 의사 결정이 갖는 기본 논리

전통적으로 경제 이론에서는, 정부의 사회적 기능과 정부의 사적인 동기 모두 사회적 효용 또는 사회적 후생을 극대화하는 것이라고 가정한다. 우리의 가설은 다음과 같은 세 가지 점에서 이 관점과 다르다. ① 우리 모형에서 정부의 사회적 기능은 정부의 사적 동기와 같지 않다. ② 우리는 정부의 사적 동기만을 다루는데, 정부의 사적 동기는 [사회적] 효용 또는 후생의 극대화가 아니라 득표의 극대화에 있다. ③ 정부는 통치 기구에 대한 통제권을 놓고 경쟁하는 정당들 가운데 하나이다. 이 장에서 우리는 이 공리들 가운데 ②와 ③의 공리를 이용해 우리의 민주주의 모형에서 정부의 의사 결정이 갖는 기본 원리를 살펴보고자 한다.

1. 정부 의사 결정의 기본 원리

1) 한계적 작동marginal operations의 개념

우리 모형에서 정부는 정치적 지지의 극대화를 원하기 때문에, 득표를 극대화하는 지출 정책을 실행하고, 득표 감소를 최소화하는 세입 정책을 편다. 달리 말한다면, 정부 지출은 한계 지출에 따른 득표 증가가 한계 세입에 따른 득표 감소와 같아질 때까지 증가한다.

일견, 정부의 정책 행동이 갖는 이런 정해진 역할은 사회적 효용에 입각한 전통적 [경제학에서의] 행위 규칙과 아주 유사해 보인다. 이에 따르면 정부는 사회적 한계 보상이 사회적 한계비용과 동일한 수준, 즉 사적 부문에서 획득 가능한 한계 보상과 같아질 때까지 계속해서 지출해야 한다. 비록 우리의 가설이 단지 사회적 후생 함수를 득표 함수로 바꾸어 놓은 데 불과해 보이지만, 사실 이 두 규칙은 근본적으로 다르다. 우리 모형에서 정부는 현재 집권하지 못한 정당들과 득표를 두고 경쟁하고 있다. 따라서 정부의 계획은 유권자의 효용 함수뿐만 아니라 경쟁하는 정당들이 어떤 제안을 하는지도 고려해야 한다.

게다가 대개의 경우 반대당들은 정부로서 집권당의 정책이 드러나기 전까지는 어떤 쟁점에 대해서도 자신의 입장을 밝힐 필요가 없다. 그러므로 정책 프로그램을 입안할 때, 집권당은 반대당이 어떻게 반응할지를 단지 추측만 할 수 있을 뿐이다. 그러나 반대당은 주어진 특정 쟁점에 대해 집권당이 어떤 정책을 취하고 있는지를 알고 있으며, 그에 대응하기 위한 최적의 전략을 선택할 수 있다. 이처럼 정부의 의사 결정은 경제적인 최적[을 추구해야 한다는 것]과 정치적인 전투[에서 승리해야 한다는 목표]가 뒤얽힌 맥락 속에서 이루어진다.

우리 모형에서, 각 선거 주기의 초기에 새로 선출된 정부는 그 주기 전체를 통해 정부의 정책 행동을 이끌어 갈 총괄 계획master plan을 작성한다. 그런 계획이 정부가 해야 할 기초적인 정책으로부터 아주 구체적인 부분에 이르기까지, 마치 이전에는 정부가 없었던 것처럼, 세세하게 작성될 것이라 생각할 수도 있을 것이다. 그렇지만 이는 실제 현실과 다를 뿐만 아니라 실제 현실의 논리적 구조와도 맞지 않다.

우리는 새로 선출된 정부가 전체 틀을 다시 만들어 내지는 않으며,

이전 정부로부터 물려받은 정책의 기본 틀을 단지 부분적으로만 바꾼다고 가정한다.[1] 이런 가정은 현실적일 뿐만 아니라 정부 행위를 비교적 단순한 규칙들로 정식화하는 데 매우 유용하다. 또한 이 가정은 정부의 계획을 개별 유권자의 효용 함수와 결합시키는 것을 가능하게 해 준다. 왜냐하면 시민들은 정부 활동이 자신의 효용 함수에 미치는 한계 효과marginal impact에 입각해서 어떻게 투표할 것인지를 결정하는 것이지, 그 총체적 효과total impact를 고려해 결정하지 않기 때문이다.

정부 활동에는 치안, 계약 준수의 강제, 국방의 유지 등과 같이 한 사회의 기본적 조건을 충족시키는 일이 포함된다. 따라서 한 사람이 정부의 정책 행동으로부터 획득하는 총효용에는 사회의 법과 질서 및 국제 정치적 안정성으로부터 얻는 이득도 포함된다. 비록 이와 같은 총 효용 소득이 세금으로 인한 효용 손실 및 그가 싫어하는 정부 조치에 의한 효용 손실보다 크다고 할지라도, 그는 여전히 정부가 추가적으로 실시하는 몇몇 활동에 대해 강력하게 반발할 수 있다. 따라서 특정 정당[집권당]에 대한 반대표는 정부 그 자체에 대한 반대가 아니라 그 정당이 수행한 특정 한계적 정책 행동marginal actions에 대한 순net 반대를 의미한다.

그런 식으로 정부와 유권자는 모두 일련의 정부 활동의 구조 속에서 추가로 달라진 한계 변화에 주목한다. 여기서 **한계 변화**marginal alterations 란 각각의 정부가 이전 정부로부터 물려받은 정부 행위 양식의 전체 구조 가운데 변경시킨 일정 부분을 의미한다. 이런 변화들이 절대적으로 중요한 의미를 지닌 것일 수도 있다(예를 들어, 수십억 달러에 이르는 국방비 지출의 변화는 경제에 대해 심각한 반향을 불러일으킬 수도 있다). 게다가 한

---

1) 재선된 경우 이전 정부와 새롭게 선출된 정부는 동일하다.

계 변화가 연속적으로 일어나면 정부의 조치들이 갖는 전체 구조를 변화시킬 수도 있다. 따라서 한계성의 의미는 시간의 단위를 선택하는 문제와 연관되어 있다.[2] 그럼에도 우리는 [연속적인 한계 변화가 아닌] 단기적으로 움직이는 정부의 한계 조치에 집중하며, 이 장에서 우리의 관심사는 바로 이 문제에 있다.

2) 다수자 원칙

이와 같은 방식으로 정부의 한계 조치에만 집중하게 되면 정부 행위를 고려함에 있어 다뤄야 할 선택의 범위가 크게 줄기는 하지만, 골치 아픈 선택의 문제는 여전히 남아 있다. 왜냐하면 추가적으로 다뤄지는 수많은 한계 조치들이 있고 각 한계 조치마다 선택 가능한 수많은 대안이 존재하기 때문이다. 이런 조건하에서 정부가 어떻게 행위하는지에 대한 모형을 만들고자 우리는 다음과 같이 상황을 단순화시켜 주는 여섯 가지 가정을 세우고자 한다.

1. 모든 결정은 가능한 모든 한계 행위를 검토할 수 있는 정부의 중앙 부서에 의해 내려진다.
2. 각 한계 행동에는 오직 M과 N이라는 두 개의 대안만 존재한다.
3. 정부가 내리는 모든 선택은 서로 독립적이다. 즉 각 결정의 결과는 가능한 선택의 범위나 다른 결정을 했을 때의 결과에 영향을 미치지 않는다.

---

2) 이런 관점에서 볼 때, 우리의 개념은 경제학에서의 한계 비용 개념과 닮아 있다.

4. 정부를 장악하기 위해 경쟁하는 정당은 오직 둘뿐이며, 그중 하나는 현 집권당이다.

5. 각 정당은 모든 개별 유권자들의 후생 함수가 갖는 특성을 알고 있다. 따라서 각 당은 고려하고 있는 모든 선택을 둘러싼 두 대안 M과 N에 대해 각 유권자가 어느 쪽을 얼마나 선호하는지를 알고 있다. 이로써 우리는 개인 각자의 효용이 양적으로 측정 가능하다고 가정하지만, 그러나 개인 간의 효용의 차이를 비교하는 문제는 다루지 않는다.

6. 유권자들은 있을 수 있는 모든 정부 결정에 대해, 그리고 그 결정의 결과에 대해 정보를 갖고 있다. 그런 정보를 얻는 데 비용은 들지 않는다. 그리고 유권자들은 3장에서 묘사된 바완전 정보 상황에서 각 정당이 집권했을 때 유권자가 받게 될 것이라고 기대하는 효용 소득의 차이를 평가하는 절차를 말한다]와 같이 합리적으로 투표를 결정한다.

이와 같이 극단적으로 단순화된 조건 아래에서, 정부는 모든 결정을 [정책이 집행될 때를 가정한] 가상적 여론조사hypothetical poll를 통해 검토하고, 항상 다수의 유권자가 선호하는 대안을 선택한다. 다른 길을 택하게 되면 반대당에 패배할 수 있기 때문에 그렇게 해야만 한다. 예를 들어, 만약 정부가 x라는 쟁점을 제외한 모든 쟁점에서 다수가 선호하는 대로 행동한다면, 반대당은 모든 쟁점에서 정부와 동일한 정책을 제시하고 x에서만 정부와 달리, 다수 유권자와 입장을 같이할 것이다. 이 경우 유권자들이 나머지 모든 쟁점에서는 양당에 대한 효용이 무차별하므로 선거 경쟁은 x라는 쟁점으로 좁혀질 것이며, 다수의 입장을 지지한 반대당이 집권당보다 더 많은 지지를 얻을 것이다. 그러므로 패배하지 않기 위해 정부는 모든 쟁점에서 다수[의 선호]를 지지해야만 한다.

2. 다수자 원칙에 대항하기 위한 반대당의 전략

다수자 원칙majority principle을 따르는 것이 집권당으로서는 최상의 정책이다. 그러나 그것이 모든 선거에서 승리를 보장해 주지는 않는다. 반대당은 때때로 다음의 세 가지 전략 가운데 하나를 활용해 다수를 만족시키려는 정부를 패배시킬 수 있다.

1) 정책의 완전한 일치

반대당이 취할 수 있는 가장 간단한 전략은 모든 세세한 부분까지 집권당과 완전히 일치하는 강령을 채택하는 것이다. 이 경우, 시민들은 이전 정부의 수행률과 현 집권당의 수행률을 비교해 투표 결정을 내린다. 그러나 확실성의 세계에서 집권당은 모든 쟁점에서 다수 입장을 쉽게 발견해 채택할 수 있으며, 따라서 집권당의 수행률은 재선을 보장할 만큼 충분히 높을 것이다. 게다가 정부가 다수를 만족시키는 정책을 선택했음에도 수행률이 낮은 상황이라면, 반대당은 완전한 정책 일치 전략matching maneuver보다 다른 전략을 사용하는 것이 더 효과적일 것이다. 따라서 우리의 가설적 세계에서 반대당은 집권당과 정책을 완전히 일치시키는 전략을 거의 사용하지 않을 것이다.

2) 소수파들의 연합

어떤 조건하에서는 반대당이 다수자 원칙을 채택하는 정부에 대항해 핵심적인 쟁점에서 정부와 정반대 입장을 채택함으로써, 즉 소수 입장을 지지해 승리할 수도 있다. 다음과 같은 기호를 사용해 설명해 보겠다.

U 어떤 쟁점에 대한 정부 정책으로부터 특정 유권자가 얻는 효용 소득

M 어떤 쟁점에 대해 서로 다른 효용을 갖는 시민들 가운데 다수가 선호하는 정책 대안

N 어떤 쟁점에 대해 서로 다른 효용을 갖는 시민들 가운데 소수가 선호하는 정책 대안

P 한 선거 주기 동안 제기되는 쟁점들의 전체 집합

S 1에서 s까지를 포함하는 P의 부분집합. 이때 쟁점 1은 P에서 첫 번째로 제기된 쟁점일 필요는 없으나, 분명한 것은 반대당이 소수 입장을 선택하는 가장 최초의 쟁점이라는 점

I 어떤 개별 쟁점

X 집권당

Y 반대당

다음과 같은 특징을 지니는 어떤 S가 P 속에 있을 경우 반대당은 언제든 집권당을 패배시킬 수 있다.

1. 투표에 참여하는 시민들의 과반수가 S에 속하는 몇몇 쟁점에서 각기 소수 입장에 선다. 즉 시민의 과반수가 최소 한 번 이상은 M^i보다 N^i을 선호한다.

2. S 내의 쟁점들 가운데 모두에 대해서는 아니지만 일부에 대해 소수 입장을 갖는 각각의 시민들은, 자신이 다수 입장에 있을 때보

다 소수 입장에 있을 때 찬성한 정책에 더 강한 선호를 지닌다.

3. 반대당은 S 내의 어떤 쟁점에 대해서도 집권당보다 먼저 자신의 입장을 표명할 필요가 없다. 또한 P 속의 다른 쟁점들에 대해서도 집권당의 입장이 먼저 밝혀지기 전에 자신의 입장을 밝힐 필요가 없다.

앞으로 이 장 전체에서 우리는 이런 특징들을 각각 조건 1, 조건 2, 조건 3이라고 부를 것이다.

조건 1과 2는 다음과 같은 기호로 좀 더 정확하게 표현할 수 있다. 즉 $\sum_{i=1}^{\infty}(U_N - U_M)_i > 0$인 유권자들이 $\sum_{i=1}^{\infty}(U_N - U_M)_i < 0$인 유권자들보다 많다. 다시 말해 더 많은 유권자가 S에 대해 다수 지향적이라기보다 소수 지향적이라는 것이다. $\sum_{i=1}^{\infty}(U_N - U_M)_i = 0$인 사람들은 소수 지향적일 때도 있고 그렇지 않을 때도 있다.[3]

조건 1은 정부가 다수자 입장을 취한다고 해서, 항상 동일한 집단의 사람들을 만족시킬 수는 없다는 것을 의미한다. 즉 어떤 결정인지에 따라 다수자의 구성이 달라진다는 것이다. 만약 50퍼센트 이상의 유권자로 구성된 특정 시민 집단이 정부가 직면하는 모든 쟁점에 대해 동일한 입장을 갖는다면, 이런 결과는 발생하지 않을 것이다. 따라서 모든 쟁점에 대해 완벽하게 합의하는 다수파가 없을 경우에만, 소수파 연합 전략이 가능하다.

---

3) 앞서 언급했듯이, 이런 수식은 개인 각자의 효용을 양적으로 비교할 수 있다고 가정하는 것이다. 그러나 지금까지 [수식이 아니라] 글로 표현된 주장들은 그런 가정이 없이도 성립한다. 즉 개인의 효용이 순수하게 서수적이라고 가정하더라도 유효하다. 이 주장에 대한 증명은 이 장의 주 15)를 보라.

게다가 조건 2는 일단 정부가 선출되면 대부분의 시민들은 정부로 하여금 S 안의 모든 쟁점에서 다수 입장을 취하기보다 그 집합 안의 모든 쟁점에서 소수 견해를 따르게 하고 싶어 한다는 것을 의미한다. 이것은 시민들이 반민주주의적임을 의미하는 것이 아니다. 왜냐하면 민주주의란 정부를 선택하는 데만 다수 지배를 요구하기 때문이다. 하지만 그것은 합의가 약하다는 것을 의미하는데, 그 경우 사람들은 다수의 타인과 공유하고 있는 견해에 대해서보다 자신들이 소수파에 속했을 때의 견해에 대해 더 열정적이기 때문이다.

이 조건들이 어떻게 소수파 연합 전략을 가능케 하는지 예를 들어 보자. 전체 유권자가 A, B, C 3인으로 이루어져 있고, 정부가 두 개의 쟁점에 대해 결정을 내린다고 가정하자. 첫째 쟁점에서 정부는 A와 B가 조금 선호하고 C는 강력하게 반대하는 입장을 취한다. 두 번째 쟁점에서 정부는 A가 강력하게 반대하고 B와 C는 조금 선호하는 입장을 취한다. 따라서 각각의 경우에서 정부는 다수를 만족시킨다. 그럼에도 A와 C는 정부의 행위로부터 순손실을 입게 된다. 왜냐하면 한 쟁점에서 그들이 얻는 행복보다 다른 쟁점에서의 불행이 더 크기 때문이다. 결과적으로 A와 C 양자는 양 쟁점 모두에 대해 소수 입장을 취하는 정당에 투표하게 될 것이다.

그런 상황에서는 집권당 역시 소수파 만족 전략을 채택하는 것이 현명하리라 생각될 것이다. 그러나 조건 3에 의해 집권당이 그런 전략을 선택하는 것이 가로막힌다. 집권당이 입장을 밝힐 때까지 반대당은 자신의 입장을 밝히지 않아도 된다면, 집권당이 어떤 전략을 채택하더라도 반대당은 그에 대응할 수 있다. 집권당이 다수자 원칙을 일관되게 지킨다면, 반대당은 모든 쟁점에서 소수 입장을 택함으로써 집권당을 물리칠 수 있다. 반대로 집권당이 하나의 쟁점에서라도 소수 입장을 선택한다면, 반대당은 하나의 쟁점에서는 다수 입장을 택하고 나머지 모든 쟁점에서는 집권당과 동일한 입장을 취하면 된다. 간단히 말해, 이 세 가지 조건이 모두 성립할 경우 집권당은 승리할 수 없다.

조건 1과 2는 그대로 두고 조건 3을 완화시키면, 반대당이 여전히 유리하기는 하지만 패배할 수도 있다.[4] 예를 들어, 앞의 예와 다른 조건들은 모두 동일한데 다음과 같은 변화가 있다고 해보자. 즉 집권당이 한 쟁점에 대해 입장을 밝혔지만 그다음 쟁점에 대한 입장은 밝히기 전에 반대당이 P의 각 쟁점에 대해 자신의 입장을 밝혀야 한다고 해보자 (우리는 쟁점이 한 번에 하나씩 제기된다고 가정한다). 이 경우, 두 번째의 쟁점보다 첫 번째 쟁점에서 다수 입장을 지지하는 유권자 B의 선호가 더 강하다면, 집권당이 반대당을 누를 수 있다. 정부는 S안의 첫 번째 쟁점에 대해 (항상 그러해야 하듯이) 다수 입장을 취하고, 반대당은 소수 입장으로 대응한다. 그러나 두 번째 쟁점에 대해 정부는 소수 입장을 선택해, 반대당으로 하여금 다수파를 지지하게 만든다.[5] B는 첫 번째 쟁

---

[4] 반대당이 유리한 점은 P안의 어떤 쟁점이 S에서의 쟁점 1이 될 것인지를 결정할 수 있다는 점이다. 즉 S가 어디서 시작될지를 결정할 수 있다. 집권당은 S의 첫 번째 쟁점에 대해 다수 입장을 채택해야만 한다. 반대당이 이전의 모든 쟁점에 대해 다수 입장을 택했기 때문이다 (즉 집권당과 동일한 정책으로 대응했기 때문이다). 반대당이 그렇게 하기 전까지 집권당은 결코 소수 입장을 지지할 수 없다. 만약 집권당이 소수 입장을 지지하면, 반대당은 그 쟁점에 대해서는 다수 입장을 지지하고, 나머지 모든 쟁점에 대해서는 집권당과 동일한 입장을 취할 것이다. 그렇게 해서 반대당은 승리하게 된다. 집합 S는 반대당이 집권당과 동일한 전략으로 대응하기를 멈추고 최초로 어떤 쟁점에 대해 소수 입장을 지지할 때 시작된다. 그 쟁점이 항상 S의 쟁점 1이므로, 이 경우 주도권은 반대당이 쥐고 있으며 언제든지 원할 때 공격할 수 있다. S안의 다른 쟁점들은 P에서 쟁점 1 바로 다음의 쟁점일 필요는 없지만, 그 뒤에 오는 것이어야 한다.

[5] 우리의 예에서 만약 반대당 역시 쟁점 2에서 소수파를 지지한다면, 반대당은 선거에서 패배할 것이다. 왜냐하면 경쟁이 쟁점 1로 축소되었고, 그 쟁점에서 다수파가 집권당을 지지하기 때문이다. 이는 앞의 각주에서 설명한 바 있다.

점에서 집권당이 선택한 입장으로 두 번째 쟁점에서 당한 손해를 보상하고도 남을 만한 이득을 획득한다. 따라서 그는 반대당보다 집권당을 더 선호한다. C는 반대당을 지지하고 A는 집권당을 지지한다. 따라서 비록 조건 1과 2가 유지되어도 정부는 승리한다.

그러므로 조건 3을 약화시켰을 경우 반대당은 다음과 같은 네 번째 조건이 성립할 경우에만 승리할 수 있다.

4. 쟁점 1 이후 S 안의 모든 쟁점에 대해 집권당이 어떤 입장을 취하든, 반대당은 언제든 집권당과 동일 입장 또는 반대 입장을 취할 수 있고, 그런 방식으로 다수의 유권자들이 집권당보다 반대당의 정책 집합을 선호하게 만들 수 있다.

S의 이런 특성을 조건 4라고 부른다.

조건 4는 기호로 다음과 같이 더욱 정확하게 표현할 수 있다. 즉 최소한 하나 이상의 반대당 전략에 있어서는 $\sum_{i=1}(U_Y)_i > \sum_{i=1}(U_X)_i$인 유권자들이 $\sum_{i=1}(U_Y)_i < \sum_{i=1}(U_X)_i$인 유권자들보다 많다. 당연히 이는 너무 일반적인 서술이긴 하다. 그러나 우리는 이 조건을 그 이상으로 구체화할 수 없다. 왜냐하면 조건 1과 2가 성립하고 쟁점이 매우 많거나 혹은 유권자가 매우 많거나 아니면 둘 다 매우 많을 때 선택 가능한 전략의 수가 너무나 많기 때문이다.

S가 조건 4에 부합할 경우, 집권당은 일관된 소수파 연합 전략 대신에 혼성 전략heterogeneous strategy을 선택하게 하는 방법으로 반대당을 이길 수 없다. **혼성 전략**이란 앞의 예에서와 같이 S 안에서 각 당이 어떤 쟁점들에서는 다수 입장을, 어떤 쟁점들에서는 소수 입장을 지지하는 전략을 말한다. 조건 4가 성립할 때에도 집권당은 반대당이 그와 같은

전략을 채택하게 만들 수는 있지만, 그렇게 함으로써 승리할 수는 없다. 집권당의 어떤 책략도 반대당이 S의 쟁점 1에서 소수 입장을 지지했을 때의 유리함을 극복할 수 없다. 따라서 조건 1, 2, 그리고 4가 성립할 때, 우리 모형에 불확실성이 도입되지 않는 한 집권당은 언제나 패배한다.

물론 반대당도 일단 집권하게 되면, 전임자를 괴롭혔던 것과 동일한 딜레마에 봉착하게 된다. 게다가 같은 쟁점이 다시 제기된다 하더라도, 반대당은 선거공약으로 밝힌 그대로 쟁점을 다루어야 한다. 즉 모든 쟁점에서 소수 입장을 지지했다면 자신이 정부가 되었을 때 그 정책들을 그대로 시행해야 한다.[6] 이럴 경우 경쟁적인 위치에 있는 정당들은 모든 쟁점에 대해 동일한 정책을 취하면서 하나의 쟁점에 대해서는 다수파를 지지하는 전략을 채택할 것이고, 집권한 반대당은 이 전략에 대해 대책을 세울 수 없게 된다. 따라서 조건 1, 2 또는 4가 변화하지 않는 한, 반대당은 집권 말기의 선거에서 패배할 것임을 분명히 알 수 있다.

간략히 말해, 각 정당은 오직 한 선거 주기 동안에만 집권하게 되고, 양당은 정기적으로 권력을 주고받게 된다. 이런 결론은 우리의 가설 자체를 허물어뜨리는 것으로 보일 수 있다. 만약 정부가 다음 선거에서 필연적으로 패배할 것임을 안다면, 왜 득표 극대화를 위해 노력해야 하는가? 해답은 두 가지이다. ① 만약 그렇게 하지 않으면, 유권자들은 다시 자신이 집권할 차례가 되어도 뽑아 주지 않을 것이다. 그리고 ② 현실적으로 비록 조건 1, 2와 4가 성립한다 하더라도, 불확실성 때문에 반대당이 확실성의 세계에서처럼 반드시 집권당을 이기는 것은 아니다.[7]

---

6) 정당이 자신의 약속을 실행해야만 하는 필요에 대한 증명은 7장을 보라.
7) 첫 번째 점에 대해서는 7장을, 두 번째 점에 대해서는 이 장의 3절을 보라.

현실 세계에서는 집권당이 오랫동안 집권한 이후에야, 반대당이 소수파 연합 전략을 시도할 가능성이 높다. 현 정부가 오랫동안 집권한 후가 아니라면, 아무도 조건 1, 2와 4가 성립하는지를 확실하게 알 수 없기 때문에 이 책략은 위험하다. 그러나 현 집권당이 몇 번의 선거 주기 동안 계속해서 집권하고 있었다면, 수많은 결정을 내려야만 했을 것이고, 따라서 ① 아마도 많은 반대자들을 만들어 냈을 것이며, ② 몇 가지 쟁점에서 다수자의 구성이 서로 다를 가능성이 매우 높다. 따라서 반대당은 정부 행동에 불만을 가진 자들로 성공적인 연합을 만들기 위해, 몇 가지 쟁점에 대해 다수파를 지지하는 입장을 기꺼이 포기할 것이다.

3) 애로 문제

반대당이 정부에 대항해 사용할 수 있는 세 번째 전략은, 두 번째 전략과 마찬가지로, 유권자들 사이에 합의가 결여되어 있을 때에만 유효하다. 어떤 목표가 바람직한가를 둘러싸고 유권자들의 의견이 특정한 방식으로 불일치하는 상황이라면 정부는 패배할 수 있다. 이 경우 정부는 비록 그렇게 하고자 해도 다수자 원칙을 따를 수 없기 때문이다. 이런 상황을 살펴보기 위해, 앞의 [각각의 결정에서 오직 두 개의 대안만이 존재한다는] 가정을 폐기하도록 하자. 대신에 어떤 쟁점에 대한 해결책으로서 상호 배타적인 세 개의 정책 f, g, h가 존재한다고 가정한다.[8] 또한 최소한 하나의 쟁점에 대해 A, B, C 세 명의 유권자가 세 대안에 대

---

8) 이처럼 세 개의 대안을 둘러싼 선택의 사례는 그 이상의 대안을 가진 모든 경우에 적용된다.

표1		유권자		
		A	B	C
	첫째	f	g	h
선호 순위	둘째	g	h	f
	셋째	h	f	g

해 〈표 1〉과 같은 선호 순위를 지니고 있다고 가정하자.

어떤 대안도 첫 번째 선택에서 다수의 지지를 얻지 못한다. 실제로 정부가 어떤 대안을 고르더라도 둘이 한 짝을 이루는 선택에서 그 대안은 다른 대안에 의해 패배를 당할 수 있다. 정부가 f를 고르면, B와 C는 h를 더 선호한다. 정부가 h를 선택하면, A와 B는 g를 선택한 반대당에 투표할 것이다. 마지막으로 정부가 g를 고른다면, 반대당은 f를 선택할 수 있고, 그 경우 A와 C는 g보다 f를 선호한다. 정부가 자신의 입장을 먼저 밝혀야 하는 한, 반대당은 다른 모든 쟁점에서 정부와 동일한 입장을 취함으로써 선거를 하나의 쟁점으로 좁힌 다음, 그 쟁점에서 정부의 안을 누를 수 있는 대안을 선택해 정부를 패배시킬 수 있다. 정부가 어떤 대안을 선택하더라도 마찬가지이다!

아마도 유권자들은 반대당의 전략을 간파할 것이다. 왜냐하면 유권자들은 반대당도 일단 집권하게 되면 동일한 딜레마에 직면한다는 것을 알기 때문이다. 그러나 문제의 핵심은 선거에서 유권자들의 행동이 아니라, 그들의 선호 체계에 있다. 케네스 애로가 보여 준 바 있듯이 그런 상황에서 정부는 합리적인 정책을 채택할 수 없다.[9] 정부가 어떻게

---

9) Kenneth J. Arrow, *Social Choice and Individual Values* (New York: John Wiley & Sons, 1951). 이 절의 내용 중 많은 부분은 그의 저작에서 직접 가져온 것이다.

하든 간에, 다수가 어떤 다른 행동을 원하기 때문에, 정부는 잘못한 것이 된다. 선택에 직면해 자신이 선호하는 대안에 투표하지 않는 것은 유권자들에게 분명 비합리적이다. 그러나 그렇게 해야만 반대당의 전략을 패배시킬 수 있다. 이상의 사실이 말해 주는 것은, 유권자들의 선호가 그처럼 종류가 다른 요소들로 이루어져 있는 한, 안정적이면서도 선호 순위가 높은 대안을 선택한다는 의미에서의 합리적인 행동은 사실상 불가능하다는 것이다.

거의 모든 결정에서 정부는 세 가지 이상의 정책 대안에 직면하기 때문에, 우리는 선험적으로 정부가 매 선거 주기마다 최소한 한 번 이상 이런 딜레마에 부딪힐 것이라 추정할 수 있다.[10] 다른 결론이 가능하기 위해서는 모든 쟁점의, 모든 세부적 사항에 이르기까지 매우 높은 합의가 유권자들 사이에 존재해야 한다. 하지만 이런 조건은 존재하기 어렵다. 따라서 우리가 지금의 분석을 시작할 때 채택했던 가정들을 유지하는 한, 집권당은 항상 반대당에 패배할 것이다. 반대당은 정책 일치 전략을 채택하고 선거에서의 쟁점을 애로 문제가 있는 쟁점으로 좁혀서, 그 쟁점에 대해 정부가 자신의 입장을 밝힐 때까지 기다리기만 하면 된다. 그리고 나서 정부가 어떤 입장을 채택하든지 간에 그 입장을 누를 수 있는 정책을 고르기만 하면 된다. 단지 그렇게 하기만 하면 선거에서 이긴다!

---

10) 지금부터 그런 딜레마를 '애로 문제'(Arrow problem)라 부를 것이다.

3. 우리 모형에서 확실성의 역할

이쯤에 이르면, 우리 모형은 확실성의 가정, 즉 정당들은 유권자들의 선호를 알고 유권자들은 정부 행위의 결과를 안다는 가정 때문에 붕괴되기 시작한다. 이처럼 [서로에 대해 모든 것을 알고 있다는] 완전한 지식perfect knowledge의 가정은 애로 문제가 지배하게 만들고 사회 체계를 붕괴시킬 텐데, 특히나 애로 문제가 중요 쟁점들과 연계되어 있을 경우에는 더더욱 그러하다. 어떤 정부도 재선[재집권]이 가능하지 않다면, 재선이라는 정당의 행위 동기는 유지될 수 없기 때문이다. 경험을 통해 모든 정당은 재선[재집권]의 바람이 덧없음을 곧 알게 될 것이다.

따라서 일단 선출되면, 정부는 어떤 쟁점에 대해서든지 다수자 원칙을 따를 이유가 없다. 정부는 애로 문제가 단지 하나만이라도 개입될 경우, 그것이 얼마나 하찮은 것이건, 반대당에게 패배할 것임을 안다. 이렇게 될 가능성은 극히 높으므로, 정부는 다수자 원칙이 아니라 정부 구성원들의 직접적인 물질적 이익 같은 어떤 다른 원칙에 따라 행동할 것이다. [그렇다면] 정부가 득표 극대화를 목표로 행동한다는 우리의 가정은 결국 포기되는 것처럼 보인다.[11]

이런 비관적인 결론은 쟁점 일치 전략이 가능하다는 것, 즉 반대당이 다른 모든 쟁점에서는 집권당과 동일한 정책을 제시해 경쟁을 몇 개

---

11) 이로부터 모든 이슈에 대한 유권자의 합의가 완벽에 가깝지 않는 한, 확실성의 세계에서 민주주의는 가능할 수 없다는 결론을 내릴 수 있다. 사회가 [선호의] 다양성이라는 문제와 직면할 때 피하기 어려운 그런 딜레마를, 현실 세계에서는 불확실성이 가려 준다. 그래서 민주주의가 가능한 것이다. 이런 추론은 모든 대규모 사회의 정치 생활에서 불확실성의 역할이 얼마나 근본적인 것인지를 보여 준다.

의 쟁점으로 축소시킬 수 있다는 데 따른 것이다. 그런 전략은 반대당이 ① 어떤 쟁점에 애로 문제가 개입되어 있는지, 그리고 ② 그 쟁점에서 어떤 대안이 정부의 안을 패배시킬 수 있는지에 대해 분명히 알고 있을 경우 가능하다. 이 문제들에 대해 확실성이 없으면, 반대당은 그 쟁점 이외의 여타 쟁점들에서 집권당과 동일한 정책을 내세울 때 아주 큰 위험을 감수해야 한다. 그렇게 하면 여타 쟁점들에서 승리할 가능성이 없어지기 때문이다.

다른 한편으로 다수자 원칙에 관한 모든 생각은, 집권당이 단 한 번이라도 다수 입장을 지지할 수 없는 경우가 있다면 반대당은 쟁점 일치 전략을 채택할 수 있다는 데 근거하고 있다. 여기서도 다시, 반대당은 집권당이 어떤 쟁점에서 소수 입장을 채택했는지를 확실하게 알아야만 한다. 그런 확실성 없이는, 어떤 정당도 감히 전체 선거를 하나의 쟁점으로 좁힐 수 없을 것이다. 따라서 다수자 원칙을 도출하는 것과 그 원칙이 애로 문제에 의해 무효화되는 것, 양자 모두는 확실성이라는 가정에 달려 있는 것이다.

정확하게 동일한 논증이 소수파 연합 전략에도 해당된다. 반대당이 조건 1, 2 및 4가 성립하는 것을 알고 있다면, 최소한 몇 가지 쟁점에서 소수 입장을 지지해 집권당을 패배시킬 수 있다. 그러므로 집권당으로서는 모든 쟁점에서 다수를 만족시켜야 할 유인이 없고, 그런 대의를 추구하는 것은 가망 없는 일이 되기 때문이다. 확실성은 다수자 원칙이 기능할 수 있게 하는 동시에, 이와 같은 세 가지 조건이 성립할 경우에는 그것을 무력화시킨다.

불확실성을 도입해 이런 두 가지 딜레마로부터 벗어나고자 한다면, 그것으로 집권당을 불가피한 패배로부터 구할 수는 있지만 동시에 그것은 집권당으로 하여금 다수자 원칙을 포기하게 만든다. 이와 관련된 논의를 진전시키는 일은 차후에 다룰 것이다.[12] 당분간은 확실성에 대한 가정을 유지하고 그것이 정당의 동기에 미치는 영향은 무시하기로 하자. 즉 정당들은 한 주기 동안 집권한 이후 필연적으로 패배하게 된다 할지라도 재선의 욕구라는 동기를 흔들림 없이 유지한다고 가정한다. 따라서 득표 극대화는 여전히 그들 행위의 중심 목표이다. 이로써 우리는 몇 가지 유용한 명제들을 연역해 낼 때까지 다수자 원칙을 유지할 수 있다.

4. '다수 의지'의 우월성

1) 열정적 다수의 지배

지금까지의 분석으로부터, 우리는 확실성의 세계에서조차 정부가 항상 다수자 원칙을 따르지는 않는다는 것을 알 수 있다. 반대당이 소수파 연합 전략을 채택할 경우, 정부는 때때로 소수 입장을 지지함으로써 그에 필적하는 성과를 낼 가능성을 극대화할 수 있다. 혹은 반대당이 소수파 연합 전략을 채택해 집권했을 경우, 유사한 쟁점이 다시 나타날 때마다 소수 입장을 만족시키는 정책을 실행할 것이다. 마지막으로 애로 문제가 발생할 경우, 지지할 다수의 입장 자체가 없다. 따라서 일견 다수자 원칙이라는 개념 자체가 무용한 것으로 보인다.

그러나 애로 문제를 배제한다면, 곧바로 다음과 같은 결론이 도출된

---

12) 5장, 6장, 7장, 9장을 보라.

표 2		❶ 유권자			❷ 유권자		
		A	B	C	A	B	C
쟁점 1	대안 M	1	10	8	1	10	8
	대안 N	100	9	5	100	9	5
쟁점 2	대안 M′	10	10	16	10	10	16
	대안 N′	9	9	17	9	9	20

주 : 숫자는 효용의 단위를 나타낸다.

다. 즉 양당제하에서는 어떤 전략을 따르든지 간에 양당 모두는 거의 항상 다수 유권자가 강한 선호를 갖는 정책을 채택하게 된다는 것이다. 어느 정당도 소수파를 지지함으로써 이득을 볼 수는 없다. 다수파가 자신의 견해에 대해 미온적이라면 모를까 그렇지 않다면[즉 다수가 강한 선호를 갖는다면] 말이다. 결국 열정적 다수passionate majority가 언제나 정책을 결정한다.13)

열정적 다수가 무엇인지를 보기 위해, 유권자들이 다양한 정책 결과에 대해 〈표 2-❶〉과 같이 그 효용을 나타내고 있다고 가정하자.

이 경우 비록 유권자 A가 M′에 비해 N을 매우 강하게 선호할지라도, 집권당의 다수자 전략(M과 M′)에 대항하기 위해 반대당이 소수파 연합 전략(N과 N′)을 채택할 수는 없다. C가 쟁점 1에서의 다수자 대안을 위해 쟁점 2에서의 소수자 대안을 기꺼이 포기하기 때문에 이 같은 가능

---

13) [옮긴이] 여기서 저자는 선호의 강도에 대해 논하고 있다. 즉 다수파의 선호가 그들이 소수 입장에 설 때 대안을 선호하는 강도보다 강하다면, 즉 열정적이라면(passionate) 다수자 원칙은 유지된다. 반대로 다수파의 선호가 그들이 소수 입장에 설 때 대안을 선호하는 강도보다 약하다면, 즉 미온적이라면 다수자 원칙이 아닌 소수파 연합 전략이 채택될 가능성이 있다. 이는 앞의 조건 2가 폐기된다는 것이다.

성이 없어지는 것이다. 즉 C는 소수 입장에 서는 자신의 견해보다 다수 입장에 서는 자신의 견해에 대해 더 열정적인 것이다. 앞서 언급한 교환관계와 반대가 되도록 (〈표 2-❷〉에서처럼) C의 열정을 변화시키면, 소수파 연합 전략이 작동하게 된다.[14]

이 예는 **열정적 다수의 지배**rule of the passionate majority가 갖는 몇 가지 특성을 보여 준다. 첫째, 개인 간의 기수적 효용의 차이는 별 상관이 없다는 점이다. 한 명 또는 모든 유권자의 효용치를 몇 배로 증가시킨다 해도 모두에게 같은 배수로 증가시키기만 하면, 결과는 동일하기 때문이다. M 대신 M'[N의 잘못된 표기로 보인다]가 채택되어 A의 효용 소득이 99단위 증가한다 할지라도 이것이 그로 인해 B가 손실을 당하는 1단위를 보상해 주지 못한다. 사람들 사이에 효용의 단위를 비교할 방법이 없기 때문이다.

둘째, 한 사람이 열정적인 다수의 입장을 택할 것인가의 여부를 결정하는 요인은 그가 각 쟁점으로부터 획득하는 이득의 상대적인 크기가 아니라, 쟁점들의 전체적인 조합으로부터 획득하는 총이득이다. 예를 들어, 〈표 2-❶〉에서 C가 M에서 획득하는 효용의 양은 N에서 획득하는 양보다 37.5퍼센트 많은 반면, N'에서 획득하는 효용의 양은 M'에서 획득하는 효용의 양보다 단지 6.25퍼센트 많을 뿐이다. 따라서 C가 M을 위해 N을 기꺼이 포기하는 것은, 이득의 상대적 크기 때문이라고 생각할 수 있으나, 이런 생각은 〈표 2-❷〉에서 보듯이 사실이 아니다. 이제 C는 N'를 획득하기 위해 기꺼이 M을 포기한다. N'은 M'보다 단지 25퍼센트 많은 이득을 보장하고 M은 N보다 37.5퍼센트만큼이나 이득

---

14) 이 추론을 통해 열정적인 다수를 가능케 하는 조건은 정확히 조건 1과 2의 정반대라는 것이 분명해진다.

을 보장함에도 말이다. 분명 그가 어느 쪽에 투표할 것인가를 결정하는 것은 특정 쟁점에서 획득하는 이득의 비율이 아니라 모든 쟁점에서 획득하는 이득의 총량이다.[15]

마지막으로, 이 예는 열정적 다수가 자신의 견해에 대해 소수보다 반드시 더 열정적인 것은 아니라는 점을 보여 준다. 다른 말로 하면, 정당들은 다수가 느끼는 강도와 소수가 느끼는 강도를 비교하지는 않는다는 것이다. 단지 정당들은 각각의 시민들이 소수 입장일 경우 선호하는 대안을 얻기 위해 자신이 다수 입장일 때 선호하는 대안을 포기할 의사가 있는지를 따진다. M이 아니라 N을 얻어내고자 하는 시민 A의 바람은 분명 어떤 다른 시민이 어떤 쟁점에 대해 지니고 있는 바람의 강도보다 더 높다. 그러나 〈표 2-❶〉에서 그의 열정은 시민 B와 C의 약한 열정에 의해 지배당한다.[16]

---

15) 개인 각자가 느끼는 효용의 수량적 크기를 상정하지 않는다 할지라도 열정적인 다수의 지배는 변하지 않는다. 우리가 여기서 효용의 수량적 크기에 관한 가정을 유지하는 이유는 그럴 경우 ① 설명이 좀 더 쉽고, ② 이 연구의 다른 부분들에서 효용을 다루는 방식에 부합하기 때문이다. 그와 같은 방식의 효용이 아니라 정책 세트를 비교하는 엄격한 서수적인 방식을 사용할 수도 있다. 예를 들어, 〈표 2-❶〉에서 유권자 C는 MM′의 묶음을 NN′의 묶음보다 더 선호한다. 그러나 〈표 2-❷〉에서는 그 반대이다. 단지 정책에 대한 그의 취향이 바뀌었다고 말함으로써 우리는 효용에 대해 전혀 언급하지 않고서도 동일한 결론을 끌어낼 수 있다. 이 연구에서 효용이 포함되는 다른 모든 부분도 유사한 방법으로 선호의 순서에 따른 서수적 분석 또는 선호들 간의 조합이 갖는 효용에 기초를 둔 무차별성 분석(indifference analysis)으로 변환될 수 있다. 따라서 개인 내적인 분석이든 개인들 사이의 분석이든 간에 우리의 결론 중에서 그 어느 것도 효용의 수량적 크기에 의존하지는 않는다. 엄격한 서수적 분석을 전혀 사용하지 않는 것은 단지 서술이 어렵기 때문이다.

16) 세 유권자 모두의 효용이 동일한 단위로 측정되었다고, 즉 개인 간 효용의 수량적 크기가 비교 가능하다고 가정하면 이런 결과는 더욱 뚜렷해진다. 분명히 그 경우 A는 B와 C를 매수해 N을 선호하게 만들 수 있고 결과적으로 모두가 득을 볼 것이다. 그러나 매표(vote-selling)가 금지될 때는 N을 획득하고자 하는 A의 상대적으로 큰 바람은 좌절된다. 그런 상황에서 일어날 수 있는 매표에 대한 자세한 논의는 10장을 참고하라.

따라서 다수가 어느 정도로 열정적인가를 특정 쟁점에 대해 그가 느끼는 감정으로 판단할 수는 없다. 열정적 다수의 구성원들은 대안 N이 아니라 M이 선택되는 것에 대해 약간의 관심만 있을 수도 있고, 반면에 소수는 N을 열렬하게 바랄 수도 있다. 핵심적인 것은 다수 입장에 속하는 시민들의 선호가, 그들이 다른 쟁점들에서 소수 입장에 처할 때의 선호에 비해 더 강한지의 여부이다. 따라서 정당들은 유권자들을 서로 비교해 그들이 열정적인지를 판단하지는 않는다. 대신에 유권자들이 특정 쟁점에 대해 지니고 있는 선호의 강도를 다른 쟁점에 대한 그들의 선호 강도와 비교한다.

이런 사실은 두 가지 문제를 제기한다. ① 정치에서 사람들 사이의 [선호] 차이를 비교할 수 있는가? ② 열정적 다수의 지배가 진정으로 의미하는 바는 무엇인가?

2) 열정적 다수의 정치적 의미

사실, 사람들 사이의 차이를 비교하는 것은 정치의 본질이다. 인간들 간의 갈등을 해결하는 것이 정치의 기능이기 때문이다. 게다가 우리가 효용을 편익의 척도로 정의했고 또한 모든 갈등은 편익에 관계된 것이므로, 이런 비교는 근본적으로 효용을 비교하는 것이다. 그러나 그 효용은 순위와 관련된 서수적인ordinal 것이지 수량적인 의미의 기수적인cardinal 것은 아니다. 기수성은 모든 시민이 한 표, 오직 한 표만을 던질 수 있다는 가정으로 대체된다. 이 공리는 비록 어떤 이는 자신의 견해에 대해 매우 열정적이고 다른 이는 거의 무관심하다 할지라도 각자의 정치적 견해는 다른 모든 타인의 정치적 견해와 똑같이 중요하다는 것을 의미한다. 시민 모두의 견해가 중요한 것은 그가 시민이라는 바로 그 사실 때문이다. 그가 자신의 견해에 대해 열정적이거나 혹은 그렇지 않다고 해서 그의 견해가 중요해지거나 중요해지지 않는 것이 아니다. 따라서 확실성의 세계에서는 열정적이거나 혹은 그렇지 않다는 사실이 그의 정견이 갖는 정치적 비중을 가감하지 않는다.

이것이 사실이라면, 열정적 다수의 지배는 어떤 의미를 지닐 수 있는가? 열정적 다수의 지배가 지니는 진정한 의미는 관점을 둘러싼 합의뿐만 아니라 [선호의] 강도를 둘러싼 합의가 존재할 때에만 다수 지배의 원칙은 정부의 정책 형성을 지배할 수 있다는 점이다. **강도를 둘러싼 합의**consensus of intensities란 비록 각 쟁점에서 어떤 정책을 채택해야 하는지에 대해서는 견해가 다를지라도 어떤 쟁점이 가장 중요한지에 대해서는 대부분의 시민들 사이에 동의가 존재함을 의미한다. 즉 옳은 정책이 무엇인지에 대해서는 다른 생각을 가지고 있다고 하더라도, 그 같은 쟁점에 대해 옳은 정책이 채택되기를 아주 강하게 열망한다는 것을 의미한다. 반면에 **관점을 둘러싼 합의**consensus of views라고 할 때 그것은, 어떤 쟁점에 대해 다수 시민이 하나의 대안을 선호함을, 즉 어떤 정책이 옳은지에 대해 같은 견해를 지니고 있음을 의미한다.

이런 두 가지 유형의 합의는 각자 따로 존재할 수 있으므로 서로에 대해 독립적이다. 그 둘이 동시에 존재한다 할지라도 특정한 정책을 지지하는 다수가 다른 정책에서의 다수와 일치하지 않을 수도 있다. 그러나 모든 쟁점에 대해 중요성의 순위를 아주 유사하게 매기는, 다수 유권자로 구성된 하나의 집합이 존재할 것이다. 조건 1, 2 및 4가 성립하는 정책들의 작은 부분집합이 있을 수 있으므로 위와 같은 유사성도 소수 입장 지향적인 행동의 가능성을 완전히 일소하지는 못한다. 반대당은 다른 모든 정책에서 집권당과 동일한 입장을 채택해 선거 쟁점을 그런 부분집합으로 축소시켜 소수파 연합 전략을 적용할 수 있다. 그럼에도 반대당이 이 집합을 제외한 다른 모든 쟁점에서는 집권당과 동일한 정책을 제시해야 한다는 사실은 이 경우에서조차 다수 입장이 대개는 우세함을 의미한다.

게다가 애로 문제에 부딪힐 때에도, 열정적 다수의 지배는 중요한 작용을 한다. 애로 문제를 야기하는 대안들의 복잡한 관계의 근저에는 대개의 경우 더욱 근본적인 정책 결정의 문제가 존재한다. 예를 들면, 사회보장 프로그램을 고안하는 데는 무수히 많은 방법이 있다. 따라서 특정한 방법을 채택할 경우 정부는 애로 문제에 휘말릴 수 있다. 그러나 노년층이 더 많은 공공 부조를 받아야 하는지의 여부는 찬성과 반대의 문제로 좁혀서 그에 대한 다수의 견해를 알아낼 수 있다. 만약 다수가 이런 원칙을 강력하게 선호한다면 양당은 그것을 받아들일 것이다. 그리하여 사회보장 쟁점에 대한 대안의 폭은 '꼭 필요한 공공 부조의 수준'을 어떻게 정의할지, 그리고 행정적 집행의 방법을 어떻게 할지를 둘러싼 이견으로 좁혀질 것이다. 선택의 범위는 여전히 넓지만 기본적 쟁점에 대한 준거점은 마련된다. 양당은 그 준거점을 받아들이고 실제 정책들은 그 주위에 집결될 것이다. 따라서 다음과 같은 결론을 내릴 수 있다. 양당제 민주주의에서 정부의 정책은 근본적으로 다수가 강하게 선호하는 바를 따르며, 다수가 열망하는 것에서 벗어나게 되는 범위는 비교적 작다.

따라서 대부분의 시민들이 서로 의견이 불일치하는 쟁점에서의 강도보다 서로 동의하는 쟁점에서의 강도가 더 크다면 민주주의는 언제나 다수 견해의 지배로 귀결된다. 견해의 일치 및 불일치를 야기하는 매우 중요한 사회적 요인의 하나는 사회적 노동 분업이다. 노동 분업은 사람들 사이의 상호 의존을 높이기 때문에 [견해의] 일치를 필요하게 만든다. 그러나 노동 분업은 다른 한편으로 전문화를 증대시킨다. 따라서 어떤 정책이 사회를 위해 최상인지에 대한 관점의 차이를 야기하기도 한다.

더 나아가 각자는 대부분의 소득을 자신이 전문적으로 종사하는 영역에서 획득하고, 또한 사회적 협동으로부터 생겨나는 편익은 대개 분할 불가능indivisible하므로, 각 시민은 일반적 이익 — 이는 대다수의 타인들과 공유하는 것이다 — 보다 자신의 전문성 — 이는 상대적으로 특유한 것이다 — 에 대해 더욱 강한 애착의 감정을 지니고 있을 것이다. 따라서 민주주의하에서 전문화는 정치적 견해를 분화시키는 요인이며, 다수의 의지에 대항해 소수파들이 연합하도록 부추긴다.[17] 이 사실이 어떻게, 다수를 착취하기로 소수파들의 집단이 동의하는 담합logrolling 및 기타의 전술들로 이어지는가에 대해서는 추후 살펴보기로 한다.[18]

5. 예산 과정

1) 다수자 원칙하에서의 예산 결정

이 장을 시작할 때, 정부는 한계 지출에 의한 득표 증가가 한계 세입에 의한 득표 감소와 같아질 때까지 지출을 증대시킨다고 했다. 달리 말해, 새로 선출된(또는 재선된) 정부는 행동 계획을 세울 때, 각 지출에

---

17) 이런 결론은 '거부권 행사 집단'(veto groups)에 대한 분석에서 리스먼이 도달한 결론과 유사하다. David Riesman, *The Lonely Crowd*(New Heaven: Yale University Press, 1950), pp. 244-245. 그런 분열이 민주주의를 어떻게 마비시키는지에 대해서는 이 책의 8장과 9장을 보라.

18) 12장과 13장을 보라.

대해 다음과 같은 질문을 던진다. "이 지출로 인한 득표 증가에 비추어 볼 때 [세입 증가로 인한] 득표 감소를 감수할 만한 가치가 있는가?" 이는 이윤을 목표로 하는 기업이 각각의 지출에 앞서서 "이 지출은 이윤의 증가라는 관점에서 볼 때, 그 비용을 감수할 만한 가치가 있는가?"라고 묻는 것과 마찬가지이다.

그러나 정부는, 전임자의 정책적 활동 가운데 많은 것을 계승한다. 그런 활동을 중단할지 여부에 대해 제대로 검토하지도 않은 채 말이다. 비록 얼마나 많은 활동을 그대로 이어서 할지, 집행 방식을 어떻게 재조직할지에 대해서는 어느 정도 고려하는 것이 사실이나, 어쨌든 그렇다. 따라서 정부는 많은 종류의 기본적 정부 활동을 그대로 유지한 채 출발하는데, 이런 정부 활동들은 경험적으로 득표의 관점에서 비용을 감수할 만한 가치가 있다고 알려진 것들이다. 그리고 어떤 일련의 기본적인 징세 항목들의 경우, 이를 그대로 두는 것이 그런 징세 항목으로 유지되는 정부 활동을 중지하는 것보다 득표의 관점에서 볼 때 비용이 덜 든다는 것을 알고 있을 것이다. 결국 득표의 증가 및 감소에 대한 핵심적인 비중 평가는 지출과 세입의 한계선에서 발생한다는 것이다.

대부분의 정부는 정부 내 노동 분업의 일환으로서 초기 단계의 지출 계획과 징세 계획을 분리해 작성한다. 여러 조치들의 세트로 이루어진 두 계획은 작성된 후 중앙예산 조정 부서central balancing agency에 제출된다. 그 부서는 지출 범위를 정하고 각각의 지출 항목에 대해 조세, 화폐 발행 또는 대출 등 그 재원을 마련할 방법을 찾는다. 정부가 득표 극대화를 목표로 행동한다면 이 계획들은 모든 유권자의 개별적 효용 소득을 증가시키는지 감소시키는지에 따라 평가될 것이다. 조정 부서는 그를 위해 필요한 추가적 재원 조달 방법에 입각해 각각의 추가적 지출을 평가하고, 모든 유권자의 효용 함수 및 반대당에 의해 채택될 수 있는 전락을 고려해 그 지출이 득표를 증가시키는지 감소시키는지를 판단한다.

대부분의 정부는, 재원만 조달할 수 있다면 더 많은 유권자에게 효용의 순증가를 가져오는 지출, 즉 그로 인해 불만을 느끼는 유권자보다 만족하는 유권자가 더 많은 지출 안을 언제든 받아들이고자 한다. 그렇게 하지 않으면 반대당이 그 지출 안을 찬성하고, 다가오는 선거운동 시기에 쟁점으로 만들 수 있다. 역으로, 지출 안 때문에 불쾌해 하는 유권자의 숫자가 그로 인해 만족하는 유권자의 숫자보다 많을 경우, 집권당은 거의 틀림없이 그 지출의 실행을 거부할 것이다. 정부는 최초의 예산 계획이 마련된 후에도 계속해서 이런 방식으로 정책 제안들을 평가한다. 왜냐하면 이를 둘러싼 조건들은 계속해서 변화하고, 새로운 가능성들이 고려되어야 하기 때문이다.

[시장에서와는 달리 정치에서는] 비록 경쟁자의 숫자가 아주 적고 경쟁의 목표가 돈이 아니라 표이기는 하지만, 경쟁의 압력은 사기업을 추동하는 것과 동일한 방식으로 정부를 추동한다. 심지어 이 압력은 정당이 새로운 사회적 필요에 대처하고, 경쟁에서 기술적으로 낙후되지 않기 위해 혁신을 단행하도록 만들기까지 한다.

2) 다른 조건에서의 예산 결정

예산을 편성하는 방식에 대한 지금까지의 서술은 정부가 다수자 원칙을 따를 때 적용된다. 그러나 정부가 모든 조건하에서 그런 원칙을 따를 필요는 없다. 이미 보았듯이, 반대당이 소수파 연합 전략을 사용하거나 또는 불확실성으로 인해 쟁점 일치 전략을 사용하지 못할 때, 정부가 모든 쟁점에서 다수의 견해를 따라야 할 필요는 없다.

결과적으로 정부는 자신의 정책 행동 각각이 유권자의 효용 소득에 미치는 순 효과가 아니라, 정책 행동 전체의 효과에 관심을 가진다. 때때로 후속 정책 행동들로, 반감을 지닌 시민들을 달랠 수 있고, 이미 기대가 충족된 시민들의 만족감을 완전히 사라지게 하지 않는다면, 정부는 만족하는 시민보다 반대하는 시민들이 더 많은 예산집행도 기꺼이 한다. 이는 정부가 각각의 행동을 더는 개별적으로 평가할 수 없으며, 그 행동 전체의 효과를 하나의 단위로 봐야 한다는 것을 의미한다. 결과적으로 정부의 결정은 더욱 복잡해진다.

일례로, 정부가 T_n의 시점에서 막 등장한 어떤 문제에 대해 고민하고 있다고 해보자. T_n은 선거 주기의 시작인 T_b와 선거일인 T_e 사이의 한 순간을 의미한다. T_b에서 T_n 사이의 모든 정부 행동은 주어진 것으로 간주해야 한다. 그것들은 이미 개인들의 효용 소득에 영향을 미치고 있기 때문이다. 또한 T_n부터 T_e 사이에 실행할 정부의 정책 청사진은 이미 작성되어 있었을 것이며, 그런 청사진은 지금 우리가 주어진 것으로 가정하고 있는 정부 조치들과 애초부터 조율되어 전체 선거 주기를 포괄하는 하나의 총괄 계획 속에 포함되어 있었을 것이다. 그런데 예상치 못한 사건들이 일어나 이런 총괄 계획으로 다룰 수 없는 이탈 사례가 계속 발생하는데, 그 각각의 이탈 사례들은, T_b에서 T_n 사이에 취해졌던 정부 조치들의 관점에서 보면, 사실상 T_n에서 T_e 사이의 전체 총괄 계획을 재조정하고 있는 셈이 된다. 따라서 예기치 못했던 결정들은 불가피하게 선거일에 유권자들이 어떤 효용 소득을 갖게 될지에 대해 다시 예측하게 만든다.

실제로는 어떤 정부도 그렇게 정교하게 계산하지는 않는다. 개인의 효용 함수에 대한 정보가 결여되어 있을 뿐만 아니라, 각 결정을 내릴 때마다 그토록 성가신 계산을 하는 것은 불가능하기 때문이다. 그럼에도 앞서 살펴본 것들은 정부가 다양한 사회집단에 주목하면서 그들이 어떻게 행동하는지를 알려고 하고, 나아가 어떻게 그들을 만족시켜 표를 낚아챌 수 있을까를 고민하는지에 대한 기본적인 원리로 나타난다. 정부는 수백만의 유권자들을 몇 개의 투표 블록으로 단순화시키고, 수천의 조치들을 몇 가지 정책 집단으로 묶어 앞서 우리가 논의했던 것처럼 다시 계산할 수 있다. 그렇게 해서 이미 취해진 정책들을 주어진 것으로 가정할 때, 정부는 특정 정책이 농민·노동자·기업가 등에 대해 어떤 영향을 미칠 것인지를 생각해 볼 수 있다. 또한 이 특정 정책이 선거 당일까지 각각의 동질적인 사회집단들에 영향을 미치는 전체 정책 프로그램 가운데서 얼마만큼의 순 효과를 미치는지를 따져 볼 수도 있다.

결론적으로 우리 모형에서 정부는 ① 다수자 원칙을 통해 각각의 지출 결정을 따로따로 내리거나, 아니면 ② 각각의 지출 결정을 전체 지출 유형과 결합되는 것으로 보고 그런 지출 계획이 유권자 모두에게 미치는 전체적 효과를 다시 계산한다. 그리고 두 방법 중에서 어느 쪽이 채택될 것인지는 유권자들의 효용 함수에 대해 정부가 알고 있는 지식의 불확실성 정도 및 반대당이 채택하는 전략에 달려 있다.

6. 정부 조치들은 유권자의 효용 함수와 어떻게 연관되어 있는가

3장에서 우리는 유권자가 표를 어떻게 던질 것인가는 정부가 어떤 행동을 취하는지 그리고 반대당이 집권 시에 어떻게 하겠다고 공언하는지에 달려 있다고 했다. 이 장에서 정부가 취하는 행동은 유권자들이 표를 어떻게 던질 것인가에 대해 정부가 어떻게 판단하는지에 달려 있음을 보았다. 이로부터 어떤 상호 의존의 관계가 드러나는데 이는 다음과 같은 등식으로 치환할 수 있다.

t 전체 선거 주기

V 집권당이 실제로 획득하는 표의 수

V' 정부가 획득하리라 스스로 기대하는 표의 수

A 정부의 정책 행동

U 정부의 정책적 조치로부터 얻는 유권자들의 효용 소득

e t주기 끝에 있는 선거일

P 반대당의 전략

f_i 함수관계

1. 정부의 정책 행동은 정부가 유권자의 투표 및 반대당의 전략을 어떻게 예상하는가에 따른 함수이다.

$$A_t = f_1(V'_e, P_t)$$

2. 정부는 유권자들이 그들의 효용 소득 변화 및 반대당의 전략에 따라서 투표할 것이라고 예상한다.

$$V'_e = f_2(U_t, P_t)$$

3. 유권자들은 실제로 자신들의 효용 소득 변화 및 반대당에 의해 제시된 대안에 따라 투표한다.

$$V_e = f_3(U_t, P_t)$$

4. 정부의 정책 활동으로부터 얻는 유권자들의 효용 소득은 선거 주기 동안 정부가 취하는 정책 행동에 달려 있다.

$$U_t = f_4(A_t)$$

5. 반대당의 전략은 그들이 유권자들의 효용 소득 및 집권 정부에 의
해 취해지는 정책 행동을 어떻게 예상하는지에 달려 있다.

$$P_t = f_5(U_t, A_t)$$

이 다섯 가지 등식의 집합은 다섯 가지 미지수를 포함한다. 그 미지수
들은 기대 득표(V), 실제 득표(V), 반대당의 전략(P), 정부의 정책 행동
(A), 그리고 개인의 효용 소득(U)이다.

우리의 생각을 등식으로 다시 배열해 본 이유는 우리의 분석 체계가
순환성circularity을 갖고 있음을 보여 주기 위해서이다. 유권자의 투표는
정부의 정책 행동에 의존하고 정부의 정책 행동은 다시 유권자의 투표
에 의존한다. 각 경우에서 서로에 대한 의존 관계는 개인의 효용 소득
과 반대당의 전략을 매개로 하여 작동한다. [우리의 논의에] 정보 비용의
문제가 도입되면 다른 변수들이 추가되어야 하지만, 그렇다 해도 기본
적인 관계는 달라지지 않는다.

7. 요약

우리의 가설에 따르면, 정부는 지출에 의한 한계 득표 증가가 세입에
의한 한계 득표 감소와 같아지는 지점까지 지출을 증대시킨다. 득표의
증가와 감소를 결정하는 요인은 모든 유권자들의 효용 소득 및 반대당
의 전략이다. 따라서 정부는 [득표] 극대화 문제뿐만 아니라, 다른 정치

세력과의 전투에도 관심을 가지지 않으면 안 된다.

확실성의 조건하에서는 유권자의 다수가 선호하는 대안을 받아들이는 것이 최선의 정부 전략이다. 어떤 지출을 행하기에 앞서, 정부는 그 지출 및 그에 따르는 조세로 인해 유권자들의 효용이 어떻게 변하는지를 알아보기 위해 가상적 여론조사를 한다. 정부가 다수자의 관점을 채택하지 않으면, 반대당이 그 관점을 받아들여 선거전을 그 쟁점으로만 축소시키고, 그 결과 집권당의 패배가 확실해진다.

그렇다고 다수의 의지에 따르는 것이 집권당의 재선을 보장해 주지는 않는다. 때로는 반대당이 불만을 가진 사람들의 연합을 형성하고 핵심 쟁점들에서 소수 입장을 지지해 승리할 수도 있다. 또한 때로 [애로 문제로 인해] 명확한 다수가 존재하지 않을 수도 있다. 두 경우 정부가 패배하게 되는 이유는, 유권자들 사이에 강한 합의가 부족하고 반대당은 정부가 입장을 밝힐 때까지는 자신의 입장을 밝히지 않을 수 있기 때문이다.

따라서 다수 지배가 구체적으로 모든 쟁점들에서 항상 우세한 것은 아니다. 그러나 양당제하에서 다수가 특정 정책에 대해 강한 선호를 가질 경우, 대체로 다수 지배가 이루어진다. 그런 열정적 다수는, 시민들 자신이 소수의 입장에 있는 정책보다 다른 대다수의 사람들과 견해를 함께하는 정책들에 대해 더욱 강한 선호를 갖고 있을 때 존재한다. 사회적 노동 분업은 전문화 내지 견해의 분화에 기여하는데, 그로 인해 열정적 다수를 해체시키고 소수파 연합 정부의 출현을 부추기는 경향이 있다.

정부가 다수자 원칙을 따를 때에는, 결정을 할 때마다 사전에 가상적 상황에 대한 여론조사에 기초해 예산 계획을 세운다. 정부가 다른 전략을 사용할 때는, 각각의 정책적 조치들을 전체 선거 주기를 관통하는 예산 계획의 일부로 판단한다. 예상치 못한 사건들이 발생하게 되면, 정부는 이미 이루어진 것들을 고려하면서 전체 계획을 재평가하게 된다.

정부는 유권자들을 만족시키기 위해 행동하고 유권자들은 정부의 행동에 기초해 투표 결정을 하기 때문에, 민주주의하에서 정부의 기능은 상호 의존의 순환적 관계에 기초하고 있다.

불확실성의 일반적 효과

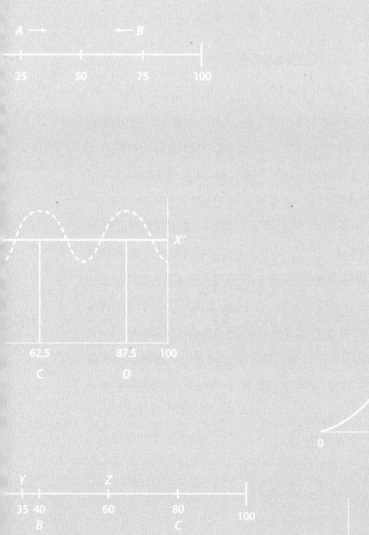

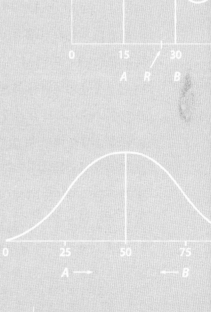

5
불확실성의 의미

1. 불확실성의 속성

불확실성은 과거·현재·미래의 사건들 혹은 일어날지도 모르는 사건들이 어찌될 것인지에 관해 확실히 알 수 없음을 가리킨다. 특정한 결정과 관련해서 보면, 불확실성은 제거 가능성removability, 강도intensity, 적실성relevance이라는 측면에서 다양한 차이를 보인다.

활용할 수 있는 자료가 충분하다면, 대부분의 불확실성은 정보의 취득을 통해 제거할 수 있다. 그러나 어떤 불확실성은 특정 상황에 내재된 본질적인 것이어서 제거할 수 없다. 예를 들면, 자유선거의 결과는 선거가 끝나기 전까지 불확실한데, 그 이유는 유권자가 최후 순간까지 자신의 생각을 바꿀 수 있기 때문이다. 결정론자들determinists은, 지적으로 뛰어난 사람들에게 각각의 유권자에 대한 충분한 정보만 제공된다면 그들은 실수 없이 선거 결과를 예측할 수 있다고 주장하면서, 우리의 주장을 반박할 수도 있다. 그러나 여기서 자유의지 대 결정론 사이의 오랜 논쟁을 다시 불러들이고 싶지는 않다. 우리 모형의 행위자들은, 비록 이론적으로는 불확실성을 제거할 수 있는 상황이라 할지라도, 모든 불확실성을 제거할 수 있는 충분한 자료를 갖고 있지 않다. 따라서 정보를 취득함으로써 불확실성의 강도는 줄일 수 있겠지만 정보의 취득은 희소 자원을 지출해야만 가능하다고 가정한다.

주어진 조건에서 불확실성의 강도는 의사 결정자가 결정을 내릴 때 갖는 확신의 정도를 나타낸다. 만약 새로 추가된 정보가 그가 다루려는 상황에 대한 이해를 명확하게 해주고, 어떤 대안이 가장 합리적인 것인지를 훨씬 더 강력하게 지시해 주고 있다면, 의사 결정자가 갖는 확신은 그가 취득한 자료의 양에 정비례해 변화한다. 반대로, 추가적인 정보가 이미 알고 있는 사실과 상충할 수도 있다. 이 경우에는 많이 알면 알수록 그의 확신은 줄어든다. 그러나 일반적으로는 의사 결정자가 더 많은 정보를 얻을수록, 옳은 의사 결정에 대해 더욱더 확신하게 된다. 그리고 그가 더 많이 확신할수록, 그는 전체적인 자원 할당을 계획할 때에, 옳은 결정을 하는 것으로부터 얻을 수 있는 이득을 더 적게 할인 discount할 것이다. 그러므로 정보는, 옳은 결정에 대한 신뢰를 증진시키기만 한다면 가치가 있는 것이다. 비록 잠정적으로 도달한 결정을 바꾸지 못한다고 하더라도 그러하다. 그러나 자료의 이용으로부터 얻는 한계 보상은 0을 향해 급속하게 감소한다. 즉 의사 결정자는, 자신의 결정을 확신하면 할수록 추가적인 정보로부터 얻게 되는 이득이 줄어든다고 생각한다.

만약 어떤 결정이 사소한 것에 대한 것이거나, 불확실성이 그 결정과 무관한 지식에 대한 것이라면 그때의 불확실성 문제는 적실성을 갖지 않는다. 사람들은 엄청난 불확실성의 세계에 살고 있음에도 몇몇 결정에 대해서는 아주 높은 정도의 확신을 가질 수 있는 이유가 거기에 있다. 불확실성은 특정한 사건과 관련된 것이지 일반적인 조건의 문제가 아닌 것이다.

[제거 가능성, 강도, 적실성이라고 하는] 이들 불확실성의 세 가지 차원은

의사 결정자가 각각의 결정을 내리는 데서 갖게 되는 **확신의 수준**level of confidence으로 통합될 수 있다.[1] 절대적 확신은 불확실성이 제거되었음을 의미한다. 물론 그런 경우는 매우 드물다. 그리고 확신의 수준은 특정한 결정에 관련되기 때문에, 오직 그 결정과 관련된 불확실성만이 영향을 미친다.

정보 비용과 그것이 합리성에 미치는 영향에 대한 우리의 논의에서, 확신의 수준에 대해 명시적으로 언급하는 일은 많지 않을 것이다.[2] 그럼에도 여기서 이 문제를 언급하는 것은, 우리 분석의 어느 부분에서 확신의 수준이 적용되는지를 명확하게 하기 위해서이다.

2. 이성, 지식 그리고 정보

앞으로 우리는 이성reason, 관련 지식contextual knowledge, 그리고 정보information라는 용어를 명확히 구분해 사용할 것이다. **이성**은 논리적 사고 과정 내지 인과 분석의 원리를 이해하는 능력이다. 우리는 모든 사람이 이를 보유하고 있다고 가정한다. **관련 지식**은 특정 영역에서 작용하는 기본

---

1) 여기서 사용되는 **확신의 수준**이라는 용어는 통계학 용어인 **신뢰 수준**(confidence level)과 똑같은 의미는 아니다. 신뢰 수준은 정교하게 정의할 수 있는 기술적 용어인 반면, 확신의 수준은 특성상 좀 더 일반적인 개념이다.
2) 그뿐만 아니라 우리는 불확실성의 조건 아래에서 의사 결정을 하는 다양한 방법에 대해서도 분석하지 않을 것이다. 이 주제에 관한 심도 있는 논의는 다음을 참조. Kenneth J. Arrow, "Alternative Theories of Decision-Making in Risk-Taking Situations," *Econometrica* XIX (1951), pp. 404-437.

적인 힘들에 관한 인지라고 정의할 수 있다. 예를 들면 그것은 수학, 경제학, 고대 중국의 농업 등과 같은 특정 영역에서 기본적인 변수들 사이의 관계를 이해하는 능력이다. 따라서 관련 지식은 ① 이성보다 더 구체적이고, ② 모든 사람이 쉽게 알 수 있는 것은 아니지만, 어느 정도는 교육을 통해 취득한 것이며, ③ 전문적 지식의 대상이 되기도 한다. **정보**는 관련 지식의 대상이 되는 변수들의 현재 분포 및 상태에 관한 자료data이다.

어떤 사람은 한 나라의 금융 구조를 이해하고 있지만[즉 관련 지식을 갖추고 있지만], 현재의 이자율 수준이나 통화 공급에서 주목할 만한 변화 등에 대한 정보가 없을 수 있다. 관련 지식의 결핍은 무지ignorance이며, 그것은 정보의 부족lack of information과는 구분된다. 무지와 싸우기 위해서는 교육이 필요하다. 반면에 정보 부족과 싸우기 위해서는, (그가 [관련] 지식을 가지고 있다면) 단지 정보가 필요할 뿐이다. 교육보다 비용이 덜 들겠지만 그래도 정보를 얻는 것 역시 비용이 든다.

이상과 같은 정의로부터, 사람들이 정보가 없이도 지식을 갖출 수 있고 지식이 없어도 정보를 접할 수 있으나, 관련 지식이 없으면 정보를 해석할 수 없다는 것을 알 수 있다. 그러므로 우리가 [정치적 판단을 할 수 있는] 식견을 갖춘 시민an informed citizen을 말할 때, 그것은 의사 결정을 내려야 하는 분야에 대한 관련 지식뿐만 아니라 적실성 있는 정보를 모두 갖춘 사람을 지칭하는 것이다.

3. 우리 모형에서 나타나는 불확실성의 형태들

이제 우리의 논의를 의미론에서, 우리가 만나게 될 불확실성의 유형을 구체화하는 데로 전환하자. 정당과 유권자는 우리 모형에서 두 개의 주요 행위자 집단이며, 두 집단은 각기 저마다 여러 형태의 불확실성을 갖고 있다.

유권자는 다음과 같은 방식으로 불확실성의 문제에 직면할 수 있다.

1. 유권자들은 그들의 전체 효용 소득이 변했다는 것을 인지했다 하더라도, 무엇이 그것을 초래했는지, 특히 그것이 정부 정책 때문인지 아니면 사적 행위자들 때문인지 알지 못할 수 있다.

2. 유권자들은 제안된 (또는 이미 착수된) 정부의 정책적 조치가 자신들의 효용 소득에 어떤 영향을 미치는지 모를 수 있다. 무엇보다도 정부의 정책 행동이 객관적 조건을 어떻게 변화시키는지를 모르기 때문이다.

3. 유권자들은 정부에 의해 수행된 어떤 정책 행동이나, 정부가 채택할 수도 있었으나 하지 않았던 정책적 대안에 대해, 또는 둘 모두에 대해 완전히 모를 수 있다.

4. 유권자들은 자신들의 견해가 정부의 정책 형성에 얼마나 영향을 미칠지를 모를 수 있다.

5. 유권자들은 다른 유권자들이 어떻게 투표하려고 하는지를 모를 수 있다.

요컨대, 유권자들은 정부가 무엇을 하고 있으며, 무엇을 할 수 있는지에 대해 늘 알고 있는 것은 아니며, 대개의 경우 정부의 정책 행동과 그들 자신의 효용 소득 간의 관계에 대해 알지 못한다.

정당(집권당을 포함해)은 다음과 같은 방식으로 불확실성의 문제에 직면할 수 있다.

1. 정당은 경제 영역에서 비정치적인 종사자들이 어떤 결정을 내리려고 하는지에 대해 모를 수 있다. 즉 정당은 정부를 운영하면서 반드시 다루어야 하는 경제적 조건들을 예측하지 못할 수 있다.

2. 정당은 특정 정부의 정책적 조치가 객관적 조건에 어떤 결과를 가져올지를 알고 있는 경우에도, 그것이 유권자의 효용 소득에 어떤 영향을 미치는지에 대해서는 모를 수 있다.

3. 정당은 특정 정부의 정책적 조치가 초래할 개연성이 있는 일련의 결과가 유권자들의 효용 소득에 어떤 영향을 미칠지를 알고 있다고 하더라도, 특정 정부의 정책적 조치가 객관적으로 어떤 결과를 낳을 것인지에 대해서는 모를 수 있다.

4. 정당은 어떤 한 유권자가 다른 유권자들에게 얼마나 영향을 미치는지를 모를 수 있다.

5. 정당은 정부가 무엇을 하고 어떻게 유권자에 영향을 미치려고 하는지에 대해 유권자가 알고 있는지 여부를 모를 수 있고, 혹은 유권자로 하여금 그것을 알게 하는 데 얼마나 많은 추가적 정보가 필요한지 모를 수 있다.

6. 정당은 반대당이, 주어진 쟁점에 대해 어떤 정책을 채택할지 모를 수 있다. 만약 이런 유형의 불확실성이 존재하면, 어떤 정당도 비록 그런 정책이 유권자에게 영향을 미치는 방식과 유권자들이 갖

고 있는 효용 함수의 속성을 알고 있다고 하더라도, 유권자들이
그들의 정책에 어떻게 반응할지 예측할 수 없을 것이다.

4. 요약

불확실성은 사태가 어떻게 전개될 것인지에 대한 확실한 지식이 결핍
되어 있음을 가리킨다. 그것은 정치적 결정 과정의 어떤 부분에서도 존
재할 수 있다. 불확실성은 확신의 수준을 떨어뜨림으로써 정당과 유권
자 모두의 의사 결정에 영향을 미친다.

　불확실성의 문제를 검토하는 데서, 지식의 유형을 구분하는 것이 유
용할 수 있다. 관련 지식은 어떤 영역의 작용에 관한 기본적인 인과 구
조를 밝혀 준다. 반면에 정보는 그 영역에서 중요한 변수들에 대한 현
상태의 자료를 제공한다.

6
불확실성은 정부 결정에
어떻게 영향을 미치는가

불확실성의 문제는 사람에 따라 서로 다른 영향을 미치기 때문에 유권자를 몇 개의 집단으로 나누는 역할을 한다. 나아가 매우 확실한 판단을 가진 유권자일수록 그렇지 못한 유권자들에게 영향을 주려 하는데, 그렇기 때문에 불확실성은 설득의 문제를 낳는다. 결국 불확실성은 유권자 집단을 분화시키는 두 기준을 만들어 내는데, 하나는 유권자가 가진 정당 선호를 유지하게 해주는 확신confidence의 정도가 어떤가 하는 기준이고, 다른 하나는 그가 어떤 관점들을 갖든 그것을 옹호하게 해주는 강도intensity의 정도가 어떤가 하는 기준이다.

이 장의 목표

이 장에서 우리는 다음과 같은 명제들을 증명하고자 한다.

1. 합리적 인간 가운데 어떤 이들은 정치적으로 적극적active이고, 다른 이들은 수동적passive이거나 혼란스러워 하며, 또 다른 이들은 습관적인habitual 패턴으로 정치에 반응한다.
2. 정치 리더십이 가능할 수 있는 것은 세상이 불확실하기 때문인데,

[정치] 지도자들이 획득할 수 있는 합리적 추종자들rational followers의 수는 이 추종자들이 갖는 정보 부족의 정도에 어느 정도 비례한다.

3. 모든 민주주의 정부는 유권자들의 의사를 파악하기 어려운 경우, 권력을 분권화하는데, 입헌적 권력 구조가 제아무리 중앙집권적이라 하더라도 그렇게 한다.

4. 불확실성의 세계에서는 민주주의 정부가 모든 사람을 정치적으로 평등한 것처럼 다루는 것이 비합리적이다.

1. 불확실성은 어떻게 설득의 문제를 만들어 내는가

확실성에 관한 우리의 본래 가정을 유지한다면, 어떤 시민도 다른 사람의 투표에 영향을 미칠 수 없을 것이다. 시민 각자는 무엇이 자신에게 가장 많은 편익을 제공하는지, 정부는 무엇을 하고 있는지, 다른 정당이 집권한다면 무엇을 할 것인지를 안다. 우리는 그런 시민 각자의 정치적 취향의 체계를 고정된fixed 것으로 가정했는데, 그러므로 투표를 어떻게 해야 하는지에 대한 그의 결정은 어떤 모호함도 없이 곧바로 이루어진다. 시민이 합리적인 한, 누가 어떻게 설득하든지 그의 생각은 바뀌지 않는다. 그와 같은 확실성의 세계에서라면, 한 유권자가 자신이 지지하는 정당의 승리를 열렬히 바란다 해도, 다른 누군가에게 자신이 지지하는 정당에 투표하도록 영향력을 행사하고자 시도하는 것은 헛된 일이다.

그러나 불확실성의 문제가 나타나자마자, 정치적 취향의 체계에서 출발해 투표 결정에 도달하는 그 명확했던 길이 지식[과 정보]의 부족으로 인해 불명료해지기 시작한다. 어떤 유권자들은 여전히 분명한 결정을 유지한다. 그들은 특정 정당이 승리하기를 바라는데, 그 정당의 정책이 그들에게 가장 큰 편익을 제공하기 때문이다. 그러나 다른 사람들은 자신이 어떤 정당을 선호해야 하는지에 대해 전혀 확신하지 못한다. 그들은 지금 상황이 어떻게 돌아가고 있는지, 다른 정당이 집권한다면 자신에게 어떤 영향을 미칠지를 확실히 알지 못한다. 그들은 자신의 분명한 선호를 확립하기 위해 더 많은 사실을 알고 싶어 한다. 설득자들persuaders은 바로 그런 사실들을 제공함으로써 영향력을 발휘할 수 있는 기회를 얻으려 한다.

불확실해 하는 사람들을 도와 덜 불확실하게 해주는 것 그 자체에, 설득자들이 관심을 가지고 있는 것은 아니다. 그들이 원하는 것은 [설득을 통해] 확실성을 갖게 함으로써 [피설득자들이] 설득자인 자신의 목적에 기여할 수 있는 결정을 하도록 하는 데 있다. 그러므로 그들은 오직 자신들이 지지하는 집단에 유리한 사실들만 제공한다. 우리의 가정에 따르면 이런 '사실들'facts이 결코 거짓은 아니지만, 그러나 그것들이 전체적인 진실을 다 말해 주어야 하는 것은 아니다. 나아가 그것이 진실이 아닐 수도 있다. 왜냐하면 설득자들이란, 정의상 그 단어의 본래 의미 그대로 선전원propagandists이기 때문이다. 그들은 특정한 결론을 이끌어내는 데 맞게 조직된 정보를 제공한다.

우리가 합리성을 가정하는 한, 이미 자신의 마음을 결정한 사람들만이 다른 사람들을 설득할 수 있다.[1] 따라서 설득자들은 불확실성의 정도를 나타내는 잣대의 한쪽 극단에 있는 사람들로서, 그들은 어떤 투표

---

1) 현실의 세계에서, 남을 설득하는 것은 때때로 자기 자신의 불완전한 믿음을 강화하는 수단이 되는 것도 사실이다. 그러나 우리 모형에서는 그런 가능성을 무시한다.

결정이 자신에게 가장 큰 이익을 줄 것인지 확신하고 있다.[2] 그들은 또한 강도의 정도intensity scale를 나타내는 잣대에서도 한쪽 극단에 있다. 왜냐하면 그들은 타인에게 특정 정당을 지지하도록 마음을 바꾸게 할 만큼 그 정당의 승리에 대해 충분한 관심과 열의를 가지고 있기 때문이다.

설득자가 되려는 사람이 모두 유권자는 아니다. 정당은 분명한 설득자이다. 유권자가 설득자인 경우, 우리는 그를 **선동가**agitators라고 부른다. 즉 다른 유권자에게 영향을 주기 위해 자신의 희소 자원을 사용하는 유권자들이 선동가이다. 그들은 자신의 결정을 확신할 만큼 충분한 정보와 지식을 갖췄기 때문에, 사실상 선동가는 반대파의 어떤 설득에도 면역이 되어 있다. 왜냐하면 우리는 설득이 취향의 변화가 아니라 오직 정보 제공을 통해 수행될 수 있다고 가정했기 때문이다. 선동가들은 보통 특정 정당의 정책이 시행되도록 하려는 욕망, 혹은 그가 좋아하는 어떤 정책이 수행된 데 보답하려는 동기로 다른 사람을 설득하려 나선다. 선동가들의 동기가 정치적 지지에 의한 보상이든 아주 이상적인 이타주의에 의해서든, 그들은 적어도 시간이나 그 이상의 희소 자원을 타인을 선동하는 데 기꺼이 투자하려고 한다.

---

[2] 이는 더 많은 정보를 획득하더라도 설득자의 생각이 변화할 가능성이 전혀 없음을 의미하는 것은 아니다. **확실한**(certain) 것에 대한 정확한 정의는 이 장의 2절을 보라.

2. 선동가가 아닌 유형의 유권자들

어떤 유권자들은 분명하고 확실한 투표 결정을 내리는 데 필요한 충분한 지식과 정보를 갖고 있다 하더라도, 다른 유권자들을 설득하는 데 관심이 없다. 만약 그들이 특정 정당에 대해 선호를 갖는 유권자라면, 우리는 그들을 **소극적 지지자**passives라고 부른다. 만약 그들이 어떤 정당에 대해서도 [기대 효용의 차이가 없다고 여긴다는 점에서] 무차별하다면indif-ferent, 우리는 그를 **중립자**neutrals라고 부른다. 소극적 지지자나 중립자는 자신의 결정을 확신하고 있으므로, 타인의 설득에 영향을 받지 않는다. 그러나 그들의 행동은 선거일에 다르게 나타나는데, 소극적 지지자는 투표하고 중립자는 기권하기 때문이다.3)

지금까지 우리는 자신들이 어떻게 투표하려고 하는지에 대해 확실히 알고 있는 유권자들만을 다루었다. 그렇다고 해서 그들이 자신의 투표 결정에 적실한 모든 사실을 알고 있음을 의미하는 것은 아니다. 또한 자신의 투표 결정이 그들이 할 수 있는 최선의 것임을 절대적으로 확신한다는 의미도 아니다. 그것은 그들이 단지 분명한 결정을 내리기에 충분한 정도로 알고 있다는 의미이다. 또한 어떤 추가적인 정보가 자신들의 생각을 변하게 할 가능성은 무시해도 좋다고 생각한다는 의미이다. 그리하여 그들은 더 많은 정보를 의도적으로 추구하지 않는다.4)

---

3) 이 장 전체에 걸쳐 우리는 투표의 비용이 0이라고 가정한다. 비용이 0이 아닐 때 일부 소극적 지지자 또한 기권할 것이다. 투표 비용이 어떻게 참여에 영향을 미치는지에 대한 자세한 논의는 14장을 보라.

4) 이 주장에 대해서는 다음과 같은 두 가지 부수적인 제한 조건이 필요하다. ① 가능성이 매우 적기는 하지만, 확신하고 있는 사람도 그들의 확실성을 뒤엎을 수 있는 정보를 우연히 만날

그러나 많은 시민은 어떻게 투표할 것인지에 대해 확신하지 못한다. 그들은 자신의 생각을 전혀 결정하지 않았거나, 어떤 결정에 도달하긴 했지만 더 많은 추가 정보에 의해 생각이 바뀔 수도 있다고 느낀다. 여기서 우리는 유권자를 세 유형으로 구분할 수 있다. 첫째는 **미결정자**baffleds로 마음을 정하지 못한 사람이다. 둘째는 **제한된 정보를 가진 소극적 지지자**quasi-informed passives로서 그들은 잠정적으로 특정 정당에 우호적인 결정을 내린 사람이다. 셋째는 **제한된 정보를 가진 중립자**quasi-informed neutrals로서 그들은 현재의 정당들 사이에 또는 현재의 정부와 이전 정부 사이에 의미 있는 차이가 없다는 결정을 잠정적으로 내린 사람이다. 이런 부류의 유권자들이 선거일에도 여전히 불확실한 상태에 있다면, 제한된 정보를 가진 소극적 지지자는 투표할 것이고, 미결정자와 제한된 정보를 가진 중립자는 기권할 것이다.

마지막으로, 일부 합리적 인간들은 선거 때마다 똑같은 정당에 습관적으로 투표한다. 그들은 지난 몇 차례의 선거를 통해, 경쟁하고 있는 모든 정당과 모든 중요 쟁점에 관해 알게 되었지만, 어떻게 투표할지에 대해 언제나 같은 결론을 내렸던 유권자들이다. 그리하여 그들은 추가적인 정보를 획득하려 하지 않은 채 자동적으로 같은 투표 결정을 반복해 왔는데, 어떤 파국적 상황에 직면해 자신의 결정이 더는 최선의 이익을 보장하지 않는다는 것을 깨닫게 되지 않는 한 앞으로도 그러할 것이다. 모든 일상의 습관이 그러하듯이, 습관적 투표 역시 자원을 절약하게 해준다. 왜냐하면 이런 습관으로 인해 유권자는 그들의 행위를 변화시키지도 못할 정보를 획득하느라 자원을 투자하는 일을 하지 않을

수 있다. ② 선동가는 자신의 투표 결정을 위해서가 아니라, 다른 이들을 설득하기 위해 더 많은 정보를 추구할 수도 있다.

수 있기 때문이다. 따라서 그것은 합리적 습관이다. 습관적 투표는 언제나 똑같은 정당에 투표하는 **충성파**loyalists와, 그들에게 정당 간 효용 격차가 항상 0이라고 생각하기에 늘 기권하는 [즉 누가 되어도 상관없다는] **무관심파**apathetics로 나뉜다.

요약해 보자. 투표하겠다고 결정한 유권자의 유형은 다음과 같이 자신들의 결정에 대한 확신의 순서에 따라 나열할 수 있는데, 선동가, 소극적 지지자, 충성파, 제한된 정보를 가진 소극적 지지자가 그들이다. 같은 방법으로 기권하기로 결정한 사람들의 목록을 나열하면 중립자, 무관심파, 제한된 정보를 가진 중립자, 미결정자가 있다. 이들 여덟 유형의 유권자 중에서 대개 다섯 유형의 유권자가 설득에 노출되어 있다. 설득을 받아들이기 쉬운 정도에 따라 목록을 나열하면 미결정자, 제한된 정보를 가진 중립자, 제한된 정보를 가진 소극적 지지자, 무관심파, 충성파 순이 된다.5)

---

5) [옮긴이] 다운스가 다룬 유권자 유형을 요약하면 다음과 같다.

유권자 유형	투표 여부	설득 노출 정도
❶ 선동가 : 특정 정당에 대한 강한 지지 확신을 갖고 적극적 설득자로 나선 유권자	투표	설득 소용없음
❷ 소극적 지지자 : 특정 정당에 대한 지지 확신을 갖지만 설득자로는 나서지 않는 유권자	투표	설득 소용없음
❸ 중립자 : 정당 간 효용 격차가 없다고 결정을 내린 유권자	기권	설득 소용없음
❹ 미결정자 : 불확실성으로 결정하지 못하고 있는 유권자	기권	설득 가능성 가장 높음
❺ 제한된 정보를 가진 중립자 : 잠정적으로 정당 간 효용 격차가 없다고 결정을 내린 유권자	기권	설득 가능성 두 번째
❻ 제한된 정보를 가진 소극적 지지자 : 잠정적으로 특정 정당에 지지 결정을 내린 유권자	투표	설득 가능성 세 번째
❼ 무관심파 : 누가 되어도 상관없다고 보고 습관적으로 기권하는 유권자	기권	설득 가능성 네 번째
❽ 충성파 : 습관적으로 언제나 같은 정당에 투표하는 유권자	투표	설득 가능성 다섯 번째

3. 임계치의 역할

우리는 3장에서 설득의 특성에 현저한 영향을 미치는 정치적 임계치po-litical threshold의 개념을 도입한 바 있다. 예를 들면, 어떤 충성파 유권자가 오늘의 조건이 그가 습관적으로 투표했던 정당을 선택한 때의 조건과는 어느 정도 다르다는 것을 알게 될 경우도 있는데, 그러나 그런 조건이 뚜렷이 다르지 않다면, 그는 자신의 습관을 재검토하려고 하지 않을 것이다. 따라서 그가 자신의 행위 유형을 재고할 정도가 되려면 그 변화가 **인지 임계치**perception threshold를 넘을 정도로 충분히 커야 한다. 또 다른 예를 들어 보자. 미결정 유권자는 그가 특정 정당을 선호하게끔 만드는 정보를 얻을 수 있다. 그렇지만 그는 이 정보가 완벽하다고 확신하지 못하기 때문에, 정보를 자신의 **행동 임계치**action threshold 이하로 할인시켜 버린다. 혹은 만약에 소극적 지지자의 정당 간 효용 격차가 매우 커지게 되면, 그는 다른 사람들이 자신과 같이 투표하도록 설득하기 시작할 수도 있다. 그리하여 그는 **선동 임계치**agitation threshold를 넘게 되고, 이제는 소극적 지지자가 아니라 선동가가 된다.

이처럼 임계치는 유권자에게 결정적인 영향을 미친다. 만약 선동가가 필요 이상으로 자원을 낭비하지 않고 미결정자(혹은 미결정자 집단)의 확신을 얻어 그들의 표를 획득하고자 한다면, 미결정자의 행동 임계치가 어디이며 지금 미결정자는 거기에 얼마나 가까이 있는지를 알아야만 한다. 마찬가지로 특정 정당이 자신의 소극적 지지자를 선동가로 만들고자 한다면, 소극적 지지자로 하여금 선동 임계치를 넘도록 하기 위해 정책 변화를 통해 얼마나 많은 보상을 제공할 필요가 있는지를 알아야 한다. 따라서 설득에 얼마나 많은 자원을 투자해야 하는지에 대해 선동가나 정당 그리고 여타 설득자들이 내리는 판단은, 핵심 유권자 집단들이 앞서 살펴본 여러 임계치에 얼마나 가까이 접근해 있는지에 대한 평가에 따라 달라진다.

물론 미결정자로 하여금 그가 얻는 모든 추가적인 정보에 따라 이리저리 유동하지 않게 만드는 임계치도 있다. 완전한 확실성의 조건에서라면, 정당 간의 아주 작은 차이도 유권자의 투표 결정에 충분히 영향을 미칠 것이다. 그러나 현실의 세계 그리고 우리의 불확실성 모형에서 유권자는, 그런 작은 차이라는 것이 잘못된 것일 수 있고 그가 모르는 다른 것들에 의해 상쇄될 수 있다는 것을 안다. 그러므로 그는 정당 간 차이의 정도가 상당히 커지지 않는 한 자신의 중립적 위치를 포기하려 하지 않을 것이다.

4. 우리 모형에서 정치 리더십의 성격과 형태

사람들이 영향을 받는 곳에서는 언제나 전문성을 가진 이들이 영향력을 행사한다. 우리 모형에서도 마찬가지이다. 불확실성으로 인해 많은 유권자들은 사회적 목표에 다가가는 길을 알고 있는 것처럼 보이는 지도자를 따르게 된다. 따라서 그들은 어떤 정부 정책을 지지하고 반대해야 하는지에 대해 지도자의 권고를 따른다. 이런 리더십은 뉴스 보도, 폴리티컬 패션[정치적 메시지를 담은 옷이나 장신구 등]의 유행, 선악에 관한 문화적 이미지 형성 등의 과정에서 좀 더 미묘한 형태로 은밀한 효과를 발휘하기도 한다.

우리는 3장에서 정부에 대한 유권자의 취향을 고정된 것이라고 가

정했다. 유권자의 취향이란 그들이 갖고 있는 '좋은 사회에 대한 관점'
으로부터 합리적으로 연역해 도출한 것이기 때문이다. 그러나 불확실
성의 세계에서는, 좋은 사회에 이르는 길과 그것으로부터 멀어지는 길
이 잘 구분되지 않는다. 따라서 유권자들이 분명하고 고정된 목표를 가
졌다고 해도, 어떻게 그 목표에 도달할 것인가에 대한 관점은 변형될
수 있고 또 설득에 의해 바뀔 수 있다. 결과적으로, 리더십은 거의 모든
정책 문제에서 영향력을 행사할 수 있는데, 대부분의 정책은 그 자체가
목표라기보다는 더 넓은 의미의 사회적 목표를 달성하기 위한 수단이
기 때문이다.

리더십leadership이란, 유권자들로 하여금 특정의 관점을 유권자 자신
의 의지를 표현한 것으로 받아들이게 만드는 능력이라고 정의할 수 있
다. 지도자는 유권자에게 영향력을 갖는 사람들이다. 물론 그들이 유권
자의 표를 완전히 통제할 수 있는 것은 아니지만, 보통은 정당들이 선
택해야 할 최선의 정책이 무엇인지와 관련해 유권자들이 자신의 견해
를 형성하는 데 어느 정도 영향을 미치는 존재이다. 이런 의미에서 리
더십은 불확실성의 조건 아래에서만 존재한다고 볼 수 있는데, 왜냐하
면 생각할 수 있는 모든 조치들이 가져올 반향을 사람들이 다 알고 있
다면, 그들에게 가장 좋은 것이 무엇인지를 알기 위해 어떤 충고도 필
요로 하지 않기 때문이다. 사실 확실성의 조건 아래에서도 지도자는 필
요하다. 보편적 합의가 존재하지 않는 상황에서 결정을 내려야 할 때가
있고, 사회적 노동 분업 속에서 누가 무슨 일을 할지를 조정해야 할 때
가 있기 때문이다. 그러나 이는 무엇을 **해야만 하는지**, 다시 말해 어떤
정책이 개별 유권자에게 가장 큰 편익을 가져다주는지를 결정하는 일
과는 다르다.

지도자들은 왜 지도하려 하는가? 우리 모형에서 모든 지도자는 사회

에서 차지하는 자신의 위치를 향상시키려는 욕망을 동기로 하고 있다. 모든 인간의 행동을 이처럼 이기적인 것으로 본다고 해서 이기적이라는 말의 좁은 의미 안에 인간의 행동 모두를 한정시키려는 것은 아니다. 우리가 고려하는 인간 행동은 위대한 자기희생에 이르기까지 훨씬 넓은 의미를 포괄한다. 그럼에도 대부분의 지도자들은 적어도 부분적으로는 그들 자신을 위한 직접적 이익 ― 경제적·정치적 또는 사회적 이익 ― 의 취득 가능성을 동기로 삼고 있다.

우리 모형에는 세 가지 형태의 지도자가 있다. 정당, 이익집단, 특혜 추구자favor-buyer가 그들이다.6) **정당**은 지도자일 뿐만 아니라 추종자이기도 한데, 그들은 가능한 한 많은 표를 얻기 위해 유권자들을 만족시킬 만한 정책을 만들기 때문이다. 그렇게 하는 과정에서 정당은 자신들의 정책이 모든 유권자에게 가장 좋은 것이라는 믿음을 갖도록 그들을 지도lead하고자 한다. **이익집단**은 유권자를 대표한다고 주장함으로써 정부가 자신들에게 이익이 되는 특정 정책을 채택하게 만들려고 노력하는 자들이다. 그들은 자신들의 견해를 유권자에게 주입하고 그들을 대표하려고 노력한다. 그런 뒤, 정부를 압박해 자신들을 지원하게 만들 수 있다. **특혜 추구자**는 정당들이 그들에게 편익을 가져다줄 수 있는 정책을 채택하길 바라는 자로서, 그 대가로 유권자가 그 정당을 지지하도록 영향을 미치려 한다. 특혜 추구자들은 그들 자신 외에는 아무도 대표하지 않는다고 주장한다. 그들은 단지 그들이 원하는 특정 정책과, 유권자들에 대한 그들의 영향력을 교환하고자 할 뿐이라고 주장한다.

---

6) 모든 지도자들은 개인이지만, 각 집단에 있는 개인들은 대체로 그 집단에 소속되어 있지 않은 사람들로 하여금 그 집단에 우호적인 방향으로 행동하도록 설득하려 하기 때문에, 여기서는 집단을 지도자로 취급한다.

때때로 그들의 영향력은 그들이 거래하는 정당의 선거운동에 기부할 수 있는 돈의 액수로 이루어진다. 어떤 지도자는 세 유형의 리더십을 동시에 행사할 수도 있다. 그러나 우리는 분석적 목적을 위해 세 유형의 리더십을 서로 분리되어 있는 것으로 다룰 것이다.[7]

5. 매개자들의 기능

1) 정부가 대표자들을 필요로 하는 이유

불확실성은 인간 생활의 기본 요소이기 때문에 그것은 거의 모든 사회제도에 영향을 미친다. 민주주의 정부도 이 법칙에서 예외가 아니다. 불확실성에 대처하기 위해 정부는 자신과 유권자 사이에 매개자들intermediaries을 고용하지 않으면 안 된다.

이 매개자들은 두 가지 기능을 하는데, 이 두 기능은 4장에서 기술한 정부의 정책적 조치와 개인의 효용 함수 사이의 관계로부터 도출된다.

---

7) [옮긴이] 다운스가 정의한 리더십과 그 유형을 요약하면 다음과 같다.
- 리더십의 정의 : 유권자들로 하여금 특정의 관점을 유권자 자신의 의지를 표현한 것으로 받아들이게 만드는 능력
- 리더십의 세 유형
  ❶ 정당 : 정책을 통해 유권자를 지도하고자 하는 리더십 유형
  ❷ 이익집단 : 유권자를 대표한다고 주장함으로써 자신들이 바라는 정책이 채택되기를 바라는 리더십 유형
  ❸ 특혜 추구자 : 돈과 표의 동원을 대가로 자신들이 바라는 정책이나 자리와 같은 수혜를 추구하는 리더십 유형. 1830년대를 전성기로 한 미국의 엽관제(spoil system) 내지 머신 정치(machine politics), 정치적 지지의 대가로 선심성 후원(patronage)을 추구했던 전형적인 이탈리아 정치가 대표적인 예라 할 수 있다.

4장에서 본 것처럼 정부는 개인의 효용 함수를 관찰하고 유권자가 원하는 것을 발견하고 난 후 자신의 정책적 조치를 계획한다. 이 목적을 위해 정부는 일반 시민의 대표를 필요로 하는데, 일반 시민 개개인의 효용 함수를 조사하는 작업은 이들이 아니면 불가능하다. 마찬가지로 유권자는 정부의 정책적 조치와 반대당의 제안을 비교함으로써 어떻게 투표할 것인지를 결정한다. 그러므로 정부는 그들의 정책이 유권자의 지지를 받을 만한 것임을 유권자에게 확신시키기 위해 정부 대표를 일반 시민에게 보낸다. 물론 다른 정당들도 현 집권당을 교체해야 한다는 점을 확신시키기 위해 대표자들representatives을 고용한다.

불확실성은 이와 같은 방식으로 민주주의를 대의제 정부로 변환시킨다. 같은 효과를 갖는 또 다른 강력한 힘은 사회적 노동 분업이다. 어느 나라든 효율적인 운영을 위해 모든 분야에서 전문가를 양산해 내듯이, 일반 시민의 의견을 발견하고 전달하며 분석하는 전문가를 만들어 내야 한다. 이 전문가들이 대표자들이다. 이들의 존재는 정부가 시민 전체라는 추상적 집단의 대행자로 행동하는 것보다 전체 시민 가운데 소수[대표자들]에 의해 움직이는 것을 합리적이게 만든다.

우리의 모형이 가정하고 있는 세계에서 정부는 유권자의 욕구에 부합하는 정책을 실현하려고 한다. 그러나 정부는 그들이 무엇을 원하는지 모른다. 그러므로 정부는 일군의 사람들을 채용해 정부 제도의 한 부분을 구성하고, 그들을 곳곳에 파견함으로써 인민의 의사popular will를 발견해 오게 한다. 그들의 역할은 일반 시민이 무엇을 원하는지를 정부의 중앙 기획 부서central planning agency에 알리는 것이며, 이를 통해 정부가 재집권할 수 있는 가능성을 극대화하는 결정을 내리게 한다.

이들 연락 담당관liaison agents이 제공하는 정보와 의견은 정부의 정책에 강력한 영향을 미치기 때문에, 사실상 정부의 중앙 기획 부서가 가진 권력의 일부분은 이 기관들로 옮겨 간다. 그리하여 정부의 권력은 한 기관에 집중되지 않고 많은 대표자들[대의 기구들] 사이로 분산된다. 이론적으로 말한다면, 정부는 대중의 욕구에 더 순응함으로써 얻는 득표에서의 한계 소득이, 그로 인한 정부 정책의 조정 능력 과부하에서 비롯되는 득표상의 한계비용과 같아질 때까지 자신의 권력을 계속 분산하려 할 것이다.

이런 권력 분산의 특징은, 시민들이 어떤 방식으로 서로 이질적인 집단들로 나뉘어 있는가에 달려 있다. 만약 중요한 차이가 지리적인 요인에 따라 발생한다면, 정부는 공간적으로 분권화할 것이다. 즉 상대적으로 동질적인 지역 출신의 대표자들이 권력을 잡게 될 것이다. 외견상으로는 대표자들이 중심부 지역에 살고 거기에서 활동한다고 하더라도 그렇다. 사회의 중요한 균열이 사회적·인종적·경제적 [갈등] 라인을 따라 이루어진다면, 권력은 지역 대표보다 이들 그룹의 대표들에게 돌아갈 것이다. 분권화의 양적인 정도는 커뮤니케이션 기술의 발달에 달려 있다. 커뮤니케이션 기술이 발전함에 따라, 인민의 의사와 멀어지지 않기 위해 필요한 분권화의 정도는 감소한다.

정부의 공식 제도가 분권화된 선거를 규정하고 있는지 여부와 상관없이, 이런 종류의 분권화는 필연적이다. 모든 유권자가 전국적 차원에서 행동하고 그 어떤 지역(또는 집단)의 대표를 선출하지 않는다 해도, 어느 정부든 각 지역(또는 집단)에 속한 '일반 시민의 마음을 읽어 낼 수 있는' 기구들이 있어야 한다. 시민들이 전국 대표가 아닌 [지역 혹은 집단] 대표를 선출하는 곳에서 분권화는 기능적인 토대뿐만 아니라 헌법적인 토대를 갖는다. 그럴 경우 분권화는 우리 모형과 같이 순수 전국적인 체계에서보다 더욱더 확고하게 진행될 것이다.

2) 비정부적 매개자들

일반 시민과 정부 양측의 공식 기구들은, 정부에 대해 일반 시민을 대표함에 있어서, 가능한 한 정확해야 한다. 그들의 업무는 일반 시민들이 정부에 대해 바라는 바를 정부에 정확하게 말해 주는 것이다. 그러나 많은 경우 대부분의 시민은 자신들이 정부에 바라는 바가 무엇인지 모른다. 뒤에서 보게 되겠지만, 정부가 다루는 대부분의 문제에 대해 그들이 늘 알고 있는 것도 아니다. 그래서 그들은 정부가 이런저런 문제를 어떻게 풀어야 하는지에 대해 아무런 견해도 갖고 있지 않다. 결과적으로 대부분의 유권자를 놓고 볼 때, 많은 쟁점에서 대표자가 대표할 것이 없는 경우가 다반사다.[8]

그러나 정부의 모든 결정에 누군가의 매개 없이 직접 관여하는 것은 소수의 사람들이다. 이들은 대개 정부의 정책에 대해 충분한 지식과 정보를 가지고 있고, 정부가 어떻게 해야 하는지에 대해 분명한 생각을 가지고 있다. 정부가 자신들의 견해를 채택하게 하기 위해, 이들은 자신들의 견해가 일반 시민이 원하는 것을 대변한다고 주장한다. 게다가 [그렇게 한다고 해서] 그 주장이 정확해야 한다는 어떤 규정이 있는 것도 아니다. 사실 그들은 어떻게 하든 과장하려는 경향이 있다(거짓 정보는 없다는 우리의 가정이 노골적인 거짓말을 배제하고는 있지만 어쨌든 그렇다). 따

---

8) 정부가 개인들의 정확한 효용 함수를 알고 있다면, 그들은 각 개인에게 무엇이 최선인지를 발견할 수 있다. 심지어 개인 자신은 정보 부족으로 자신에게 최선인 바가 무엇인지를 모른다고 하더라도 정부는 개개인에게 무엇이 최선인지를 알 수 있다. 이런 의미에서, 유권자가 아무런 의견이 없는 경우에도 완전한 대표는 이루어질 수 있다. 그러나 정부의 행위는 유권자의 후생이 아니라 유권자의 견해로부터 동기를 부여받는데, 그 이유는 투표에 영향을 미치는 것은 후생에 대한 유권자의 견해이기 때문이다.

라서 사실상 그들은 특정 집단이나 조직을 위한 로비스트임에도 시민 다수의 대표임을 가장한다.

대부분의 사람들은 정부에 대해 자신의 견해를 직접적으로 표현하지 않기 때문에, 정부는 이 로비스트들의 말을 듣고 그들의 제안이 실제로 얼마나 대표성을 띤 것인지 추정해 봐야 한다. 우리 모형에서 정부는 이 제안들이 시민들에게 유익한지의 여부는 상관하지 않는다. 정부가 알려고 하는 것은 단지 유권자 대다수가 그런 제안에 동의했는지의 여부, 혹은 그런 제안이 알려진다면 동의할 것인지에 관한 것이다. 이런 이유로 자칭 대표자들은 그들의 제안이 유권자에게 유익할 뿐만 아니라 ─ 그렇다면 유권자는 사후에라도 그것을 긍정적으로 평가할 것인데 ─ 벌써부터 유권자들은 그런 제안이 실현되기를 바라고 있다며 정부를 설득하려고 한다.

그러나 누구나 그런 주장을 하기 때문에, 어느 정도 뒷받침할 만한 증거가 없다면 정부는 관심을 갖지 않을 것이다. 그러므로 대표자들은 자신들의 제안을 정말로 원하는 추종자들을 만들려고 노력하게 된다. 그들은 자신들의 견해를 정부가 받아들이도록 하기 위해 자신에게 우호적인 여론을 형성하려 한다. 왜냐하면 정부는 시민들의 합의가 존재한다는 것을 발견할 때마다 바로 그 지점에서 여론에 부합하려고 하기 때문이다.

각 정당은 로비스트들이 실제로 얼마나 대표성이 있는지를 추정하는 데서, 많은 여론의 지지를 받고 있다는 그들의 주장을 대개는 할인해서 평가한다. 의회 청문회에는 수천 명의 시민을 대신해 말한다고 주장하는 개인들로 가득하지만, 실제로 그런지 면밀히 검증해 보면 자신의 조직이 불과 열서너 명에 불과하고 그 이상의 영향력이 없음을 인정하는 사람들이 많다. 전미자동차노조NAW와 같은 믿을 만한 단체도 항상 조직원 모두를 대표하는지는 분명하지 않다. 특정 문제에 관해서는 많은 구성원이 조직의 공식적 입장과 의견을 달리할 수도 있다.

그러나 정부가 사적 매개자들의 주장을 할인해 이해한다고 하더라도 그들로부터 영향을 받는 것을 피할 수는 없다. 정부는 일반 시민이 무엇을 원하는지를 발견하려고 노력해야 한다. 비용이 많이 들고 해석하기도 어렵기 때문에, 여론조사를 통해 직접 의견을 구하는 것이 불가능하다면, 정부는 추정을 하든 혹은 그들에게 와서 자신들의 견해를 말하는 대표자들에게 의존하지 않을 수 없다. 또한 정부는 유권자의 의견이 어느 정도 강렬한지, 즉 의견의 강도에 관심이 있다. 왜냐하면 정부는 정책 행동이 유권자에게 미치는 순 효과net effect를 고려해야만 하기 때문이다. 그렇게 해서 한 유권자에게는 약간의 손실을 가져다주는 반면 다른 유권자에게는 엄청난 혜택을 가져다준다면, 정부는 기꺼이 그런 위험을 감당하려 할 것이다. 몇몇 예외적인 경우를 제외하고, 자신의 견해를 앞세우며 정부에 압력을 가하는 사람은 침묵을 유지하는 사람들보다 훨씬 높은 열의를 갖고 있다고 생각할 수 있다. 합리적 정부라면, 의사 결정을 하는 데서 이런 사실을 무시할 수 없다.

더구나 정부는 좋은 정책을 채택했다는 확신을 일반 시민에게 심어주는 데 사용해야 하는 자원을 필요로 한다. 또한 정부는 자신의 정책에 동의하지 않는 반대당이나 이익집단의 공격으로부터 자신을 방어해야 한다. 정부는 이런 과업에 필요한 돈을 얻기 위해, 정부의 정책 행동을 필요로 하고 그것을 위해 기꺼이 돈을 지불하려는 사람들에게 특혜를 매매할sell favors 수도 있다. 반대당도 똑같은 일을 하지만, 그들의 경우는 선거에서 승리했을 때 인도하겠다는 약속일 뿐이라는 한계가 있다.

대개의 경우 특혜를 구매favor-buying하는 것이 뇌물처럼 노골적이지는 않다. 그것은 친기업 정책, 친노동 정책, 친자유무역 정책과 같이 특정 정당이 자신에게 우호적인 태도를 갖는 것에 대한 대가로 캠페인에 기부하는 등의 훨씬 교묘한 방법으로 이루어진다. 정당이 받은 대가가 돈이 아닐 수도 있다. 그것들은 매체의 편집 방향으로 나타날 수도 있고, 핵심 선거구에 힘을 실어 주거나 혹은 어떤 정책에 대한 반대를 자제하겠다는 의지의 표명으로 나타날 수도 있다.

이처럼 정치적 특혜에 대한 보답이 몇몇 선동의 형태로 지불되는 경우가 많은데, 사실 대부분의 선동가들은 특혜 구매 집단으로부터 충원된다. 자연스러운 일이지만, 선동가로서 가장 강력한 영향력을 가진 사람은 곧 서비스의 대가로 가장 많은 정치적 특혜를 받는 사람이다. 그러므로 정부가 다양한 특혜 추구자를 만족시키기 위해 얼마나 많은 정책을 조정해야 하는가를 결정하려면, 정당은 특혜 추구자의 **영향력 계수**influence coefficients를 측정해야 한다. 영향력 계수는 특혜 추구자 자신의 표가 몇 배로 배가되는지를 의미하는 숫자로, 그들의 정치적 비중을 평가하기 위한 것이다.

3) 불확실성의 정치적 순 효과

특혜를 추구하는 거래에서 구매자와 판매자는 모두 이익을 얻기 때문에 우리는 그들의 행동이 합리적이라는 것을 인정해야 한다. 거꾸로 말하면, 합리성을 추구하려는 의도 때문에 그들은 그런 행동을 하게 된다. 그리하여 불확실성의 조건 아래에서 합리성의 논리는, 전체 혹은 다수의 이익이 아니라 소수 유권자들의 이익을 목표로 한 정책을 만들도록 정부를 이끈다.[9] 그렇게 행동하지 않는다면 그것은 비합리적이다.

결과적으로 민주주의에서 유권자는 각자 한 표의 권리만을 가짐에도 정책 형성에 대해 갖는 영향력은 다르다. 한 시민이 한 표의 투표권만이 아닌 다른 자원을 갖는 것은 분명히 정부에 대한 영향력을 크게 만든다. 조직 내 적극적 구성원들은 다수의 유권자를 대표한다고 주장하는데, 이를 통해 자신들의 영향력을 증가시킬 수 있다. 이런 결론이 새로운 것은 아니다. 우리의 결론에서 유일하게 새로운 점이 있다면, 정부와 시민의 입장에서 볼 때 그것이 합리적 행동의 필연적 결과임을 보였다는 것뿐이다. 보통선거와 평등선거를 하고 있다 하더라도, 정부가 모든 유권자를 다른 유권자와 마찬가지로 똑같은 중요성을 가진 사람으로 본다는 것은 비합리적이다. 어떤 시민들은 다른 개인보다도 훨씬 높은 영향력 계수를 갖기 때문에, 합리적인 정부라면 정책 형성을 하는 데서 그들의 비중을 동료 시민들보다 더 크게 평가해야 한다.

완전한 확실성의 세계에서조차, 유권자들은 정부의 특정한 정책 형성에 대해 서로 다른 정도의 영향력을 갖는다. 사회적 노동 분업과 취향의 다양성은 상대적으로 동질적인 수많은 유권자 집단을 창출하고 각 집단은 여타 집단과 다른 관심을 갖는다. 정부의 특정 결정은 이들 각 집단에 대해 서로 다른 정도의 중요성을 갖기 때문에, 각 집단은 결정에 영향을 미치는 데서도 서로 다른 선호를 갖는다. 그러므로 합리적인 정부라면 이번에는 어떤 유권자, 다음에는 또 다른 유권자에 의해 움직이며, 따라서 특정의 결정마다 [유권자 집단 사이에서] 영향력은 다르게 나타나기 마련이다. 물론 유권자들 사이의 전체적인 중요성에서 불평등은 없다. 유권자 A보다 B를 더 중요하게 여겨야 할 이유는 없으며, 따라서 다른 조건이 동일하다면 결코 정부는 B로부터 호의를 얻기 위

---

9) 이런 결론은 정부 정책에 의해 많은 사람 혹은 모든 사람이 영향을 받을 때조차 정부의 특정 정책에 직접적으로 영향을 미치려고 시도하는 사람은 소수의 유권자뿐이라는 가정에 기초해 있다. 우리 모형에서 이 가정이 갖는 타당성에 대해서는 13장에서 증명한다.

해 A에게 손실을 가져다주려 하지는 않는다.

이상에서 본 것처럼 불확실성은 영향력의 순수 평등성net equality of influence을 파괴한다. 정부는 자신이 B의 호의를 얻는다면 A의 지지를 잃을지도 모른다는 사실을 알고 있을 수 있다. 그러나 정부는 아마도 B의 도움을 얻는 것이 그로 인해 미결정자 C와 D가 정부를 지지하도록 설득될 가능성이 극대화될 것이라는 사실 또한 알 것이다. 그렇다면 정부는 B가 정부를 돕도록 하기 위해 A를 버리려고 할 것이다. 불확실성은 [시민] 주권을 소득·지위·영향력의 불평등한 분배에 의해서도 영향을 받게 한다. 소득·지위·영향력의 불평등한 분배는 광범위한 사회적 노동 분업을 특징으로 하는 경제의 영역에서 불가피하게 나타나는 현상들인데, 불확실성으로 인해 투표권의 평등한 분배가 지배하는 것으로 되어 있는 영역에서조차 주권이 [불평등하게] 공유되는 일이 벌어지게 된 것이다.10)

6. 요약

불확실성 때문에 유권자들은 투표 결정에서 그들이 갖는 확신의 다양한 정도에 따라 여러 집단으로 나뉜다. 덜 확신하고 있는 사람은 추가

---

10) 그런 사회에서도 소득의 분포는 평등화될 수 있다고 생각해 볼 수 있다. 지위나 영향력의 평등화는 불가능하다고 해도 말이다. 그러나 대규모의 복합적인 경제구조를 가진 그 어떤 나라에서도 소득의 평등한 배분이 실현된 적은 없다. 따라서 이를 달성하는 것 역시 현실적으로 불가능하다고 간주해야 할지도 모르겠다.

정보에 의해 영향을 받을 수 있다. 그렇기 때문에 불확실성의 조건은, 틀린 사실이 아닐지라도 편향된 정보를 제공하는 사람들로 하여금 타인들을 설득하도록 이끈다.

설득의 가능성이라는 조건은 정당, 이익집단, 특혜 추구자들 사이에서 지도력을 쟁취하기 위한 경쟁을 낳는다. 정당은 정책 형성의 과정에서 유권자의 욕구를 따르려고 하지만, 일단 정책이 형성되고 난 뒤에는 모든 유권자들에게 그것을 바람직한 것으로 받아들이게 하고자 노력한다. 이익집단은 정부가 자신에게 이익이 되는 정책을 채택하길 바란다. 따라서 그들은 자신들이 인민의 의사를 대표하는 것처럼 태도를 취한다. 실제로 그들은 자신들의 관점을 지지하는 여론을 창출하려고 노력하는 동시에, 그런 여론이 존재한다는 것을 정부가 믿게 만들려고 노력한다. 특혜 추구자들은 그들 자신만을 대표한다. 그러나 그들은 특정한 특혜의 대가로 기꺼이 특정 정당을 지지하려 한다.

정부의 중앙 기획 부서는 일반 시민이 무엇을 원하는지 확신하지 못하므로, 그것을 알기 위해서는 정부와 시민 사이에 있는 매개자들에게 의존해야 한다. 앞서 언급한 이익집단은 매개자들의 한 형태이며, 정부 자신의 분권화된 기관들 역시 또 다른 형태의 매개자들이다. 특혜 추구자들도 매개자로서 정반대 방식으로 기능하는데, 그들은 이미 내려진 결정에 우호적인 여론을 만들려는 정부를 돕는 역할을 한다. 그러나 이 매개자들 모두는 대가를 요구한다. 그들은 자신들이 전체 인구 구성에서 차지하는 산술적인 비중보다 정책 형성에서 훨씬 큰 영향력을 얻는다.

결과적으로 불확실성은 합리적인 정부로 하여금 어떤 유권자를 다른 유권자보다 중요하게 취급하게 만든다. 그런 식으로 불확실성은, 보통선거가 보장하려 했던 영향력의 평등성이라는 조건을 변화시킨다.

7

득표 수단으로서
정치 이데올로기의 발전

우리의 기본 가정은, 정당은 더 나은 사회로의 발전보다 공직 획득 그 자체에 관심을 두고 있다고 본다는 데 있다. 사실이 그러하다면 정치 이데올로기의 존재는 어떻게 설명될 수 있을까? 왜 거의 모든 민주주의 정당들은 어떤 특정의 통치 철학으로부터 자신의 정책을 도출하는 것처럼 보이는 것일까?

우리의 대답은, 불확실성 때문에 정당들은 공직 획득을 위한 투쟁의 무기로서 이데올로기를 발전시키게 된다는 것이다. 이 과정에서 이데올로기는 정당들이 어떤 성격을 어떻게 발전시키게 될 것인지를 구체화하는 데서 특수한 기능을 부여받는다.

우리는 **이데올로기**를 좋은 사회와 그런 사회를 건설하는 수단에 관한 언어적 이미지verbal image라고 정의한다. 현대 정치학에서 이데올로기는 진정한 목표를 표현한 것이 아니라, 거의 언제나 정치권력을 장악하기 위해 사회 계급들이나 다른 집단들이 활용하는 수단의 일부로 간주되곤 한다. 그 어떤 세계관Weltanschauung도 겉으로 표현된 가치로서만 받아들여지지는 않는다. 왜냐하면 거기에는 이데올로기의 신봉자들이 갖는 권력 획득의 욕망이 스며들어 있는 것으로 간주되고 있기 때문이다.[1]

이런 견해에 따라 우리 또한 이데올로기를 권력에 이르는 수단으로 다룬다. 그러나 우리의 모형에서 정당은 특정 계급이나 집단의 도구가 아니다. 오히려 정당은 공직 자체를 추구하는 자율적인 팀이며, 그 목표를 이루기 위해 그런 집단의 지지를 이용한다.

이 장의 목표

이 장에서는 다음과 같은 명제들을 증명하고자 시도한다.

1. 모든 정당의 동기가 오직 득표 극대화라 하더라도, 불확실성 때문에 정당들은 매우 다양한 이데올로기를 채택하게 된다.
2. 합리적 유권자들 가운데 일부는 정당 간 정책 비교를 통해서가 아니라 이데올로기를 통해 어떻게 투표할 것인지를 결정한다.
3. 우리 모형 속의 정당들로 하여금 정책과 이데올로기를 형성하고 발전시키는 데서 정직하고honest 일관되게consistent 만드는 것은 공직 추구를 향한 경쟁적 투쟁이다.
4. 합리적인 이유에서든, 제도적인 이유에서든, 변화를 어렵게 하는 관성들로 말미암아 때때로 정당들은 현실 조건에 맞는 적절한 행위를 하지 못하게 되고, 그 결과 시대에 뒤떨어지는 이데올로기와 정책을 채택하게 된다.

---

1) 이런 견해에 대한 뛰어난 설명은 Karl Mannheim, *Ideology and Utopia*, Harvest Book Series (New York: Harcourt, Brace and Co., 1955), pp. 96-97을 보라.

1. 불확실성의 역할

1) 확실성의 세계에서 이데올로기의 역할

확실성의 세계에서조차 정당은, 마치 서로 경쟁하는 광고업자들과 같은 고전적 딜레마에 빠지게 된다. 그들은 유사한 대체재 모두로부터 자신의 상품을 차별화하면서도, 자신의 상품이 다른 모든 대체재들의 장점을 갖고 있다는 사실을 증명해야 한다. 어떤 정당도 열정적 다수에 반대해서는 표를 얻을 수 없으므로, 모든 정당은 유권자 집단의 압도적 다수가 동의하고 강력하게 원하는 것이라면 무엇이든 지지한다. 그러나 시민들은 자신들 앞에 놓인 대안이 모두 동일한 것이라면 투표에 특별한 의미를 부여하지 않을 것이다. 따라서 유권자들을 투표장으로 이끌어 내기 위해서는 각 당의 강령 사이에 차이가 만들어져야 한다.[2]

그러나 확실성의 세계에서 정당의 강령은 그 어떤 이데올로기적 요소도 띠지 않기 때문에 정당 간 차이는 오로지 정책의 수준에 의해서만 제한된다. 정당이 채택한 모든 입장의 세세한 것까지 유권자들이 능숙하게 판단하고 이를 바람직한 사회에 대한 자신의 관점과 직접적으로 관련시킬 수 있는 능력이 있다면, 그들은 철학이 아니라 오직 쟁점에만 관심을 갖는다. 따라서 정당은 세계관을 형성할 필요를 전혀 느끼지 않

---

2) 이런 진술은 3장의 주장과 어긋나는 것처럼 보일 수도 있다. 3장에서는 정당들이 모두 똑같은 강령을 가진 경우에도, 어느 정당을 선택하느냐의 문제는 중요하다는 주장을 했다. 그럼에도 강령의 동일성은 유권자로 하여금 투표를 하러 갈 유인을 감소시킨다. 왜냐하면 강령의 동일성은 정당들이 다른 강령을 가진 경우보다 정당 간 효용 격차를 작아지도록 만들기 때문이다. 그 결과 투표 비용이 정당 간 효용 격차보다 클 가능성이 증가하고, 그 때문에 투표에 기권할 가능성도 높아진다. 민주주의에서 선거 참여에 관한 더 자세한 논의는 14장을 보라.

고, 현실적인 문제가 제기될 때마다 그에 맞는 한정된 입장만을 채택할 수 있을 뿐이다.

2) 불확실성은 어떻게 이데올로기를 유권자에게 유용한 것이 되게 하는가

불확실성은, 유권자로부터 정당의 결정 하나하나를 자신의 이데올로기에 관련지을 수 있는 완전한 능력을 제거함으로써 앞서 살펴본 것과 같은 [확실성의] 상황을 전체적으로 바꾸어 버린다. 유권자들은 정부가 내린 결정이 무엇인지에 대해 세세히 알지 못하고, 알고자 한다면 엄청난 비용을 치러야 한다는 것을 발견하게 된다. 설령 알게 되었다 하더라도 그 정책이 가져올 결과를 늘 예측할 수 있는 것도 아니다. 그러므로 그들은 정책의 결과를 정확하게 추적할 수 없고, 그것을 자기 자신의 이데올로기에 연결시킬 수 없다. 또한 그들은 정부가 다음 선거 주기 동안 어떤 문제에 직면하게 될 것인지도 미리 알 수 없다.

이와 같은 상황에서 많은 유권자들은 정당의 이데올로기가 유용하다는 것을 발견한다. 왜냐하면 이데올로기는 모든 쟁점 하나하나를 자신들의 철학과 관련지을 필요를 없애 주기 때문이다. 이데올로기는 그들이 정당 간 차이에 관심을 집중하는 것을 도와주는데, 따라서 이데올로기는 모든 입장을 차별화시켜 주는 시료처럼 이용될 수 있다. 이와 같은 손쉬운 방법 덕분에 유권자는 다양한 쟁점에 대한 정보 비용을 절약하게 된다.

나아가 시민은 정당들의 과거 성적에 대한 기록이 아니라 이데올로기를 수단으로 해서 어느 정당에 투표할 것인지를 결정할 수 있다. 그는 정부의 행위를 반대당의 공약과 비교하는 대신, 정당들의 이데올로기를 비교하고, 자신의 이데올로기와 가장 비슷한 정당을 지지할 수 있다.

따라서 그는 특정한 쟁점이 아니라 이데올로기적 적격성ideological compe-tency을 기준으로 투표한다. 다음과 같은 두 상황에서라면 그런 행위는 합리적이다. ① 유권자가 충분한 정보를 획득했지만, 쟁점을 기준으로는 정당 간 차이를 판단할 수 없고 이데올로기를 기준으로는 판단할 수 있을 때, ② 유권자가 특정 쟁점에 대해 충분한 정보를 획득하는 데 드는 비용을 아끼기 위해 이데올로기를 수단으로 하여 투표할 때이다. 이 두 경우, 유권자의 행위는 3장에서 묘사한 [완전 정보 상황에서 각 정당이 집권했을 때 유권자가 받게 될 것이라고 기대하는 효용 소득의 차이를 평가하는 절차에 따른] 행위와 다르다. 왜냐하면 그는 분명히 존재하는 정당 간 효용 격차를 계산할 만한 충분한 자료가 없고, 자신의 결정을 내리기 위해 **이데올로기적 효용 격차**ideological differential를 사용하고 있기 때문이다.

이데올로기적 효용 격차를 적용하는 것은 오로지 단기적으로만 합리적이다. 모든 합리적 유권자는 정당의 말이 아니라 정당의 행위에 영향을 미치기 위해 투표한다. 그러나 이데올로기 그 자체는 단지 말일 뿐이다. 그러므로 유권자가 오직 이데올로기로만 정당 간의 차이를 구분할 수 있다면, 유권자의 후생이라는 관점에서 정당 간 차이는 사실상 없는 것이 된다. 서로 말은 다르게 할지 몰라도 행동은 똑같이 한다는 것이나 다름없는데, 그렇다면 유권자가 어느 당을 지지하느냐는 중요한 문제가 아니게 된다.

그러므로 투표 결정을 내리는 데서 이데올로기를 일종의 최후의 수단으로만 사용하는 [충분한 정보와 지식을 갖춘] 식견 있는 유권자들은, 제아무리 이데올로기적 효용 격차가 있다 해도 정당 간 효용 격차가 선거를 거듭해도 전혀 나타나지 않는다면 더는 투표하지 않을 것이다. 그들이 볼 때, 정당 간 이데올로기적 효용 격차는 이제 아무런 의미를 갖지 못하기 때문이다.

그러나 이데올로기를 [정보] 비용을 축소하는 도구로 보는 시민은 이데올로기를 최후의 수단으로 이용하지 않는다. 그에게 이데올로기는 정당 간 효용 격차를 계산하는 비용을 절약하게 해주는 최우선적인 수단이다. 정당 간에 실제적인 차이가 존재하며 그것이 정당들의 이데올로기와 상관관계가 있다고 한다면, 그런 식으로 결정하는 것은 합리적이다. 예를 들면, 어떤 시민이 쟁점 사안에 대한 정보 비용을 지불했고, 그 결과 A당의 정책이 B나 C당의 정책보다 그에게 더 큰 이익을 준다는 것을 발견했다고 가정하자. 그러나 그 전에 이미 그는 그럴 것이라고 추정했다고 해보자. A당의 이데올로기가 다른 당보다 더 호소력이 있었기 때문이다. 결국 쟁점 사안에 대한 정보 비용보다는 이데올로기에 대한 정보 비용이 훨씬 적게 들기 때문에, 그 이후로 그는 이데올로기를 쟁점에 대한 판단에 도달하는 합리적 지름길rational short cut로 삼게된다.

이와 같은 행위는 충성파가 되는 것과 정치에 대해 완전한 정보를 갖추는 것 사이에서 타협하는 것이다. 충성파와는 달리, 비용을 절감하기 위해 이데올로기적 효용 격차를 활용하는 사람은 현재의 쟁점들에 대해 어느 정도 알고 있다. 하지만 그는 쟁점에 따라 결정을 내리는 시민보다는 많이 알고 있지 않다. 왜냐하면 정치의 세계는 철학적 공리로 판단할 수 없는 수많은 쟁점들이 있기 때문이다. 그들은 지지할 정당을 선택할 때 [정당의 실제] 행위보다는 [정당의] 주의 주장doctrines에 치중한다는 점에서, 우리는 그런 타협자를 **교리주의자**dogmatists라고 부를 것이다.

3) 불확실성은 어떻게 이데올로기를 정당에게 유용한 것이 되게 하는가

불확실성이라는 구름에 가린 세계에서는, 이데올로기가 유권자뿐만 아니라 정당에도 유용해진다. 정당들은 유권자들이 정책이 아니라 이데올로기를 수단으로 투표한다는 것을 알고 있다. 그러므로 정당은 득표 극대화를 가능하게 해줄 이데올로기를 만들어 낸다. 이유에 대해서는 뒤에 논의하겠지만, 이데올로기는 내부적으로 일관성이 있어야 consistent 하며, 정당의 구체적인 정책과도 일치해야만 한다. 그러나 정당들이 선택할 수 있는 이데올로기의 범위는 여전히 광범하게 열려 있다.

그렇다 하더라도, 일견 우리 모형의 모든 정당이 매우 유사한 이데올로기를 선택할 것처럼 보일 수도 있다. 사실 정당들은 자신의 특별함을 주장하기 위해 자신이 만들어 낸 이데올로기를 차별화하고 싶어 한다. 그러나 각 정당은 가능한 한 많은 시민에게 호소력을 갖도록 노력해야 하고 모든 정당은 똑같이 시민 전체와 대면해야 하는데, 왜 그들은 현실 세계의 정당들처럼 서로 현저하게 다른 이데올로기를 표명하려 할까?

우리 모형 안에서는 득표 극대화 가설로부터 어떻게 [정당 간] 넓은 이데올로기적 편차가 발전되어 나올 수 있는지를 설명할 수 있는 세 가지 요인이 있다. 사회 내부의 이질성, 사회 갈등의 불가피성 그리고 불확실성이 그것이다. 우리가 사는 세상의 자원이 유한하다는 사실은 사회집단들 사이에서 어쩔 수 없는 갈등을 야기한다. 이런 집단들이 명확히 존재하고 유권자가 합리적인 한, 이런 갈등들로 인해 어떤 하나의 정치 이데올로기도 같은 시점에서 모든 집단에 강한 호소력을 갖지 못하게 된다. 예를 들면, 한 산업 분야에서 경영자의 요구와 기대에 부응하는 이데올로기가 해당 산업의 노동자들에게도 최적의 선택이 되기는 어렵다. 심지어 해당 산업이 국유화되어 있는 경우에도 마찬가지이다.

따라서 각 정당의 이데올로기는 오직 제한된 수의 사회적 집단에만 호소력을 가질 수 있다. 왜냐하면 한 집단에 대한 호소력이 다른 집단에 대해서는 잠재적으로 적대적인 것이기 때문이다. 그러나 불확실성 때문에, 호소력을 갖는 집단들을 어떻게 조합해야 가장 많은 득표를 가져올지는 분명치 않다. 게다가 사회는 역동적으로 계속 움직인다. 따라서 이번 선거에서는 제대로 작동했던 조합이 다음 선거에서는 나쁜 결과를 낳을 수 있다. 그러므로 어떤 사회집단들에게 지지를 호소할 것인지를 둘러싸고 정당들 사이에 차이가 나타날 가능성이 매우 높다. 이런 사실은, 정당들이 자신들의 상품을 차별화하려는 내재적인 욕구를 갖는다는 것뿐만 아니라, 우리 모형 속의 정당들이 동일한 목적을 가짐에도 매우 다양한 이데올로기를 만들 수 있음을 의미한다.

정당 간 이데올로기적 차별성은, 어떤 정당 이데올로기도 다른 이데올로기보다 명백하게 효과적이지 않은 한에서만 유지될 수 있다. 예를 들어, 서로 다른 세 사회집단에 호소하는 세 정당이 있고, 한 정당이 압도적인 표차로 계속 승리한다고 가정하자. 다른 두 정당은 '상황의 흐름에 편승해' 만년 승자가 의존하는 사회집단으로부터 표를 얻을 수 있도록 이데올로기를 바꾸어야 한다. 그렇게 되면 각 정당은 모두 선거 승리를 위해 지배적 사회집단의 특정 분파와 소수파 집단의 몇몇 부분을 결합하려고 노력하게 될 것이다. 결과적으로, 각 정당의 이데올로기는 이전보다 서로 매우 가까워질 것이다.

그러므로 이데올로기의 다양성이 유지되려면, 효과에 대한 불확실성이 반드시 있어야 한다. 모든 사람이 특정 유형의 이데올로기가 승리한다는 것을 알고 있다면, 모든 정당은 분명히 그것을 선택할 것이다. 이런 경우 이데올로기의 차별화는 감지하기 힘든 매우 미묘한 차원에서 이루어질 것이다. 여기서 우리는 다시 열정적 다수의 문제와 직면하게 된다. 열정적 다수가 존재함에도 정당들의 강령이 차이가 나는 것은 다음과 같은 조건일 때만 가능하다. 즉 열정적 다수가 원하는 것이 무엇인지를 정당들이 불확실해 할 때, 혹은 열정적 합의의 범위 밖에서의 미묘한 차이가 어느 정도인지에 대해 정당들이 불확실해 할 때이다.

이데올로기가 정당으로 하여금 불확실성에 대처하도록 도와주는 또다른 방법은 어느 정책이 가장 많은 득표를 하게 될 것인지에 대한 계산 과정을 단축시켜 준다는 데 있다. 우리 모형에서, 각 정당은 가장 많은 지지를 얻을 것이라고 느끼는 일단의 사회집단들에게 호소력을 발휘하기 위해 이데올로기를 기획한다. 그들이 만들어 낸 이데올로기가 정확히 잘 맞는다면, 그 이데올로기에 맞게 선택된 정책들은 정당이 지지를 얻고자 하는 유권자들을 자연스럽게 만족시키게 될 것이다.

계산 과정을 단축시켜 주는 이 지름길은 정책 결정 하나하나를 유권자의 반응에 직접적으로 관련시킬 필요성을 없애 준다. 그러므로 그것은 의사 결정 비용을 감소시킨다. 그러나 이 방법의 적용은 두 가지 측면에서 한계를 갖는다. 첫째, 이데올로기는 분명하게 행동을 이끌어 낼 정도로 충분히 구체적이지 않을 수 있다. 즉 두 개 이상의 대안이 이데올로기적으로 갈등 없이 받아들여질 수도 있다. 둘째, 궁극적으로 유권자는 이데올로기가 아니라 실제 행동에 관심이 있다. 따라서 각 당은 자신들의 행동이 유권자의 선호에 어긋나지 않는지를 자주 점검해야만 한다. 합리적 유권자가 누구에게 투표할지를 결정할 때 오직 이데올로기적 효용 격차에만 의존할 수는 없는 것과 마찬가지로, 어느 정당도 이데올로기적 적격성에만 의존할 수는 없다.

4) 정당 간의 경쟁이 어떻게 이데올로기에 영향을 미치는가

우리 모형에서 이데올로기를 탄생시킨 것은 불확실성이었지만, 이데올로기가 출현한 이후에는 다른 요소가 이데올로기의 변화를 결정한다. 이 이중의 인과관계는 유권자들이 이데올로기를 정책에 대한 판단에 이르는 지름길로 사용하기 때문에 생겨난다. 불확실성이 존재하기 때문에 유권자는 그와 같은 지름길을 필요로 하고, 따라서 정당은 이데올로기를 생산한다. 그러나 그 이후의 발전 과정은 불확실성이 아니라, 이데올로기가 뒷받침하는 정책들과의 관계에 달려 있다.

이데올로기가 합당한 지름길이 되려면, 이데올로기는 각 정당이 장래 무엇을 할 것인지를 정확하게 나타내는 척도가 될 만큼 정책들과 충분히 밀접하게 통합되어 있어야만 한다. 중대한 정책의 변화가 발생하면, 이데올로기 또한 변화해야 한다. 그러지 못하면 그것은 효과적인 신호가 아니게 되고, 우리 모형의 시민은 더는 그것을 사용하지 않게 될 것이다. 따라서 정책의 발전에 영향을 미치는 요소는 그것이 무엇이든, 이데올로기의 발전에도 영향을 미친다.

정당의 정책 형성에 영향을 미치는 주요 동인은 타 정당과의 득표 경쟁이다. 그런 경쟁은 4장에서 본 것처럼 정당의 정책 내용을 결정할 뿐만 아니라 ① 정당 정책의 안정성, ② 정당 정책과 정당의 공적 주장 간의 관계 또한 결정한다. 결국 정당들이 책임성 있고 정직하게 될 것인지 여부를 결정하는 것은 경쟁이다.

이데올로기는 정당 정책에 대한 하나의 공적 주장이라 할 수 있다. 이데올로기는 정당의 정책 행동에 대한 구체적 제안을 담고 있거나 그것을 포괄하고 있기 때문이다. 그러므로 정당의 실제 정책과 공적 주장 사이의 관계를 분석하면, 정당의 이데올로기가 어떤 특징을 나타내는지를 발견할 수 있다. 이 관계는 불확실성의 문제와는 상대적으로 무관하다. 비록 유권자는 미래에 대해 완전한 지식을 갖고 있지 못하다고 가정함에도 그렇다.

이 장의 다음 절에서는 이데올로기의 특수한 문제들로부터 신뢰성

reliability·정직성integrity·책임성responsibility과 같이 정당에 적용되는 좀 더 넓은 개념들로 관심을 옮길 것이다. 이런 개념을 검토하는 것은 그 자체로도 흥미로운 일이라 생각하지만, 여기서의 그 주된 목적은 뒤에서 살펴볼 이데올로기 분석에 적합한 정당 행위의 어떤 특성들을 확립해 보려는 데 있다.

2. 신뢰성·정직성·책임성

지금까지 우리는 이데올로기가 정당과 유권자에게 유용하기 때문에 정당들이 이데올로기를 발전시켰으며, 이데올로기적 다양성은 지속될 것임을 보았다. 이제 우리는 정당의 이데올로기가 다음 세 가지 조건 가운데 하나와 양립 가능해야 한다는 점을 증명하고자 한다. ① 첫째, 선거 주기 이전 정당의 정책 행동, ② 둘째, 선거운동 때 했던 정당의 공적 주장(이데올로기를 포함해서), 혹은 ③ 이 둘 다.

1) 우리 모형에서 신뢰성과 책임성의 역할

신뢰성·정직성·책임성 개념을 분석하기 위해, 선거 주기time periods, 정당의 정책 행동party actions, 다음 선거에 대해 의미를 갖는 정당의 공적 주장party statements에 기호를 붙여 보자. 두 개의 정당 X, Y가 있고, 작은 글자는 선거 주기를 나타낸다고 가정하자. X_1은 정당 X의 T_1 선거 주기 동안의 **공적 주장**을 나타낸다. (X_1)은 같은 기간 동안 정당의 **정책 행동**을 나타낸다. 마지막으로 선거 주기는 다음과 같다고 한다.

T_1 현재 선거 주기 이전의 선거 캠페인(현재의 선거 주기에 관한 공적 주장이 행해진 시기)

T_2 현재의 선거 주기, 단 현재 선거 주기 마지막에 있는 최종 선거 캠페인을 제외

T_3 현재 선거 주기에서의 최종 선거 캠페인(다음 선거 주기에 관한 공적 주장이 행해지는 기간)

T_e 선거일, T_3와 T_4이 구분되는 날

T_4 다음번 선거 주기

이에 따르면 Y_3는 정당 T_4 선거 주기 동안의 집권을 위한 선거 캠페인에서 Y가 행한 공적 주장을 가리킨다. 또한 X는 T_2 동안의 집권당을 가리키고, (X_2)는 정부로서 취한 정책 행동을 나타낸다고 가정한다. 이것들은 Y_2와 비교된다. 왜냐하면 반대당의 경우, 공적 주장은 할 수 있지만 정책 행동은 할 수 없기 때문이다.[3]

선거에서 유권자가 판단을 내려야만 하는 것은 (X_4)와 (Y_4)에 대한 것이다. 그러나 이들의 잠재적 미래 정책 행동은 기간 T_1, T_2, T_3 동안의 사건들에 관한 지식을 통해 예측될 수 있다.[4] 하나의 방법은 X_3와

---

3) 반대당에 대한 이와 같은 제한은 입법부 없는 우리 모형의 특이성에서 비롯된 것이다. 그러나 우리의 모형은 '공개 행사장'(showcase)의 역할을 하는 입법부를 포함할 수 있도록 공리들을 손쉽게 수정할 수 있다. 그곳에서는 반대당 지도자들이 자신의 견해를 표명하고, 집권당과 토론하며, 국정조사를 실시하고, 심지어 표결까지 할 수 있을 것이다. 그런 활동이 집권당에 대해 강제력을 갖지 않는다면, 그런 입법부는 우리 모형의 나머지 부분과 완전히 양립 가능하다. 그러나 그런 활동이 [집권당에 대한 강제력과 같은] 독립된 효력을 갖지 않는다는 바로 그 사실은 우리로 하여금 반대당을 정책 행동보다는 공적 주장의 관점에서 탐구하게 한다.

4) 여기서 기간 T_1은 기간 T_2 직전의 선거 캠페인에 나타난 주장과 행동을 포함하는 것으로 구성되어 있다. 우리 모형의 유권자들도 각 정당의 정직성과 책임성을 판단하는 데 이전의 많은 선거 주기 동안의 사건들을 고려한다. 그러나 조건이 변하기 때문에 정당은 정책을 변화

Y_3를 비교하는 것이다. 이 방법은 합리적이다. 왜냐하면 이런 공적 주장들은 T_4라고 하는 같은 상황에 관한 것이기 때문이다. 그러나 이 절차적 방법은 우리 모형의 유권자들에게 확고히 자리 잡고 있는 항목인 집권당의 성적을 무시한다.

그러므로 합리적 시민이 어떻게 투표하는지에 관한 지금까지의 분석에서, 우리는 그들이 T_4 기간의 정부를 뽑는 것임에도 (X_2)와 Y_2를 비교한다고 말했다. 물론 그들은 집권당의 성적과 반대당의 약속, 즉 (X_2)와 Y_3를 비교하고 싶어 할 수 있다. 그러나 그 둘은 논리적으로 비교 불가능한 것이다. 왜냐하면 그것들은 서로 다른 상황(T_2와 T_4)에 관한 것이기 때문이다. 단순히 행동하겠다는 약속보다 이미 취해진 행동이 더 나은 증거이기 때문에, 우리는 각 유권자의 비교를 (X_2)와 Y_2로 이동시키고, 유권자가 원한다면 추세치를 채택하는 것을 허용해야 할 것이다.

유권자들이 이 경로를 따른다면, T_2에서 각 정당의 정책 행동 — 현실적인 것이든 가설적인 것이든 — 과 정당이 선거 T_e에서 승리한다면 T_4에서 취하게 될 정책 행동 사이에는 어떤 관계가 있어야만 한다. 이 관계는 신뢰성과 책임성으로 구성된다.

특정 정당이 선거 주기 초기에 행한 정책적 주장 — 그 직전 선거 주기 끝의 선거 캠페인에서의 공적 주장을 포함해 — 을, 선거 주기 동안에 취하게 될 정당의 정책 행동(또는 집권하는 않은 정당의 공적 주장)을 정

시킨다. 그리고 합리적 시민들은 그런 변화 모두가 무책임한 것은 아님을 안다. 그러므로 시민들은 과거 사건의 일부 — 모든 과거의 사건은 아닌 — 를 고려하고, 그것들을 서로 다른 비중을 두어 평가한다. 이런 과정에 대한 장황한 형식화(formalization)를 피하기 위해, 이곳의 분석에서는 T_2에 선행하는 과거 선거 캠페인을 삭제했다. 그러나 이런 삭제는 단지 단순화를 위한 것임을 염두에 두어야 할 것이다.

확히 예측하는 데 사용할 수 있다면, 그 정당은 **신뢰할 만하다**reliable. 따라서 어떤 정당이 언제나 하겠다고 한 것과 정확히 반대되는 행동만 한다면, 비록 정직하지는 않을지라도 신뢰할 만은 하다.

한 선거 주기에서 정당의 정책이 앞선 기간의 정책 행동(혹은 공적 주장)과 일치한다면, 즉 정당이 새로운 강령을 만들면서 이전의 관점이 번복되지 않는다면, 그 정당은 **책임성이 있다**responsible. 따라서 정당이 책임성과 신뢰성 양자를 모두 갖추고 있다면, 기간 T_2에서 정당의 행동은 T_4에서 취하게 될 여러 행동과 상관성이 있다. 책임성은 기간 T_3에서의 강령적 주장이 T_2에서의 행동(혹은 주장)과 관련이 있고, T_2의 행동으로부터 발전된 것임을 의미한다. 신뢰성은 T_4에서의 행동이 T_3에서 행한 정당의 강령적 주장으로부터 예측될 수 있음을 의미한다. 이런 관련성은 유권자로 하여금 T_4주기를 통치할 정당을 선택함에 있어 (X_2)와 Y_2를 비교하는 것이 합리적이도록 만든다.

2) 정치에서 신뢰성과 책임성이 필요한 이유

우리 모형에서 신뢰성과 책임성 모두가 유용하지만, 아마도 이들 중 어느 하나 또는 양자 모두는 정치적 합리성을 파괴하지 않는 범위 안에서 없어도 상관없을지 모른다. 이런 가능성을 검토하기 위해 다음 경우에 민주주의가 어떻게 작용할 것인지를 간단히 고려해 보자. ① 정당들이 신뢰성과 책임성 양쪽 모두를 나타내지 않을 때, ② 정당들이 신뢰성은 없지만 책임성을 보일 때, ③ 정당들이 책임성은 없지만 신뢰성을 보일 때.

먼저 신뢰성의 부재는 유권자들이 정당들이 하겠다고 말하는 것으로부터 그들의 행동을 예측할 수 없음을 의미한다. 책임성의 부재는 과거에 정당들이 행해 왔던 것을 연장해 [현재나 미래로] 투사하는 것으로 는 정당의 행위를 예측할 수 없다는 것을 의미한다. 이 둘 모두가 부재할 때, 유일하게 가능한 예측의 토대는 각 정당의 과거와 미래 행위 간의 관계가 비일관적inconsistent이라는 사실뿐이다. 그러나 상황이 극도로 급변하지 않는 한, 정당의 과거와 미래의 행동 사이에 형성될 수 있는 관계는 대개 일관성을 갖는다. 정당들이 특정 사회집단의 요구를 만족시키려 한다고 해보자. 그 집단의 이익이 안정되어 있는 한, 정당이 그 집단에 제공하게 될 미래의 서비스는 과거에 제공한 서비스와 상충하지는 않을 것이다. 마찬가지로, 순수하게 이데올로기적 목표를 추구하는 정당들은 오랜 기간 일관되게 행동한다. 한마디로 말해 신뢰성이 없는 정당이라 할지라도 체계적으로 비일관된systematically inconsistent 행위를 선택하는 것은 비합리적이다.

그러므로 신뢰성도 책임성도 없다면, 어떤 정치적 예측도 할 수 없다. 그런데 미래를 예측할 방법이 전혀 없다면 합리적 행위는 불가능하다. 바로 이런 사실 때문에, 정당들이 신뢰성과 책임성 양자 모두를 결여한 민주주의는 합리적일 수 없다. 그렇다면 이는 신뢰성과 책임성 모두가 있어야 한다는 것을 의미하는 것일까?

정당들이 신뢰성은 없지만 책임성이 있는 경우, 정당들이 미래에 무엇을 할 것인지를 추론할 때 과거의 성적만을 보는 유권자들은 정당들의 모든 공적 주장은 무시한다. 그런데 최근의 정책 행동에 대한 기록은 오직 집권당에 대한 것뿐이다. 현재의 선거 주기 동안 반대당은 오직 공적 주장만을 해왔고, 신뢰성을 결여하고 있기에 이들의 공적 주장은 미래 행위에 대한 안내자로서의 의미가 없다. 그러나 반대당이 오랫동안 집권하지 못했다면, 그 사이에 상황이 크게 달라졌을 수 있기 때문에 그 당이 마지막으로 집권한 때의 정책 행동 역시, 승리할 경우 그

당이 무엇을 할 것인지에 대한 안내자로서 소용이 없다. 이상과 같은 이유에서 합리적 투표를 위해서는 정당의 공적 주장과, 이어지는 정당의 정책 행동 사이에 체계적인 인과관계가 필수적이다.

반대의 사례는 정당들이 책임성은 없지만 신뢰할 만한 경우에 생겨난다. 이 경우 유권자들은 정당이 미래에 무엇을 할 것인지에 대해 예측하기 위해, 그들이 해온 것이 아니라 무엇을 하겠다고 말하는 것에만 의존한다. 그럼에도 각 당의 과거 행적에 대한 기록은 그 당이 얼마나 신뢰할 만한지를 판단하는 데 필요하다. 그 기록은 그 이전에 발표한 약속과 비교되어야만 하기 때문이다. 그러나 여기서 지속성을 가져야 할 관계는 정당의 약속과 행동 사이에 있지, 한 선거 주기에서의 정책 행동과 그다음 주기에서의 정책 행동 사이에 있지 않다. 이런 선택의 체제는 합리적이고 또 실천 가능하다. 왜냐하면 이제 유권자는 (X_2)와 Y_2 대신 X_3와 Y_3를 비교하기 때문이다. 그러나 앞에서도 언급했듯이 이 경우 유권자들은, 집권당의 [정책 행동에 대한] 기록이라고 하는, 유권자의 투표 결정과 관련해 그 어떤 합리적인 고찰에서도 중심적인 항목을 차지한다고 여겨지는 것을 무시하는 것이 된다.

우리의 결론은 이렇다. 어떤 합리적인 선거 체계에서도 신뢰성은 일종의 논리적 필연이다. 책임성은 논리적 필연은 아니라 하더라도, 합리성에 대한 우리의 정의 속에 그 의미가 강하게 함축되어 있다. 물론, 이렇게 결론을 내린다고 해서, 우리 모형에 신뢰성과 책임성이 실제로 존재함을 입증하는 것은 아니다. 다만 정당들이 시종일관 신뢰성과 책임성 모두를 동기로 해 움직인다는 것을 보여 줌으로써, 우리는 신뢰성과 책임성이 우리 모형 안에서 기능하고 있음을 ― 따라서 우리의 모형이 합리적임을 ― 증명할 수 있다.

3) 각 정당이 갖고 있는 동기는 어떻게 정당을 정직하고 책임성 있게 만드는가

우리 모형의 시민들은 오직 정부 정책에 영향을 미치기 위해 투표한다. 그들은 각 정당의 공적 주장이 집권 후 수행할 정책을 예측하는 데 안내자가 되는 한에서만 관심을 가진다. 정당이 집권하고 있을 때에는 그들의 공적 주장보다 현재의 정책 행동이 더 나은 안내자 구실을 한다. 그러므로 집권당이 책임성을 갖추고 있는 한, 신뢰성을 갖출 필요는 없다.

그러나 반대당은 집권하고 있지 않고 있기 때문에 현재의 정책 행동으로는 판단될 여지가 없다. 그들이 마지막으로 집권했을 때의 정책 행동은 유권자들이 목표로 삼고 있는 선거 주기로부터 적어도 한 선거 주기 이전의 것들이다. 조건은 시간이 경과함에 따라 변하기 때문에, 과거의 정책 행동은 미래에 반대당이 무엇을 할 것인지를 예측하는 유일한 안내자로서 유용하지 못하다. 선거 주기가 긴 경우에 특히 그렇다. 그러므로 반대당은 신뢰할 만해야 한다. 즉 유권자들은 반대당의 공적 주장으로부터 합리적으로 그들의 행위를 예측할 수 있어야 한다.

반대당이 신뢰할 만하지 못하다면, 합리적 시민의 확신 ― 이는 곧 표이다 ― 을 얻을 수 없다. 시민들은 행위를 전혀 예측할 수 없는 정당보다는 불완전한 공약이나마 수행할 것이라 신뢰할 수 있는 정당에 표를 던질 것이다. 사실 합리적 인간이 신뢰할 수 없는 반대당에 투표하는 경우는 오직 한 가지인데, 그것은 집권당이나 신뢰성 있는 모든 정당이 차라리 아무 정책이나 무작위로 선택하는 편이 더 낫겠다 싶을 정도로 끔찍한 정책을 내놓고 있을 때이다. 그리고 많은 사람이 그렇게 느낀다면, 아마도 그들은 행동을 예측할 수 없는 정당에 투표하기보다는 새로운 정당을 세울 것이다. 결국 유권자들은 신뢰성을 반대당이 갖추어야 하는 자산으로 보기 때문에, 반대당들은 경쟁적으로 신뢰성을 획득하도록 내몰리게 된다.

또한 집권당은 자신들이 차기에 재집권할 것이라고 확신할 수 없다. 따라서 그들은 필요하다면 반대당이 될 준비를 해야만 한다. 그러나 만약 그들이 집권 기간 동안 신뢰받지 못한다면, 합리적 유권자들은 반대당이 된 시점에서도 똑같이 그들을 신뢰할 수 없다고 여길 것이다. 따라서 정당들은, 한 번 패배한 후 권력 상실 기간을 길게 만들 수도 있는 나쁜 평가를 피하기 위해 집권 시절에 신뢰성을 얻지 않으면 안 된다. 결국 득표 추구를 둘러싼 경쟁은 모든 정당으로 하여금 신뢰성을 갖도록 강제한다.

나아가 신뢰성은 정직성의 형태를 띨 가능성이 높다. 선거 주기 초기에 어떤 정당이 밝힌 정책 주장이 그 주기 동안의 정책 행동에 의해 (혹은 집권에 실패했다면 공적 주장을 통해) 상당한 정도로reasonably 실증된다면 그 정당은 **정직성**을 갖는다. 여기서 우리가 **상당한 정도로**라는 제한적 의미의 형용사를 사용할 수밖에 없는 것은, 어떤 정당들도 정책 수행에 관련된 모든 요인을 완벽하게 통제할 수 없기 때문이다. 그 결과, 어떤 정당들도 정직성을 갖는 정당으로 평가받는 데서 어느 정도 어려움에 부딪힐 수밖에 없는바, 어떤 정당이 정말로 정직성을 가지고 있는지 여부는 사실상 유권자들에 의해 주관적으로 결정될 수밖에 없기 때문이다.

다른 모든 인간 활동과 마찬가지로, 정치에서도 정직성은 신뢰성을 보여 줄 수 있는 가장 효율적인 형태이다. B는 자신이 하겠다고 말한 것은 그것이 무엇이든 꼭 하려고 한다는 것을, A가 늘 확신하고 있다고 해보자. 그러면 A는, B가 언제나 자신이 말한 것의 반대 행동만을 하거나 제대로 하지 않거나 전혀 하지 않으려 한다고 생각할 때보다 B의 장래 행동에 대해 훨씬 더 쉽게 판단을 내릴 수 있다. 다시 말해 정직성이란, 주장과 진짜 의도 사이의 가장 단순한 관계인 것이다. 따라서 정직성이 존재한다면, 어떤 행위자의 미래 행위를 예측하는 데 다른 어떤 종류의 신뢰성이 필요로 하는 것보다도 훨씬 더 적은 자원만 있으면 될 것이다. 어쨌든 정치에서 흔히 그렇듯이 분석이 복잡하고 비용이 많이 요구될 때, 이런 식으로 자원을 절약하는 것은 매우 중요하다.

이처럼 정직성이란 효율적인 인간관계에 본질적인 것이므로, 합리적인 인간들은 그 자체를 높게 평가한다. 완전한 거짓말쟁이와 완전히 정직한 사람은 [예측이 가능하다는 의미에서] 모두 신뢰할 만하다. 그러나 거의 모든 윤리 체계는 후자를 칭찬하고 전자는 응징하려고 한다. 이런 평가는 부분적으로 정직한 사람들이 모여 사는 사회에서의 커뮤니케이션 비용이 거짓말쟁이 사회보다 낮기 때문이다. 정치에서도 마찬가지로 다른 조건이 같다면, 유권자들은 정직하지 않은 정당보다 정직한 정당들을 선호하는 것이 합리적이다. 결과적으로, 우리 모형에서 득표 극대화를 위한 정당 간 경쟁은 정당들로 하여금 상대적으로 정직하도록 강제하는 경향이 있다.5)

이와 같은 경쟁의 힘은 또한 정당들을 책임성 있게 만든다. 어떤 정당이 일단 승리하면, 어떤 정책을 실행할 것인지를 결정해야 한다. 설령 그 당이 정직하지는 않을지라도, 선거 캠페인 때 한 약속을 실행하려고 노력할 것이다. 그 당의 목표는 득표를 극대화하는 것이고, 바로 이들 약속은 득표 극대화에 효과적이었다. 따라서 정당들은 다음 선거운동 기간에도 변화된 환경에 맞게 적응하면서 그 약속들을 구체화하

---

5) 이런 결론은 8장과 9장에서 약간 수정된다.

려고 할 가능성이 높다. 잘하고자 하는 정당의 욕구는 정당으로 하여금 책임성을 갖도록 만든다.

반대로, 패자의 위치에서 벗어나기 위해 반대당은 자신의 공약을 바꿔야 하는 압력에 직면한다. 만약 압도적인 표차로 패배했다면, 이 압력은 [약속을 크게 바꾸는 것과 같은] 매우 단절적인 무책임성을 가져올 것이다. 그러나 만약 득표 차가 매우 작았다면, 대부분의 강령과 정책을 유지해 지금까지 자신들을 지지했던 유권자들을 붙잡아 두려는 압력이 더 지배적일 것이다. 결국 첫 번째 압력은 정당들을 [다수의 선호가 모여 있는] 균형점equilibrium 쪽으로 움직이게 할 것이고, 그 균형점에서는 [강령과 정책을 잘 변화시키지 않는] 두 번째 압력이 지배하게 될 것이다. 즉 모든 선거가 박빙이 될 것이고, 그 결과 패배한 정당들도 정책을 크게 바꾸지 않게 될 것이다.

이 지점에 이르게 되면, 반대당은 무책임해질 때 [선거에서] 처벌을 받기 때문에, 자신의 책임성을 유지하게 될 것이다. 만약 어떤 정당이 과거의 정책과 일관성이 없는 새로운 정책들을 빈번하게 채택한다면, 유권자들은 도대체 그 정당이 장기적인 정책을 수행할 수 있을지를 의심할 것이다. 정직성과 마찬가지로, 책임성이라는 특성 역시 좀 더 용이하게 합리적 계획을 세울 수 있도록 한다. 따라서 사람들은 그것에 가치를 부여하고 그런 특성을 보이는 사람들을 높이 평가한다. 그런 이점을 이용하기 위해 모든 정당은 변화하는 환경이 허용하는 범위 안에서 책임성을 갖게 될 것이다. 적어도 그들의 정책이 거의 모든 유권자에 의해 강력하게 거부되지 않는 한 그렇게 할 것이다.

3. 이데올로기적 응집성과 안정성

책임성과 신뢰성을 가진 정당이라면 모두 상대적으로 응집적이고coher-ent 잘 변하지 않는immobile 이데올로기를 가질 것이다. 다른 말로 표현하면, 정당의 이데올로기는 내적으로 모순되지 않고 어떤 사회적 내용을 갖는 세계관을 중심으로 최소한 느슨하게라도 통합되어 있을 것이다. 그리고 정당은 정책과 주의 주장을 하루아침에 급진적으로 바꾸지 않고, 오직 서서히 그 성격을 변화시키려 할 것이다.

불확실성이 정당으로 하여금 어떻게 이데올로기를 형성하도록 이끄는지에 대해서는 이미 살펴본 바 있다. 단순 논리로만 봐도 이데올로기가 최소한의 **응집성**coherence을 가지는 것은 당연한 일이다. 왜냐하면 어떤 정당도 합리적이라면 상호 배타적인 정책들이 뒤섞여 있는 정책 집합을 지지할 수 없기 때문이다(정책이 수행되기 전까지 그것들이 상호 배타적이라는 것을 아무도 알지 못하는 경우는 제외된다). 더구나 어떤 한 정당이 특정 사회집단의 지지를 이끌어 내기 위해 이데올로기를 사용한다면, 그 정당은 그런 이데올로기와의 관련 속에서 정책을 조직하려고 시도할 것이다. 이데올로기 자체가 부분적으로 정책 행동에 대한 제안을 포함하고 있기 때문에 이데올로기의 조직화는 이론과 정책의 통합에 영향을 미칠 것이다.

이론과 정책이라는 두 측면이 하나의 세계관에 좀 더 가깝게 결합될수록, 그 세계관에 가까운 견해를 갖는 유권자들은 그 정당에 더욱 이끌리게 되고, 그렇지 않은 유권자들은 덜 끌리게 된다. 각 정당은 가능한 한 많은 유권자, 혹은 적어도 일정한 사회계층의 범위 내에서 되도록 많은 유권자에게 호소하려고 한다. 따라서 어느 정당도 지나칠 정도로 고집스럽게 하나의 철학적 견해에 집착하지는 않을 것이다. 그렇다고 조직되지 않은 잡동사니 정책들을 단순히 열거하지도 않는다. 왜냐하면 정당은 교리주의적인dogmatic 유권자도 유인할 수 있을 만큼 이데올로기적으로 유능하다는competent 것을 보이고 싶어 하기 때문이다.

따라서 우리는 이데올로기가 내적 응집성은 있으나, 하나로 통합된 integrated 것은 아닐 것이라고 예측할 수 있다. 예를 들어, 어떤 정당은 기본적으로 A를 지지하는 노선이지만 몇몇 문제에서는 일정한 조율을 거쳐 B, C, D를 지지할 수도 있다. 이데올로기가 얼마나 잘 통합되어 있는지 여부는 공직 추구 경쟁을 하는 주요 정당의 수가 몇 개인지에 달려 있다. 우리는 다음의 두 장에서 이 문제를 살펴볼 것이다.

이데올로기적 **부동성**immobility은 책임성 있는 모든 정당의 특징이다. 왜냐하면 책임감 있는 정당은 급격한 상황의 변화가 정당화해 주지 않는 한, 자신의 과거 행동을 부인할 수 없기 때문이다. 따라서 정당의 주요 정책들은 시대의 요청에 맞추어 천천히 바뀐다. 이 시점에서 불확실성은 다시 한 번 결정적인 요인으로 작용한다. 왜냐하면 불확실성은 정당으로 하여금 실제로 어떤 정책이 적절한지를 판단하기 어렵게 만들기 때문이다. 이런 지식의 부재 상태에서, 책임성은 정당으로 하여금 이데올로기적으로 부동적이게, 즉 주의 주장의 급격한 변화보다는 느린 변화를 유도하는 경향이 있다. 이런 부동성 때문에, 상황을 완전히 알고 있을 때 [즉 완전 정보 상황에서] 취하게 될 정당의 행위와 비교해 종종 변화에 뒤처지는 정당의 행위가 초래된다. 그러나 이것은 합리적인 지체rational lag 현상이다. 왜냐하면 [완전 정보 상황과는] 반대로 상황에 대해 완전히 알고 있지 못할 때는 정당이 책임성을 보이는 것이 합리적이기 때문이다.

합리적 부동성은 모든 사회조직에 결부되어 있는 제도적 부동성에 의해 크게 강화된다. 때로 특정 개인은 특정 정책과 동일시되기 때문에, 정당이 강령을 바꾸려면 그 전에 지도자를 교체하는 것이 필요하다. 이것은 당내 권력 갈등이 정당의 정책을 얼마나 빨리 변화시키는가의 문제에 영향을 미친다는 것을 의미한다. 정당 내의 서로 다른 집단은 정당의 지배적 이데올로기가 지니고 있는 다양한 특성을 상대에 대한 공격의 무기로 사용한다. 권력을 향한 투쟁에서, 각자는 영향력 있는 정당 구성원에게 자신이 총선에서 승리할 수 있는 이상idea의 소유자라는 것을 확신시키려고 한다.

당내 권력투쟁은 정당 간의 갈등과 어느 정도 유사한 점이 있다. 불확실성으로 인해 한 사회 내에 다양한 정당 이데올로기가 존재하는 것과 마찬가지로, 어떤 이데올로기가 득표에 효과적인지 불확실하므로 당내에 다양한 견해가 존재할 수 있다. 그러나 당원들은 유권자들이 이데올로기를 선택하는 근거와는 다른 근거로, 정당을 대표하는 이데올로기를 선택한다. 그들은 더 나은 사회를 창조하는 일보다 공직 획득이 목적이기 때문에, 자신들이 신봉하는 이데올로기가 아니라 실제로 득표에 도움이 될 수 있는 이데올로기를 선택한다.

이와 같이 각 정당 내에서 지속적인 이데올로기 재조정이 이루어진다는 것은, 정당이 가진 제도적 구조institutional structure가 매우 역동적이기에 어떤 정당도 완전한 책임성을 가질 수 없음을 의미한다. 정당의 리더십은 바뀐다. 결과적으로 정당의 정책적 강조점은 선거 주기마다 변한다. 순수하게 합리적인 근거에서 보더라도, 상황이 변화하기 때문에 완전한 책임성을 포기하게 된다. 상황이 변화하고 있음에도 똑같은 정책을 고수하는 것은 비합리적이다. 그럼에도 정당은 변화된 조건이 요구하는 것과 정확히 같은 속도로 이데올로기를 조정할 수는 없다. 따라서 합리적인 책임성과 제도적인 부동성은 지체와 불연속을 야기한다.

4. 이데올로기와 득표 사이의 갈등

우리의 기본 가정에 따르면, 정당의 궁극적 목적은 공직에 따라다니는 소득·명성·권력이다. 이데올로기는 공직을 얻기 위한 수단으로서 이와 같은 욕구로부터 발전해 나온다. 그러나 명성이라는 관점에서 볼 때, 이데올로기의 유지 자체가 직접적인 보상과 함께 하나의 보조적 목적이 될 수도 있다. 이는 특히 이데올로기의 변화가 대중에게 정직성이나 책임성의 상실로 간주될 때 그러하다. 따라서 더 큰 목적을 달성하기 위한 수단이 목적 자체로 변하고, 이 보조적 목적을 성취하는 것이 더 큰 목적을 성취하는 일과 때로 갈등할 수도 있다.

현실의 세계에서 이런 비합리적인 상황으로의 발전은 여러 사회조직에서 흔히 볼 수 있는 현상이다. 어떤 조직이 비록 하나의 특수한 목적 때문에 생겨난 경우에도, 그것은 조직의 존립 그 자체와 관련된 다른 목적, 또 조직을 운영하는 것으로부터 얻는 명성과 관련된 다른 목적을 발전시킨다. 주된 목표와 부차적인 목표들 사이에 갈등을 일으키는 조건들은 이런 식으로 생겨난다.

물론, 득표의 관점에서 볼 때 두 개의 정책 대안이 동일하다면 이데올로기적으로 가장 수용할 만한 대안이 채택될 것이고, 그 역도 성립한다. 여기에는 갈등이 없다. 그러나 갈등은 생겨나기 마련이고, 때때로 이데올로기적 입장을 유지하는 것이 공직 추구에 총력을 기울이는 것보다 우선시되는 경우가 발생한다. 그런 경우에, 어떤 사람들은 우리의 가설이 현실 세계를 설명하지 못한다고 결론짓고 싶어 할지 모른다. 우리의 가설 대신에 이데올로기가 목적이고 공직은 수단이라는 가설이 지지되는 것처럼 보이기도 한다.[6]

그러나 그런 결론은 모호하다. 어떤 목적 — 이데올로기 지지 또는 공직 획득 — 이 궁극적인 것으로 간주되면, 다른 목적은 그런 궁극적 목적의 달성에 필요한 보조적 목적이 될 것이다. 단기적인 후퇴가 좀 더 장기적인 목적을 위한 진전으로 귀결될 수 있는 상황에서는 보조적인 목표를 주요 목표보다 우선시하는 게 합리적일 것이다. 따라서 경우에 따라 달라지는 이런 우선성을 검증해 본다고 해서 그것이 이들 가설 사이에서 어떤 것이 옳은지를 결정해 주지는 못한다. 문제의 핵심은 어떤 목적이 지배적인 것이라고 불릴 수 있을 정도로 충분히 더 자주 우위를 점하는가 하는 데 있다. 우리가 주장하는 것은, 현실에서 작동하는 민주주의 정치에 기초해 볼 때, 권력 그 자체를 획득하고 유지하려는 욕구가 이데올로기적 주의 주장을 실현하고 특정한 사회집단에 봉사하려는 욕구보다 더 큰 역할을 한다는 것이다. 물론 우리의 이 주장 역시 하나의 견해일 뿐이다.

---

6) 이데올로기가 목적이고, 공직은 수단이라는 가설에 대해서는 두 가지 해석이 있다. 첫 번째 해석은, 특정 이데올로기를 실현하고자 하는 사람들은 순수하게 사회적 선(善)을 위해, 즉 이데올로기가 그리는 사회 상태를 가져오기 위해 공직을 수단으로 삼는다고 주장한다. 일반적으로 이 관점은 다음의 두 번째 해석에 의해 폐기되었다. 두 번째 해석에 의하면, 사회적 집단은 이데올로기를 위장술 또는 도구로 사용하며 그들의 진정한 목표는 자신들이 가장 많은 이익을 갖는 데 있다. 우리는 이 두 번째 해석, 즉 앞서 본 대로 **집단에 봉사하는**(group-serving) 이데올로기라는 주장을 수용한다. 이런 가설로 볼 때나 우리 자신의 가설로 볼 때, 이데올로기는 최종적인 목적이 아니며, 이 두 가설 모두에서 이데올로기는 어떤 다른 목적에 대한 수단이다.

5. 요약

불확실성으로 인해, 유권자는 정부의 조치 하나하나를 바람직한 사회에 대한 자신의 관점과 연결시킬 수 없다. 그러므로 바람직한 사회에 대한 각 당의 관점 ─ 정당의 이데올로기 ─ 을 아는 것은 유권자로 하여금 개별 정책에 대한 특별한 지식 없이도 투표 결정을 내리는 데 도움을 준다. 따라서 유권자는 정보 비용을 줄이기 위해 이데올로기를 활용한다.

정당들 또한 이데올로기가, 다양한 사회집단의 지지를 얻고 어떤 정책이 가장 많은 득표를 가져다줄 것이냐를 신속히 결정하는 데 유용하다는 것을 발견한다. 다양한 이데올로기가 존재할 수 있는 것은 오직 불확실성으로 인해 어느 한 이데올로기의 우월성이 증명될 수 없기 때문이다. 확실히 우월한 이데올로기가 나타난다면, 다른 정당은 그것을 모방하고 이에 따라 정당 간 차이는 좀 더 미묘한 방식으로 나타난다.

우리 모형에서, 각 정당의 이데올로기는 정당의 정책 행동과 일관성 있는 관계를 유지해야 하고, 정당의 과거 정책 행동이 부정되지 않으면서 전개되어야 한다. 그렇지 않다면 합리적 투표는 거의 불가능하고, 유권자들은 그런 [신뢰성과 책임성의] 특성을 가진 정당에 가치를 부여한다. 표를 얻고자 하는 모든 정당은 경쟁의 힘이 작용함에 따라, 정책과 이데올로기 양자에 대해 상대적으로 정직해지고 책임성을 갖게 된다.

이데올로기가 내적으로 모순적일 수는 없다. 그렇다 할지라도 이데올로기는 단지 느슨하게 통합되어 있을 수 있다. 왜냐하면 이데올로기는 가능한 한 많은 사회집단을 유인하려 하기 때문이다. 시간이 지나도 이데올로기가 안정성을 보이는 것은 변화하는 상황에 맞도록 유연하게 변화하는 것을 어렵게 만드는 논리적이고 제도적인 근거가 있기 때문이다. 따라서 이데올로기는 지체와 불연속을 야기함으로써 특정 정당으로 하여금 표를 얻는 것을 어렵게 할 수도 있다.

이런 식으로, 이데올로기적 순수성을 유지하는 것과 선거에서 승리하는 것 사이에는 갈등이 발생한다. 경우에 따라서는 전자가 후자보다 우선하기도 하지만, 정당들이 대부분 당선을 그들의 제일 목적으로 삼고 행위하는 한, 우리의 가정은 유지된다.

8

정당 이데올로기의
정태적인 양상과 동태적인 양상

정치 이데올로기가 정말 득표라는 목적을 위한 수단이라면, 그리고 우리가 유권자의 선호 분포를 알고 있다면, 우리는 정당들이 권력 획득을 위해 행동하는 과정에서 이데올로기의 내용이 어떻게 변화될지를 구체적으로 예측할 수 있을 것이다. 혹은, 반대로 어떤 조건에서 [정당의] 이데올로기들이 서로 비슷해지거나 달라지는지, 또 어떤 조건에서 안정된 관계가 지속될지에 대해 말할 수 있을 것이다.

이 장의 목표

이 장에서 우리는 다음과 같은 명제를 증명하고자 한다.

1. 만약 시민들 사이에 상당 수준의 이데올로기적 합의가 존재하지 않는다면, 양당제 민주주의는 안정적이고 효율적인 정부를 만들어 내지 못한다.
2. 양당제에서 두 당은 의도적으로 자신들의 강령을 비슷하게 변화시킨다. 반면에 다당제에서 정당들은 가능한 한 각자의 이데올로

기적 특징을 유지하려고 노력한다.

3. 만약 어떤 사회에서 시민들이 갖고 있는 이데올로기의 분포가 일
정하다면, 그 사회의 정치체제는 정당의 수와 정당의 이데올로기
적 위치가 시간이 흐름에 따라 안정되는, 균형점을 향해 이동할
것이다.

4. 신생 정당의 도전은, 투표권을 가진 시민들 사이의 이데올로기 분
포에서 중대한 변화가 있을 때 가장 성공적으로 시작될 수 있다.

5. 양당제에서 각자의 정당들이 자신들의 강령을 막연하고 모호하
게 만들어 유권자들을 비합리적이게 되도록 조장하는 것은 합리
적이다.

1. 공간적 비유[1]와 그 초기 활용

이 분석을 위해, 우리는 해럴드 호텔링Harold Hotelling에 의해 고안된 분석
도구를 원용해 이를 좀 더 정교하게 확대해 보겠다. 이는 1929년에 출
판된 공간 경쟁spatial competition에 관한 유명한 논문에서 첫선을 보였고,
후에 아서 스미시스Arthur Smithies에 의해 다듬어졌다.[2] 호텔링의 공간 시

---

1) [옮긴이] 여기서 말하는 공간적 비유란 호텔링을 비롯한 경제학자들이 기업의 공간 경쟁에
관해 논의한 것을 말하는데, 다운스는 이를 선거 정치에 적용하고자 했다. 즉 판매 및 수익
극대화를 위해 최적 입지 공간을 찾는 기업의 결정처럼, 득표 극대화를 바라는 정당과 후보
자 역시 쟁점 및 이념 공간에서 어떤 위치를 선택하느냐를 두고 경쟁한다는 것, 유권자 역시
자신의 선호와 정당 대안 사이의 쟁점 및 이데올로기 거리에 따라 투표 결정을 한다는 논리를
발전시키고자 했다. 안청시·정진영 엮음, 『현대 정치경제학의 주요 이론가들』(아카넷, 2003),
34, 254, 279쪽 참조.

장spatial market은 연속선상에 0에서 1백까지 눈금이 매겨진 수평선이라고 설명할 수 있다. 이것이 정치적인 의미를 갖게 하기 위해, [1차원적 공간에서] 모든 유권자의 정치적 선호를 좌에서 우로 배열할 수 있다고 가정한다. 이런 좌우의 배열에 대해서는 모든 유권자가 동의한다[고 가정한다]. 그들이 개인적으로 어떤 지점을 가장 선호해야 하는가에 대해서는 동의할 필요가 없다. 단지 한쪽 극단에서 반대쪽 극단 사이에 위치하는 정당들이 각각 어느 위치에 있는지에 대해서만 동의하면 충분하다.

덧붙여 우리는 모든 유권자의 선호가 단봉적이며single-peaked, 이상점peak에서 멀어질수록 선호의 정도가 단조적으로 낮아진다고slope downward monotonically 가정한다(그의 이상점이 척도의 한쪽 극단에 있지 않다면 말이다).3)

---

2) Harold Hotelling, "Stability in Competition," *The Economic Journal* XXXIX(1929), pp. 41-57; Arthur Smithies, "Optimum Location in Spatial Competition," *The Journal of Political Economy* XLIX(1941), pp. 423-439. 공간 경쟁 문제의 다른 측면에 대해서는 다음을 보라. F. Zeuthen, "Theoretical Remarks on Price Policy: Hotelling's Case with Variation," *Quarterly Journal of Economics* XLVII(1933), pp. 231-253; Erich Schneider, "Bemerkungen zu Eliner Theorie der Raumwirtschaft," *Econometrica* III(1935), pp. 79-105; Abba. P. Lerner and H. W. Singer, "Some Notes on Duopoly and Spatial Competition," *The Journal of Political Economy* XLV(1937), pp. 145-186; August Lösch, *The Economics of Location* (New Haven: Yale University Press, 1954).

3) [옮긴이] 여기에서 single-peaked란 유권자의 선호가 하나의 이상점(예컨대 좌파)을 가지고 거기서 멀어질수록(예컨대 중도파 혹은 우파) 그가 선호하는 정도가 낮아진다는 것을 의미한다. 이는 유권자의 선호를 제약하는 가정이다. 예를 들어, 일반적인 경우에서 A, B, C, D의 대안이 있을 경우에 이들 선호의 배열은 4!(24개)로 나타날 수 있다. 그러나 선호가 단봉적이라고 가정할 때, 유권자가 A를 선호하면 A 〉B 〉C 〉D로밖에 나타날 수 없다. B를 선호한다면 B 〉A=C 〉D(A, C 중 무엇을 선호하느냐는 감소하는 기울기에 달려 있다)로 나타난다. peak의 번역어로는 '이상점'을 선택했다. peak은 그 원래 의미는 최고점 혹은 정점에 가까우나, 이는 가장 선호하는 지점을 비유적으로 표현한 것이다. 따라서 개념적 의미를 살리기 위해 이상점을 선택했다. single-peaked의 번역어로는 '단봉적'을 선택했다. 이는 뒤에 나오는 single-mode와 헷갈릴 수 있으나 관용적으로 사용되는 표현이기에 불필요한 혼란을 피하기 위해 그대로 사용했다. 그러나 single-peaked와 single-mode는 분명히 구분되는 것이다. single-peaked는 유권자 선호의 형식을 일정하게 제약하는 '가정'에 속하는 것이다. 반면에

예를 들어, 만약 한 유권자가 35라는 위치를 가장 좋아한다면, 우리는 그가 25보다는 30을, 45보다는 40을 선호한다는 것을 바로 연역해 낼 수 있다. 만약 X가 Y보다 35에 더 가깝고 두 지점 모두 위치 35를 기준으로 같은 쪽에 있을 때, 그 유권자는 언제나 Y보다 X를 선호한다. 이 상점으로부터의 내리막 경사면이 좌우 양쪽으로 꼭 동일할 필요는 없지만, 극단적 비대칭의 존재는 가정에서 배제하기로 한다.

이상과 같은 가정들을 모든 정치적 문제의 결정적 쟁점 중 하나인 '정부는 경제에 얼마나 많이 개입해야만 하는가?'에 관한 것으로 환원해 보자. 아마도 그렇게 했을 때 가정들이 좀 더 설득력을 가질 수 있게 될 것이다. 척도의 왼쪽 끝은 계획경제를, 오른쪽 끝은 자유방임 경제를 상징하는 것이라고 가정한다면, 우리는 각 정당들을 이 쟁점에 대한 관점에 따라 거의 보편적으로 인정될 만큼 정확하게 배열할 수 있을 것이다. 이 좌우의 정향을 우리의 숫자 척도numerical scale에 맞게 조정하기 위해, 우리는 특정 정당의 위치를 뜻하는 숫자를 임의적으로, 사적 경제 주체의 손에 경제를 어느 정도 맡기고자 하는가라는 경제의 비율로 가정할 것이다([국가 개입을 극단적으로 반대하는] 가장 하이에크적인 경제학자들마저 찬성하는 최소한의 국가 활동을 제외하고 말이다[그래야 1백이라는 숫자 척도는 국가 개입이 전혀 없는 완전한 자유방임을 의미할 수 있기 때문이다]). 따라서 가장 왼쪽 지점은 0이고, 가장 오른쪽 지점은 1백이다. 물론 이 장치가 다음의 두 가지 이유 때문에 비현실적이라는 것은 인정한다. ①

---

single-mode는 유권자의 이상점을 모아 놓았을 때 나타나는 유권자 분포의 한 형태이다. 즉 single-peaked한 선호를 가진 유권자들이 보이는 유권자 분포가 꼭 single-mode한 분포인 것은 아니고 다양한 형식으로 나타날 수 있다. 반면에 유권자가 이상점을 가진다는 single-peaked의 가정이 존재하지 않는다면, single-mode라는 개념 자체가 성립되지 않는다.

실제로는 모든 정당이 어떤 쟁점에 대해서는 왼쪽으로 치우치고, 다른 쟁점에 대해서는 오른쪽으로 치우치는 모습을 보인다. [즉 정당들은 쟁점에 따라 입장을 달리한다.] ② 극우적인 위치로 정의된 정당들이 현실 세계에서는 자유 시장보다 경제에 대한 파시즘적 통제를 지지한다. 그럼에도 우리는 이런 한계를 당분간 무시하고 이 공간적 비유로부터 어떤 흥미로운 결론들을 도출해 낼 수 있는지를 살펴볼 것이다.

호텔링과 스미시스 모두 이 모형에 대한 자신들의 생각을 이미 정치적인 문제들에 적용한 적이 있다. 호텔링은 사람들[의 이상점]이 직선 척도 위에서 균등하게 분포한다고 가정할 때, 양당제에서의 경쟁은 각 당이 이데올로기적으로 상대편을 향해 이동하는 [즉 이데올로기적으로 수렴하는] 현상을 초래한다고 추론했다. 척도상 같은 편 끝 쪽에 위치한 유권자들extremist의 경우 반대쪽에 있는 정당보다 거리가 가까운 자신을 선호할 수밖에 없다는 것을 모든 정당이 알고 있기 때문에 수렴이 발생한다. 따라서 더 많은 지지를 얻기 위한 최선의 방법은, 자기 당의 지지 범위 밖에 있는 더 많은 유권자들을 얻기 위해 반대쪽을 향해 움직이는 것이다. 즉 지지 범위 밖의 유권자들과 상대 정당의 위치 가운데로 움직인다. 양당이 서로 더 가까워지도록 이동함에 따라, 그들은 정책적으로 더 온건하고 덜 극단적이 된다. 두 정당에게는 중간 지대 유권자middle-of-the-road voters들의 견해가 결정적으로 중요하고, 두 정당의 사이에 위치해 있는 이들 유권자의 지지를 얻고자 노력해야 하기 때문이다. 중앙에 있는 이 영역은 양당이 온건한 중도파 유권자를 얻으려고 분투하면 할수록 더욱 좁아진다. 최종적으로 두 정당은 강령과 정책 행동에서 거의 동일해지게 된다. 예를 들어, 만약 척도상의 각 지점마다 한 명의 유권자가 있고, 정당 A와 B가 각각 25와 75 지점에서 출발해 같은 속도로 이동한다고 가정한다면, 그들은 서로를 향해 이동하다가 50 지점

그림1

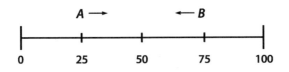

주: 〈그림 1〉에서 〈그림 10〉까지, 가로축은 정치적 성향을 나타내고 세로축은 거기에 위치한 시민의 숫자를 나타낸다.

에서 만날 것이다(〈그림 1〉 참조). 호텔링의 유명한 예시에 등장하는 두 개의 식료품 가게처럼, 양당은 사실상 모든 유권자가 두 당을 선택하는 데서 차별성을 갖지 못할 때까지 같은 위치로 수렴할 것이다.

스미시스는 척도상에 위치하는 각각의 지점에 탄력적 수요elastic demand라는 개념을 도입해 이 모형을 개선했다. 식료품 가게들이 양쪽 끝으로부터 중앙으로 이동하면, 증가하는 수송비 때문에 끝 쪽에 있던 고객들을 잃게 된다. 이 때문에 그들 모두가 중앙으로 수렴하기는 어려워진다. 우리 모형에서는 정치적 척도에서 극단 쪽에 위치한 유권자들political extremists의 존재가 유사한 역할을 한다. 그들은 두 정당이 지나치게 똑같아질 때 그 정당들의 정체성이 마음에 들지 않게 되어, 어느 당에도 투표하지 않는다. 이런 [유권자들의] 이탈이 정확히 어떤 지점에서 정당 A와 B의 수렴을 억제하게 되는지는, 중앙으로 이동함에 따라 중도적인 유권자들의 표를 얼마나 많이 얻게 되는가에 비해 극단 쪽에 위치한 유권자들의 표를 얼마나 많이 잃게 되는가에 달려 있다.

2. 다양한 유권자 분포의 효과

1) 양당제의 경우

이 모형에 대해 우리가 추가할 수 있는 중요 사항은 척도상에 위치하는 유권자들의 분포가 가변적이라는 것이다. 척도상의 각 지점에 유권자가 한 명씩 위치한다고 가정하는 대신, 10만 명의 유권자들이 있고 그들의 선호는 평균값 50을 가진 정규분포의 형태를 띤다고 가정하자(〈그림 2〉). 여기에다가 정당 A와 B의 첫 위치를 25와 75에 둔다고 해보자. 그러면 정당 A와 B는 빠르게 중앙으로 수렴할 것이다. 중앙에서 얻을 수 있는 유권자 수에 비해 양쪽 나머지 부문에서 잃게 될 유권자 수가 매우 적기 때문에, 극단 쪽에 위치한 유권자들을 잃을 수 있다 해도 [그것이] 정당들이 상호 수렴하는 현상을 억제하지 못할 것이다. 그러나 유권자의 선호 분포가 〈그림 3〉과 같은 분포로 바뀐다면, 두 정당들은 그들의 최초 위치인 25와 75에서 전혀 움직이지 않을 것이다. 만약 두 정당들이 위치를 옮긴다면, 중앙에서 얻을 수 있는 유권자들의 수보다 훨씬 많은 유권자를 양쪽 끝에서 잃게 될 것이다. 그러므로 호텔링과 스미시스가 예견했던 것과는 달리 양당제라고 해서 [두 정당이] 반드시 중앙으로 수렴하는 것은 아니다. 유권자들의 선호가 양쪽 끝 근처에서 쌍봉적으로bimodally 분포되어 있다면, 두 정당들은 이데올로기적으로 거리를 두고 양극에 남아 있을 것이다.

양당제에서 두 정당의 이데올로기적 수렴이 억제될 가능성이 있느냐의 문제는, 양당이 닮아 갈 때 — 같아진다는 것이 아니라 비슷해질 때 — [유권자 척도상] 극단 쪽에 위치하는 유권자들extremist voters이 기권할 것인지 여부에 달려 있다. 확실성의 세계 — 즉 정보가 완전하고 취득

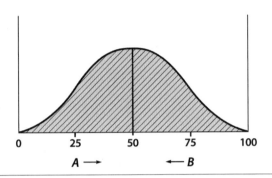

그림 2

비용이 없으며, 미래 지향적future-oriented 투표도 없고, 투표한다고 희소 자원이 고갈되는 것도 아닌 상황 — 에서 극단 쪽에 위치한 유권자들이 기권하는 것은 비합리적이다. 정당 A와 B 사이에 아주 작은 차이라도 있다면, 극단 쪽에 위치한 유권자들은 자신들이 생각하는 이상적 정부 정책에 비해 아무리 마음에 들지 않아도 그것에 조금이라도 더 가까운 정당에 투표하게 될 것이다. 적은 선보다는 많은 선, 혹은 많은 악보다는 적은 악을 선택하는 것은 정의상ex definitione 언제나 합리적이다. 따라서 기권은 [극단에 위치하는 유권자들에게] 더 나쁜 정당이 승리할 가능성을 증가시키기 때문에 비합리적이다.

그러나 확실성의 세계에서도 극단에 위치하는 유권자들이 미래 지향적일 때 기권은 합리적이다. 그들은 더 나은 정당이 중앙으로 움직이지 못하게 하고 미래의 선거에서 그들에게 좀 더 가까이 다가오게 하기 위해 [그들이] 더 싫어하는 정당이 오늘 승리하는 것을 기꺼이 허용하려 한다. 그렇게 해서 더 싫어하는 정당이 이겼을 때, 그 승리는 그들의 관점에서는 상당한 가치가 있다. 기권은 자신의 극단적인 위치에 가장 가

그림 3

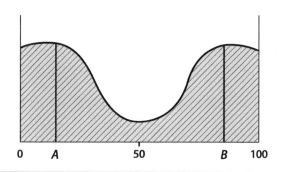

```
0      A            50              B     100
```

까운 정당이 중앙으로 움직이는 것을 막기 위해 사용할 수 있는 하나의
위협이 될 것이다.[4]

  불확실성의 상황에서는 자신과 가장 가까운 정당이 상대 정당을 향
해 움직일 경우, 비록 상대 정당의 이데올로기와 같아지지는 않더라도,
극단 쪽에 위치하는 합리적 유권자가 기권할 확률이 높아진다. 정보가
제한되어 있어 비용이 든다면, 정당 간의 극미한 차이를 발견하기는 어
렵다. 극단적인 관점을 갖고 있기 때문에 모든 온건한 관점이 똑같아
보이는 급진주의적 유권자들은, 아마도 상대적으로 중요한 차이조차
주목하지 않고 지나쳐 버릴 것이다. 이는 그런 유권자들에게는 효용 차
별의 임계치differential threshold가 매우 높다는 것을 의미한다. 그들은 중도

---

4) 현실에서는 너무나 많은 표가 행사되기 때문에, 유권자 개개인이 선거에 미치는 영향력은 매우
  적다. 따라서 다른 모든 유권자의 행동을 주어진 것으로 가정하면, 그의 행동은 어떤 정당에도
  위협이 되지 못한다고 간주하는 것이 현실적이다. 13장에서 이런 개체론적인 문제(atomistic
  problem)를 충분히 다룰 것이기 때문에, 여기서는 유권자 각자가 마치 자신의 한 표가 선거
  를 결정짓는다고 생각해 행동한다고 가정하는 것으로, 일단 이 문제를 접어 두기로 한다.

파 정당들 사이의 소소한 모든 차이를 자신들의 투표 결정에 적실성이 없는 것, 즉 현실적으로 의미 없는 차이로 간주할 것이다.

극단에 위치하는 유권자들의 기권이 합리적일 수 있는 경우를 규명했지만, 그래도 다시 한 번 양쪽 끝 근처에서 두 개의 최빈값이 나타나는 쌍봉적 분포(〈그림 3〉)에 대해 고려해 보자. 양당제일 경우 두 당은 양 끝에 위치하기 때문에, 어느 당이 이기든지 집권당은 반대당의 이데올로기와 철저히 반대되는 정책을 시행하려고 할 것이다. 이것이 의미하는 바는, [그럴 경우] 정부 정책이 매우 불안정해지고 민주주의가 혼돈으로 귀결될 가능성이 높다는 것이다. 불행하게도, [〈그림 3〉과 같은 유권자 분포하에서는] 균형자의 역할을 할 중도 정당은 성장하기 어렵다. 중앙에는 중도적 유권자들이 매우 적기 때문에, 중앙에서 만들어진 [즉 척도상 중앙에 위치해 있는] 모든 중도 정당은 득표 증대를 위해 결국 어느 한쪽 끝으로 이동할 것이다. 게다가 중도 정당은 양극단 쪽에 위치한 정당 중 하나와 연립정부를 이루었을 때에만 통치할 수 있다. 그런데 [중도 정당이] 연합한 한쪽 극단의 정당은 다른 쪽 극단에 위치한 정당을 소외시키려 하기 때문에, 근본적인 문제는 제거되지 않은 채 그대로 남는다. 그런 상황에서는, 유권자들이 양극적 분열을 없애기 위해 척도상의 중앙으로 어느 정도 이동해야만 민주주의 정부가 제대로 작동할 수 있다. 그렇지 않으면 어떤 정부도 대다수의 국민들을 만족시킬 수 없게 될 것이므로 이런 상황은 혁명으로 이어질 수도 있다.

혁명의 전형적인 정치적 사이클 또한 사람들이 정치적 척도상에서 위치를 바꾸는 일련의 과정으로 볼 수 있다.[5] 봉기가 일어나기 전에,

---

5) 이 문단 이후의 서술이 혁명에 관한 인과적 설명으로 간주되어서는 안 된다. 그보다는 혁명의 전개 과정에서 일어나는 사건들을, 우리가 발전시킨 정치적 척도상의 운동으로 바꿔서 해

스스로 억압받고 있다고 느끼는 사람들과 집권당은 점점 더 적대적 관계에 놓이게 되고, 중앙에 집중되어 있던 유권자 분포는 양극화되기 시작한다. 그 결과 한쪽 극단에 있는 유권자들이 혐오하는 정책을 다른 쪽 극단에 있는 유권자들이 힘으로 강요할 만큼 유권자 분포가 분열되어 있을 때, 공공연한 전쟁 상태가 발생하고, 약자들의 파당이 권력을 장악한다. 한쪽 극단으로부터 반대쪽 극단으로 이렇게 급격히 전환된다는 것은, 대부분의 혁명에서 공포정치가 만연하는 원인 중 일부를 설명할 수 있다. 새 통치자는 과거 자신들의 정책을 지독하게 반대했던 전임자를 제거하고 싶어 하기 때문이다. 궁극에 가서는 폭력의 사용이 모두 소진되고, 혁명을 통해 이루려던 원칙과 관련해 새로운 합의에 도달하게 된다. 이때 유권자 분포는 다시 중앙에 모이게 된다 ─ 종종 이런 변화는 구체제의 독재만큼이나 엄격하지만 여론의 양극화에는 직면하지 않은 신흥 독재 체제하에서 나타나고는 한다.[6]

좀 더 일반적인 상황은 두 개의 적대적인 사회 계급이 있고 중간 계급이 약한 나라들에서 볼 수 있는데, 이 경우 유권자 수의 분포는 [정규 분포에 비해] 좀 더 왼쪽으로 치우치고 오른쪽 극단에는 조그마한 봉우리가 나타나는 모습을 보이기가 쉽다(〈그림 4〉). 왼쪽에 나타나는 큰 봉우리[A]는 하층계급 혹은 노동계급을 대표하고, 오른쪽 봉우리[B]는 상층계급을 대표한다. 이때 민주주의가 효과적으로 작동한다면, 하층계

석한 것이라 할 수 있다. 따라서 우리는 왜 혁명이 앞서 묘사된 사이클을 따르는지에 대해서는 논의하지 않는다. 이 문제를 분석하기 위해서는 Lyford P. Edwards, *The National History of Revolution*(Chicago: University of Chicago Press, 1927)을 보라.

6) 혁명에 대한 이런 모형의 적용은 로버트 달과 케네스 애로에 의해 제시되었다. 달 교수는『민주주의 이론에 대한 서설』에서 유사한 모형을 발전시켰다. Robert A. Dahl, *A Preface to Democratic Theory*(Chicago: University of Chicago Press, 1956), pp. 90-102.

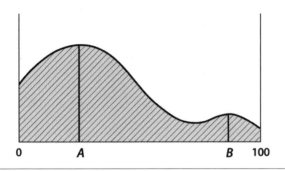

그림 4

급의 수적인 우세 때문에 좌파 정부가 출현한다. 바로 이 결과에 대한 두려움 때문에 유럽의 많은 귀족들이 보통선거가 도입되는 것에 저항했다. 물론 이런 우리의 설명 도식은 상황을 지나치게 단순화하고 있는 게 사실이다. 우리의 정치적 척도상에서 모든 유권자는 다른 유권자와 동등한 중요성을 갖는다[고 가정되고 있다]. 하지만 실제로는 소득의 불평등한 분배 때문에 수적으로는 소수인 집단이 그들 계급의 크기에 비해 상당히 큰 정치적 권력을 행사할 수 있게 된다. 이에 대해서는 6장을 참조하라.

이런 과도한 단순화에도 불구하고, 정치적 척도상에 나타나는 유권자들의 분포가 민주주의의 발전이 어떤 유형으로 이루어질지를 결정하는 데 엄청난 영향을 미친다는 사실은 분명하다. 예를 들어, 〈그림 2〉와 같은 분포는 상대적으로 두 당이 중도적인 입장을 취하고 중앙에서 가까운 곳에 위치한 양당제가 나타나도록 할 것이다. 이런 유형의 정부는 안정된 정책을 취할 것이고, 어느 정당이 권력을 잡든 집권당의 정책은 국민 대다수의 견해와 크게 다르지 않을 것이다. 반대로, 한 나라

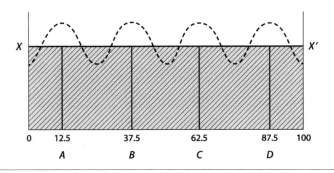

의 유권자들이 〈그림 5〉에서 보이는 바와 같이 분포되어 있다면 다당제의 출현은 거의 불가피한 결과일 것이다.

2) 균형 상태에서 정당의 수

다당제의 동학을 검토하기 전에, 호텔링 모형을 원용한 우리의 정치적 설명은 그의 경제적 설명이 갖는 분명한 한계를 공유하지 않는다는 점을 지적해야겠다. 호텔링의 공간 시장에서는 식료품점이 두 개가 넘으면 안정된 균형에 이를 수 없다. 중간에 낀 식료품점들은 언제나 양쪽 식료품점으로부터 수렴의 대상이 되고, 그 결과 그들은 중간에 끼어 압박받지 않기 위해 바깥쪽으로 튀어나오려 한다. 거기[호텔링의 공간적 시장 모형]에는 이처럼 균형으로부터의 이탈disequilibrium이 초래되는, 완전한 유동성perfect mobility을 규제할 수 있는 장치가 없다.

그러나 정당들은 이데올로기적으로 서로를 넘어설 수 없다. 바로 앞 장에서 보았듯이, 정직성과 책임성은 제한적 이동relative immobility만을 허용하고, 이로 인해 정당들은 이데올로기적으로 이웃한 정당의 경계를 넘어서까지 이동하기 어렵다. 따라서 이데올로기적 이동은 기껏해야 양쪽에 있는 가장 가까운 정당에 다가가지만 ─ 결코 넘지는 못하는 ─ 수평적 이동에 그친다. 유권자 선호 분포의 가변성이라는 장치와 더불어, 우리 모형이 갖고 있는 이런 [제한적 이동이라는] 속성은 거의 언제나 안정된 균형을 보장한다.

물론 인접해 있는 두 정당의 사이에, 혹은 그들 중 하나의 바깥쪽에 신생 정당이 나타날 수 있다. 그렇지만 그럴 가능성이 있다 하더라도, 장기적으로 볼 때 다음의 두 가지 이유에서 안정된 균형은 깨질 수 없다. 첫째, 정당이 일단 만들어진 다음에는 앞서 설명한 바와 같이 이웃한 정당의 경계를 넘어갈 수 없다. 둘째, 특정한 [유권자] 선호 분포를 전제할 때 유권자의 지지를 받을 수 있는 정당의 수는 제한된다. [정당 수에서] 그런 한계에 도달했을 때, 새로운 정당이 진입에 성공하기란 불가능하다. 그런 한계 지점에 있는 정당들은 경쟁을 통해 각자의 위치가 배열되는데, 어떤 정당도 오른쪽으로 이동함으로써 왼쪽에서 잃는 표보다 더 많은 표를 획득할 수 없고, 반대로 왼쪽으로 이동한 경우에도 마찬가지이다. 따라서 척도상의 유권자 분포에 변화가 없다고 가정할 경우, 정치체제는 정당의 위치와 수에 관한 한 장기적 균형 상태에 도달하게 된다.

이런 균형 상태에서 정당 체제가 양당제를 보일 것인가 혹은 다당제를 보일 것인가는 ① 신생 정당의 출현을 막는 제약이 어떤 성격을 갖는지, ② 유권자 분포가 어떤 형태인지에 달려 있다. 이 요인들을 순서대로 검토해 보자.

우리 모형에서, 모든 정당은 공직 획득을 추구하는 사람들의 팀이다 ─ 정당은 구성원 가운데 아무도 선출되지 않는다면 결국 생존이 불가능해진다.[7] 그런데 최소한 그들 구성원의 일부라도 당선시키려면 정당은 어떤 최소 규모의 유권자들로부터 지지를 얻어야만 한다. 이 최소 지지의 크기는 현재 작동하고 있는 선거제도의 유형에 따라 다르다.

우리 모형에서 자신의 정당 구성원 가운데 누군가를 공직에 앉히려면, 모든 정당은 다른 정당보다 더 많이 득표해야 한다. 이런 상황은 계속해서 패배한 정당들을 부추겨 서로 합당하게 하고, 그럼으로써, 계속해서 승리한 정당의 총득표보다 더 많은 총득표를 추구하게 만든다. 이런 조건에서 정당 간 병합은, 살아남은 각각의 정당들이 공직을 확실히 획득할 수 있는 유일한 방법인 과반수 득표를 얻을 수 있는 적절한 기회를 향유하게 될 때까지 계속된다. 그러므로 단순 다수제 선거제도plurality electoral structure의 효과인 승자 독식의 결과는 경쟁의 장을 좁혀 두 개의 힘 있는 정당만 생존하게 하는 경향이 있다.[8]

비례대표제에서는 득표율이 낮은 정당도 자신의 구성원을 정부에 보낼 수 있다. 왜냐하면 연립정부에 의한 통치가 자주 이루어지기 때문이다.[9] 따라서 [비례대표제에서] 정당을 유지하는 데 필요한 최소한의 지지 규모는 단순 다수제에서보다 훨씬 작으므로 다당제가 촉진된다. 그

---

7) 정당에 대한 이런 정의는 선거에서 승리할 가능성이 사실상 0임에도 사라지지 않고 존재하는 현실의 많은 정당들을 설명하지 못한다. 예를 들어, 미국의 채식주의자 정당(Vegetarians)과 사회당(Socialists)이 대표적이다. 이런 정당들의 존재는 우리의 가정에 따르면 정치적으로 비합리적이다. 즉 정당 구성원들의 행동 동기는 우리가 정치적으로 합리적이라고 가정한 동기가 아니다. 발생할 가능성이 희박한 어떤 파국이 일어나는 경우를 제외한다면, 과거의 경험으로 볼 때 그들이 미래의 선거에서 승리할 가능성은 거의 없다. 그렇기에 미래 지향적인 합리성마저도 그들에게는 적용되지 않는다[미래 지향적 투표의 합리성에 대해서는 3장 4절을 참조할 것.

8) 이 주장에 대한 좀 더 폭넓은 논의는 다음을 보라. V. O. Key Jr., *Politics, Parties, and Pressure Groups* (New York: Thomas Y. Crowell Company, 1953), pp. 224-231.

9) 연립정부에 의해 제기된 문제들에 대한 자세한 분석은 다음 장에서 논의된다.

럼에도 각 정당은 연립정부에 들어갈 수 있도록 구성원을 의회 의원으로 당선시키려면 최소 규모의 표는 획득해야 한다. 따라서 비례대표제라 하더라도 주어진 유권자의 분포에서는 제한된 수의 정당만이 지지를 받을 수 있다.10) 그러므로 양당제와 다당제 모두에서 [정당 체제의] 균형이 이루어질 조건은 존재한다.

특정 정치체제에 존재하는 선거제도의 유형은 척도상에서 최초 유권자 분포를 낳은 원인일 수도 있고, 그 유권자 분포의 결과일 수도 있다. 따라서 유권자 분포가 거의 모든 유권자들이 특정 지점에 몰려 있는 단봉적인single mode 형태를 보인다면,11) 선거제도의 입안자들은 단순 다수제로 인해 어떤 대규모 집단도 정치적으로 무시되는 일은 없을 것임을 믿을 수 있다. 혹은 유권자 분포가 여러 개의 조그마한 봉우리를 가진 다봉적인many small mode 형태를 보인다면, 입법자들은 척도상 극단 쪽에 위치한 집단들도 (어느 정도 규모가 크므로) 정부 내에서 발언권을 갖게 하기 위해 비례대표제를 채택할지 모른다.

물론 인과관계는 역전될 수도 있다. 현존하는 정당의 수가 다음 세대 유권자들의 정치적 견해를 형성하는 데 영향을 미치고, 따라서 척도상에서 그들이 어떤 위치를 갖게 될지에 영향을 미치기 때문이다. 단순

---

10) 신생 정당이 무한정 생겨날 수 없는 또 다른 이유는 2장에서 설명했던 것처럼 정당은 사회적 노동 분업 구조 속에서 전문화된 조직이라는 것이다. 따라서 사람들이 모두 정당에 소속될 수는 없다. 사실 어떤 한 사회에서 정당의 구성원이 되어 전문적으로 활동할 수 있는 사람의 수는 효율성 때문에 일정하게 제한될 것이다. 그 규모가 얼마나 제한되는지는 그 사회에서 정부의 정책 행동이 갖는 중요성, 서로 다른 대표의 필요성 정도(즉 척도상에서 유권자가 흩어져 있는 정도), 정치에 관여해 얻을 수 있는 사회적 특권과 경제적 소득, 사회적 노동 분업에 의해 창출되는 전반적 생활수준 등의 요인들에 의해 좌우될 것이다.

11) [옮긴이] 통계학에서 mode는 흔히 '최빈값'으로 번역된다. 그렇지만 빈도 분포의 특징을 가리킬 때는, '최빈값'이라는 번역어 이외에도, 문맥에 따라 '봉우리', '단봉', '쌍봉', '다봉' 등의 번역어를 사용하고 있음을 밝혀 둔다.

다수제에서는 양당제가 촉진되고 양당이 대개 상호 수렴하기 때문에 장기적으로 유권자의 취향은 상대적으로 비슷해질 수 있는 반면, 비례대표제에서는 그와 반대의 결과가 나타날 수 있다.

이상의 분석을 통해 분명해진 것은, 어떤 민주주의가 균형에 도달할 때 몇 개의 정당이 존재할지를 결정짓는 데서 선거제도와 유권자 분포 모두가 중요한 영향을 미친다는 사실이다. 선거제도와 유권자 분포는 상호 간접적인 영향을 미치는 동시에 어느 정도는 상호 독립적인 영향력을 갖는다. 예를 들어, 비례대표제가 확고하게 자리 잡은 어떤 사회에서, 유권자 분포가 단봉적이고 [흩어져 있는 정도를 가리키는] 분산 값variance이 낮을 경우에는 오직 두 정당만이 균형 상태에서 존재할 것이다. 왜냐하면 어느 정도 지지를 획득할 수 있는 서로 다른 정치적 입장이 두 개 이상 존재할 만큼 충분한 공간이 척도 위에 없기 때문이다.[12]

어떤 정치체제 안에서 몇 개의 정당이 존재하게 되는지에 영향을 미치는 선거제도의 두 유형에 대해 살펴보았으므로, 이제부터는 척도상의 유권자 분포가 미치는 영향에 관심을 집중할 것이다. 이를 위해 우리는 유권자 분포가 정당의 수를 결정하는 유일한 요인이라고 가정해 보자.[13]

---

12) 이 예시는 두 개의 큰 정당들 사이에서 결정적으로 중요한 균형자의 위치를 차지하고 있는 작은 제3당의 가능성을 무시한다. 전국을 하나의 단위로 하는 선거에 의해서가 아니라 일련의 지역구 선거에 의해 정부가 선택된다면, 단순 다수제에서도 제3당의 출현은 현실적으로 가능하다. 영국에서 볼 수 있듯이, 작은 정당은 국회에서 소수의 의석을 차지할 뿐이지만 양대 정당의 힘이 동등할 경우 힘의 균형 속에서 결정적 역할을 갖게 되는데, 따라서 정부의 공직을 직접 차지하지는 못해도 생존할 수는 있는 것이다. 우리는 선거를 엄격하게 전국적 수준으로 한정하고 있으며, 그렇기 때문에 우리의 단순 다수제 모형에서는 이런 결과가 불가능하다. 다음 장에서 우리는 작지만 강력한 정당이 존재할 수 있는 비례대표제 모형을 보여 줄 것이다.

13) 물론 한 체계에서 정당의 수에 영향을 미치는 요인들은 많다. 그러나 그것들의 대부분은 (우

3) 다당제의 경우

다당제 — 주요 정당이 세 개 이상인 정당 체제 — 는 유권자 분포가 다봉적일polymodal 때 나타날 가능성이 높다. 두 개 혹은 그 이상의 뚜렷한 최빈값mode이 존재하는 유권자 분포 상황에서는, 각 최빈값마다 하나씩 존재하는 정당들과, 그들 사이에서 균형자 역할을 하고자 하는 정당들에게 유리한 조건이 제공된다. 〈그림 5〉는 이와 같은 구조의 극단적인 예를 보여 준다. 유권자들이 척도상(XX´ 위)에서 완전히 균등하게 분포되어 있기 때문이다. 즉 척도상의 각각의 모든 지점은 다 최빈값이다(혹은 [전체] 유권자 분포에 최빈값이 없는 것으로 볼 수도 있다). 그러나 유권자 분포의 모든 지점에서 각각 하나의 정당이 생겨날 수 있는 것은 아니다. 선거제도는 일정한 수의 정당에게만 권력 획득을 위해 경쟁하고 성공할 수 있는 기회를 허용한다고 가정한다면 말이다. 따라서 한정된definite 수의 정당만이 척도상에 나타날 것이고, 모든 정당은 자신의 정당과 자신의 정당의 바로 옆에 인접하는 정당과의 거리가 같아질 때까지 전략적으로 행동한다. 〈그림 5〉에서 전체 정당의 수는 네 개로 한정된다고 가정했다. 따라서 (극단에 위치한 유권자들의 경우 정당 A와 D가 중앙을 향해 움직일 때 기권한다고 가정하면) 정당들은 앞에서 봤던 균형 속에서 일정한 간격을 유지하게 될 것이다.14)

리가 방금 논의한) 선거제도와 (우리가 이제 막 논의하려고 하는) 유권자의 분포 속에 포함되어 있다.

14) 새로운 유권자들이 그 공간에 등장할 때, 그들은 정당이 위치하는 네 개의 지점 주변으로 모일 것이며, 따라서 〈그림 5〉에서 점선으로 표시된 것과 같이 봉우리가 네 개인 유권자 분포를 형성할 것이다. 달리 말하자면, 균등한 분포는 아마도 시간이 지남에 따라 불안정하게 되어, 일정한 수의 봉우리와, 봉우리 사이에서 도수가 적은 영역을 갖는 유권자 분포가 되

〈그림 2〉와 〈그림 5〉에서 나타난 유권자 분포 간의 중요한 차이는, 〈그림 5〉의 유권자 분포에는 정당들이 이데올로기적으로 서로 가까워지도록 하는 유인이 없다는 것이다. 예를 들어, 〈그림 5〉에서 정당 B는 A나 C쪽을 향해 움직임으로써 더 많은 표를 획득할 수 없다. 만약 정당 B가 C쪽을 향해 움직인다면 정당 C로부터는 표를 얻어내겠지만, 정당 A에게 그만큼의 표를 똑같이 내주게 될 것이다. 반대로, 이런 상황은 정당 B가 A를 향해 움직일 때도 일어난다. 따라서 정당 B는 〈그림 2〉의 정당 B와는 달리 37.5에서 머무르고, 그 정당의 이데올로기적 순수성을 유지할 것이다.[15] 그와 달리 〈그림 2〉에서 정당 B는 중앙으로 수렴한다. 앞서 언급한 바와 같이 A를 향해 이동함으로써 척도상 극단 쪽에 위치한 유권자들 사이에서 잃은 표의 수보다 중도적 유권자들에게서 얻을 수 있는 표의 수가 더 많기 때문이다.

따라서 다당제에서는 정당들이 서로를 이데올로기적으로 구별하면서 자신들이 가진 이데올로기적 순수성을 유지하고자 분투할 것이다. 반면에 양당제에서는 양당이 가능한 한 상대방과 비슷해지려고 노력할 것이다.[16]

이런 현상은 양당제의 특성을 설명하는 데 도움이 된다. 만약 우리

는 경향이 있다. 그렇게 되면 신생 정당이 체계 안으로 들어올 수 있는 방법이 제한된다. 왜냐하면 그것은 어떤 지점을 다른 지점보다 훨씬 더 바람직한 것으로 만들 뿐만 아니라, 기존에 있던 정당들이 가장 선호되는 지점에 집중적으로 모이게 하기 때문이다.

15) 여기서 우리는 정당 A나 C, 혹은 양자 모두와의 연합을 형성함으로써 B가 권력을 획득할 수 있는 가능성을 무시하고 있다. 정당 B가 그런 연합을 형성할 때, B의 이동에 영향을 미치는 요인들에 대해서는 다음 장의 3절에서 논하기로 한다.

16) 〈그림 3〉에서와 같은 양당제에서는 이데올로기적 수렴이 나타나지 않을 것이다. 그러나 우리가 지적한 바와 같이, 그런 분포가 과연 민주주의로서 기능할 수 있을지는 불확실하다. 왜냐하면 어느 정당이 승리하더라도 내적 갈등은 격렬할 것이기 때문이다.

의 추론이 옳다면, 양당제에서보다 다당제에서 유권자들은 (이데올로기와 정책의 문제와 같은) 교리적인 문제로 동요하기 쉽다. 양당제에서 유권자들은 두 개의 이데올로기가 모두 위치해 있는 중앙의 범위로 모인다. 따라서 그들은 인물 변수, [본질적인 것이 아닌] 기술적 차원의 경쟁력, 혹은 여타 비이데올로기적 요인을 결정적인 것으로 보는 경향이 있다. 정책들을 비교해서는 선택하기 어려우므로 양당제하에서 유권자들은 정당 간 차이를 발견하기 위해 다른 요인이 필요할 수도 있다.

그러나 다당제에서 유권자들은 이데올로기적 선택의 범위가 넓다. 정당들이 그들의 이데올로기적 차이를 강조하기 때문이다. 따라서 대개는 유권자가 투표하는 데 이데올로기를 결정적인 요인으로 보는 것은 양당제에서보다는 다당제에서 더욱 합리적이다. 이런 사실에도 불구하고, 다음 장에서 보게 될 것처럼 다당제에서 연립정부의 이데올로기(개별 정당의 이데올로기와는 반대로)는 양당제에서 정부의 이데올로기보다 종종 덜 응집적이다.

3. 신생 정당의 기원

신생 정당의 출현을 분석하기 위해서는 신생 정당의 두 유형을 구분해야 한다. 첫 번째 유형은 **선거 승리**를 위해 만들어진 정당이다. 이 정당의 창설자들은 기존의 어떤 정당에 의해서도 대표되지 않았던 다수 유권자들을 대표하기 위해 그 정당이 필요하다고 생각한다. 두 번째 유형은 **기존 정당들로 하여금 정책을 변경하도록 영향력을 미치거나, 혹은 변경하지 않도록 영향력을 미치려는** 목적으로 만들어졌다. [축약하자면, 이 유형의 정당은 '영향력 정당'이라 부를 수 있다.] 이 유형의 정당은 선거에서 승리하는 것을 일차적인 목표로 하지 않는다.

물론, 전혀 표를 얻지 못할 것이라거나 어떤 공직도 획득할 수 없을 것이라고 생각하면서 정당을 만드는 사람들은 없다. 특히나 정당의 동기에 관한 우리의 가정이 사실이라면 말이다. 그럼에도 (완전히 합리적인 사람들이 만든) 일부 정당들은 단기적인 권력이나 특권을 얻는 수단이 아니라, 다른 정당을 위협하기 위한 수단이 되기도 한다. 한 예로 시민권에 대한 민주당의 정책에 반대해 민주당을 위협하고자 설립된 1948년의 주권리당States' Rights Party을 들 수 있다. 그런 협박blackmail 정당은 기존 정당이 유권자에게 제공하는 선택지를 변화시키는 것을 목표로 한다는 점에서 미래 지향적이다.

이런 두 유형의 정당[선거 승리를 위해 만들어진 정당과 기존 정당들에 영향을 미치기 위해 만들어진 정당]을 구분하는 것이 종종 어려운 이유는, 공직 획득을 일차적인 목표로 만들어진 정당들 가운데 많은 정당이 실제로는 기존 정당의 정책에 영향을 미치는 기능을 수행하기 때문이다. 이는 미국 역사에서 제3당의 경우 전형적으로 나타나는 현상이다. 그 제3당들 중 어느 정당도 선거에서 승리한 적은 없으나, 대부분은 승리한 정당의 강령에 지대한 영향을 미쳤다. 따라서 신생 정당을 의도에 따라 분류한다면, 거의 대부분은 [선거 승리를 목적으로 하는] '실질적인'real 유형의 정당에 속한다. 반면에 결과에 따라 신생 정당의 유형을 구분한다면, 대부분 — 적어도 미국의 역사에서는 — 의 사례는 '영향력'influence을 미치기 위한 정당에 속한다. 그러나 다른 언급이 없는 한, 우리가 논하는 신생 정당은 선거에서 이기기 위해 만들어졌다고 가정하자.

기존의 정당이든 신생 정당이든 그 어떤 정당도 유권자 집단으로부터 일정 규모의 지지 — 선거에서 투표로 나타날 만큼 적극적 지지 —

를 받지 않고서는 생존할 수 없다. 이것은 정당이 우리의 정치적 척도상에서 유권자 대중이 가장 많이 모여 있는 바로 그 지점에 자리 잡아야만 한다는 것을 의미하지는 않는다. 다만 다수의 유권자들이 있는 곳에 다른 정당들보다 좀 더 가까이 자리 잡아야 한다는 것을 뜻한다. 정당의 위치는 유권자의 분포뿐만 아니라 다른 정당들의 위치에 달려 있다.

신생 정당들은, 기존 정당과 그간 이 정당을 지지했던 투표자들 사이에서 그 틈을 비집고 들어가 상당수의 기존 정당 지지자들을 빼앗아 올 기회가 있을 때 등장하고 생존할 가능성이 크다. 이 경우에 해당하는 주목할 만한 사례는 〈그림 6〉에서 단순화해 나타낸 영국 노동당의 출현이다. 1900년 이전에는 자유당(A)과 보수당(B)이라는 두 당이 주요 정당으로 존재했다. 양당은 상호 수렴한다는 일반적인 양당제 압력을 받고 있었다. 그러나 19세기 말 참정권이 노동자 계급으로까지 확대됨으로써, 유권자 분포의 중심은 과거보다 훨씬 왼쪽으로 이동했다. 그에 따라 자유당은 비록 기존의 위치보다 왼쪽에 자리를 잡았지만, 새로운 중심으로부터는 여전히 훨씬 오른쪽에 있었다. 노동당의 창설자들은 새로운 정당(C)의 위치를 자유당의 왼쪽에 둠으로써 자유당을 측면에서 공격할 수 있으리라 정확히 예측했고, 성공했다. 그 결과 자유당은 전체 유권자 집단의 분포가 나타내는 두 개의 봉우리 사이에서 궁지에 몰렸고, 자유당은 지지가 급격히 줄어들면서 미미한 크기의 정당으로 축소되었다.[17]

이 사례에서 결정적인 요인은 왼쪽 극단 가까이에 있던 다수가 새로

---

17) 흥미롭게도, 자유당이 위축됨으로써 영국의 선거 체계는 과거의 양당제 유형으로 되돌아갔다. 새로운 중심점은 과거보다 훨씬 왼쪽이기 때문에, 보수당은 노동당이 우측으로 이동한 것보다 훨씬 많이 좌측으로 이동했다. 그럼에도 수렴 경향은 명백히 존재한다.

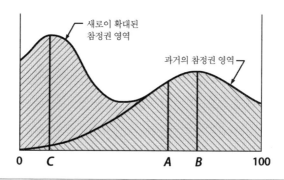

그림 6

새로이 확대된
참정권 영역

과거의 참정권 영역

0 C A B 100

참정권을 획득했고, 결과적으로 정치적 척도상에서 유권자 분포가 변화했다는 사실이다. 이처럼 유권자 분포가 급격히 변할 때, 기존 정당의 경우에는 이데올로기적으로 유동성이 작기 때문에 신속하게 적응하지 못할 것이다. 그러나 신생 정당은 이런 제약에 구속되지 않는다. 그들은 이데올로기적으로 약속을 지켜야 한다는 압력을 받지 않기 때문에 척도상에서 가장 적절한 지점을 선택할 수 있고, 그에 맞춰 이데올로기를 설정할 수 있다. 특히 기존의 양당이, 양당제 정치과정에서 일반적으로 귀결되듯, 과거의 중심점을 향해 수렴하고 있고, 새로운 유권자 분포가 한쪽 혹은 양극단으로 심하게 치우쳐 있다면, 신생 정당의 창당을 시도해 볼 수 있다. 이는 영국 노동당의 경우와 거의 비슷하다.

신생 정당의 창당을 야기하는 또 다른 상황은 〈그림 3〉에서와 같이 유권자 분포에 의해 발생한 사회적 교착상태stalemate이다. 앞서 언급했던 것처럼, 유권자들이 척도상의 양극단에 쌍봉적으로 밀집해 있는 사회에서는 평화로운 민주주의 정부가 나타나기 어렵다. 따라서 타협을 바라는 분파가 생겨나게 되고, 유권자 분포는 〈그림 7〉과 같은 형태로

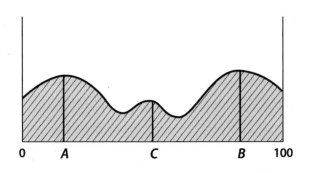

그림 7

0　　*A*　　　　　*C*　　　　　*B*　　100

바뀌게 될 것이다. 여기서 C지점에 신생 정당을 형성할 기회가 생겨난다. 만약 유권자들이 중심 쪽으로 계속 이동해 이 정당이 성장한다면, 결국 〈그림 8〉과 같은 새로운 상황이 나타날 수도 있다. 이때 유권자 분포에서 중앙이 우세해지기는 하지만, 이 다수의 중도적 유권자를 차지하기 위해 신생 정당들이 생겨날 것이기 때문에, 중앙은 세 부분으로 쪼개지는 과정을 겪게 된다.

정치적 척도상 유권자 분포의 변화가 신생 정당이 출현하는 데 중요한 전제 조건임은 분명하다. 보통선거권의 확대, 제2차 세계대전과 같은 대변동에 의한 전통적 관점들의 약화, 산업화 이후 사회혁명 등 일련의 충격적인 사건들은 정치적 척도상의 봉우리들을 변화시킬 것이다. 유권자의 규모만 변화하는 것은 큰 의미가 없다. 중요한 것은 유권자 분포이다. 일례로 여성이 참정권을 획득하면서 총 유권자 수가 엄청나게 증가되었지만 신생 정당으로 이어진 사례는 없다.

유권자 분포가 변하지 않더라도 신생 정당이 출현할 수 있는 상황이 있기는 하다. 그러나 이때 나타난 신생 정당은 선거에서 이기기 위한

그림 8

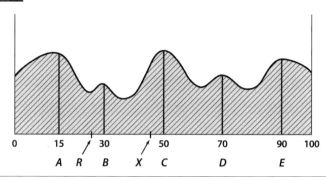

정당이 아니라 이른바 영향력 정당일 것이다. 양당제에서 한 극단에 있는 지지자들은 지지 정당이 온건한 중앙을 향해 수렴됨에 따라 자신들의 위치로부터 점점 멀어질 때, 그 정당의 정책을 자신들에게 다시 가까워지도록 만들기 위해 신생 정당을 출현시킬 수도 있다. 〈그림 9〉에서 정당 B는 봉우리가 좌측으로 치우쳐 있을 때, 그 봉우리 근처에 있는 다수의 유권자 대중에게 지지를 얻기 위해 원 위치보다 왼쪽으로 이동했다. 오른쪽 극단에 가까이 있는 유권자들은 정당 B가 다시 우측으로 돌아오지 않는다면 패할 것이라고 위협하기 위해, 정당 C를 결성할 수 있다. 정당 C가 혼자 힘으로 승리할 가능성은 없지만, 극단 쪽에 위치한 유권자들을 정당 B로부터 돌아서게 해서 정당 A가 이기게 할 수는 있다.

정당 A가 이기고 정당 B가 질 수 있다는 위협에서 벗어나기 위해 정당 B는 정당 C의 정책 중 일부를 받아들여야만 하고, 따라서 정당 B는 다시금 우측으로 이동하고 정당 C를 제압해야 한다. 이로 인해 정당 C는 붕괴될 것이다. 그러나 정당 C를 지지하는 오른쪽 극단에 있는 유권

그림 9

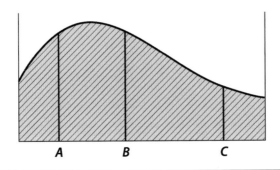

자들의 시각에서 보자면 그들의 실제 경쟁자 중 하나인 정당 B의 강령을 수정하고자 하는 목적을 달성한 것이다. 이미 언급했듯이, 1948년에 형성된 주권리당은 바로 이런 목적을 갖고 있었다.

이런 상황에서 신생 정당의 출현은 유권자 분포가 아니라, 정당 이데올로기의 움직임 때문이다. 다당제에서 정당 이데올로기는 상대적으로 유동성이 작다. 그래서 이런 유형의 신생 정당은 거의 양당제에서만 나타날 것이다. 이런 협박 정당의 출현에 대한 두려움은 양당제에서 일반적으로 나타나는 구심적 경향을 강하게 견제할 수도 있다.

4. 이데올로기적 응집성과 통합성

1) 다양한 정책을 가진 정당을 포함하기 위해 모형 수정하기

7장에서 우리는 각각의 정당 이데올로기가 응집적이기는 하지만, 완전히 통합되어 있는 것은 아님을 살펴보았다. 즉 정당은 내부적 이견을 원하지 않지만, 동시에 어떤 하나의 철학적 세계관에 지나치게 속박되지 않으려고도 한다. 이는 각 정당이 이데올로기를 형성할 때 갖게 되는, 상충되는 욕구로부터 생겨난다. 한편으로, 정당은 가능한 한 많은 유권자들에게 호소하기를 원한다. 다른 한편, 정당은 유권자 개개인에게 강한 호소력을 발휘하고자 한다. 첫 번째 욕구는 서로 다른 다양한 이데올로기적 관점을 대표하며, 광범위한 정책을 포괄하는 강령을 만들어 낸다. 두 번째 욕구는 유권자들이 지지하는 철학적 관점이 무엇이든, 그것을 중심으로 정책들이 긴밀하게 통합되도록 한다.

이런 이중성을 정치적 공간에 대한 우리의 도표 위에 나타낼 수 있다. 우선, 우리는 각 정당의 강령이 정부가 경제에 어느 정도까지 개입할 것인가에 대한 입장만을 말한다는 기존의 가정을 폐기해야 한다. 대신에 우리는 정당들이 여러 주제들에 대해 각기 입장을 가지고 있으며, 그것을 우리의 좌우 척도상에 나타낼 수 있다고 가정한다.[18] 따라서

---

18) 우리는 형식상(formally) 이 가정을 다음과 같이 말할 수 있다. 모든 시민은, 어떤 주어진 쟁점에 대해 다양한 정당들이 채택한 입장들을 좌우에 배열할 때 이 순서에 동의한다. 이는 모든 시민이 각각의 입장에 대해 좌우 척도상에서 다른 유권자들과 똑같은 기수적 순서(cardinal)[효용 간의 배수적 비교가 가능]를 갖는다는 것을 의미하지는 않는다. 즉 시민 A는 어떤 쟁점에 대해 정당 X의 입장이 35 지점에 있다고 느끼는 반면, 시민 B는 30 지점에 있다고 생각할 수 있다. 그러나 두 사람은 그 쟁점에 대한 정당 Y의 입장에서 볼 때 자신들이 같은 쪽에 있으며, 정당 W, Y, Z의 입장이 갖는 서수적 관계(ordinal)[선택 대안들의 효용 간

정치적 척도상에서 각 당의 순 위치net position는 각 정당이 내세우는 모든 특정 정책 위치의 가중평균weighted average이다.

게다가 각 시민은 개별 정책에 서로 다른 가중치를 적용할 수도 있는데, 그것은 각 정책이 시민들에게 영향을 미치는 정도가 다르기 때문이다. 그러므로 정당은 보편적으로 인정된 단일한 순 위치를 갖지 않는다. 어떤 유권자들은 다른 유권자들보다 특정 정당을 좀 더 우파적이라고 느낄 수도 있으며, 어떤 하나의 관점이 정확하다고 증명될 수도 없다. 그러나 정당의 순 위치가 존재하는 범위에 대해서는 어느 정도 합의가 있을 것이고, 따라서 우리는 여전히 우파 정당을 중도 정당이나 좌파 정당과 구분할 수 있다.

이런 조건 아래에서, 합리적인 정당의 전략은 좌우 척도상의 전 범위를 포괄하는 광범위한 정책들을 채택하는 것이다. 정책의 범위가 넓으면 넓을수록, 정당 이데올로기와 강령은 더 많은 관점에 호소할 수 있다. 그러나 시민들 개개인은 그들이 동의하지 않는 정책들을 정당이 내세우고 있음을 알게 된다. 따라서 정책의 범위를 넓히면 개별 관점에 대한 호소력의 강도는 약해진다.

따라서 각 정당에 대한 유권자의 판단은 두 차원으로 환원된다. 유권자는 어느 정당을 지지할지를 결정하기 위해 정당의 순 위치(정당 정책들의 평균값)와 정책의 범위(정책들의 분산) 사이에서 균형을 맞춰야만 한다. 만약 어떤 정당이 (우리가 단일 가치적single-valued이라고 가정한) 자신의 위치와 평균값에서 일치하는 모습을 보이지만 큰 분산 값을 갖고 있

에 이루어지는 서열 관계]에 동의해야만 한다. 본문에서 우리는 주장을 단순화하기 위해 각 정당들의 입장이 놓인 정확한 위치에 암묵적으로 동의하는 것으로 가정했지만, 우리의 결론은 순전히 서수적인 가정으로부터 도출되기도 한다.

다면, 유권자는 이 정당 대신, 평균값은 자신과 그만큼 가깝지 않지만 분산 값이 훨씬 작은 또 다른 정당을 채택할 것이다. 결론적으로, 이 경우 유권자들은 정책의 위치적 크기scalar보다는 정책의 범위적 크기vector를 선택하는데, 각각의 정책 범위가 갖는 크기야말로 좌우 척도상에서 정책들의 가중 빈도 분포이다.

2) 양당제와 다당제하에서 정당들의 [이데올로기] 통합 전략

정치적 척도상의 각 지점이 어떤 확고한 철학적 세계관을 대표한다고 가정하면, 어떤 정당이 형성하는 정책 범위의 넓이는 그런 하나의 철학적 세계관을 중심으로 한 정당의 통합성integration에 따라 크게 달라진다. 따라서 정당 이데올로기에서 통합성의 정도는 해당 정당의 정책 범위가 척도상의 어떤 부분을 포괄하고자 하는가에 달려 있다. 우리는 이미 이 범위가 양당제보다 다당제에서 더 좁다는 것을 보았다. 이것은 단순히 말해 일정한 양을 여러 조각으로 나눌 때보다는 절반으로 나눌 때 더 큰 부분을 얻게 되는 것과 같다. 만약 각 정당 사이에서 중첩되는 정책 범위를 배제한다면, 우리는 이데올로기가 양당제보다는 다당제에서 더 통합되어 있다고 결론지을 수 있을 것이다. [다당제의] 각 정당은 어떤 하나의 철학적 관점을 좀 더 명확하게 반영할 것이며, 각 정당의 정책들은 그것을 중심으로 더욱 응집될 것이다. 이는 다당제에서 각 정당은 자신의 정책을 다른 당의 정책들과 명백하게 차별화하려 할 것이나, 양당제에서는 두 당이 경쟁하고 있는 상대 정당을 닮고자 할 것이라는, 앞서 보았던 우리의 결론과도 일치한다.

이런 결론을 설명하기 위해, 〈그림 2〉와 〈그림 5〉를 비교해 보자. 〈그림 2〉에서, 정당 A와 B는 척도의 중앙 근처에 서로 접근한 뒤, 각 정당은 척도상의 반쪽으로부터 득표를 이끌어 낸다. 각 정당 지지자들의 관점 범위는 한쪽 극단에서 정중앙dead center까지에 이른다. 따라서 각 정당은 그 관점 모두를 포함하는 정책 범위를 궁리해야 한다. 그러나 양극단보다는 중앙에 유권자가 더 많이 위치하므로, 각 정당들은 비록 극단에 위치한 유권자들에게 약간의 혜택을 주는 대신, 자신들의 순위치가 중앙에 위치하도록 정책을 구상해야만 한다. 이런 방식으로, 정당은 극단 쪽에 위치한 유권자들이 기권하지 않기를 희망하는 동시에 척도상 50 지점을 중심으로 집결해 있는 중간 지대 유권자들에게 호소한다.

〈그림 2〉에 보이는 정당들과는 대조적으로, 〈그림 5〉에서의 정당들은 넓은 범위의 입장들에 호소하지 않아도 된다. 각 정당의 정책 범위는 훨씬 좁아지며, 그것을 확대하려는 시도는 모두 다른 정당과의 충돌을 낳는다. 이 때문에 우리가 각 당의 정책 범위가 겹치는 것을 허용한다 하더라도 각 당의 정책 범위는 제한된다.

예를 들어, 〈그림 5〉에서 정당 B는 척도상의 위치 10과 60에 있는 유권자들을 모두 만족시키기 위해 정책을 확대함으로써 [더 많이] 득표할 수는 없다. 만약 정당 B가 자신의 순 위치를 35에서 유지하고자 한다면, 멀리 떨어진 10과 60에 대해서는 아주 적은 정책들만을 내세울 수 있을 뿐이다. 그러나 정당 A나 C는 10과 60에 각각 위치하는 유권자들을 만족시키기 위해 그들의 정책 대부분을 한쪽으로 밀집시킨다. 따라서 정당 B는 이런 위치에서 정당 A나 C와 경쟁하기를 기대할 수 없다. 사실 정당 B는 35 지점 주변에서 자신의 정책을 집중하는 것이 훨씬 나을 것이다. 왜냐하면 이것은 정책의 분산 때문에 정책이 지나치게 빈약해지는 것을 방지하며, 자신의 영역에서 정당 A나 C에게 표를 뺏기지 않게 해주기 때문이다. 따라서 다당제에서 정당은 자신의 정책 범위를 확대하거나 다른 정당과 이데올로기적으로 중첩할 충분한 유인이 없다. 또한 다당제에서 모든 정당은 각각 어떤 명확한 철학적 세계관을 기준으로 자신들의 정책을 긴밀하게 통합시키려 할 것이다.

3) 양당제에서의 중첩과 모호성

만약 우리가 양당제에서 중첩을 허용한다면, 그 결과는 앞서 언급한 것과 근본적으로 다를 것이다. 각 정당은 다른 정당의 영역에 있는 유권자들에게 자신의 순 위치가 더 가깝다는 확신을 주기 위해, 다른 당의 영역 안으로 자신의 몇몇 정책들을 던지게 된다. 동일한 정책에 대해 유권자들마다 서로 다른 가중치를 할당하기 때문에 이와 같은 작전을 수행할 기술적인 여지는 충분하다. 예를 들어, 농민과 노동자라는 두 개의 사회적 집단이 있고, 그들의 위치가 각각 왼쪽과 오른쪽에서 50이라는 지점을 차지한다고 하자. 그들은 농산물가격보호법과 근로기준법이라는 두 개의 법에 대해 정확히 정반대의 관점을 가진다. 즉 노동자들은 농산물가격보호법에 반대하고, 농민은 근로기준법에 반대한다. 그러나 농민들은 그들의 투표 결정에서 농산물가격보호법을 훨씬 중요하게 생각하고 근로기준법은 그다지 중요하지 않다고 여긴다. 반면에 노동자들은 그와 정반대로 생각한다. 따라서 두 집단은 서로가 보는 것과는 다른 방식으로 각 정당의 순 위치를 본다. 이것을 알고 있는 현명한 정당이라면 농업과 관련된 법에 관해서는 농민들의 입장을, 노동과 관련된 법에 관해서는 노동자들의 입장을 옹호하는 위치를 취할 것이다. 그렇게 함으로써, 비록 두 집단이 서로 멀리 떨어져 있다고 할지라도 그 정당은 두 집단에게 동시에 가까운 순 위치를 설정할 수 있다.

각 정당이 여러 다른 장소에서 그들의 순 위치를 동시에 택할 수 있으므로 양당제에서 각 정당에게 정책을 중첩시키는 것은 합리적인 전략이 된다. 그러므로 대부분의 유권자들이 밀집되어 있는 척도상의 중앙에서, 각 정당은 중간 지점의 양쪽으로 그들의 정책을 분산시킨다. 이것은 이 영역의 각 유권자들이 자신의 위치가 정중앙이라고 느끼도록 한다. 이는 자연스럽게 중도적인 정책들의 대다수가 중첩되도록 한다.

그러나 각 정당은 멀리 떨어져 있는 유권자를 만족시키기 위해 이런 중도적인 정책들 사이에 극단 쪽에 가까운 입장을 간간히 섞어 놓을 것이다. 각 정당이 [자신 쪽 극단에 위치한] 타 정당을 지지하는 급진주의자들까지 만족시키려고 노력한다는 것은 분명하다. 그러므로 각 정당이 실제로 중간 지점 가운데 어느 방향에 위치하는지를 알아내기 위해서는 각 정당이 지지하는 급진적인 정책을 살펴보면 된다. 사실 양당 정책의 대부분이 척도상의 중앙에 있는 중첩되는 곳에 밀집해 있기 때문에, 이는 두 정당을 이데올로기적으로 구분하는 유일한 방법일 수도 있다.

분명히, 두 정당은 그들의 실제 순 위치에 대해 가능한 한 모호한 모습을 보이려고 노력한다. 그렇다면 왜 그들은 개별 정책에 대해서도 똑같이 모호한 태도를 취함으로써 똑같은 목적을 성취해서는 안 되는 것일까? 그것은 각각의 정책이 갖는 개별적인 위치가 일부 유권자들에게만 해당되기 때문이다. 유권자들은 개별 정책에 대해 서로 다른 가중치를 부여할 뿐만 아니라, 각 정책의 의미를 다르게 해석할 수도 있다. 각각의 유권자들은 이 정책이 자기 자신의 위치에 가장 가까운가라는 관점에서 정책들을 본다. 이것은 한 정당의 순 위치가 어디쯤 자리 잡을 수 있을지에 대해 다양한 해석을 가능하게 하는, 정치적 척도상의 범위를 대폭 확대시킨다.

따라서 모호성은 각 정당이 호소하는 유권자의 수를 증가시킨다. 이에 따라 양당제하의 정당들은 각각의 논쟁적인 쟁점들에 대해 최대한 모호한 입장을 취한다. 그리고 양당은 모호한 것이 합리적이라는 것을 알뿐더러, 다른 당이 더 명확한 입장을 취한다고 해서 압박받지 않는다.

따라서 양당제하에서 정당들은 정치적 합리성 때문에 모호성의 안개 속에서 그들의 정책을 흐릿하게 만들어 버린다. 물론 이 같은 모호함은 유권자들을 투표장으로 끌어내는 데서 문제가 될 수 있다. 그 이유는, 만약 양당이 똑같아 보이거나 양당 모두 검증 가능한 약속을 하지 않는다면 시민들은 기권할 것이기 때문이다. 그럼에도 경쟁은 양당으로 하여금 훨씬 불명확한 입장을 보이게 하도록 만든다. 그 결과 개별 시민은 합리적으로 투표하는 것이 더 어려워진다. 시민은 자신이 무엇을 지지해서 투표해야 하는지를 발견하기가 어려울 것이다. 따라서 유권자들은 쟁점 이외의 기준들을 토대로 결정을 내리게 된다. 이런 기준에는 후보자의 개인적 특성, 습관적인 가족 투표 유형, 또는 과거의 정당 영웅에 대한 충성심 등이 있다. 그러나 오직 쟁점에 근거한 정당 결정만이 정부로부터 얻을 수 있는 유권자들의 효용 소득에 관련되어 있고, 다른 기준에 의거해 결정을 내리는 것은 모두 비합리적이다. 우리는 정당의 합리적 행위는 유권자의 합리적 행위를 방해하는 경향이 있다고 결론 내리지 않을 수 없다.

이 결론은 양당제에서 정당의 합리성과 유권자의 합리성 사이에 갈등이 존재한다는 것을 시사한다는 점에서 놀랄 만한 것일 수 있다. 그러나 사실 이런 갈등은 정치 행태를 연구하는 학자들에 의해 이미 발견되어 왔다. 다음 인용문은 그것을 보여 준다.

양당제하에서 양당이 상호 수렴하게 되는 경향은 정당의 지도자들이 유권자 과반수의 지지를 얻어야 한다는 사실 때문이다. 전국적인 수준에서 유권자의 과반수 지지는 조직된 노동자의 지지만으로는 형성될 수 없다. 농민들 역시 과반수를 형성하기에는 충분한 유권자 집단이 되지 못한다. 기업가들은 확실히 절반도 훨씬 못 되는 소수이다. 이 모든 사회계층의 유권자들 대부분이 전통적으로 특정 정당에 애착을 보인다고 할 때, 정당이 다수를 형성할 수 있는 유일한 방법은 모든 계층과 모든 이익[스펙트럼]에 퍼져 있는 유권자들로부터 추가적인 지지를 끌어오는 것이다. 이런 노력이 성공하려면, 정당 지도자들은 인구를 구성하는 어떤 주요 집단에 대해서도 적대적일 수 없다. 어떤 한 인구 집단에 대해 적대적인 모습을 보이는 편리한 방법은 중요한 쟁점에 대해, 아무 때나 분명한 입장을 취하는 것이다. [그렇게 손쉬운 선택을 하지 않음으로써] 결국 지지 기반의 구성이 유사해짐에 따라 미국 정당들은 두 가지 특성을 갖게 되었다. 관점의 유사성, 그리고 모호함에 대한 집착이 그것이다.[19]

'정치적 공간'political space에 대한 우리의 모형도 "정당들은 서로 비슷해지고 모호한 태도를 취하게 될 것이다."라는 정확히 똑같은 결론에 이르게 한다. 그리고 각 정당이 이를 통해 성공을 거둘수록, 유권자들이 합리적으로 행동하기는 점점 더 어려워진다.

이것은 합리성에 대한 우리의 가정이 양당제에서 모순에 빠지게 되었음을 의미하는 것일까? 표면적으로는 정당이 점점 더 합리적일수록, 유권자는 비합리적이 될 것이고 이 명제의 역도 마찬가지이다. 이것이 우리의 모형에 어떤 영향을 미칠 것인가?

---

19) V. O. Key Jr., *Parties, and Pressure Groups* (1953), pp. 231-232.

4) 우리 모형 내부의 근본적인 긴장

이 같은 질문에 답하기 위해, 우리 모형이 구상하고 있는 정치체제의 기본 구조를 간단히 되짚어 보자. 그 속에는 유권자와 정당이라는 두 행위자가 있다. 각 행위자는 자신들의 목적을 이루기 위해 상대를 이용한다. 유권자들의 목표는 그들의 요구에 부응하는 정부를 세우는 것이다. 이를 위해 그들은 정당을 이용한다. 정당들은 공직 획득이라는 보상을 목표로 삼는다. 그들은 당선되기 위해 유권자들을 이용한다. 따라서 [유권자와 정당에 의한] 두 개의 서로 다른 목표 추구 과정의 결합이 정치체제를 형성하게 된다.

두 종류의 행위자 모두에게 유일한 공통적인 목적은 체제의 지속이다. 그런 공통의 목적이 없다면, 다른 쪽 행위자가 무엇을 성취하든 그것이 자신과 무관하다면 양쪽 행위자 중 아무도 다른 쪽이 목표를 달성하는지 여부에 신경 쓰지 않는다. 따라서 한쪽 행위자의 어느 한 구성원이 목표를 달성하기 위해 다른 쪽 구성원 모두의 능력을 약화시킬 수 있다면, 그는 그렇게 할 것이다. 이는 모든 사람은 자신의 이익을 추구하며, 필요시 타인의 선을 희생물로 삼을 것이라는 우리의 자명한 공리에서 나온다.

좀 더 구체적으로 말해 보자. 만약 어떤 정당이 유권자들로 하여금 덜 합리적이 되게 함으로써 공직을 획득할 가능성을 증대시킬 수 있다고 믿는다면, 그렇게 하는 것은 정당의 합리적인 방침이다. 이 법칙의 유일한 예외는, 유권자의 비합리성이 정치체제를 파괴할 가능성이 있을 때 생겨난다. 정당은 이 체제의 유지에 이해관계를 갖고 있다. 따라서 만약 그들이 정치체제를 난파시킬지도 모르는 그 어떤 것을 조장한다면, 그들은 비합리적이다.

정책들 간의 정책이 모호해지고 이데올로기가 유사해진다고 해서 민주주의가 파괴될 가능성이 있는지는 분명하지 않다. 그보다는 정부 선출의 도구로서 투표 행위가 덜 합리적이 될 수는 있다. 그러나 우리가 정의하는 합리성은 이분법적인 개념이 아니다. 즉 합리성의 가능한 상태가 1백 퍼센트 아니면 0퍼센트인 것은 아니라는 것이다. 그러므로 투표 행위가 완벽하게 합리적이지 않고 덜 합리적이 된다고 해서 투표가 전적으로 소용없어지는 것은 아니다. 그러나 정책의 모호함과 이데올로기의 유사성은 정부 선출 과정으로서 기능하는 투표의 효율성을 감소시킨다. 정당들은 그 사실을 알고 있다 해도 정책의 모호함이 커지고 서로의 강령이 비슷해질 때 민주주의의 종말이 올 수도 있다는 두려움 때문에 앞서 말한 행위를 단념하지는 않을 것이다.

유권자들은 [스스로를] 비합리성에 빠지지 않게 할 두 가지 방어기제를 가지고 있다. 첫 번째는 법으로 정당의 활동을 규제하는 것이다. 미국에서, 정당은 재정 보고를 하게 되어 있고, 거짓된 성명을 발표해서는 안 되며, 예비선거에서 공적인 통제를 받아야 하고, 어떤 곳이든 한 곳에서 제한된 한도 이상의 기부금을 받아서는 안 될뿐더러, 시민들을 부당하게 이용하지 않는 방법으로 행동하도록 법으로 강제되고 있다. 정당이 유권자들을 부당하게 이용하는 것을 허용하는 것은 비합리적이기 때문에, 이런 법은 유권자들이 비합리성의 늪에 빠지지 않도록 간접적으로 그들을 보호한다. 그러나 유권자들이 정당으로 하여금 모호하고 유사한 강령을 택하지 못하게 하는 법을 정부가 통과시키도록 할 수 없다. 따라서 첫 번째 방법은 별로 큰 도움이 되지 않는다.

두 번째 방어기제는 양당제에서 다당제로 정치체제를 바꾸는 것이다. 이것은 정당의 정책 범위를 좁히고, 그들의 강령을 좀 더 뚜렷하게 차별화하며, 모호성을 줄여 줄 것이다. 그러나 다음 장에서 살펴보겠지만, 이런 전환은 양당제에는 없던 엄청난 문제들을 초래할 것이다. 그러므로 합리적 투표에 대한 전망을 증진시키는 변화가 일어날 것인지는 불확실하다. 이 전환은 사태를 더 악화시킬 수도 있다.

이 모든 것에 대한 고려에도 불구하고, 우리는 우리 모형이 반드시 모순적인 것은 아니라고 결론지을 수 있을지 모른다. 물론 우리 모형은 서로 긴장 상태에 있는 두 행위자를 포함하고 있다. 만약 이들 중 어느 한쪽이 다른 한쪽을 완전히 압도하는 것이 허용된다면, 이 모형은 모순적이 될 수도 있다. 즉 두 행위자 중 하나가 더는 합리적으로 행동하지 않을 수도 있다. 따라서 만약 정당이 그들의 정책 결정을 일반론이라는 안개 속에서 모호하게 만드는 데 성공해, 유권자들이 자신의 투표가 진정으로 무엇을 의미하는지 알아내는 것이 불가능해진다면, **합리성의 위기**rationality crisis가 발생할 것이다. 이런 위기는 다당제에서 일어날 가능성이 훨씬 더 높은데, 이에 대한 분석은 다음 장에서 다루기로 한다.

5. 한 국가의 정치를 결정하는 기본 요인

지금까지의 논의 결과 다음과 같은 사실이 분명해진다. 지나치게 단순화된 우리 모형이 현실 세계에서 어느 정도 적용될 수 있다고 가정한다면, 한 국가의 정치 생활이 발전하는 것을 결정짓는 기본적인 요인이 정치적 척도상의 유권자 분포라는 것이다. 우선, 유권자 분포에서 봉우리의 수는 정치체제가 양당제가 될 것인가, 아니면 다당제가 될 것인가를 결정하는 데 영향을 준다. 계속해서, 이것은 정당들의 이데올로기가 서로 유사하고 모호해질 것인가, 아니면 각자 다르고 명확해질 것인가를 결정짓는다. 따라서 이는 유권자가 합리적으로 행동하려 할 때 직면하는 어려움에 영향을 미친다. 둘째, 민주주의가 안정된 정부를 만들어낼 수 있을지의 여부는 유권자 대중이 중앙에 밀집해 있는가, 아니면 중앙에서는 낮은 빈도를 보이면서 양극단에 모이는가에 달려 있다. 셋째로, 유권자 분포의 안정성은 신생 정당이 기존 정당을 지속적으로 대체하게 될지, 아니면 기존 정당이 계속 지배하되 신생 정당은 기존 정당의 정책에 영향만 미치게 될 것인지를 결정한다.

물론, 유권자 분포가 한 국가의 정책을 결정하는 유일한 요인인 것은 아니다. 예를 들면, 일부 이론가들은 비례대표제 대신에 소선거구제 single-member districts[단순 다수제 아래, 한 지역구에서 한 명의 대표를 선출하는 선거제도]를 도입하는 것이 양당제의 주된 원인이라고 주장한다.[20] 그럼에도 소선거구제가 그 자체로 원인이든지, 혹은 더욱 본질적인 요소들의 결과이든지와 상관없이 유권자의 분포는 결정적으로 중요한 정치적 파라미터이다.

이와 같이 중요한 파라미터를 형성하고 있는 힘들은 무엇일까? 앞에서 우리는 유권자의 취향이 고정되어 있다고 가정하며, 이는 유권자 분포가 주어진 것임을 의미한다고 밝힌 바 있다. 그래서 우리는 방금 제기된 질문에 대한 대답을 미루어 왔고, 이후 줄곧 그것을 피하고 있다. 유권자 분포에 대한 결정 요인은 역사적·문화적·심리적인 것뿐만 아니라 경제적 요인도 포함되므로 아직도 우리는 대답하기 어렵다. 그 결정 요인들을 분석하는 것은 우리 연구의 범위를 벗어난다.

우리는 다음과 같이 말할 수 있을 뿐이다. ① 유권자 분포는 한 국가

---

20) 이 점에 대해서는 이 장의 2절에서 이미 논했다.

의 정치적 삶을 주조하는 데 중대한 결정 요인이다. ② 유권자 분포에서 주요한 변화는 가장 중대한 정치적 사건들을 통해 가능해진다. ③ 비록 어떤 환경에서는 정당들이 유권자 분포에 적응하기 위해 이데올로기적 위치를 이동할 것이지만, [그렇지 않은 경우] 정당들은 유권자들이 자신들의 위치로 옮겨 오게 함으로써 유권자 분포를 변화시키려 할 것이다.

6. 요약

우리는 호텔링의 유명한 공간적 시장을 정치 이데올로기를 분석하는 데 유용한 장치로 전환했고, 호텔링이 고안한 것에 다음 네 가지를 추가했다. ① 유권자 분포의 가변성, ② 정당들의 분명한 좌우 순서, ③ 이데올로기의 상대적인 비유동성, ④ 모든 유권자들의 정치적 선호의 단봉성peaked political preferences 등이 그것이다.

이 모형은 양당제에서 두 당은 이데올로기적으로 중앙에 수렴한다는 호텔링의 결론과, 극단에 위치한 유권자들을 잃을 수도 있다는 두려움은 그들이 동일해지는 것을 막는다는 스미시스의 수정된 결론을 확인하게 한다. 그러나 우리는 분산 값이 작고, 유권자 대다수가 하나의 봉우리를 중심으로 몰려 있는 단봉적 분포를 보일 때 그런 수렴이 나타난다는 것을 발견했다.

만약 한 사회에서 정치적 척도상의 유권자 분포가 일정하게 유지된다면 그 사회의 정치체제는, 정당의 수와 그들의 이데올로기적 위치가 고정되는, 균형점을 향해 움직이는 경향을 보일 것이다. 그 정치체제가 양당제로 나타날 것인가, 혹은 다당제를 보일 것인가의 여부는 ① 유권자 분포의 모양과 ② 선거제도가 [단순] 다수제에 기반을 두는가, 아니면 비례대표제에 기반을 두는가 등에 따라 달라진다.

다당제에서는 [각 정당들이 서로를] 모방하는 경향을 나타내지는 않는다. 사실 각 정당들은 주의 주장의 순수성을 유지함으로써 이데올로기적 '상품의 차별화'를 강조하려고 분투한다. [양당제와 다당제라는] 두 체제 사이에서 나타나는 이런 차이는 어떤 특정 관행들이 양당제와 다당제에 각각 특징적으로 나타나는지를 설명하는 데 기여한다.

신생 정당은 대개 선거에서 이기려 하지만, 그들은 종종 기존 정당들의 정책에 영향을 미치는 수단으로서 더 중요하기도 하다. 기존 정당들은 이데올로기적으로 비유동적이기 때문에, 그들은 유권자 분포에서 나타나는 급격한 변화에 적응할 수가 없다. 반면에 신생 정당은 가장 유리한 지점에 진입할 수 있다. 정당 간의 수렴 경향 때문에 주요 정당의 하나가 극단으로부터 멀어지거나 혹은 급진주의자들이 이런 현상을 다시 자신들 쪽으로 되돌려 놓으려고 할 때, 영향력 정당이 양당제에서 형성될 수 있다.

만약 우리가 척도상에서 각 정당의 위치를 그들의 개별적인 정책 결정에 의해 점유된 위치들의 가중평균이라고 가정한다면, 우리는 정책의 범위를 확대하려고 하는 정당의 경향성을 계산해 낼 수 있다. 그들은 서로 다른 입장들 모두에 호소하기를 원한다. 양당제하에서 정당들은 더욱 넓게 정책을 확장하고자 한다. 따라서 다당제에서 나타나는 것보다 통합성이 낮다. 사실 양당제에서는 척도상의 중앙 근처에 정책들이 중첩되는 넓은 지역이 생겨나게 되어 두 정당이 매우 유사해진다.

각각의 특정 쟁점들에 대해 [정당들이] 의도적으로 애매한 표현들을 사용함으로써 양당이 비슷해지는 경향은 강해진다. 정당의 정책들은 매우 모호해질 것이고, 정당들은 매우 비슷해지며, 이에 따라 유권자들은 합리적 결정을 내리는 데 어려움을 겪을 것이다. 그럼에도 모호성을 조장하는 것은 양당제에서 각 정당들에게 합리적인 방침이다.

한 국가의 정치발전에서 기본적인 결정 요인은 정치적 척도상의 유권자 분포이다. 한 국가가 양당제가 될 것인가, 아니면 다당제가 될 것인가, 민주주의가 안정된 정부를 낳을 것인가, 혹은 불안한 정부를 낳을 것인가, 신생 정당이 기존 정당을 계속적으로 교체하게 될 것인가, 혹은 단지 미미한 역할에 머무를 것인가의 상당 부분은 이 요인에 달려 있다.

9

연립정부하에서 나타나는 합리성의 문제

민주주의 정치체제에서, 정부의 강제력 사용이 허용되는 이유는 피통치자들의 동의를 받았다는 데서 비롯된다. 이 개념에는 다양한 철학적 관념이 포함되어 있지만, 실제로 대부분의 민주주의는 과반수의 유권자를 전체 국민과 동일하게 간주한다. 따라서 모든 민주주의 정부는 정당하게 통치할 수 있으려면 과반수의 유권자들로부터 어떻게든 자발적인 동의를 얻어 내야만 한다.

그러나 일부 다당제에서는, 어떤 정당도 과반수 득표를 얻어 낼 수 없다. 만약 그렇다면 단독 정당에 의해서만 구성된 정부는 소수자의 입장을 다수자에게 강요하게 된다. 이것은 명백히 민주주의의 기본적인 이상들을 파괴하는 것이다. 이런 일이 발생하지 않도록 다당제에서는 두 개 이상의 정당으로 구성된 정부, 즉 **연립**정부coalition government가 생겨난다.

연립정부에 의해 통치되는 정치체제에서 나타나는 합리적 행위는 한 정당에 의해서만 통치되는 체제에서와는 다르다. 지금까지 우리는 한 정당에 의해 통치되는 체제만을 논했는데, 그 이유는 우리 모형이 단독 정당에 의한 정부만을 포함하고 있었기 때문이다. 따라서 연립정부에서 나타나는 합리성을 연구하기 위해서는 모형을 변형해야 한다. 이 장에서 우리는 필요한 부분을 바꾸어 보고, 바뀐 부분들이 어떤 영향을 가져왔는지를 검토해 볼 것이다.

이 장의 목표

이 장에서 우리는 다음과 같은 명제를 증명하고자 한다.

1. 양당제보다는 다당제에서 합리적 투표가 더욱 중요함에도 다당제에서 합리적 투표를 하는 것은 더 어렵고 덜 효과적이다.
2. 보통 연립정부에 의해 통치되는 체제에서, 유권자들은 비합리적으로 행동하도록 압박을 받는다. 따라서 그들은 선거를 단순히 선호의 표출preference polls로 간주할 수도 있다.
3. 다당제에서 정당 이데올로기와 정책은 양당제에서보다 더 뚜렷하게 정의된다. 그러나 정부의 현실적인 프로그램은 양당제에서보다 다당제에서 덜 통합적이다.
4. 연립정부하에서 정당들은 이데올로기적으로 서로 수렴converge하게 하거나 분기하게diverge 하는 상반된 압력을 동시에 받는다.
5. 어떤 사회에서든지 어느 정도의 정치적 비합리성은 불가피하다.
6. 어떤 민주주의에서 정치적 합리성이 어느 정도 효율적이고 실현 가능한가는 [유권자들이] 목표에 대해 얼마나 합의하고 있느냐에 달려 있다. 즉 그것은 척도상의 유권자 분포에 따라 다르다.

1. 모형의 수정

대부분의 다당제는 최다 득표를 한 정당이 정부 전체를 장악하는 승자독식의 선거제도를 채택하지 않는다. 사실 유권자들은 선거를 통해 정부를 직접 선출하지는 않는다. 유권자들이 의회 구성원들을 선출하고 나면, 뒤이어 의회는 다수결의 원리로 정부를 구성한다. 대부분의 경우에 그러하듯, 만약 어느 정당도 의회에서 과반을 차지하지 못하면, 정부에는 대개 여러 정당의 사람들이 포함된다. 그 여러 정당의 사람들은 정부를 뒷받침하기 위해 결합하고, 그에 따라 정부는 민주주의 정부의 필요 전제 조건인 유권자 과반의 동의를 간접적으로 얻어 낸다.[1]

이와 같은 체제를 연구하기 위해, 지금부터 우리 모형에 의회를 추가하고, 선거제도를 변형하며, 정당 연합에 의한 정부를 인정하기로 한다. 새로운 선거제도는 다음과 같이 작동한다고 가정하자.

1. 각 유권자는 전국적인 선거에서 특정 정당에 투표하는 것이지, 그 정당의 특정 개인에게 투표하는 것이 아니다.

---

1) 입법부에서 과반수의 지지는 유권자 다수의 지지와 꼭 동일하지만은 않다. 왜냐하면 각각의 의원은 같은 수의 유권자를 대표하는 것이 아니기 때문이다. 예를 들면, 미국 하원에서 텍사스 8지역구의 의원은 80만7천 명(물론 이들 모두가 투표한 것은 아니지만)을 대표하지만, 사우스다코타 2지역구의 의원은 15만9천 명을 대표한다. 1950년 조사에서 얻은 이 숫자는 John C. Cort, "The Dice Are Slightly Loaded," *The Commonweal* LXII(June 24, 1955), pp. 302-303에 인용되었던 것을 재인용한 것이다. 때때로 의회는 투표에서 단순 다수만을 획득한 정당이 입법부 의석의 압도적 다수를 획득하도록 의도적으로 만들어진다. 그러나 이 장에서 사용되는 선거제도는 본문에서 분명히 드러나는 것처럼 입법부의 다수가 언제나 유권자의 다수와 동일하다는 것을 보장한다.

2. 각 정당의 전국적인 득표수는 합산된다.

3. 전체 정당의 총 득표수를 합산하고 이를 의회 내의 의석수로 나누면 의석당per-seat 득표수인 N을 얻을 수 있다.

4. 각 정당의 총 득표수를 N으로 나누어 각 정당이 얻을 의석수를 정한다(여기서 [당내] 파벌은 무시하기로 한다).

5. 선거 전에 작성된 정당 명부에서 순서대로 앞에서 말한 의석수만큼 의원이 선출된다.

6. 이렇게 구성된 의회는 과반수 투표를 통해 수상을 선출하고, 정부를 구성하는 각 부서의 장관을 집단적으로 승인한다. 그 후에 이들이 통치를 시작한다.

7. 이런 정부는 두 개 정당 이상의 구성원을 포함할 수 있다.

8. 일단 의회의 승인을 받고 나면, 이 정부는 1장에서 서술한 정부와 동일한 권력과 제약을 부여받는다. 다음 선거일에 정부는 해산되고 새로운 의회가 선출된다. 따라서 정부에 대한 최초 승인과 다음 선거 사이에는 의회에 의해서든 유권자에 의해서든, 중간에 어떤 [불신임] 선거도 존재하지 않는다. 다음 선거 날짜는 헌법 규정에 의해 미리 정해져 있기 때문에, 일단 연립정부가 승인을 받으면 다음 선거일이 될 때까지는 불신임 투표나 다른 어떤 평화적인 방법에 의해서도 그 연립정부는 해산될 수 없다.

이런 가정들은 우리의 모형을 근본적으로 바꾼다. 변화된 사항들을 차례대로 좀 더 분명하게 정리해 보자. 첫째, 우리는 의회 내에서 정당 간 협상에 의해 발생하는 대부분의 문제들을 무시한다. 왜냐하면 그것들은 너무 복잡하고 지나치게 경험적이라 여기서 다루기 어렵기 때문이다.

둘째, 우리는 유권자들이 선거를 단지 정부를 선출하는 수단으로만 간주한다는 가정을 유지한다. 실제로 유권자들이 선출하는 것은 의회이고 의회가 정부를 선출하기 때문에 아마도 이런 가정이 부정확해 보일 수 있을 것이다. 그럼에도 선거의 목적은 최소한 간접적으로나마 과반수 유권자들의 지지를 받는 정부를 만들어 내는 것이다. 그러므로 합리적 유권자들은 오직 이 목적만을 염두에 두고 투표할 것이다.

이런 가정들로 인해, 우리의 분석은 다당제에서 나타나는 실제 행태를 묘사하기 어렵게 된다. 대부분의 다당제에서, 적어도 어떤 유권자들은 선거를 정부 선출의 장치가 아닌 다른 무언가로 간주한다. 그러나 선거에서의 합리적 행동이란, 실제 통치 과정에 참여할 기회를 가진 여러 후보들 중에서 자신이 가장 열망하는 정부를 선출하기 위해 가장 효율적으로 계획된 행동이라고 우리는 정의한다. 따라서 우리 모형에서는 비합리적인 것이 현실 속의 어떤 유권자들에게는 합리적인 것일 수도 있다.

예를 들어, 일부 정치 분석가들은 다수의 프랑스 노동자들이 순전히 정부의 경제정책에 대한 자본가들의 지배에 대항하기 위해 공산당에 투표한다고 생각한다. 이런 노동자들은 공산당이 집권할 것이라고 믿지도 않고, 공산당 정부가 들어서기를 원하지도 않는다. 그들은 선거를 정부를 선출하는 도구나 선호의 표출이 아닌, 사회적 저항으로 취급한다.

마찬가지로, 이탈리아 노동자는 공산당이 [연립]정부의 구성원이 될 가능성이 거의 없다는 것을 알면서도 공산당을 지지할 수 있다. 그의 투표는 단순히 그가 공산당이 통치하기를 바란다는 것을 보여 줄 뿐이다. 만약 선거가 단순히 선호를 표출하기 위한 것이라면, 그의 행동은 합리적이다. 그러나 우리 모형에서, 그가 미래 지향적이어서 자신의 투표가 훗날 언젠가는 공산당이 집권하는 데 도움이 될 것이라고 믿지 않는 이상, 그의 행동은 비합리적이다. 이런 후자[당선 가능성과 무관하게 미래의 언젠가를 기대하며 투표하는 것의 비합리성]의 가능성을 제거하기 위해, 이 장에서는 구체적으로 명시되지 않는 한 유권자들은 미래 지향적이지 않다고 가정한다.

마지막으로, 셋째 설명은 유권자의 결정에 개입되는 선거 주기와 관련되어 있다. 3장에서 우리는 유권자들이 [정당의] 과거 성적들을 비교함으로써 미래의 정부를 선택한다고 했는데, 이 절차는 이번 분석에서도 남겨 두고자 한다. 따라서 유권자가 어떤 연립정부에 어떤 정당들이 들어갈 것이며 그런 각각의 연립정부가 어떤 정책을 취할 것인지에 대해 예측하고 있을 때조차, 우리는 각 연립정부가 집권했더라면 지난 선거 주기 동안 어떤 정책을 **채택했을지**would have had에 대해 유권자가 생각하고 있다고 가정한다. 이 과정은 유권자에게 광범위한 상상력을 요구한다. 사실상 어떤 연립정부도 형성되지 않았고, 따라서 아무 정책도 채택해 보지 않았다. 이런 상태에서 만약 그 연립정부가 구성되었다면 어떤 정책을 채택했을지를 가정한다는 것은 그리 쉬운 일이 아니다.

그러나 유권자가 관심을 미래의 정책으로 돌린다 하더라도 상상력의 필요는 줄지 않는다. 그럴 경우 유권자들은 종종 지금까지 존재하지 않았던 연립정부가 미래에 존재하게 된다면 어떤 정책을 채택할 것인지를 추측해 봐야만 한다. 결과적으로, 3장에서 서술한 유권자의 의사 결정 과정은 복잡한 추가 사항 없이 여기서도 유지된다고 할 수 있다. 이를 통해 우리는 독자들이 의사 결정 과정의 다른 행태를 숙고해야 할 수고를 덜어 주게 된다. 그러나 설명을 간소화하기 위해, 우리는 유권자들의 의사 결정을 연립정부의 현재 정책 대신에 미래 정책들을 서로 비교하는 것처럼 서술한다. 설명을 상당히 간소화했다고는 하나 잘못된 추론이나 틀린 결론을 초래하지는 않을 것이다.

2. 연립정부하에서 나타나는 유권자의 합리성

1) 합리적이 되는 것의 복잡함과 어려움

앞서 묘사한 것과 같은 다당제에서, 전체 유권자의 표는 대개 여러 정당으로 나뉜다. 그 결과 어떤 정당도 의회에서 단독으로 과반을 이루지 못한다. 따라서 합리적인 유권자들은 자신이 선호하는 정당이 단독으로 통치할 가능성이 매우 낮다는 것을 알고 있다. 만약 어떤 정당이 정부의 일부가 되려고 한다면, 그 정당은 이데올로기적으로 가까운 정당들과 연립정부를 이루어야만 한다. 예를 들면 (8장의) 〈그림 8〉에서, 정당 B는 정당 A-C 또는 정당 C-D와 연립정부를 이루어야 한다. 그렇지 않다면 정당 B는 반대당으로만 남게 될 것이다.

이런 (다당제) 상황은 투표의 의미에 대해 두 가지 영향을 미친다. 첫째, 각각의 투표는 기껏해야 정부의 일부를 선출하는 데 기여할 뿐이다. 둘째, 각 투표는, 선출되었을지라도 [그들의] 정책을 [다른 정당들과] 타협해야만 할 정당을 지지하는 셈이다. 그가 투표한 정당의 정책이 실제로 투표자가 지지한 정책이 되는 것은 아니게 된다. 그보다 그 투표는 정당이 참여하는 연립정부의 정책을 지지하는 것이다.

이런 상황에서, 유권자가 합리적으로 투표하기 위해서는 다음의 사항들을 알아야만 한다.

1. 선거 이후 다양한 결과가 나타났을 때 각각의 경우 각 정당은 어떤 연립정부에 참여하고자 하는가.
2. 개별 정당이 자신이 선택할 수 있는 각 연립정부에 실제로 참여할 가능성을 보여 주는 추정된estimated 확률분포는 무엇인가. 확률분

포를 예측하기 위해서는 다른 모든 유권자들이 어떻게 투표할 것인가를 예상해야 한다. 이 예상은 앞의 ①에서 언급한 여러 상황을 구체화하는 것이다.

3. 각각의 가능한 연립정부에서 각 당은 어떤 정책 타협을 하게 될 것인가. 즉 각 연립정부는 구성된 뒤 어떤 정책을 채택할 것인가. 이런 타협은 각 연립정부에 참여하는 여러 정당의 상대적 힘의 크기에 따라 좌우되므로, 유권자는 어떤 타협이 이루어질 것인지를 예상하기 위해 앞의 ②와 같이 선거의 결과를 예측해야만 한다.

그러므로 어떤 유권자가 표를 던질 때, 그는 결과적으로 여러 가지 타협에 대한 특정의 확률분포를 지지하는 셈이 된다. 이런 분포는 ① 그가 지지하는 정당이 어떤 연립정부에 참가할 것인지에 대한 확률분포와 ② 그 정당이 각 연립정부에서 취할 여러 가지 타협의 다양한 확률분포로 구성되어 있다.

기존 정당이 참여할 것으로 예상되는 연립정부의 숫자가 적을수록, 유권자들은 그 정당에 투표하는 것이 정책과 관련해 어떤 의미가 있는지를 쉽게 알 수 있다. 어떤 정당들은 단 하나의 연립정부에만 참여하려고 하기 때문에, 그들에게 투표할 때는 모호함 때문에 어려움을 겪지 않는다. [좌든 우든] 급진주의 정당들의 경우 특히 그러한데, 왜냐하면 그들은 오직 한쪽 방향으로만 타협할 수 있기 때문이다.

만약 자신이 지지하는 정당이 단 하나의 연립정부에만 참여할 것임을 알고 있는 유권자가 있고 그가 합리적이라면, 비록 다른 정당에 투표하는 것이 같은 연립정부를 선출하는 데 도움이 될지라도, 자신이 선호하는 그 정당에 투표할 것이다. 이것은 유권자가 선호하는 정당이 더 많은 표를 얻을수록 연립정부 내에서 차지하는 비중이 커져 그 당의 정책이 더 많이 채택될 것이기 때문이다. 반면에 유권자가 각 정당이 어떤 연립정부에 참여할 것인지, 혹은 어떤 타협에 이를 것인지를 모른다면, 그는 자신이 어느 정당을 선호할지를 판단하지 못할 수도 있다.

이런 어려움은 〈그림 8〉의 유권자 분포를 통해서도 알 수 있다. B, C, D라는 세 개의 주요 정당이 연립정부를 구성해 통치해 왔는데, 새로운 선거가 실시된다고 가정하자. 유권자 X는 정당 C가 충분히 강해서 정당 B-C-D 연립정부가 다시 구성될 것이라고 생각할 때 정당 C에 투표할 것이다. 왜냐하면 정당 C는 그의 선호와 가장 가깝고 연립정부를 형성한다 해도 그와 가장 가깝기 때문이다. 그러나 정당 C가 정당 D, E와 연립정부를 구성하면, 이 연립정부의 정책은 정당 D가 위치하는 곳 주변으로 옮겨 가는 순 영향net impact을 갖게 된다. 유권자 X는 만약 정당 C가 정당 D, E와 연합할 줄 알았더라면 자신이 정당 B에 투표했을 것이라고 결론을 내린다. 그에게 정당 B는 정당 D보다 가까우며, 만약 정당 C가 정당 C-D-E 연립정부에 들어가면 실제로 그의 투표는 지점 D를 지지하는 것을 의미하기 때문이다. 그다음 선거에서, 정당 C가 다시 정당 C-D-E 연립정부에 들어가리라 예측한다면, 그는 정당 C가 자신의 위치와 더 가까울지라도 정당 C 대신 정당 B에 투표할 것이다. 비록 유권자 X는 정당 B가 단독으로 선거에서 승리하지 못한다고 생각할지라도, 그의 투표가 정당 C를 왼쪽으로 못 가게 하거나 나아가 정당 C가 C-D-E 연립정부를 구성할 가능성을 막는 것이라고 생각할 수도 있다.

이는 양당제보다 다당제에서 합리적 투표가 어렵지만 더 중요하다는 것을 보여 준다. 다당제에서 합리적 투표가 어려운 이유는 [투표를 통해] 나타날 수 있는 결과가 좀 더 다양하고, 유권자가 투표할 때 자신의 표가 무엇을 지지하는지 알기 어려울 수 있기 때문이다. 그러나 한 표한 표는 더욱 중요해진다. 왜냐하면 다당제에서 유권자들에게 제시되

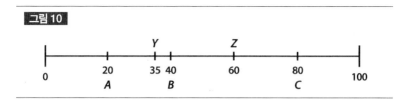

그림 10

는 대안적 정책들의 범위가 양당제에서보다 훨씬 더 넓을 가능성이 높기 때문이다. 양당제에서는 양당 모두가 상대적으로 중도적인 강령을 제시한다.[2] 따라서 자신이 반대한 정당이 선출되더라도, 그 유권자는 아마도 자신이 선호하는 정당이 집권했더라면 시행했을 정책들과는 전혀 다른 정책들을 참아 내야 하지는 않을 것이다. 그러나 다당제에서는 척도상 한 유권자의 위치와 정반대되는 정당이 승리해, 그 유권자가 몹시 싫어하는 정책이 도입될 수도 있다.

주요 정당이 세 개 이상 존재할 때 합리적 투표가 더 어려워진다는 것은 〈그림 2〉와 〈그림 10〉을 비교하면 좀 더 분명히 확인할 수 있다. 양당제(〈그림 2〉)에서는 나타날 수 있는 결과가 오직 A와 B, 둘뿐이다. 따라서 유권자는 자신이 선호하는 결과를 선택하고 그것에 투표한다. 그러나 〈그림 10〉에 나타난 것과 같은 3당제에서는 [각 당의 영향력이 서로 다를 수 있을 경우에] 최소한 아홉 가지 결과가 가능해진다. 만약 극단 쪽에 가까운 두 정당[A와 C]이 절대로 같은 정부에 들어가지 않는다고

---

2) 우리는 유권자 분포가 단 하나의 최빈값(mode)을 갖는 단봉적 형태를 띠고 있으며, 양당 모두 최빈값 가까이에 위치한다고 가정한다. 최빈값이 위치한 곳이란 그 자체로 정의상 가장 중도적인 위치이기 때문에, 양당은 중도적인 프로그램을 제공한다. 8장에서 지적한 바와 같이 양당제의 유권자 분포에 대해 특별한 가정을 하는 경우, 정당들은 더 극단적인 프로그램을 제시할 수도 있다.

가정하면, A, B, C, AB, BC라는 다섯 개의 조합이 나타날 수 있다. 그러나 중간에 있는 정당과 각 극단 쪽에 가까운 정당 간의 연립정부인 마지막 두 가지 경우(AB, BC)에는 한 정당이 다른 정당을 지배하는 것일 수도 있고, 두 당이 동등한 영향력을 발휘하는 것일 수도 있다. 따라서 각 연합은 한 가지 결과가 아니라 세 가지 결과를 보여 준다. 그 세 가지 가능한 결과는 A, B, C 혹은 AB, aB, Ab 혹은 BC, bC, Bc를 의미한다. 우리는 각 연합에서 우열 관계를 측정하는 수준을 좀 더 세분화함으로써, 나타날 수 있는 연립정부의 수를 무한하게 확장할 수 있지만, 이 정도만으로도 우리의 표본 유권자인 Y는 이미 충분히 혼란스러울 것이다.

이런 일련의 다양한 가능성과 씨름하며 유권자 Y가 합리적으로 투표를 하기 위해서는 선거에서 가능한 결과들에 대해 상당 정도의 지식을 가지고 있어야만 한다. 만약 단 하나의 정당이 승리할 것이라면, 그는 그와 가장 가까운 정당 B에 투표할 것이다. 만약 정당 A와 B가 연합할 가능성이 높다면, 그는 정당 B가 강한 [연립] 파트너가 되기를 바라기 때문에 정당 B에 투표할 것이다. 그러나 B와 C가 연립정부를 형성해 순 정책 위치net policy position Z를 채택할 가능성이 높다면, 그는 정당 B보다 정당 A에 투표하는 것이 합리적이다. 왜냐하면 그는 B와 C의 연립 정부를 지켜보기보다는 정당 A가 단독으로 승리하도록 할 것이기 때문이다. 그는 어떻게 투표해야 하는가?

이 질문에 대한 대답은 두 가지 요인에 따라 달라진다. 그것은 ① 다른 시민들이 어떻게 투표할 것인가에 대해 유권자 Y가 무엇을 알고 있는가와 ② 결과가 불확실한 대안들 중에서 사람들은 어떻게 합리적으로 선택해야 하는가이다. ②는 오랫동안 경제학 이론가들의 관심 주제였으나 어떤 합의도 이루어지지 못했다. 그러므로 우리는 단지 유권자 Y가 3장의 요약에서 서술한 다소 모호한 절차를 따를 것이라는 정도만을 말할 수 있다. 그러나 첫 번째 요인은 유권자들 사이에서 추측 변이 conjectural variation의 문제3)를 낳으므로 주의 깊게 분석해 볼 필요가 있다.

2) 다당제에서 투표할 때 나타나는 과점의 문제

우리는 어떤 한 정당도 유권자 과반수의 지지를 얻지 못할 때 발생하는 딜레마를 해결하고자 연립정부가 형성된다는 사실을 봐왔다. 그러나 일단 유권자들이 연립정부에 의해 통치될 것임을 알게 되면, [이와 같이 알게 된 사실을 평가해 반영하는 형식으로 다음 (투표) 결정 시기에서 자신의 (투표) 결정에 그 사실을 투입하는] 환류 효과feedback effect가 발생하고 이는 투표의 성격을 변화시킨다.

합리적 유권자들은 이제 단순히, 단독정부로 집권하기를 가장 바라는 정당에게 투표하지 않는다. 대신에 그들은 연립정부가 형성될 수 있다는 사실을 고려하는데, 이는 다른 유권자들의 표가 분산되기 때문에 필연적이다. 요컨대, 모든 합리적 유권자의 투표 결정은 다른 사람들이 어떻게 투표할 것인지에 대한 그의 생각에 따라 달라진다. 우리는 이를 3장에서 지적했고, [유권자들의] 정치적 취향이 크게 이질적일 때 합리적 유권자의 투표 결정이 얼마나 복잡해지는지를 방금 확인했다.

---

3) [옮긴이] 추측 변이란 행위자가 의사 결정을 할 때 상대방의 반응에 대해 '주관적으로' 예상하고, 이런 기대(expectation)에 기초해 반응하는 것을 의미한다. 이는 주로 과점 상황에서 각 기업의 대응을 설명하는 경제학 개념으로 쓰인다. 과점 상황에서는 완전경쟁이나 독점 상황과 달리, 각 기업의 수익이 상대방 기업의 산출량, 가격 등에 의해 큰 영향을 받기 때문에 이를 고려하지 않고는 대응할 수 없기 때문이다. 이를 일반화해 '전략적 상호작용'의 상황이라고 표현하기도 하는데, 이때 ① 각 주체의 효용이 자신의 행동뿐만 아니라 다른 주체의 행동에도 영향을 받으며, ② 따라서 각 주체는 상대방의 반응을 주관적으로 '예측'하고 그에 의거해 의사 결정을 내린다. 전략적 상호작용의 상황을 분석하기 위한 이론적 틀이 게임이론(game theory)이다.

이런 상황은 과점 이론에서 추측 변이의 문제나 게임이론의 기초적인 문제들과 매우 유사하다. 선거는, 유권자들이 상대방이 취할 수 있는 선택moves을 고려함으로써 최적의 전략을 찾으려는 게임이 된다. 유권자들이 직면한 이런 난관은 케인스가 주식시장을 묘사하는 데 사용한 미인 대회의 비유를 떠올리게 한다. 이 대회의 목표는 여러 여성들 가운데 대부분의 사람들이 가장 아름답다고 꼽을 것 같은 여성을 선택하는 것이었다. 이와 관련해, 케인스는 이렇게 말한 바 있다.

그것은 어떤 한 사람이 판단하기에 가장 아름다운 사람을 고르는 것도, 평균적인 여론average opinion이 평가하기에 가장 아름다운 사람을 고르는 것도 아니다. 우리는 평균 여론이 어떠했으면 하고 바라는 평균 여론이 무엇인지를 예측하는 데 지적 능력을 쏟아야 하는 세 번째 단계에 도달한다.[4]

이와 유사한 사고방식이 나타나는 선거제도는 이 추측 변이의 문제를 적나라하게 보여 준다. 각 유권자의 투표 결정은 다른 사람들이 예측하는 바를 그가 어떻게 예측하는가에 달려 있으며, 다른 사람들의 예측은 그 사람들을 제외한 모든 사람이 예측하는 바를 그들이 예측하는 것에 달려 있는데, 이는 무한정 확장된다.

언뜻 보기에 이런 상황을 분석하는 것은 터무니없고 불가능해 보인다. 그러나 추측 변이 때문에 과점자들이 상품을 못 팔게 되지 않는 것처럼, 이런 상황도 합리적 투표와 실질적인 정부 선출을 못 하게 하지

---

4) John Maynard Keynes, *The General Theory of Employment, Interest, and Money* (New York: Harcourt, Brace and Company, 1936), p. 156[『일반이론』, 조순 옮김, 비봉출판사, 2007].

는 않는다. 따라서 모든 사람이 선거를 순전히 정부 선출의 도구로만 간주한다는 가정을 버릴 필요는 없다. 이 가정을 유지하면서 유권자들이 3장의 [5절] 요약 부분에서 말했던 대로 행동한다면, 우리의 수정된 다당제 모형에서도 정부를 만들어 낼 수 있다.

그럼에도 우리가 이 가정을 유지하는 한 [정부 선출에 대해] 매우 정밀한 예측은 할 수가 없다. 이는 추측 변이의 문제를 푸는 과정에서 겪는 어려움 때문이다. 지금까지 어느 누구도 이 어려움을 해결하는 데 납득할 만한 대답을 제시하지 못했다. 결과적으로, 각각의 결정이 한 유권자가 다른 유권자들의 투표가 어떨 것인지를 예측하는 것에 의해 좌우된다면, 유권자들이 무엇을 할 것인지를 예측할 수 있는 방법은 어디에도 없다. 그리고 그 유권자는, 다른 유권자들도 마찬가지의 방법으로 또 다른 유권자들의 투표를 고려해 결정하리라는 것을 안다. 그 결과는 추측과 역추측의 연쇄 과정을 각자가 어떤 지점에서 잘라 낼 것인가에 달려 있고, 그 지점을 예측하기란 이론적으로 불가능하다.

이런 해결 불능 상태에도 불구하고, 유권자들이 서로의 판단을 추측해야 하는 상황에서 나타날 수 있는 여러 가지 결과들에 대해 몇 가지 유의미한 언급을 할 수는 있다. 가장 중요한 것은 현실 세계에서 이루어지는 모든 결정과 마찬가지로, 투표 결정 역시 영원한 추상의 세계가 아니라 흐르고 있는 시간의 압박 아래에서 이루어진다는 것이다. 따라서 계산을 무한히 확대하는 식의 해법은 불가능하다. 각 유권자가 추측할 수 있는 시간은 그저 투표일이 지나기 전까지이다. 유권자는 어떤 식으로든 결정을 내려야 하는 압박에 직면한다. 너무 오랫동안 주저한다면, 선거는 끝나고 그는 기권한 셈이 된다 — 기권은 투표와 마찬가지로 하나의 결정이다. 그러므로 유권자는 선택을 회피할 수 없다.

그는 어떤 선택을 할 수 있을까? 우선, 결정하지 못한 채 과점의 문제

oligopoly problem로 혼란에 빠진 유권자가 선거일에 투표를 하지 않을 수 있다. 6장의 용어를 사용하자면, 그는 미결정자이다. 만약 모든 사람이 미결정자라면, 선거를 통해 유지되는 민주주의 체제는 붕괴된다. 이는 국민의 동의에 기반을 둔 정부를 선출하지 못한다는 것을 의미한다. 유권자들이 선거를 정부 선출의 도구로 간주한다는 우리의 가정은 민주주의의 종말로 이어진다.

두 번째로 가능한 결과는 유권자가 선거일 시점에서 어떤 결정에 도달하든, 투표하러 가기로 결정한다는 것이다. 그렇게 함으로써, 유권자는 외부 관찰자가 예측할 수 없는 어느 지점에서 사고 과정을 중지한다.5) 이는 숙고하는 데 드는 비용 때문이다. 정당의 정책에 대해, 그리고 다른 유권자들이 무엇을 할지에 대해 정보를 얻기 위해서는 비용이 들 뿐만 아니라, 단순히 생각하는 것조차도 다른 활동에 쓸 수 있는 시간을 들여야 하는 것이다. 따라서 사람들은 대안들을 비교 검토하는 데만 상당히 많은 시간을 소모하기로 하고, 그것이 무엇이든 마지막 시점에서 자신이 선호하는 것을 따르기로 결정한다. 만약 모든 사람이 이처럼 제한된 정보를 가진 소극적 유권자quasi-informed passives라면 민주주의가 투표 부족으로 붕괴하지는 않을 것이다. 그러나 유권자들이 정부를 성공적으로 선출할 수 있을지, 아니면 단지 그 문제 전체를 의회로 넘겨 버리게 될지의 여부는 예측할 수 없다.6)

---

5) 그의 행동은 **인과적** 관점에서 볼 때 예측 불가능하다. 즉 그가 결정에 이르는 인과적 단계들은 미리 서술될 수 없다. 그러나 과거의 행동이 반복될 가능성이 높다고 가정한다면, 비록 그가 왜 그 결정에 이르게 됐는지는 알 수 없더라도 통계적 예측을 내릴 수는 있다. 따라서 과점의 문제를 해결하는 방법을 모른다 해도 우리가 유권자들의 결정에 대해 정확히 예측하는 일이 언제나 불가능한 것은 아니다.

6) 이런 투표 결정 방법은 유권자가 갖는 정당 간 효용 격차를 전혀 고려하지 않기 때문에 3장

유권자들에게 열려 있는 세 번째 선택은 다른 유권자들이 어떻게 투표할지에 대해 예측하지 않는 것이다. 이 방법을 선택하는 유권자들은 선거를 정부 선출의 도구로 다루지 않고, 집권하기를 가장 바라는 정당에 투표한다. 그들은 실제로 정부를 선택하는 문제를 의회에 전적으로 맡겨 버린다. 따라서 추측 변이의 문제를 다루는 어려움 때문에 시민들은 선거를 정부 선출의 도구보다는 선호의 표출로 대하게 된다. 우리 모형의 관점에서 보자면, 합리적으로 행동하는 데 따르는 복잡함이 유권자들을 비합리적으로 행동하도록 한 셈이다.[7]

모든 유권자가 이런 방식으로 투표한다면, 선거는 유권자들의 직접적인 선호를 나타내는 것이 된다. 따라서 의회는 유권자 집단의 정치적 의견과 정확히 똑같은 다양성을 보여 줄 것이다. 정부를 구성하기 위해 과반수의 지지를 획득하는 문제는 유권자 집단에서 의회로 그대로 이동한다. 이런 이동에 의해 해결되지 않는 문제는 우리 연구의 범위에서 제외하기로 한다.

지금까지의 분석은 추측 변이의 문제에 직면한 유권자들에게는 최

에서 묘사된 절차와 모순된 것처럼 보일지도 모른다. 실제로 13장에서 보게 될 것처럼, 합리적 유권자는 언제나 사고의 과정을 중단하고, 그 중단된 시점에서 도달한 결정이 무엇이든 따른다. 그 시점에서 정당 간 효용격차가 0이 아니라고 생각하면 그는 투표한다. 만약 0이라고 생각하면 그는 기권한다. 따라서 이 부분에서 사용된 설명은 3장과 13장에서 자세히 묘사된 과정을 간략히 요약한 것이다.

7) 유권자들이 선호를 직접적으로 표출하는 것이, 과점의 문제를 무시하기로 결정한 그들에게 가능한 유일한 비합리적 행동의 방식은 아니다. 그러나 그것은 정부를 선택하는 사람들, 즉 의회 의원들에게 시민들이 원하는 바를 말하는 것이기 때문에 합리적 행위에 가장 가깝다. 따라서 그것은 정부를 직접 선출하는 것과 가장 유사한 방법이지만, 가능한 연립정부의 수가 많을 경우 유권자들로서는 이 방법을 쓰기가 훨씬 더 수월할 것이다. 그 외 다른 모든 형태의 비합리적인 행위들은 정부 선출에 간접적으로 기여하는 것만큼 유용하지 못하기 때문에, 우리의 분석에서는 논의하지 않기로 한다.

소한 세 가지 선택이 있음을 보여 주었다. 그러나 모든 유권자가 같은 선택을 하리라고 선험적으로 가정할 이유는 전혀 없다. 사실 우리 모형이 구상하고 있는 세계에서 유권자들은 서로 다른 선택을 할 것이다. 따라서 결과는 [선거의 제도적 효과가 유권자들에게 서로 다르게 작용한다는 의미에서] 혼합 선거제mixed electoral system가 되는 것이다. 어떤 시민들은 혼란스러워 기권하고, 또 어떤 시민들은 불확실성에도 불구하고 과감한 결정을 내려 투표할 것이며, 또 다른 시민들은 선거에 대한 자신의 관점을 바꾸어 선거를 선호의 표출로 간주할 것이다. 이런 과정을 거쳐 정부가 만들어질 것임은 분명하나, 그 정부가 합리적으로 선택된 것인지를 선험적으로 말하기는 불가능하다.

놀랍게도, 우리 모형의 관점에서 비합리적이라고 간주되는 유권자가 많을수록, 나머지 유권자들은 합리적 유권자가 되기 쉬워진다. 자신뿐만 아니라 서로의 선호를 견줘 보면서 어떤 정당에 투표할지를 예측하는 것에 비하면, 다른 사람들이 어떤 정당을 선호하는가만 예측하는 것이 덜 어려운 것은 분명하다. 따라서 더 많은 사람들이 단순히 자신이 선호하는 정당에 투표할수록, 그 밖의 사람들이 선거 결과를 예측하기는 쉬워진다. 그리고 예측이 쉬워질수록, 합리적 인간은 3장에 서술된 절차에 따라 그 자신이 어떻게 투표할지를 더 쉽게 결정할 수 있다.

이상의 분석으로부터 어떤 분명한 결론을 이끌어 낼 수는 없지만, 우리는 연립정부에 의해 통치되는 체제에 내재하는 중요한 경향성을 지적할 수 있다. 그것은 유권자들로 하여금 비합리적이 되도록, 즉 선거가 정부를 직접 선출하는 수단으로 고려되지 못하게 하는 끊임없는 압박이 있다는 것이다. 이 압박은 구성 가능한 연립정부의 수가 많고 그들 간 정책의 분산 값이 클 때 특히 강하다. 즉 가장 선호하는 정부를 선출하기 위한 방법을 찾아내려는 노력이 복잡해지면 각 유권자들은 단순히 자신이 가장 선호하는 정당을 지지하고, 정부를 선출하는 문제는 의회에 떠넘길 수도 있다.

우리가 그런 행위를 비합리적이라고 본다고 해서 그것이 이성적이지 못하다거나 유권자에게 최선의 이익이 돌아가지 않는다는 것을 의미하지는 않는다. 사실 개인에게 있어서는 그것이 가장 합리적인 행동일 수 있다. 그것을 비합리적이라고 하는 유일한 이유는 선거를 직접적인 정부 선택 장치government selectors로 보는 [우리 모델이 택하고 있는] 관점 때문이다. 만약 유권자 중 상당수가 선거를 단순히 선호를 표출함으로써 의회를 선출하는 수단으로 간주한다면, 이제 선거는 국민이 직접 정부를 선출하는 합리적 장치가 아니게 되는 것이다.

3) 기본적인 문제 : 유권자들 사이에 합의가 부족할 때

이제 우리는 유권자들 사이에 합의가 부족할 때 초래되는 중요한 결과, 즉 유권자들이 자신들을 통치할 정부를 선출할 수 없다는 문제에 직면했다. 각 유권자가 자신이 선호하는 정당에 투표하면 어느 정당도 다수를 획득하지 못하게 된다. 따라서 어느 정당도 국민의 동의를 얻었다고 주장할 수 없다. 다른 한편, 각 유권자가 선호의 다양성을 고려하고 다른 유권자가 어떻게 투표할지를 계산하고 나서야 투표한다면, 계산 과정이 너무 복잡해져 처리할 수 없게 된다.

물론 모든 다당제에서 이런 극단적인 결과가 나타나는 것은 아니다. 가능한 연립정부의 수가 적고 [각각의 연립정부가 취할] 정책이 잘 알려져 있다면, 유권자들은 선거를 정부 선출 장치로 간주할 것이며, 끝없이 추측하지 않고도 분명한 투표 결정을 할 수 있다. 그러나 가능한 연립정부의 수가 적다는 것은 정치적 선호가 척도상에 고르게 분포되어 있지 않다는 것을 뜻한다. 이는 다양성이 없다는 것을 의미하기보다는 척도상 분포의 모습이, 작은 집단들이 넓게 흩어져 있는 게 아니라 소수의 큰 집단으로 나타난다는 것을 뜻한다. 이 경우 소수의 정당만이 존재하며, [유권자가] 선택할 수 있는 여지는 제한되어 있다.

선택의 여지가 많다면 유권자들은 자신의 정부를 직접 선출할 수 없을 것이다. 대신에 그들은, 유권자 집단의 다양한 선호가 반영되어 이질적인 구성원들로 이루어진 의회로 정부 선출의 책임을 떠넘길 것이다. 그렇게 되면 의회는 애로 문제, 즉 과반수 지지를 얻을 수 있는 연립 정부를 어떻게 선출할 것인가라는 문제와 부딪혀야만 한다.

본질적으로, 이는 정치적 척도상의 유권자 분포와 상관없이 모든 민주주의 정부가 직면하는 어려운 문제이다. 모든 체제에서, 정부는 어떻게든 자신이 통치하는 국민 과반수의 승인을 얻을 수 있는 하나의 정책 집합policy set을 형성해야만 한다. **여럿으로 이루어진 하나**e pluribus unum라는 미국 격언은 이 문제를 더할 나위 없이 적절하게 표현하고 있다. 따라서 정부는 각각의 상황에서 하나의 입장만을 갖도록 강요된다. 따라서 정부의 정책들은 하나의 집합을 형성해야 한다. 그러나 이와 동시에 하나의 정책 집합으로 통치하기 위해서는 선호가 매우 이질적인 국민 과반수의 동의를 얻어야 한다.

정부가 이 딜레마에서 탈출할 방법은 한 가지뿐이다. 그것은 어느 하나의 입장만을 완전히 지지하기보다는 여러 가지 철학적 입장을 모두 불완전하게 지지하면서, 다양한 관점에서 나온 다양한 정책들을 혼합하는 것이다. 이런 경향은 양당제에서 두드러지는데, 양당이 다양한 관점에 호소하려는 노력의 일환으로 모호하고 서로 비슷한 강령을 채택하기 때문이다. 양당제에서 유권자들은 모호하게 차별화된 한 쌍의 정책 집합에 직면하고, 그중 하나를 자신들을 통치하게 될 정책으로 선택한다.

　다당제의 정당들은 명백하게 차별화된 정책 프로그램을 갖는 경향이 있고 각 프로그램은 하나의 철학적 세계관을 중심으로 긴밀히 통합되어 있지만, 앞서와 같은 모호성은 다당제에서도 양당제에서와 마찬가지다. 사실 다당제에서 유권자들은 뚜렷하고 잘 통합되어 있는 정책집합들을 보지만, 이들 집합 중 어느 것도 실제로 그들을 통치하지는 않을 것이다. 연립정부만이 통치할 수 있으며, 연립정부가 구성될 때마다 정부를 구성하는 두 번째 차원에서 모호성과 타협의 문제는 피할 수 없다. 각 당의 잘 통합된 프로그램은 적어도 똑같이 잘 통합된 둘 이상의 정당 프로그램과 조정되어야 한다. 그 결과 양당제의 경우와 마찬가지로 덜 통합적인 프로그램이 된다.

　사실, 다당제에서 나타나는 연립정부 프로그램은 대개 양당제에서보다 덜 통합되어 있다. 이는 다당제에서 유권자 분포가 좀 더 분산되어 있음을 반영한 것으로 다당제에서는 보통 어떤 하나의 이데올로기적 평균mean 근처에 지배적 다수 집단이 존재하지 않는다. 따라서 연립정부는 다수 유권자의 지지를 얻기 위해, 양당제에서 정부가 해야 하는 것보다 더 넓은 범위의 정책들을 채택해야만 한다. 이는 외견상 다당제에서의 각 정당들이 양당제에서의 각 정당들보다 훨씬 좁은 범위의 정책들을 대표하고 있음에도 그렇다.

　민주주의 정치에서는 겉모습이 전부가 아니다. 여러 정책들 중에서 좀 더 분명한 선택을 가능하게 하는 것처럼 보이는 정치체제의 유형[다당제]이 실제로는 더 불명확한 정책을 제공하는 것이다. 이 체제는 심지어 유권자가 정부를 선택하는 것을 불가능하게까지 한다. 대신에 이 체제는 유권자들로 하여금 정부 선출의 책임을, 선거와 선거 사이의 시기에 그들이 거의 통제할 수 없는 의회로 넘겨 버리게 강제할 수도 있다.

이런 역설이 보여 주는 것은, 정부 정책들이 얼마나 잘 통합되어 있느냐와, 정책들 가운데 어떤 관점이 우세해질 것인지를 결정하는 것은 정치적 척도상의 유권자 분포라는 사실이다. 지금까지의 분석에서 살펴본 바와 같이, 민주주의에서는 정당의 수나 그들의 강령보다는 유권자 분포의 모양이 정당의 이데올로기와 정책에 가장 중요한 영향을 미친다.

3. 연립정부하에서 나타나는 정당의 합리성

연립을 통해 이루어진 정부는 유권자뿐만 아니라 정당들도 합리적 행동을 하기 어렵게 하는데, 특히 의회에 정부 선출이라는 과제가 주어졌을 때 더욱 그렇다. 물론, 이 장에서 다루는 선거제도처럼 설계된 그 어떤 선거제도에서도 정부 선출 권한의 일부는 의회에 위임되어 있기는 하다. 그러나 시민의 여론이 넓게 분산되어 있다면, 유권자들은 순전히 자신의 선호를 드러내는 방법으로 투표하지 않을 수 없을 것이다. 따라서 유권자들은 정부를 구성하는 일 전체를 의회에 떠넘기게 된다. 그들의 행동은 의회 내에서 똑같은 다양성을 재생산하는 경향이 있기 때문에, 의회에서 정당들은 과반수의 지지를 받을 수 있는 정부를 선택하는 데 어려움을 겪는다.

그러나 우리는 의회 내에서 벌어지는 계략 같은 것을 연구하려는 것이 아니므로, 연립정부가 구성되고 인준받은 뒤에 적용될 수 있는 합리적인 정당 전략에만 분석을 제한할 것이다. 그 후에도, 연립정부를 구성하고 있는 각 정당은 어떤 정책을 채택할 것인가의 문제를 둘러싼 갈등 속에서 서로 다른 힘의 압박을 받는다.

이 가운데 첫 번째 힘은 연립정부 내의 다른 정당들과 잘 지내려는 욕구이다. 연립정부는 사회 현안을 해결하기 위해 노력해야 한다. 따라서 연립정부의 행위는 적어도 최소한의 성과는 있어야 한다. 사실 이 연립정부의 정책에 반대하는 일부 시민은 정부 정책이 비효율적이어서 아무런 효과가 없는 것이라고 판단할 것이다. 그러나 그런 시각이 확산되면, 민주주의는 효율적인 정부를 만들어 낼 수 없으며, 그저 현상 유지적인 정체 상태로 전락해 버릴 것이다. 누가 집권하고 있는지와 상관없이 사회는 변화하게 마련인데, 그러므로 사회의 요구와 정부 정책 사이의 간극이 너무 넓어지게 되면, 결국 민주주의는 더 효율적인 형태의 통치 체제로 대체된다.

그러나 여기서 우리는 무능한 민주주의가 아니라 제대로 통치되고 있는 민주주의를 논하고자 한다. 따라서 유권자 집단은 연립정부의 활동이 효율적이라 평가한다고 가정하자.[8] 효율적이 되기 위해, 연립정부를 구성하고 있는 정당들은 뜻이 맞아야 한다. 따라서 그들은 서로 협력하고자 한다. 이 때문에 그들은 유사한 정책을 채택하고, 그 결과 대부분의 양당제에서 볼 수 있는 구심력과 같은 힘이 작용한다. 그 결과, 연립정부가 지지를 호소하려고 하는 유권자들의 범위가 어떠하든 그 범위의 중심에 가까운 세계관을 둘러싸고 연합 정책들이 통합적 경향을 보이게 된다.

---

8) 다시 말해, 우리는 유권자 분포가 사실상 정부의 마비를 초래한 프랑스와 같은 상황은 무시하기로 한다. 제대로 된 정부는 최소한 사회의 주요 정치 문제와 경제문제를 해결하고자 시도할 수 있어야 한다고 가정하면, 민주주의가 지속되는 동안 그런 [양극화된] 유권자 분포가 이면 제대로 된 정부를 만들어 낼 수 있을지 의심스럽다. 이런 마비 상황은 유권자 집단 내에 합의가 부족할 때 발생할 수 있는 가장 심각한 결과라 할 수 있다.

두 번째 힘은 사실상 구심력이거나 원심력 둘 중 하나일 수 있다. 각 정당은 자신의 정책이 연립정부의 정책 연합에서 가장 지배적이기를 원하기 때문에, 연립정부 내부의 동맹 정당들과 외부의 경쟁 정당들로부터 더 많은 유권자들을 끌어오려고 노력한다. 만약 유권자들이 정책 연합 범위의 끝 쪽보다는 중앙 가까이에 더 많이 모여 있다면, 주변에 위치한 정당들은 정책 차원에서 중도 정당 쪽으로 이동하고자 할 것이다. 이런 수렴은 연립정부 내에서 정책 협조가 더욱 쉽게 이루어질 수 있도록 한다.

다른 한편, 주변 정당들이 [양 끝에서부터] 중앙으로 이동하기보다는 중앙에서 양극단으로 이동함으로써 더 많은 유권자를 얻을 수 있다고 판단할 수도 있다. 이 현상은 연립정부의 양쪽에 있는 정당들이 중앙에 있는 정당보다 더 많은 지지를 받고 있을 때라면 언제나 나타난다. 이런 경우, 연립정부 내에서 지배적 위치를 차지하고자 하는 욕구는 연립정부의 구성원들 사이에서 정책을 분산시키는 결과를 초래한다. 따라서 [연립정부 내부에서] 협조는 더욱 어려워진다.

연립정부를 구성하고 있는 정당들에 영향을 미치는 세 번째 힘은 원심적인 성격을 갖는다. 이것은 연립정부 전체가 재선될 가능성을 극대화하려는 연립정부 내 모든 정당들의 욕구에서 비롯된다.[9] 따라서 정당들은 연립정부 전체의 순 영향을 가능한 한 확대하기를 바란다. 즉

---

9) 이 힘이 언제나 작동하는 것은 아니다. 왜냐하면 연립정부를 구성하고 있는 정당들이 현재의 형태로 재구성되기를 바라지 않을 수도 있기 때문이다. 예를 들어, 한 정당이 단독으로 통치하기에 충분한 지지를 얻고 있는 것 같다고 생각한다면, 현재의 동맹자로부터 표를 빼앗으려는 그 당의 욕망은 전체로서의 연합에 도움을 주는 모든 경향을 없애 버린다. 그러나 연립정부의 구성원들이 똑같은 연립정부에 들어가는 경우를 제외하고는 다시 공직을 획득할 가능성이 낮다는 것이 가끔은 사실이다. 그런 경우에, 각 당은 전체 연립정부의 재선을 추구할 만한 동기를 갖는다.

그들은 정치적 척도상에서 가능한 한 넓은 범위의 유권자들에게 호소하고자 한다. 그들은 의도적으로, 서로 이데올로기적으로 다른 입장을 취함으로써, 각각의 한계점에 있는 더 많은 유권자들이 연립정부 내 어느 한 정당을 지지하도록 해 이 목표를 가장 잘 달성할 수 있다. 그러나 이런 의도적 행동은 통합을 깨뜨리고 정당 간 협조를 어렵게 한다.

이 세 가지 힘은 모두 〈그림 8〉을 통해 잘 설명할 수 있다. 연립정부가 정당 B, C, D에 의해 구성된다고 가정하자. 만약 연립정부의 구성원들이 정책에 긴밀하게 합의하고 있다면, 연립정부가 좀 더 효과적으로 통치하리라 믿는 것이 논리적이다. 따라서 만약 이 정당들이 오랫동안 함께할 생각을 하고 있다면, 그들은 정책적으로 중간 위치인 C를 향해 수렴할 유인을 갖는다. 그러나 이는 연립정부의 득표력을 약화시키기 때문에 정치적으로는 현명하지 못한 선택이 될 것이다.

유권자 R은 정당 B가 자신에게 가장 가깝기 때문에 정당 B를 지지하며, 자신의 투표가 정당 B의 힘을 강화시킴으로써 연립정부가 지나치게 오른쪽으로 가는 것을 방지하는 데 도움이 된다고 생각한다. 그러나 만약 정당 B가 C의 위치를 넘어 이동하면, 유권자 R은 정당 C보다 자신에게 가까운 정당 A쪽으로 지지를 이동시킬 수도 있다. 그러므로 정당 B와 정당 D는 연립정부에 대한 지지 표를 얻기 위해 서로 중간에 위치한 정당 C와 거리를 두어야만 한다. 정당 C에서 멀어질수록, 그들은 정당 A와 E로부터 더 많은 표를 끌어올 수 있다. 그러나 ① 정당 B와 D가 연립정부 내에서 정당 C에게 밀리고, ② 그들이 [정치적 척도상에서] 더욱 넓게 퍼져 있다면 세 당이 연립정부 내에서 서로 협력하기란 점점 어려워질 것이다.[10] 만약 그들이 선거에서 득표를 극대화하고자 할 때, 그들이 따라야 할 합리적 방책은 무엇일까?

분명히, 연립정부 체제에서의 **선거**는 양당제에서 의미하는 완승과는 다른 의미를 갖는다. 정치인들 개개인에게 동기를 부여하는 것은 소득·명성·권력이지만 우리의 모형에서 이런 것은 정당이 누릴 수 있는 것이 아니다. 사실 승리한 정당 중에서도 특정 개인들만이 연립정부 체제하의 선거에서 승리를 누릴 수 있고, 그 특정 개인들이 어떤 사람인지도 항상 사전에 예측될 수 있는 것은 아니다. 그러나 어떤 정당이 단독으로 더 많은 표를 획득할수록 연립정부에 들어갈 가능성이 커지고, 연립정부에 들어갈 경우 더 많은 권력을 차지하게 되며, 그 결과 그 당의 더 많은 개인들이 연립정부에서 공직을 차지한다. 따라서 득표 극대화는 여전히 집단으로서 정당이 하는 행위와 그 정당에 속한 개인들의 행위에 깔려 있는 기본적인 동기이다.[11]

이런 이유들 때문에, 우리는 연립정부 내의 각 정당이 연립정부 자체의 운영에 이득이 되는 것보다는 자기 정당의 득표를 극대화하기 위해 무엇이든 한다고 결론을 내린다. 따라서 〈그림 8〉에서, 정당 B와 D는 정당 C에게서 표를 빼앗아 오기 위해 정당 C의 위치와 가까워질 수도 있다. 왜냐하면 그들이 지지자가 밀집해 있는 중앙 지역으로 이동함으로써 얻는 표가 양극단에서 잃는 표보다 많기 때문이다. 그러나 연립정부의 세 정당이 점점 가까워질수록, 그들 전체의 총득표는 줄어들고, 그만큼 전체로서의 연립정부는 극단 쪽에 위치한 정당extremist party에 패

---

10) 이런 주장은 하우테커(Hendrik S. Houthakker)가 이야기하는 네덜란드 정책의 사례들에서 찾아볼 수 있다.
11) 역사 속의 몇몇 정당들은 신중하지 못한 전략 아래 운영되었고, '전부가 아니면 전무' 식으로 권력을 추구했다. 그들은 연립정부에 참여함으로써 얻을 수 있는 즉각적인 성과를 받아들이는 대신, 완전한 권력을 얻고자 용감하게 부딪혔으며, '자잘한' 득표 극대화 전략을 경시했다. 그러나 그런 정당의 대부분은 집권하자마자 앞서 이 책의 1장에 서술된 헌법적 원칙들을 저버렸기 때문에 진정으로 민주적인 것이 아니었다. 따라서 그런 경우를 우리 모형에서 제외하는 것은 정당하다고 생각한다.

배할 가능성이 높아진다. 따라서 각 당에 있어, 연립정부가 확실히 집권할 수 있게 하려는 바람과, 연립정부 내에서 자신의 영향력을 높이려는 상충되는 바람 사이에 긴장이 조성된다. 이런 모습을 보다 보면 많은 사람들이 정치를 과학이라기보다 예술art이라 말하는 것은 이상한 일이 아니다!

4. 정당의 합리성과 유권자의 합리성 사이에서 나타나는 갈등

바로 앞 장에서 우리는, 양당제에서 정당들이 과반수의 유권자들에게 [연립정부를 구성하는 단계 없이] 곧바로 호소하고자 하기 때문에 자신들의 정책을 모호하게 만든다는 것을 보았다. 비록 어느 한 정책적 관점도 과반수의 지지를 얻지 못하더라도 말이다. 반대로, 다당제의 정당은 오직 좁은 범위의 유권자에게만 직접 호소하고자 하기 때문에 양당제에 비해 상대적으로 정책이 분명하다.

그러나 다당제하의 정당들도 다른 정당들과 연립정부를 구성할 경우 어떻게 타협할 것인가에 대해 매우 모호한 태도를 취한다. 그들은 당선될 경우 척도상 다른 쪽에 속하는 정책의 일부를 지지할 것이라고 인정함으로써, 자신의 원래 위치 주변에 모여 있는 유권자들을 소외시키는 일을 피하려 한다. 그러므로 각 당은 자신의 기본 방침을 강조하며, 연합에 들어가기 위해 타협해야 하는 부분(자신의 정당이 연립정부에서 어느 정도의 몫을 차지할 수 있는 유일한 길인)을 [선거 과정에서] 작게 취급한다.

따라서 다당제에서 한 차원의 명확성은 다른 차원의 모호성에 의해 상쇄된다. 반면에 양당제에서는 단 하나의 차원만 있기 때문에 [정당들은] 언제나 모호하다. 두 경우 모두, 정부 자체는 모호한 차원에서 형성된다. 우리가 이 장의 앞 절에서 지적했듯이 정부의 현실 정책 역시 그 차원에서 형성된다.

이런 결론은, 민주주의에서 시민 개개인의 합리적인 정치 행위가 과연 가능한가라는 의문을 제기한다. 역설적이지만, 정당의 입장에서는 유권자에게 비합리성을 권장하는 것이 합리적인 것처럼 보인다. 만약 정당이 의도적으로 항상 모호하다면, 시민들은 어떻게 합리적 투표에 필수 요소인 신뢰성을 정당에게서 발견해 낼 수 있을까?

이런 질문은 "개개인이 갖고 있는 각기 다른 가치들로부터 어떻게 사회적 목표가 발전될 수 있는가"[12]라는 정치 이론의 중심 문제와 본질적으로 같은 것이다. 여기서 우리는 앞서 언급한 **여럿으로 이루어진 하나**라는 딜레마와 만나게 된다. 모호성은 정말 정치에서 합리성을 배제하는가?

개인의 합리성이란 가장 효율적인 방식으로 자신의 목적을 추구하는 것을 의미한다. 그러나 인간은 사회 속에서, 그리고 한정된 자원의 세계에 살고 있다. 따라서 각자가 자신의 목표를 추구할 때, 그의 행동은 다른 사람들에게 영향을 미친다. 게다가 이 타인들은 그와는 다른 목표를 가지고 있다. 따라서 사람들 사이에서 갈등은 필연적으로 발생한다.

정치는 이런 갈등을 조정해 각 개인이 추구하는 목적의 일부를 달성

---

12) 이 문제는 이 책의 다른 부분에서도 언급했는데, 이에 대한 논의는 케네스 애로의 저서를 보라. Kenneth J. Arrow, *Social Choice and Individual Values* (New York: John Wiley & Sons, Inc., 1951).

할 수 있게 하는 체제이다. 모든 사람이 자신의 목표를 동시에 달성할 수는 없다. 왜냐하면 한 사람이 목표를 달성할 때, 이는 다른 사람들의 목표 달성을 막아 버리기 때문이다. 이것이 바로 **갈등**conflict이 의미하는 바이다. 따라서 사회의 바로 이런 속성은 개인의 합리성에, '모든 개인이 동시에 순수한 합리성을 달성할 수 없다'는 한계를 가한다.

민주주의에서, 이론적으로 정치권력은 모든 사람에게 평등하다. 즉 각 개인은 다른 사람들과 마찬가지로 자신들의 목적을 성취할 수 있는 동등한 기회를 갖는 것으로 가정된다. 따라서 모든 사람은, 어느 사회에서도 목표를 완벽히 달성할 수 없다는 의미에서, 불가피한 비합리성을 공유한다. 요컨대, 민주주의에서 모든 시민은 순수한 의미에서 어느 정도는 비합리적일 수밖에 없다.13)

따라서 개인의 합리성과 정당의 합리성 간에 긴장이 존재한다는 것은 놀랄 만한 일이 아니다. 각 정당은 사회 속에 존재하는 개인들의 다양한 가치로부터 일련의 사회적 목표를 도출하고자 한다. 정당은 한 개인 외에도 또 다른 많은 개인들을 만족시켜야만 하기 때문에, 모든 개인에게 정당의 정책은 타협의 형태로 제시된다. 모호성은 이런 사실을 위장하는 수단 중 하나이다. 또한 모호성은 조화로움이 존재하지 않는 곳에서 조화로움을 만들어 내는 장치이기도 하다. 그러나 그런 조화로움은 만들어져야 하는 것이고, 그렇지 않으면 사회는 노골적인 갈등 속에서 무수한 개인들로 해체된다.

그러나 [이와 다르게] 갈등이 드러나지 않을 때조차도, 사람들은 완전

---

13) 이런 일반화는 이기적인 경향이 전혀 없는 시민들에게는 유효하지 않은데, 그들의 목적 체계는 민주주의가 도달하는 타협의 집합과 정확하게 일치하는 모습을 보인다. 그러나 우리는 아주 극소수의 사람이 이런 범주에 해당한다고 가정한다.

한 정치적 합리성에 도달할 수 없다. 개인들이 서로 다른 목표를 갖고 있는 한 어떤 사회에서나 비합리적인 요소는 불가피하게 존재한다. 목표의 차이는 바로 개별성의 차이 그 자체와 관련된 문제이기 때문에 우리는 비합리성이 사회에서 결코 제거될 수 없다고 생각한다. 그러나 사회의 이런 본질에도 불구하고 사람들은 가능한 범위 안에서 많은 목표를 달성할 수 있다. 즉 사람들은 여전히, 우리의 모형이 의미하는 바대로 합리적으로 행동할 수 있는 것이다.

그들이 성취한 바가 순수한 합리성과 어떤 관계를 갖는가는, 처음 시작할 때 가지고 있었던 목표가 서로 얼마나 다른가에 달려 있다. 합의의 정도가 높을수록 개인들은 합리적으로 행동하기 쉬우며, 그런 행동은 더욱 효과적이 된다. 따라서 그들이 합리성을 유지할 가능성은 정치적 척도상의 유권자 분포에 달려 있다. 만약 유권자 분포가 단봉적이고 분산 값이 작다면, [개인의] 합리성은 도달하기 쉬워지고 효과적이다.

그러나 만약 유권자가 균등하게 분포하거나 양극단에 몰려 있다면, 갈등이 협동을 통한 성취를 압도하고, 사회는 조화라는 필수적인 핵심을 잃게 된다. 이런 상황에서 민주주의는 효율적인 정부를 창출하지 못한다. 모든 사람에게 평등한 권력을 전제하는 것이 결과적으로 정책들이 상호 강화되기보다는 철회되어 버리는 모습으로 나타나기 때문이다. 따라서 정치에서 개인의 합리성은 붕괴한다. 이제 그것[민주주의]은 사회적 갈등을 만족스럽게 해결하지 못하게 된다.

민주주의는 분명, 목적에 대한 합의를 전제한다 — 목적에 대한 합의란 어떤 목적에 대해 모든 유권자들이 단 하나의 입장을 갖는 완전한 동의를 의미하는 것은 아니지만, 모든 유권자가 개별적인 입장을 고수하는 완전한 불화도 아닌 어떤 것이다. 만약 충분한 합의가 존재한다고 가정한다면, 개별 시민들의 합리적 정치 행동은 가능하다. 누구도 순수한 합리성을 달성할 수는 없지만, 각자가 자신이 할 수 있는 만큼 효율적으로 행동한다면 다른 방식으로 할 수 있는 것보다는 더 많은 목표를 이룰 수 있을 것이다.

5. 요약

일부 정치체제에서, 어떤 한 정당이 단독으로 유권자 투표의 과반수를 얻는 경우는 매우 드물다. 따라서 정부가 피통치자의 동의, 즉 유권자들의 과반수 동의를 얻어야 하므로 연립정부가 구성되는 것이다. 그런 체제를 연구하기 위해, 우리는 유권자들이 비례대표제하에서 의회를 선출하고, 그런 뒤 의회가 과반수 투표를 통해 정부를 선택하는 모형을 사용한다.

이런 조건에서 각 유권자의 투표는 어느 한 정당의 정책만을 지지하는 것이 아니라, 그 정당이 참여하고 있는 전체 연립정부를 지지하는 것이다. 따라서 어느 한 정당에 대한 투표의 의미는 그 당이 어느 연립정부에 들어갈지에 따라 달라지며, 이는 또다시 다른 유권자들이 어떻게 투표할지에 따라 결정된다.

결과적으로, 각 유권자는 다른 사람들이 어떤 결정을 내릴지를 추측하고 나서야 투표 결정을 내리게 된다. 따라서 (아직까지 해결책이 발견되지 않은) 추측 변이의 문제가 발생한다. 결국, 각 유권자는 기권하거나, 예측할 수 없는 어떤 시점에서 추측하기를 중단한 후 투표하거나, 그래도 자신이 가장 선호하는 정당에 투표하는 것이 더 쉽다는 결정을 내린다. 따라서 어떤 유권자들은 합리적으로 정부를 선택하는 것의 어려움 때문에 선거를 그저 선호의 표현으로 간주하지 않을 수 없게 되는데, 이는 우리 모형에서는 비합리적인 것이다.

이런 경향에는 정부의 그 어떤 정책 집합도 그 하나만으로는 과반수 유권자들의 지지를 얻기 어렵다는 사실이 기저에 깔려 있다. 이 다수 유권자들이 갖는 관점의 다양성을 아우르기 위해, 정부는 정치적 척도 상 넓은 범위를 포함하는, 통합되지 않은noninterated 정책 집합을 채택해야만 한다.

이는 다당제에서조차 사실이다. 다당제에서는 정당들이 자신의 이데올로기를 분명하게 차별화한다. 그러나 연립정부가 구성될 때, 그 속에 있는 정당들은 양당제에서 그렇듯이, 범위가 넓고 덜 통합된 유형의 정책 프로그램을 채택한다. 따라서 척도상의 유권자 분포가 어떠한가와, 정부를 지지하는 과반수 유권자를 얻어야 한다는 필요성이 궁극적으로 정부의 정책을 결정한다.

연립정부를 구성하는 정당들은 세 가지 힘으로부터 압박을 받는다. 이는 ① 효율적인 행동을 가능하게 하기 위해 정책을 비슷하게 만들려는 욕구, ② 연립정부를 지지하는 유권자의 범위를 확대하기 위해 정책을 차별화하려는 욕구, ③ 연립정부 내에서 자신의 영향력을 높이기 위해 ①번 혹은 ②번을 행하고자 하는 각 정당의 욕구 등이다. 선거 기간에 모든 정당은 자신들이 다양한 연립정부에 참여하게 될 때, 어떻게 정책 타협을 할 것인가에 대해 가능한 한 모호한 태도를 취하려고 노력한다. 이는 [유권자] 개개인의 합리성을 어렵게 만들지만, 유권자 집단 내에 충분한 합의가 있다면 사회가 순수한 합리성을 달성하지는 못하더라도 민주주의는 효율적으로 작동할 수 있다.

10

정부의 득표 극대화와 개인의 한계 균형

정부의 행위는 사기업이나 개인의 행위를 규제하는 규칙과는 다른 규칙을 따르기 때문에, 정부가 자원을 배분하는 방법 또한 사적 부문과는 다르다. 그러나 정부에 의한 배분은 사적 부문, 심지어 사적 부문의 행위자들이 사용하는 자원 배분의 방법에까지 엄청난 영향을 준다.

이 장에서 우리는 정부가 득표 극대화 원칙을 따르는 것이 ① 전통적 경제 이론에서 사적 경제 행위자들의 속성으로 간주하는 이윤 극대화 및 효용 극대화 과정과 ② 완전경쟁 경제가 [사회적 자원 배분이 가장 효율적으로 이루어진 상태인] 파레토최적Pareto optimum에 도달할 가능성에 어떤 영향을 미치는지를 살펴보고자 한다.

이 장의 목표

이 장에서 우리는 다음과 같은 명제를 증명하고자 한다.

1. 모든 사회에는 어느 정도의 집합재collective goods 문제와 비시장적 상호 의존 관계가 존재하기 때문에, 완전경쟁 경제라 할지라도 정부의 행동 없이는 파레토최적을 달성할 수 없다.
2. 어떤 민주주의 정부가 미래의 효용 보상을 창출하는 행위를 한다

하더라도, 그 정부는 현재의 득표만을 극대화하고자 하기 때문에 자기 기준의 할인율을 갖지 않는다.[1]

3. 일부 사람들에게는 이득이 되면서 아무에게도 손해를 주지 않는 행위는 하지 않음으로써, 정부는 사회를 파레토최적으로 이동시키는 것을 의도적으로 회피하곤 한다.

4. 비록 사적 부문이 완전경쟁을 구현하고 있을지라도, 민주주의 사회는 우연에 의하지 않고서는 파레토최적에 결코 도달하지 못한다.

5. 민주주의하에서 정부를 상대함에 있어 한계 균형marginal equilibrium을 달성하는 시민들은 거의 없다.

6. 민주주의 정부가 편익 원칙에 따라 비용을 배분하는 것이 기술적으로 가능하다 하더라도, 정부는 그렇게 하지 않을 것이다.

7. 불확실성의 정치적 효과에 의해 상쇄되지 않는 한, 일반적으로 민주주의 정부는 저소득층에는 우호적이고 고소득층에는 불리하게 행동하는 경향이 있다.

8. 민주주의가 경제적으로 효과적일수록, 정부는 자유 시장에 더 많이 개입하게 된다.

---

1) [옮긴이] 민주주의 정부가 자기 기준의 할인율을 갖지 않는 것은 현재의 행위에 비추어 미래의 행위를 할인해야 할 필요 자체가 없기 때문이다. 민주주의 정부는 현재의 행위에만 초점을 맞추어 효용 보상을 창출(즉 득표를 극대화)하고자 한다. 행여 미래의 효용 보상을 창출하는 행위를 하더라도 그것은 미래의 효용 보상을 창출하려는 의도에서 비롯된 것이 아니다.

1. 자유 시장에서의 자원 배분

1) 사적 부문에서의 계획

사적 부문에서 합리적 자원 배분을 추구하는 사람은 순 한계 보상률 net marginal rates of return이 가장 높은 활동들에 자원을 투입한다는 일반적 원칙을 따름으로써 순 보상의 총량을 극대화한다. 이런 원칙은 자원의 사용이 좁은 범위에서 이루어지는 기업과 소비자들에 의해서는 물론이고, 개별 행위자들 간의 경쟁을 통해 시장 전체에도 적용된다.

그러나 보상이 언제나 즉각적인 것은 아니다. 즉 보상이 항상 현재의 행위 주기에 나타나는 것은 아니다. 따라서 현재의 다양한 사용처들 사이에서 [자원을] 어떻게 할당할 것이냐의 문제뿐만 아니라, 현재 보상 투자present-paying investment와 미래 보상 투자future-paying investment 간의 [자원] 할당이라는 문제 또한 해결되어야 한다. 이는 그것이 효용이든 이윤이든 후생이든, 극대화되어야 할 양은 더는 단순히 현재의 총합으로 간주될 수 없음을 의미한다. 대신에 그것은 수많은 소득들의 흐름으로 나타나며, 각 소득은 현재에서 시작해 미래로 이어지는 각 시기와 결부되어 있다.

미래 소득과 현재 소득을 비교할 때, 미래 소득은 할인되어야 한다. 이때 적용될 할인율은 소득의 축적 기간이 현재로부터 점점 멀어짐에 따라 복리로 계산되어야 한다.[2] 이렇게 되면 현재와 미래의 순 보상을

---

[2] [옮긴이] 복리로 계산된다는 것은 원래 소득=A, 이율=r, 기간=n으로 보았을 때 $A(1+r)^n$의 식으로 계산된다는 뜻이다. 따라서 n 시기 이후의 미래 소득 A는 현재 소득 $\frac{(1+r)^n}{A}$과 동일한 것으로 간주된다.

동질적인 단위로 비교해 볼 수 있다. 합리적인 계획자는 현재 자신이 갖고 있는 자원을 현재 순 보상이 가장 높은 용도들에 배분한다. 그렇게 함으로써 그는 그것이 효용이든 이윤이든 후생이든지 간에, 현재 가치의 단위로 가능한 한 가장 많은 양을 얻게 된다. 따라서 이는 어떤 사적 계획 주체에게나, 자원을 배분하는 최선의 방법이 된다.

이 익숙한 계획 절차에 관해 특별히 주목해야 할 점이 세 가지 있다. 첫째, 계획 절차는 자원의 모든 용처와 관련해 현재와 미래의 비용과 보상에 대해 극히 정확하고 세부적인 정보를 필요로 한다. 달리 말해, 이런 특정 경제 영역은 우리가 앞서 논한 확실성이 존재하는 세계의 축소판이다. 불확실성이 존재할 경우, 계획은 앞서 기술한 과정과 (정확하지는 않지만) 대체로 비슷할 것인데, 이는 이론적으로 가능한 다수의 자원 이용 방법에 비해 [실제로는] 소수의 방법만이 고려될 것이기 때문이다.

둘째, 계획 주체는 효용·이윤·후생 등을 [서로 비교할 수 있도록] 동질적인 양적 단위로 환원해 다룬다. 이는 실제로 일어나는 상황을 묘사한 것이라기보다는 설명의 한 방식이지만, 이런 방식은 필요하다. 선택 가능한 어떤 행동도 다른 모든 행동에 대한 대안이며, 각각은 모두 같은 희소 자원을 사용한다. 모든 행동에는 시간이 들기 때문에, 그 행동은 모두 서로에 대한 대안으로 보일 수 있다. 물론, 모든 계획 단위는 제한된 자원만을 가지고 있기 때문에 어떤 행동을 실행하기로 선택한다면 다른 대안은 포기해야 한다.

이런 선택을 하기 위해, [계획자는] 어떻게든 대안들을 서로 비교해야만 한다. 그런 비교는, 어떤 공통의 단위를 기준으로 각 행동의 비용과 보상을 평가함으로써 논리적으로 구상할 수 있다. 계획 당사자는 ① 사용할 수 있는 자원을 초과하지 않고, ② 공통의 기준을 가진 단위로 측정했을 때 가장 큰 순소득을 낳는 행동들의 조합을 채택한다. 계획 주체가 주부이든, 영적인 삶을 추구하는 수도승이든, 정부이든, 혹은 이윤을 추구하는 기업이든 상관없이 이것이 바로 **합리적** 행위이다. 따라서 어떤 동질적인 측정 단위라는 개념은 자원이 희소한 세계에서의 합리적 계획이라는 말 안에 필연적으로 내포되어 있다.

셋째, 합리적인 계획에서 미래의 보상이 할인된다는 사실 자체가 곧 할인율을 결정하는 원인을 설명하지는 않는다. 우리 모형에서 미래의 소득이 현재의 소득과 비교했을 때 할인되는 이유는 세 가지이다.

1. 미래에 사태가 어떻게 전개될지는 현재 사건들보다 덜 분명하다. 따라서 미래의 소득에는 위험을 고려한 비용이 더해져야만 한다.3)
2. 일반 시민들은 미래에 누릴 것으로 예상되는 것보다 현재에 누리는 쪽을 선호한다. 따라서 그들은 미래에 누릴 것에 추가분이 더해질 때에야 현재 누리고 있는 것을 포기할 수 있다.
3. 현재의 이윤율이 양(+)이라면, 현재 보상을 계속적으로 재투자할 경우 자본은 증가할 것이다. 따라서 먼 미래에 단 한 번 보상을 받는 현재의 투자는, 가까운 미래에 보상을 받는 투자보다 보상 비율이 높아야 한다. 그래야만 먼 미래를 바라보고 하는 [불확실한] 투자로도 자산 형성이 가능하다는 것을 보장할 수 있다.

마지막 이유는 다음 예시를 통해 확인할 수 있다. 현재의 이윤율이 연 10퍼센트라면, 1백 달러는 2년이 지난 후 121달러로 늘어날 수 있다.4)

---

3) 이것은 경제적 계획에서 위험(risk)을 취급하는 여러 가지 가능한 방법들 중 하나일 뿐이다. 우리가 여기서 이 방법을 사용하는 것은 다른 방법들보다 우리 모형에 더 쉽게 들어맞기 때문이다.

따라서 1백 달러가 필요하지만 2년이 지나기 전까지는 보상을 제공하지 않는 투자의 경우, 현재의 이윤율로 매년 재투자하는 경우와 동일한 보상을 제공하기 위해서는 21퍼센트의 이윤을 보장해야 한다. 따라서 2년 후에 발생하는 모든 보상은 1년 후, 혹은 즉시 발생하는 보상과 비교하기 전에 할인되어야만 한다.

이런 세 가지 요인은 각각 유동성 선호liquidity preference, 시간 선호time preference, 이자에 대한 한계생산성론marginal productivity theories of interest의 토대가 된다. 우리 모형에서 할인율은 ① 각각의 특정 투자가 지니는 위험성을 특별히 고려한 위험 할인risk discount과 ② 시간 선호율time preference rate, 또는 현재의 이윤율로 재투자하는 것을 보상하기 위해 필요한 비율5)의 합으로 계산된다. 이 원칙은 어떤 계획 주체에 대해서든 할인율을 설정하도록 한다.

할인율이 양(+)이라는 것은 경제에서 모든 계획 주체들은 먼 훗날에 보상을 받는 행동보다는 가까운 장래에 보상을 받는 행동을 선호하는 방향으로 **편향되어 있음**biased을 의미한다. 우리는 할인율의 원인들을 실재하는 요인으로 받아들이기 때문에, 이를 합리적 편향rational bias으로 간주한다. 따라서 모든 사람들은 어느 정도는 근시안적이며, 그렇지 않다면 비합리적이라고 여길 것이다. 그러므로 모든 정치인들은, 그들이 얼마나 똑똑하고 청렴한지와는 상관없이, 근시안적으로 계획을 세울 수밖에 없다.

---

4) [옮긴이] 이상의 문장을 수식으로 작성하면 다음과 같다. $100(1+0.1)^2$

5) 완전경쟁 시장에서의 균형(competitive equilibrium)에서, [①과 ②라는] 이 두 가지 대안적 비율은 한계치가 서로 동일하다. 따라서 할인율을 계산하기 위해 두 가지 중 어느 쪽을 사용해야 할지를 명시할 필요는 없다. 또한 즉각적인 보상을 받게 되는 투자는 오직 위험에 대해서만 할인된다는 사실 역시 명심해야 한다.

사적 부문의 모든 계획 주체들은 자신이 처한 상황에 적합한 할인율을 사용하는데, 이 비율들이 서로 같아야 할 선험적인 이유는 없다. 따라서 언뜻 보기에는 이윤율이 경제 전반에 걸쳐 같아질 것처럼 보이지는 않는다. 즉 한쪽에서는 2년 후 20퍼센트의 이윤을 가져다줄 투자가 이루어지는 반면, 다른 한쪽에서는 40퍼센트의 이윤을 낳는 투자가 거부될 수도 있는 것처럼 보인다.

　　그러나 자세히 들여다보면 자본의 유동성으로 인해, 위험에 의한 약간의 변이를 제외하면 모든 곳에서의 이윤율이 동일해지는 경향이 나타난다는 것이 밝혀진다. 예를 들면, A가 미래에 보상을 받는 투자 기회를 가지고 있는데 그가 그 보상에 대해 현재의 이윤율 아래로 할인한다고 하자. 그러면 A는 자신보다 위험 할인을 적게 하는 B에게 그 투자 기회를 팔 수 있고 B는 그것을 넘겨받을 것이다. 만약 B에게 자금이 없다면, 그는 현재의 이윤율로 C에게서 돈을 빌려 A로부터 투자 기회를 살 수 있고, 그 선택의 결과 B가 C에게 돈을 갚고도 이윤이 남을 만큼의 보상을 획득할 수도 있다. 이 같은 자본의 이동은 한계 이윤율을 주관적으로 할인한 값이 (미래의 보상과 관련된 투자를 포함해) 모든 추가적인 1단위의 투자 지점에서 같아질 때까지 계속된다. [즉 모든 추가적인 투자 선택들 간에 차이가 없어진다는 것이다.] 그렇게 될 때에는 현재 용도들 사이에, 혹은 현재 보상 용도에서 미래 보상 용도로, 또는 미래 보상 용도에서 현재 보상 용도로 자원을 재배분함으로써 이득을 얻을 수 없다.

　　따라서 어떤 투자자의 할인율을 초과할 만큼 충분한 보상을 만들어내기만 한다면, 그것이 위험할지라도 투자가 이루어진다는 점에서 자본의 흐름은 시장을 합리화한다. 비록 투자자가 자신이 자금을 대는 특정 활동에 직접적인 이해관계가 없을지라도, 즉 푸줏간 주인의 예금이 멀리 떨어진 지역의 주유소에 자금을 댄다 할지라도 그렇다. 이런 과정은 최저 보상 투자lowest-paying investment는 이루어지지 않게 하고, 최고 보상 투자highest-paying investment만 이루어지게 하기 때문에, 즉 자원의 배분을 합리적으로 만들기 때문에 매우 중요하다.[6]

이런 합리성을 만들어 내는 기제는 개개인들이 사적 소유물을 사고 팔 수 있는 시장이다. 예를 들어, 전략적 요충지를 소유하고 있는 사람은 그곳에 상점을 지을 수도 있고, 그 땅을 팔 수도 있고, 그보다 더 많은 이윤을 낼 수 있는 사람에게 임대할 수도 있다. 노동자들은 자신의 시간과 노동을 팔 수 있고, 소비자들은 자신이 저축한 돈의 사용권을 은행에 팔 수 있다. 사실 모든 사람은 인간으로서의 자기 자신만을 제외하고, 모든 것을 팔 수 있다.

이런 판매는 구매자와 판매자 어느 쪽도 이득을 볼 수 없을 때까지 계속된다. 만약 우리가 보통의 경쟁 조건을 가정한다면, 이 지점에서 시장은 파레토최적에 도달한다. 즉 사적 집단들 간의 거래에서 아무에게도 손해를 끼치지 않으면서 동시에 누군가는 이득을 보기란 불가능하다. 파레토최적은, 모든 경제주체들이 원하기만 하면 자신의 소유물을 자유롭게 팔 수 있고, 역으로 그들이 원하고 대가를 지불할 수 있는 한 타인의 소유물을 자유롭게 살 수 있다는 이유 때문에 달성될 수 있다.

이런 [사적 부문에서의] 교환 가능성exchangeability을 강조하는 것은 정치에서는 자신의 표를 팔거나 타인의 표를 살 수 없다는 사실 때문이다. 이렇게 금지됨으로써 정부의 계획은 사적 부문의 계획과는 크게 달라

---

6) 물론, 이런 합리성은 자본의 이동성이 완벽히 보장될 때에만 가능하기 때문에 현실적으로는 불가능하다. 그러나 여기서 자본 이론 혹은 독점 이론에 말려들기를 바라지 않기 때문에 우리는 이런 단서에 대해 자세히 논하지는 않기로 한다. 우리의 유일한 목표는, 소유물의 상품성에 기반을 둔 자원의 상대적 이동성은 효과적 배분이라는 결과에 이를 수 있다는 사실을 최소한 이론적으로 확립하는 것이다.

지는데, 이에 대해서는 앞으로 살펴볼 것이다.[7]

2) 자유 시장에서 파레토최적의 달성을 방해하는 장애물

지금까지 우리는 완전경쟁 경제가 어떻게 자동적으로 파레토최적으로 이동하는가를 보여 주고자 했다. 그러나 우리는 그런 최적을 달성하는 데 방해가 되는 두 가지 중요한 장애물을 무시해 왔다. 그것은 집합재와 비시장적 상호 의존이다.[8]

집합재란 분할 불가능한 편익을 제공하는 재화이다. 즉 그것이 존재하게 되는 즉시, 자신이 그 재화를 누리기 위해 비용을 지불했는지와 상관없이, 그리고 얼마나 많은 타인들이 그 재화로부터 편익을 얻는지와 상관없이,[9] 모든 이들이 그 재화로부터 편익을 얻을 수 있다.[10] 예

---

7) 사적 부문에 대한 논의에서 우리는 '경제활동'을 생산과 소비 모두를 지칭하는 일반적 의미로 사용했는데, 이는 생산자와 소비자가 (이론적으로) 경제활동에 대해 합리적인 계획을 세우기 때문이다. 정부 역시 생산자와 소비자로서 역할을 하며, 정부의 행동이 시민들의 효용 소득에 더해지기 때문이다. 사적 부문을 분석할 때, 대체로 경제학자들은 생산 활동을 하며 이윤을 추구하는 기업들이 소비자들보다 정확한 행동 계획을 세울 가능성이 높을 것이라고 가정한다. 그러나 우리의 모형이 가정하는 세계에서는 이들을 구별하지 않는데, 이는 정부의 경우에도 마찬가지이다. 우리는 정부가 모든 경제 (및 기타) 역할을 맡는 데서 완전히 합리적이라고 본다.

8) 언급된 두 가지 요인 외에 다른 많은 장애물들은 무시한다. 오직 이 두 가지만이 이 장의 분석과 직접 연관되어 있다.

9) [옮긴이] 이는 집합재가 가진 비배제성(non-excludability, 대가를 지불하지 않고도 누구에게나 그 재화가 공급되는 것)과 비경합성(non-rivalry, 어떤 개인이 일정의 재화를 소비해도 그것이 다른 사람들의 동일한 재화의 소비를 방해하지 않는 것)을 뜻한다.

10) 모든 집합재가 사회의 모든 구성원에게 편익을 제공할 수 있는 것은 아니다. 그 재화에 접근할 수 있는 특정한 부분집합의 성원들에게만 편익을 제공할 수도 있다. 예를 들어, 뉴욕시의 센트럴 파크는, 고향을 떠난 적이 없는 사우스다코타 주의 주민에게는 어떤 직접적인 편익도 제공하지 않는다. 따라서 앞으로 우리가 '모든 사람'이라고 언급할 때 그것은 관련 집합재에 접근해 있는 모든 사람을 의미한다. 게다가 동시에 집합재를 향유할 수 있는 시민

를 들면, 국방의 제공은 모든 시민에게 이득이 된다. 비록 한 명의 시민이 국방의 비용을 전액 부담한다 하더라도, 다른 모든 이들이 그로부터 이득을 볼 것이다. 시민들의 수가 아주 많을 때, 각 시민들은 이렇게 분할 불가능한 편익을 위한 비용을 부담하지 않는 것이 자신에게 이득이 된다는 사실을 깨닫는다. 대신에 그는 타인이 비용을 부담할 것이며, 자신은 변함없이 편익을 누릴 것이라고 생각한다. 그러나 자유 시장에서는 모든 이들이 똑같은 가정을 하기 때문에, 누구도 비용을 부담하지 않으며 어떤 편익도 발생하지 않을 것이다.

이런 상황은 집합재가 존재할 때 자발적인 행동만으로는 파레토최적이 이루어질 수 없다는 것을 뜻한다. 어떤 중앙의 주체[중앙정부]가 각 개인에게 집합재에 대한 자기 몫의 비용을 부담하도록 강제할 때에야 모두가 이득을 보게 될 것이다. 이는 자신이 부담해야 하는 비용보다 더 많은 편익을 누릴 수 있기 때문이다(당분간은 이렇게 가정한다). 만약 그런 중앙의 주체가 존재하지 않는다면[즉 집합재가 자발적으로 생산될 수 있다면], 사회는 사적 당사자들 간의 거래를 통해 최소한 일부가 혜택을 누리고 누구도 손해를 입지 않는 상태가 될 수 있다. 그러나 [집합재 생산에서] 그런 [자발적인] 거래는 발생하지 않는다. 명백히 이는 최적 이하 위치ₛsuboptimal position[최적 위치에 도달하지 못한, 최적 위치보다 열등한 위치]이다.

의 숫자에는 일정 정도 제한이 있을 수 있다. 예를 들면 센트럴 파크에 입장한 사람이 점점 많아져서, 최소한 어떤 순간을 넘어서면 각자가 얻는 기쁨은 점점 줄어든다. 그런 제약이 있을 때, 그 재화는 완벽하게 집합적인 것은 아니다. 그것은 또한 사적 재화로서의 요소를 갖는다. 이 점에 대한 논의는 다음을 보라. Paul A. Samuelson, "Diagrammatic Exposition of a Theory of Public Expenditure," *Review of Economics and Statistics* XXXVII (November, 1955), p. 356.

전통적인 일반균형이론에 따르면, 각 개인은 1단위를 추가로 투입할 때, 투입하는 모든 경우의 한계 보상률이 같아질 때까지, 자신의 자원을 하나의 한계에서 또 다른 한계로 이동시킨다. 이렇게 함으로써 그의 총효용은 극대화된다.

〈그림 11〉은 경제활동에서 추가로 1단위를 투입하는 모든 경우를 몇 개의 집단으로 범주화하고 있는데, 각 범주는 경제학적 분석에서 일반적으로 활용되는 보상률을 갖는다. 각 화살표는 자원이 배분될 수 있으며, 그에 따른 한계 보상률을 갖는 방향을 가리킨다. 각 시장과 보상률을 적절하게 짝지어 보면 다음과 같다.

그림 11

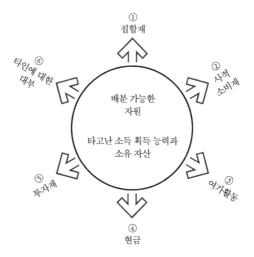

① 집합재
② 사적 소비재
③ 여가활동
④ 현금
⑤ 투자재
⑥ 타인에 대한 대부

배분 가능한 자원

타고난 소득 획득 능력과 소유 자산

❶ 각 시장 혹은 모든 시장에서 이루어지는 정부 활동 : 정부 활동으로부터의 한계 보상
❷ 소비재 시장 : 소비로부터의 한계 보상
❸ 노동시장 : 노동의 한계비효용marginal disutility[노동의 증가에 따른 노동자의 불만족감]
❹ 퇴장화폐hoard 시장 : 한계 유동성 선호
❺ 자본재capital goods 시장 : 자본의 한계 효율
❻ 화폐시장 : 이자율

〈그림 11〉은 개인들이 한계 균형에 도달하고, 그 결과 총효용을 극대화하는 데 없어서는 안될 정부의 역할을 보여 준다. 이런 정부의 역할은 일반균형이론에서 대개 무시되었는데, 일반균형이론은 흔히 ❷에서 ❻까지의 보상률만을 고려한다. 정부를 포함하는 것이 어떤 의미인지는 본문에서 논한다.

1장에서 지적했듯이, 이런 현상 때문에 새뮤얼슨은 경제에서 정부의 적절한 역할 중 하나가 집합재를 공급하고 시민들에게 자원을 내놓도록 강제하는 것이라고 결론지었다.[11] 그런 강제를 통해 각 시민들은 자유 시장에 있을 때보다 이득을 보며, 또한 각 시민들은 합리적이기 때문에, 모든 시민은 강제받는 것에 동의할 것이다. 따라서 정부의 활동은 자발적 강제를 구현하는 것이며, 이를 통해 집합재가 존재할지라도 사회는 파레토최적의 상태에 도달할 수 있게 된다.

그러나 앞으로도 보게 되겠지만, 정부의 관점에서 경제를 파레토최적의 상태로 이동시키는 것이 합리적이지 못할 때도 있다. 그런 사례를 분석할 때 파레토최적에 도달하지 못한 것에 대해 정부만을 탓하지는 말아야 한다. 사실 정부는 본질적으로 사회가 파레토최적에 도달하지 못하게 하지만, 관련 집합재의 성격 그 자체 때문에 자유 시장이라 하더라도 그보다 잘하지는 못한다. 따라서 [파레토최적이 아닌] 최적 이하 위치에서 멈춘 책임은 자유 시장과 정부, 모두에 있다.

완전경쟁 시장에서 파레토최적에 도달하기 어렵게 하는 두 번째 장애물에 대해서는 티보르 스키토프스키Tibor Scitovsky가 다음과 같이 묘사했다.

직접적인 상호 의존, 즉 경제 구성원들이 시장 기제가 아닌 다른 방식으로 상호작용하는 경우를 제외한다면, 완전경쟁 경제에서의 균형은 파레토최적의 상황이다. 일반균형이론에서 직접적 상호 의존은 문제를 일으키는 원흉이며, 사적 이익과 사회적 편익 간의 갈등을 일으키는 원인이다.[12]

---

11) Paul A. Samuelson, "The Pure Theory of Public Expenditures," *Review of Economics and Statistics* XXXVI(November, 1954), pp. 387-389.

스키토프스키 교수나 다른 이론가들이 지적한 것처럼, 비시장적 상호 의존은 시장가격에 영향을 주지 않는 효용의 흐름을 만들어 낸다. 그런 흐름이 존재할 때, (가격에 의해 형성된 신호에 따라 엄격하게 자원을 배분하는) 자유 시장은, 누구도 비용을 부담하지 않으면서 일부 시민의 몫이 향상되도록 자원을 재조정하지 못할 것이다. 따라서 시장은 파레토최적에 도달할 수 없다.[13]

어떤 경우, 정부 활동은 비시장적 상호 의존이 가져오는 효과를 상쇄해, 자유 시장이 만들어 낼 수 없는 방식으로 자원을 명백히 좋게 재배분할 수도 있다.[14] 예를 들어, 만약 A가 주택가 근처에 접착제 공장을 소유하고 있다면, 정부는 주변 주민들에게 세금을 부과해 자금을 마련하고, 이를 사용해 A로 하여금 공업단지로 이동하도록 매수할 수 있다. 만약 이로 인해 주택가 주민들의 재산 가치가 상승했다면, 비록 이런 변화를 만들어 내기 위해 강제성이 필요할지라도 모두가 이득을 보게 되는 셈이다.

---

12) Tibor Scitovsky, "Two Concepts of External Economies," *Journal of Political Economy* LXII(April, 1954), pp. 143-151. 스키토프스키 교수가 파레토최적에 대한 집합재의 영향력을 모르는 것은 아니었다. 그러나 그는 자신의 논의에서 완전한 분할 가능성을 가정하고 있기에 분할 불가능한 편익의 효과는 모조리 제거된다.

13) 이 문제는 William J. Baumol, *Welfare Economics and the Theory of the State* (London: Longmans, Green and Co., 1952)에서 상세히 논의된 바 있다. 보몰은 또한 분할 불가능한 편익과 정부 행동의 관계를 분석해 우리가 앞서 언급했던 자발적 강제에 대한 동일한 결론에 도달했다. 특히 pp. 90-94, 140-142를 자세히 보라.

14) 명백하게 좋은(unequivocally good) 행동이란 어느 누구에게도 손해를 주지 않는 동시에 최소한 한 명에게라도 이득을 주는 행동이다. 그런 행동이 사회가 좋다고 판단하는 유일한 행동인 것은 아니다. 실제로 명백하게 좋다고 볼 수 없는 어떤 행동들이 명백하게 좋은 행동에 비해 우월하다고 판단할 수도 있다. 그러나 경제학적 바탕에서는 명백하게 좋은 행동만이 좋은 것으로 여겨질 수 있다. 그의 다른 모든 좋은 행동들은 윤리적인 정당화를 필요로 한다.

자유 시장에서는 두 가지 이유 때문에 이런 변화가 발생하지 않는다. 첫째, A의 이주로 인해 한 사람이 획득하는 이득은 매수에 필요한 비용보다 적기 때문에 누구도 혼자서는 A를 매수할 수 없다[즉 집합행동이 필요하다]. 둘째, A를 둘러싸고 있는 집단의 규모가 크다고 가정할 때 각자가 서로에게 비용을 부담하도록 강제할 수 없기 때문에 A를 매수하기 위한 자발적 협동은 이루어지지 않는다. 합리적 인간으로서 개개인은 편익만을 공유하고 비용은 타인들이 부담하기를 바란다. 그 결과 [모든 개인의] 비용을 전혀 부담하지 않고, 그 결과 편익도 발생하지 않게 된다. 달리 말해, 더 큰 순 편익을 얻고자 하는 개개인의 욕망 때문에 어떤 개인도 전혀 편익을 얻지 못하게 된다는 것이다. 사람들은 자신이 비용을 부담한다면 다른 사람들 또한 그들 몫의 비용을 지불할 것이라는 보장을 필요로 한다. 그러나 그가 비용을 부담하지 않으면 다른 사람들 또한 부담하지 않을 것이다. 정부의 강제가 [개인들에게] 그런 보장을 제공할 수 있다.

자유 시장이 하지 못하는 명백히 좋은 행동을 정부가 실행할 수 있을 때, 정부 행동에서 발생하는 사회적 편익은 분명하다. 사실 집합재와 어떤 비시장적 상호 의존 관계가 존재한다면, 정부가 자유 시장에 개입하는 경우에만 파레토최적에 도달할 수 있다. 그러나 그런 상황에서 정부 개입이 항상 파레토최적을 만들어 내는 것은 아니다. 게다가 우리 모형에서 정부의 개입은 자유 시장이 수행하지 못하는 명백히 좋은 행동을 실행하는 데만 국한되어 있지 않다. 정부는 명백히 좋지 않은 방식으로 개입할 수도 있다. 사실 정부 행동은 자유 시장이 (정부의 어떤 보조 아래) 다른 방식으로 도달했을지도 모를 파레토최적에 이르지 못하게 방해할 수도 있다. 분석이 진행됨에 따라 우리는 정부 행동의 이런 유형들을 모두 만나게 될 것이다.

2. 정부의 계획과 개인의 한계 균형

1) 정부와 할인 사이의 관계

사적 계획 주체들과는 달리, 집권당들은 어떤 행동이 미래에 가져다 줄 보상 그 자체에는 관심이 없다. 그들은 항상 다음 선거와 그 선거에서 얻을 수 있는 표에만 관심을 갖는다. 따라서 어떤 정부도, 각각 독립적인 수많은 주기의 소득들을 전체적으로 고려해, 전체 소득의 흐름을 극대화하는 것을 목표로 삼지 않는다. 오히려 정부는 항상 해당 선거 주기에서 얻을 수 있는 단 하나의 양quantity을 얻는 것에 집중하기 위해 자신의 행동을 조직한다. 그 단일한 양이란 현재 선거 주기 끝의 시험 대[선거]에서 반대당을 제압할 수 있는 득표의 한계량이다.15)

현재에 그렇게 몰두한다는 것이 다음 선거 이후에 결실을 맺는 모든 행동을 정부가 무시한다는 것은 아니다. 그와는 반대로, 정부는 자신의 행동이 유권자들의 미래 효용 소득에 미치는 영향에 지대한 관심을 기울이고 있다. 왜냐하면 유권자들은 종종 그런 미래의 소득에 대한 전망을 기반으로 투표의 방향을 결정하기 때문이다. 그러나 정부는 유권자

---

15) 일부 정당들(특히 신생 정당들)은 공직을 획득할 가능성이 미래에 더 많기 때문에 현재의 선거보다는 미래의 선거에 더 많은 관심을 가진다. 반면에 집권당은 이미 공직을 가지고 있으므로 현재의 지위를 유지하는 것, 즉 다음 선거에서 이기는 것이 주요 관심사이다. 이런 결론은 연립정부 체제 안의 정당들에도 적용된다. 유일한 예외는 정부가, 원칙을 포기하는 것보다는 다음 선거에서 패하는 것이 낫다고 생각할 경우에 발생한다. 우리의 가정에 따르면 집권당은 원리 원칙들을 순전히 그때의 사정에 따라 편의상 임시로 채택하는 것으로 간주한다. 따라서 이런 상황은 집권당이 어떤 원칙이, 다가오는 선거가 아닌 그 다음 선거에서 승리하는 데 큰 의미가 있다고 여길 때에만 발생한다. 우리는 이런 상황이 정치 영역에서 매우 드물다고 생각한다. 그러므로 집권당에게는 다음 선거만이 문제가 된다는 관점을 유지하기로 한다. 이런 가능성을 지적해 준 것에 대해 케네스 애로 교수에게 감사한다.

가 미래의 소득을 위해 현재의 소득을 거래하는 것과는 달리 미래의 득표를 위해 현재의 득표를 거래하지 못한다. 따라서 정부는 득표로 측정되는 자신의 소득에 적용할 자체적인 할인율을 가지고 있지 않다. 지지자들을 어떻게 만족시킬 것인지를 알아내려면 유권자들이 그들의 미래 효용 소득을 어느 정도 비율로 할인하는지를 계산해야만 하기 때문에, 할인은 오직 간접적으로만 정부의 계획에 들어간다.

앞서 언급했던 것처럼, 완전경쟁 시장에서의 균형competitive equilibrium이 이루어진다면 이때 시장은 공간적interspatially으로나 시간적intertemporally으로 한계 보상률을 균등화시키는 경향이 있기 때문에 모든 유권자는 다른 모든 유권자들과 동일한 비율로 미래 소득을 할인한다. 결국, 투자된 곳이 어디든, 보상이 어느 순간에 발생하든 간에 상관없이, 투자된 1달러는 어떤 다른 추가적인 1단위에 투자된 1달러와 정확히 동일한 순 유효 보상net effective return을 가져다준다. 이와 같은 한계 균형 상황에서는 어떤 개인도 자신의 자원을 재배분함으로써 이득을 얻을 수 없으며, 어떤 경우라도 두 사람이 양자 간의 거래를 통해 이득을 얻을 수 없다. 앞서 언급했듯이, 파레토최적에 도달한 것이다.

그런 균형에서, 동등해지는 한계 보상은 화폐 보상이거나, 화폐의 배분과 관련된 효용 보상이다. 따라서 균형의 바탕을 이루는 구조는 화폐소득의 분배를 기반으로 한다. 일단 이것이 주어지고 나면, 시장은 개인들의 화폐 지출이 모든 추가적인 1단위의 투자에서 동일한 효용 보상을 산출하도록 개개인들이 자신의 소득을 배분하도록 해준다.

정부의 행동은 주로 거대한 양의 화폐를 모으고 배분하는 것과 연관되어 있으므로, 이런 행동들은 앞서 묘사한 것과 같은 균형을 획득하는 데서 매우 중요하다. 그러나 정부는 화폐소득 취득자로서의 시민이 아니라 표의 소유자로서의 시민이 보내는 신호에 따라 화폐를 취급한다.

정부는 무엇보다도 비화폐통화인 표에 최고의 관심을 두고 있기 때문에 이는 사실이다. 그리고 표는 화폐소득이 분배되는 것과는 상당히 다른 방식으로 분배된다.

4장에서 보았듯이, 정부는 추가적인 1단위의 행동을 할 때 화폐나 효용 보상이 아니라 득표 보상을 같게 하고자 한다. 경제 및 여타 행동들을 활용해 정부는 유권자들로부터 표를 얻을 수 있는 방법으로 그들의 현재와 미래의 효용 보상을 조작하려 한다. 게다가 이와 같은 득표 추구 과정에서, 정부는 화폐 추구자 및 효용 추구자와의 관계에서 힘의 비대칭성을 향유한다. 정부는 화폐 및 효용과 관련된 결정을 이런 행위자들에게 강제로 부과할 수 있다. 반면에 이 행위자들은 정부에게 자신들의 결정을 강제로 부과할 수 없다. 따라서 한계 득표 보상 균형에 대한 정부의 요구와 한계 효용 보상 균형에 대한 사적 주체들의 요구가 갈등을 빚을 때에는 정부가 항상 우위를 점한다.

게다가 이런 힘의 비대칭성은 화폐 소유자 측의 경제적 압력에 의해 직접적으로 상쇄될 수도 없다. 정부는 화폐 추구자들의 이해 관심사인 통화를 자유롭게 다룰 수 있는 반면, 화폐 추구자들은 정부의 이해 관심사인 통화(즉 표)를 자유롭게 다룰 수 없다.[16] 이것은 두 종류의 통화

---

16) 우리가 의미하는 **화폐 추구자**라는 용어는 화폐를 추구하는 자들(기업들)과 효용을 추구하는 자들(개인들) 양자를 모두 의미한다. 궁극적으로 모든 이들은 화폐나 표보다는 효용을 추구하지만, 우리는 효용을 인간이 추구하는 것의 공통분모로 정의했기에 이는 단지 동어반복일 뿐이다. 사적 시장의 기본 관계는 사람들이 자신에게 효용 소득을 주는 생산품을 획득하고자 화폐를 사용한다는 것이다. 따라서 화폐소득의 분배가, 효용 소득을 낳는 자원들에 대한 상대적 통제력을 결정한다. 화폐는 효용 소득의 분배를 결정하지 않는다. 그렇게 가정하는 것은 화폐의 단위와 효용의 단위를 같게 함으로써 개인 간의 기수적인 효용을 비교하기 위함이다. 그럼에도 여기에서는 우리 논의의 목적을 위해, 화폐소득의 분배가 효용 소득을 추구하는 데서 인간의 행동을 형성하는 핵심 요인이라고 가정한다. 이런 사실과, 언어적 단순성에 대한 필요 때문에 우리가 **화폐**라는 이름으로 효용과 화폐를 모두 다루는 것이 정당화될 수 있으리라 생각한다.

를 가진 사적 소유자 간 어떤 소유권 교환도 금지하는 법적 규정의 결과이다. [즉 매표를 금지한다.] 어떤 시민도 경제적 권리를 증대시키기 위해 정치적 권리를 팔 수 없고, 역의 경우도 마찬가지이다. 즉 아무도 화폐로 표를 사거나 표로 화폐를 살 수 없다. 화폐를 급히 필요로 하는 어떤 시민이 정당 정책에 대해 아무리 무관심하더라도, 또는 정치적 영향력을 절박하게 원하는 시민이 화폐에 대해 아무리 무관심할지라도, 이와 같은 금지 사항은 유지된다.

2) 확실성의 세계에서 정부의 행동은 어떻게 파레토최적을 방해하는가

앞선 분석에서 사회가 파레토최적에 도달하는지의 여부는 전적으로 정부 행동에 달려 있음이 분명해졌다. 먼저, 집합재나 어떤 비시장적 상호 의존이 존재한다면 완전경쟁 시장이라 하더라도 정부의 개입 없이는 파레토최적 위치에 도달할 수 없다. 잘 조직된 사회라면 어디에서든지 집합재와 비시장적 상호 의존은 이미 존재한다. 그러므로 언제나 정부는 최적을 가져올 수 있는 행동(즉 자유 시장이 스스로 수행할 수 없는 명백히 좋은 행동)을 수행하지 않음으로써 파레토최적에 도달하지 못하게할 수 있다. 우리는 이런 실패를 **소극적 봉쇄**negative blocking라고 부른다.

둘째, 비록 정부가 집합재나 비시장적 상호 의존과 관련해 최적에 도달하기 위해 요구되는 것들을 수행한다 할지라도, 정부는 어떤 다른 최적을 왜곡시키는 행동을 함으로써, 최적 위치에 도달하는 것을 막아버릴 수도 있다. 이런 정부의 능력은 앞에서 설명한 정부의 권한에 포함되어 있다. 이런 방해를 **적극적 봉쇄**positive blocking라고 한다. 그것은 주로 소득의 의도적인 재분배를 통해 이루어지는데, 이에 대해서는 이 장의 뒷부분에서 논할 것이다. 당분간은 정부가 소극적 봉쇄를 행할 것인지의 여부에 집중해 보자.

언뜻 보기에는 합리적 정부라면 소극적인 봉쇄 행위를 결코 하지 않을 것처럼 보인다. 정부가 최적을 가져오는 어떤 행동을 수행하면 모든 이들이 이득을 보게 되므로 (또는 누구에게도 손해를 주지 않으면서 일부에게는 이득을 주므로), 그렇게 하지 않으면 그 정부가 [유권자들에게서] 표를 획득하기 어려울 것처럼 보인다.

그러나 그런 결론은 잘못된 것이다. 사실 민주주의 정부가 소극적 봉쇄 행위를 하는 데는 몇 가지 이유가 있다. 첫 번째 이유는 최적 위치에 도달할 수 있는 방식으로, 분할 불가능한 재화를 다루는 것이 기술적으로 불가능하다는 것이다. 이 장의 뒤에서 보게 되겠지만, 집합재 자체가 가지고 있는 바로 그 속성 때문에, 정부는 누구에게도 손해를 끼치지 않으면서 일부 사람들에게는 이득을 주도록 그 재화의 비용과 편익을 배분하기가 어렵다.

사실, 뒤에서 하게 될 분석은 정부가, 모든 개인이 소득을 얼마나 획득할 수 있는지 그 잠재력을 정확히 판단하고, 각자에게 배분될 비용과 편익을 큰 비용을 들이지 않고 직접적이며 어떤 오류도 없이 측정하고, 이에 따라 사람들마다 다르게 적용될 법률을 통과시킬 수 있다면, 정부는 사회를 파레토최적으로 이동시킬 수 있음을 보여 준다. 이런 조건에서 정부는 개개인과의 개별 협상을 통해, 정부와의 거래에서 개인들로 하여금 한계 균형 상태에 놓이게 하고, 이렇게 함으로써 비용을 상쇄할 수 있을 것이다. 그러나 우리는 실제로 이런 결과가 두 가지 이유 때문에 불가능하다는 것을 알 수 있다. ① 이상의 전제 조건들은 전통적인 이론에서 전제하는 완전 정보라는 가정의 범위조차 뛰어넘는 것이다. 왜냐하면 이런 조건들에서는 정부가 개개인의 마음까지도 정확하게 읽어 낼 수 있어야 하기 때문이다. ② 집합재가 존재하는 경우, 이런 조건들은 최적 위치를 달성하기 위한 필요조건이기는 하지만, 그런 조건들이 존재한다 하더라도 정부가 소극적 봉쇄 행위를 할 수도 있기 때문에 충분조건은 아니다.

따라서 집합재와 비시장적 상호 의존의 존재는 전통적인 경제 이론에서 가정하는 확실성의 세계에서조차 파레토최적의 달성을 실질적으로 가로막는다. 그러나 사회가 파레토최적에 도달하는 것을 가로막는 다른 요인들을 보여 주기 위해, 잠깐 동안은 모든 기술적 장애물들이 극복될 수 있다고 가정해 보자. 이 경우 파레토최적의 달성은 엄밀히 말해 정치적 문제가 된다.

우리 모형에서 정당은 사회의 자원 배분을 효율적으로 만드는 것 자체에는 관심이 없다. 각 정당들은 득표 극대화를 통해 선거에서 당선되는 것만을 추구한다. 따라서 정부가 사회를 파레토최적으로 이동시킬 능력이 있다 하더라도, 다른 정당과의 경쟁에 의해 강요받을 경우에만 그렇게 할 것이다. 그렇지 않은 경우 정당은 사회가 최적 상황에 있는지 아닌지에 대해 무관심하다. 따라서 사회가 최적 위치에 도달한다면 그것은 우연히 그렇게 된 것이며, 이마저도 가능성은 거의 없다.

따라서 핵심 쟁점은 정당 간 경쟁이 정부로 하여금 사회를 파레토최적으로 이동시키도록 항상 압박하는지의 여부이다. 만약 개별 시민들의 선호가 충분히 다양하다면, 답은 '아니오'이다. 이 주장을 증명하기 위해, 다음 가정을 기반으로 한 예시를 구성해 보기로 하자.

1. 이 사회는 T_1의 시기에 X라는 위치에 있다.
2. 최적 위치인 X′로 완전히 이동할 때 일부 사람들은 이득을 얻을 수 있으며 아무도 손해를 보지 않기 때문에 X는 최적 이하 위치이다.
3. X에서 X′로의 이동에는 집합재가 관계되어 있기 때문에, 오직 정

부만이 그 이동을 유발할 수 있다.

4. 이 사회에는 두 개의 정당이 있다. 정당 A는 집권당이고 정당 B는 반대당이다.

5. 어떤 쟁점에 대해 정당 A는 항상 정당 B보다 먼저 자신의 입장을 밝혀야만 한다.

6. T_1시기 말의 선거에서, 양당은 T_2시점에서 사회가 도달할 위치에 대해 견해를 밝히도록 요구받는다. 그리고 그들은 오직 이 견해에 근거해 유권자들의 평가를 받는다(즉 3장에서 서술했던 것처럼 정당은 과거의 성적에 의해 평가받는 것이 아니다).

이런 조건하에서, 정당 A가 재선을 원한다면 X를 지지할 수 없음이 명백하다. 정당 A가 X를 지지한다면, 정당 B는 X′를 지지할 것이고, 모든 유권자들은 X와 X′의 차이가 없어 기권하거나 X′에서 이득을 보기 때문에 정당 B에 투표할 것이다. 아무도 X′보다 X를 선호하지 않기 때문에 정당 A는 단 한 표도 얻지 못할 것이다. 이런 재앙을 미연에 방지하기 위해 정당 A가 X′를 지지한다고 가정해 보자. 정당 B는 어떻게 해야 하는가?

B당의 전략은 시민들 사이에 존재하는 합의의 정도에 따라 다르다. 예를 들어, X에서 Z로 이동하면 소수의 시민들은 손해를 보지만, 다수의 시민들은 X나 X′에 비해 Z를 선호한다고 가정해 보자. 만약 정당 B가 Z를 지지한다면, Z 그 자체가 최적 이하 위치라 할지라도 정당 B는 정당 A를 이길 수 있다. 이런 경우, 득표를 위한 경쟁은 사회를 최적 위치로 이동시키지 않는다.

그러나 이런 주장은 정당 B가 정당 A보다 더 많은 정보를 가지고 있음을 의미한다. 만약 정당 A 역시 다수의 유권자가 X′보다는 Z를 선호하는 것을 안다면, A당은 분명 X′를 지지하지 않을 것이다. 더 나아가 만약 Z가 최적 이하 위치라면 B당은 Z를 지배하는 최적 위치를 지지하여 선거에서 승리할 수 있기 때문에, 정당 A 역시 Z를 지지하지 않을 것이다.17) 따라서 이런 결과를 막기 위해 A당은 우리가 Z′라고 부르는 (최적 이하 위치를 누를 수 있는) 지배적 위치dominant position를 차지한다. 따라서 경쟁은, 자신의 입장을 먼저 밝히는 정당이 최적이면서 동시에 다른 어떤 위치에 의해서도 지배당하지 않는, 즉 반대당이 그 위치에 더 나은 대안을 제시할 수 없음이 분명한 위치를 차지하게 만드는 것으로 보인다.

그러나 [어떤 것에도 지배당하지 않는] 우월한 최적이 언제나 존재하는 것은 아니다. 모든 최적 이하 위치는 그로부터 뚜렷하게 좋은 이동이 가능하다고 가정할 때, 이런 이동에 의해 도달할 수 있는 어떤 최적의 위치에 의해 지배당하는 것이 사실이다. 그러나 모든 최적이 다른 최적, 혹은 최적이 아닌 다른 위치에 의해 지배당하는 것 또한 가능하다. 이것은 유권자의 선호가 극도로 분산되었을 때 나타나는 결과이다. 즉 애로 문제의 한 유형이다.

사실, 우리의 모형은 본질적으로 단일 쟁점 선거를 묘사하고 있으므로, 4장에서 사용했던 것과 동일한 도식인 선호 순위를 통해 이를 설명할 수 있을 것이다. 사회에 P, Q, R이라는 세 명의 시민과 X, Y, Z라는 세 개의 최적 이하 위치가 존재하고, 이 최적 이하 위치들은 각각 대응

---

17) ① 다수의 시민이 어떤 위치에서 이득을 보며 또한 그것을 인지하고 있고, ② 사회를 어떤 위치에서 다른 위치로 이동시킬 권력을 다수가 지니고 있고, ③ 이동 과정이 기술적으로 가능하며, 선호하는 다수가 얻게 되는 이득을 무효화할 만큼의 비효용을 초래하지 않을 경우, 하나의 위치가 다른 위치를 **지배**하게 된다.

표 3		시민		
		P	**Q**	**R**
	첫째	X′	Y′	Z′
	둘째	X	Y	Z
선호 순위	**셋째**	Y′	Z′	X′
	넷째	Y	Z	X
	다섯째	Z′	X′	Y′
	여섯째	Z	X	Y

하는 최적 위치 X′, Y′, Z′에 의해 지배당한다. 모든 시민은 각 최적 이하 위치보다는 최적 위치를 선호하지만, 각각의 최적 위치 간의 선호 순서는 서로 다르다. 시민들의 선호는 〈표 3〉과 같다.

이런 경우에, 각각의 최적 위치는 최적 이하 위치에 의해 지배당한다. 즉 X′는 Z에 의해, Z′는 Y에 의해, 그리고 Y′는 X에 의해 지배당한다. 따라서 파레토최적을 달성하는 데 아무런 기술적인 장애가 없는 완벽한 확실성의 세계에서조차 양당제 민주주의가 필연적으로 파레토최적을 달성하는 것은 아니다. 집권당이 무슨 입장을 취하든, 다수의 시민은 [자신의 선호 순서에 따라 P가 최적 위치인 Y′보다 X를, Q가 최적 위치인 Z′보다 Y를, R이 최적 위치인 X′보다 Z를 선호하는 것과 같이] 최적보다 최적 이하 입장을 선호하기 때문에 반대당은 최적 이하의 입장을 취함으로써 집권당을 이길 수 있다.

더 나아가 이와 유사한 선호 구조는 1인당 소득이 생계 수준 이상인, 즉 거의 모든 시민이 생존을 유지하기 위해 필요한 것 이상으로 상품을 생산하는 사회라면 어디든지 존재할 가능성이 높다. 이런 사회에서는 항상 소수의 희생을 통해 다수에게 혜택을 주는 소득의 재분배 방법이 존재한다. 물론, 그 재분배가 장기적으로는 다수의 혜택을 상쇄해 버리는 반작용을 가져오거나 시장 이외의 영역에서 파급을 불러일으킬 수도 있기 때문에, 재분배를 통해 이득을 얻는 다수라 하더라도 그런 재분배 방식 모두를 받아들이는 것은 아니다. 그럼에도 어떤 종류의 조세-편익 구조가 현존하고 있는 것과는 상관없이 소수의 희생을 통해 다수가 이득을 보도록 정부가 조세와 편익을 재배분하는 방식 중에서 받아들일 만한 방식이 몇 가지 있을 것이다.

사회가 항상 파레토최적에 도달할 것인가 아닌가에 대한 이런 추론으로부터 우리는 어떤 결론을 이끌어 낼 수 있을까? 그 답은 집권당이 반대당보다 먼저 자신의 입장을 밝혀야만 한다는 가정의 타당성에 따라 다르다. 만약 그 가정이 타당하다면, 반대당은 최적 위치 혹은 최적 이하 위치 중 어느 쪽으로든 집권당을 이길 수 있다. 따라서 사회가 파레토최적에 도달할 것인가의 문제는 대부분 우연의 문제가 된다. 그리고 가능한 사회 상태의 총 범위에는 최적 위치보다 최적 이하 위치가 더 많이 포함되어 있기 때문에, 양당제에서 사회는 아마도 파레토최적을 획득하지 못할 것이다.

그러나 정치체제 내의 모든 정당들이 동시에 자신의 정책 집합 (각 정책 집합은 사회 위치와 동일한 것이다)을 밝힌다면, 각 정당은 항상 최적을 선택해 그것을 지지할 것이다. 그렇게 함으로써 각 당은 자신의 선택을 지배할 수 있는 다른 위치의 수를 최소화하고, 이는 승리의 가능성을 높이게 된다. 예를 들어, 앞의 예시에서 정당 A가 최적 이하 위치인 X를 선택한다면 X′, Z, 그리고 Z′에 의해 패배할 수 있다. 그런데 정당 A가 만약 최적 위치인 X′를 선택한다면, Z와 Z′에 의해서만 패배한다. 따라서 모든 정당은 파레토최적을 선택해 제시하고, 승리한 정당이 약속을 수행하는 한 어느 정당이 선거에서 승리하더라도 사회는 파레토최적에 도달한다.

우리가 지금까지 논의했던 것을 다음과 같이 요약할 수 있다.

1. 사람들과 사건들에 대해 정부가 갖고 있는 지식을 둘러싸고 극히 비현실적인 가정을 하지 않는 한, 집합재가 존재할 경우에는 언제나 기술적인 어려움이 있다. 그로 인해 정부는 소극적 봉쇄 행위를 하도록 압박을 받고, 그 결과 사회가 파레토최적에 도달하는 것이 거의 항상 막힌다.

2. 이런 기술적 어려움들을 극복하는 데 필요한 매우 완벽한 확실성이 존재한다고 가정할지라도, 사회는 항상 파레토최적에 도달하지 않는다.

   ❶ 집권당이 먼저 자신의 제안을 밝힐 때까지 기다린 뒤에야 반대당이 자신의 제안을 말할 수 있다면, 양당제에서 사회는 오직 우연에 의해서만 파레토최적에 도달할 것이다.

   ❷ 다당제 혹은 양당제에서 모든 정당이 동시에 자신의 제안을 밝히고, 승리한 당이 집권했을 때 항상 자신이 제안했던 바를 실행한다면, 사회는 체계적으로 파레토최적에 도달할 것이다.

3) 최적 위치 달성에 영향을 미치는 불확실성의 효과

이상의 분석으로부터, 집합재가 존재할 경우 사회는 매우 특별한 조건하에서만 파레토최적을 달성할 수 있음이 분명해졌다. 이 조건들 가운데 하나는 완벽한 확실성의 존재이다. 우리가 이 조건을 받아들인 이유는, 부분적으로는 그것이 전통적인 일반균형분석의 토대이기 때문이기도 하며, 부분적으로는 확실성의 세계에서조차 작용하는 어떤 힘들을 설명하기 위해서였다. 이제는 불확실성을 도입해 우리의 결론에 어떤 변화가 나타나는지를 살펴보자.

첫째, 불확실성이 존재할 때 비록 집합재나 비시장적 상호 의존이 존재하지 않는다 할지라도 사적 부문은 파레토최적에 도달할 가능성이 낮다. 일반균형이론에서 완전경쟁의 효율성에 대한 대부분의 추론은 확실성이라는 가정에 기반을 둔다. 그 가정이 기각될 때, 완전경쟁 경제가 자동적으로 파레토최적에 도달한다는 결론 역시 기각된다.

둘째, 사적 부문이 사적 재화와 관련해 파레토최적을 가로막는 기술적 장애를 어떻게든 극복했다고 가정할지라도, 불확실성은 정부가 파레토최적에 도달할 수 있도록 집합재를 다루는 것을 방해하는 주된 기술적 장애물이다. 나중에 보게 되겠지만, 집권당이 모든 시민의 잠재적 능력과 효용 함수를 알 수 있고 그와 관련해 즉각적이며 비용을 들이지 않고 계산해 낼 수 있다면, 정부는 단 한 사람의 시민도 한계 불균형 상태marginal disequilibrium에 처하지 않게 하는 조세-편익 체제를 구상할 수 있다. 달리 말해, 원하기만 한다면 소극적 봉쇄를 제거해 버릴 수 있는 것이다. 그러나 완전한 지식이 존재하지 않으면 (사실상 늘 그랬듯이) 정부는 최적 위치의 획득을 소극적으로 봉쇄할 수밖에 없다.

불확실성의 세 번째 효과는 두 번째와 매우 유사하다. 어떤 사회 상태가 최적인지, 각 상태들 상호 간의 지배 관계가 어떤 방식으로 이루어지고 있는지에 대해 어느 정당도 알지 못한다. 따라서 정당 간 경쟁은 비록 모든 정당이 자신들의 제안을 동시에 밝힌다 할지라도 파레토최적을 보장하지 않는다. 각 당은 최적인 사회 상태와 각 사회 상태들 상호 간의 지배 관계에 대해 추측할 수는 있으나 아마도 어느 당의 추론 결과도 실제의 최적 위치와 일치하지 않을 것이다. 각 당도 이를 알기 때문에, 최적 위치를 찾으려는 유인조차 감소하게 되어 최적이 달성될 가능성은 더욱 낮아질 것이다. 게다가 불확실성은 승리한 정당이 자신의 공약들을 완벽하게 실행할 수 있는 능력을 감소시킨다. 따라서 최적을 만들어 내는 정책 집합을 제시하더라도, 그것이 실제로 최적을 가져오지 못할 수도 있다.

마지막으로, 불확실성은, 최적 상태를 달성하기 위해 필요한 권력을 정부에 부여하는 것에 시민이 반대하도록 할 수도 있다. 시민들은 그런 권력이 미래에 자신들에게 불리한 방향으로 사용될 수 있는 선례를 만들어 내지 않을까 두려워하기 때문이다. 예를 들면, 현재 어떤 사회가 J라는 위치에 있다고 가정하자. 이 사회는 집합재와 관련해 명백히 좋은 특정 행동을 통해 최적 위치인 K로 이동할 수 있기 때문에 최적 이하 위치에 있다. 그러나 이렇게 K로 이동하기 위해서는 정부에 의해 직접적인 소득 이전 및 개인별 과세가 이루어져야 하는데, J의 사회에 있는 현재의 정부는 이를 수행할 수 있는 능력을 부여받지 못하고 있다. K에 도달하려면, 정부에 그런 권력을 부여하기 위해 시민들이 (우리가 추정하기에 아마도 다수결에 의해) [과세] 절차에 관한 정부의 규정을 바꿔 줘야 한다.

그러나 J에서 K로 이동하기 위해 정부가 이 권력을 일단 사용하고 나면, 후에 K로부터 어떤 다른 상태로 이동하기 위해 그 권력을 다시 사용하지 않으리라는 보장은 없다. 사실 민주주의 정부인 이상 과반수가 K보다 선호하는 어떤 상태가 있다면 정부는 늘 그 상태로 [사회를] 이동시킬 것이다. 그러나 그 이동이 항상 명백히 좋은 것만은 아니다. 즉 그 이동은 소수의 희생을 대가로 한 것일 수도 있다. 예를 들어, 전체 사회가 시민 D, E, F로 구성되어 있다고 가정하자. 그리고 여기서 F가 손해를 봄에도 D와 E는 K에서 L로의 이동을 선호한다고 가정하자. 시민 F는 사회가 K에서 M으로 이동하기를 원하는데, 이런 이동이 E에게는 이득이지만 D에게는 손해이다.

이런 조건하에서, 만약 상정된 대로 J에서 K로 이동하는 것이 정부가 이후에도 계속적으로 권한을 행사할 수 있는 선례를 남긴다면, 모두가 그 이동으로 말미암아 이득을 볼지라도 D와 F는 반대할 것이다. [즉 D와 F는 현재 상태를 유지하는 데 만족한다.] 불확실성 때문에 개개인은 향후에 자신의 이익에 반대되는 일이 다수의 의사대로 행해질 수 있는 선례를 남기지 않으려 한다. 따라서 최적에 도달하기 위해 필요한 권력을 정부에 부여하는 것에 대해 대부분의 시민들이 반대하기 때문에, 사회는 최적 이하 상태로만 남아 있게 된다. 그런 경우, 시간적 분할 불가능성temporal indivisibility ― 시민들은 일정 시기에 행해진 것과 이후 시기에 행해질 수 있는 것을 완전하게 분리하는 것이 불가능하다는 것 ― 이 득표 극대화를 추구하는 정부로 하여금 소극적 봉쇄를 통해 파레토최적을 가로막게 만든다.

앞선 분석은 특히 집합재와 비시장적 상호 의존이 존재할 때, 불확실성은 파레토최적의 달성을 거의 불가능하게 만든다는 것을 보여 준다.18) 불확실성은 최적 이하라는 결과를 초래한다. 그 이유는 불확실성이, 경제에서 자원의 배분에 영향을 미치는 두 개의 상이한 분배, 즉 표의 분배와 화폐의 분배 간의 완전한 통합을 가로막기 때문이다. 화폐소득의 분배는 경제활동을 최적으로 배치하는 데서 중요한 요인이다. 각 경제주체들은 모든 추가적인 1단위의 투자에서 할인된 순 효용 보상률을 균등하게 하는 방식으로 주어진 화폐소득을 처분한다. 이런 소

---

18) 불확실성이 완전히 부정적인 효과만을 낳는 것은 아니다. 앞서 지적했듯이, 불확실성은 애로 문제로 명백한 혼돈이 초래되는 것을 예방한다. 예를 들어, 앞 절에서 묘사했던 사회에서 만약 확실성이 지배한다면 어떤 안정적인 정책도 유지되지 못할 것이다. 왜냐하면 과반수가 항상 현재 수행되고 있는 정책이 아닌 다른 정책을 선호할 것이기 때문이다. 불확실성만이 이런 결과를 방지할 수 있다. 4장의 각주 11)을 보라.

득 배분들은 모두 서로 연결되어 경제의 전체 구조를 결정하기 때문에, 경제의 전체 구조는 본래의 소득분배에 기반을 두고 있다.

우리 모형에서 가정하는 정부를 이 상황 속에 대입하는 즉시, 두 번째의 [표의] 분배가 경제 영역에 영향력을 미치기 위해 첫 번째의 분배 [즉 화폐의 분배]와 맹렬하게 경쟁한다. 두 번째의 분배란 표의 분배인데, 이는 표가 모든 성인에게 평등하게 분배되어 있다는 우리 모형의 가정을 따른다. 정부는 이와 같은 정치적 분배에 따라 자신들이 수행할 행동에 서열을 매기지만, 이런 행동은 경제구조를 결정하는 데 필수적인 역할을 한다. 따라서 경제활동을 형성하는 힘들 사이에서 근본적인 이원주의dualism가 나타난다. 이런 이원주의의 모습이 나타나는 것은 이 두 종류의 분배 각각에서 자신의 몫을 소유하고 있는 자들 간의 투쟁과 타협 때문이다.

사회에는 소득과 표의 분배 이외에도 경제활동에 중요한 다른 분배들이 있다. 그러나 이들 가운데 대부분은 곧 화폐소득 분배의 영향력하에 놓이거나 그것의 일부가 된다. 운동의 재능을 예로 들자면, 우리가 아는 한 그것은 화폐소득이나 투표권과는 별 상관없이 분배되어 있다. 그러나 그것은 시장에 내놓을 수 있으며, 운동에 재능을 가진 사람이 제공하는 서비스는 사고팔 수 있다. 따라서 조만간 운동에 대한 재능은 화폐소득 분배의 영향력 아래에 놓이게 되고, 그 능력을 지닌 자들은 화폐소득 분배 안에 자리 잡게 된다. 이것은 값비싼 광물 개발 허용권이나 뛰어난 학자적 자질, 상당한 경제적 가치를 가지고 있는 것들 대부분의 경우에도 마찬가지이다. 단, 투표권만이 제외된다.

만약 상당 정도의 확실성이 존재해 화폐가 6장에서 묘사한 것과 같은 유형의 정치적 영향력을 갖지 못하게 된다면, 화폐는 투표에 영향을 미치지 못하게 될 것이다. 여기서 화폐소득의 분배와 표 분배 간의 차이가 가장 두드러진다. 그런 차이가 어떻게 정부로 하여금 최적을 추구하는 행동을 수행하지 않게 만드는지 예시를 통해 살펴보자. [한 사회에] A, B, C라는 단 세 명의 유권자만이 존재한다고 가정하자. 유권자 A와 B는 정부가 사회에서 수행하고 있는 현재 역할에 만족하고 있으나, 정부가 과세라는 방법으로 자신들의 사적 자산을 정부 활동에 추가적으로 배분하는 것에 반대한다. 그러나 유권자 C는 자신의 집 맞은편에 있는 시민 공원의 나무가 자기 집 정원에 그늘을 드리우기 때문에 정부가 1천 달러를 더 지출해 그 나무를 베어 주기를 원한다. 그는 정원 가꾸기에 열심이어서, 나무가 없어졌을 때 자신이 얻게 될 순 결과net result가 적어도 2천 달러어치의 가치가 있기 때문에 혼자서라도 1천 달러의 비용을 기꺼이 부담하고자 한다. 그러나 나무는 공공재산이므로 그가 나무를 독단적으로 베어 버릴 수는 없다. 또한 정부는 돈이 아니라 표에 관심이 있기 때문에 [나무를 벤다면 A, B의 표를 잃고 C의 표만을 얻을 것이기 때문에] C가 비용을 정부에 지불하고 나무를 베어 버리도록 허락하지도 못한다.

그러나 C의 불평 때문에 정부는 전체적인 문제를 조사하고 A와 B가 이 문제에 대해 거의 무관심하다는 것을 발견한다. 그러나 A와 B가 완전히 무관심한 것은 아니다. 그들은 자신들의 선호 순위에서 '그늘이 있는 상태'를 '그늘이 없는 상태'보다 약간 우위에 두고 있다. 따라서 C가 즉각 나무를 베어 버리고 싶어 할지라도 A와 B는 나무를 그대로 남겨 두기를 조금 더 원하기 때문에, 정부는 나무를 그대로 놔둔다.

만약 매표vote-selling가 허용된다면, C는 그의 조세 증가분에 1백 달러를 더한 액수인 총 433달러[19]를 A와 B에게 각각 지불해 나무를 베어 버리는 쪽에 투표하도록 만든다. 이런 경우, 나무를 제거하는 것은 그대로 놔두는 것보다 모두에게 이득을 줄 것이다. (우리가 생각하기에) A

와 B는 그늘보다는 1백 달러를 더 원하며, C는 자신에게 2천 달러의 가치가 있는 결과를 단 1천2백 달러[20]의 비용만으로 얻어 낸다. 그러나 법은 표의 판매를 금지하고, 따라서 합리성은 A와 B가 나무를 베지 않는 것에 투표하게 한다. 이것이 단지 정치적인 문제라는 결정적인 가정을 유지한다면, 정부는 다수의 결정을 따를 것이므로 C를 실망시키게 되고, 확실한 파레토최적은 달성되지 못한다.

후생경제학자들은 정부가 A와 B에게는 세금을 물리지 않는 대신에 C에게 나무 제거 비용 이상의 세금을 부과해 A와 B에게 보조금을 지급해야 한다고 주장할 수도 있다. 이 방법을 통해 C는 A와 B의 정치적인 지지를 간접적으로 사게 되는 것이다. 이는 모두가 이득을 볼 수 있는 방법이다. 그러나 이 해결책은 정부가 유권자들과 개별적으로 차별적인 거래를 할 수 있음을 의미한다. 그러나 실제로는 두 가지 이유 때문에 그런 거래는 사전에 배제된다.

첫째, 개별 시민들이 어떤 선호를 갖고 있는지에 대한 지식이 부족하기 때문에, 정부가 정확하게, 혹은 비용이 많이 들지 않는 방법으로 개인들의 선호를 차별화하는 것은 기술적으로 불가능하다는 점이다. 둘째, 비록 그것이 가능하더라도, 선례를 남기는 것에 대한 두려움 때문에 유권자들은 정부가 [개인들의 선호를] 개별적으로 차별화하는 것을 허용하지 않을 것이라는 점이다. 만약 우리의 예시에서 개인의 선호를 차별화할 수만 있다면, A와 B는 C에게 세금을 부담하게 하여 나무를

---

19) [옮긴이] 나무를 베는 데 드는 비용인 1천 달러를 3으로 나눈 값인 333달러에, C의 추가 지출 1백 달러를 더한 금액.
20) [옮긴이] 나무를 베는 데 드는 비용 1천 달러에, C가 A, B에게 각각 1백 달러씩 추가로 지급하는 비용(총 2백 달러)을 더한 금액.

제거하지도 않으면서 자신들에게 보조금을 지불하도록 투표할 수도 있다. 이처럼 개인별로 차별화가 가능해진다면 소수가 비록 고통을 겪을지라도, 다수는 정당한 보상 원칙을 사용하는 것보다 훨씬 더 많은 이득을 보게 될 것이다. 그러나 우리가 앞서 설명했듯이, A와 B는 이런 선택을 거부할 것이다. 이는 그렇게 했을 경우 자신을 포함하지 않는 다수가 후에 자신의 이익에 반대해 그 선례를 이용할 수도 있다는 두려움 때문이다. 따라서 세 명의 시민 모두 정부가 개인별로 차별화함으로써 표의 분배와 화폐소득의 분배를 통합하는 것에 반대한다. 여기서 다시, 불확실성 때문에 사회는 파레토최적에 도달하지 못한다는 것을 발견할 수 있다.

한계 균등화에 대한 이런 봉쇄는 이어지는 예시에서 보게 될 것처럼, 현재 보상 행위들에만 국한되지 않는다. 두 명의 유권자 X와 Y가 미래에 편익을 제공하는 서로 다른 두 개의 투자를 위해 정부가 자금을 조달해 주길 원한다고 가정하자. 두 개의 투자는 같은 날에 보상을 가져오지만, 그에 소요되는 한계 세액을 바탕으로 계산되는 '미래 효용의 순 한계 보상률이 할인된 값'은 서로 같지 않다. 시민 X는 자신이 선호하는 투자가 2천 퍼센트의 보상을 가져올 것이라고 보지만, 더 많은 자원이 투여될 경우 이 보상률은 떨어질 것이다. 반면에 시민 Y는 자신의 계획이 2퍼센트의 보상을 가져올 것이라고 본다. 그러나 이 두 개의 비율은 똑같은 효용 함수를 바탕으로 계산된 것이 아니기 때문에 직접 서로를 비교할 수는 없다. 각 시민은 자신의 효용 함수를 사용해 자신이 가장 선호하는 정부 계획의 보상을 계산한다. 그리고 우리가 여기서 가정하듯이, 개개인은 타인들이 원하는 계획이 자신에게는 가치가 없다고 생각한다.

단일한 계획 주체인 정부는 이런 두 가지 투자 용도에 대해 자원을 배분해야만 한다. 그러나 정부는 자체적인 효용 함수를 갖고 있지 않기 때문에 두 가지 용도가 가져다주는 효용 보상에 근거해 이 투자들을 평가하지 않는다. 정부는 투표 보상 함수vote pay-off function에 근거해 평가하고 각 시민들은 한 표만을 행사할 수 있으므로, 정부의 눈에는 두 개의 투자 모두 동일한 한계 보상률을 갖는 것으로 보인다. 그렇다면, 정부가 보상률이 2퍼센트인 투자로부터 보상률이 2천 퍼센트인 투자로 자원을 이동시키는 것이 합리적일 수만은 없다.

만약 매표가 자유롭게 허용된다면, 정부 행동으로부터 얻게 되는 보상률이 2천 퍼센트인 시민 X는 시민 Y에게 대가를 지불해, 정부의 모든 자금을 자신이 선호하는 투자로 이전시키도록 하는 데 Y가 동의하게 만들 것이다. 이는 그 투자의 보상률이 2퍼센트에 이를 때까지 계속될 것이다. X는 이런 이동의 결과 Y가 부담해야 하는 손실을 보상하고도 훨씬 많은 이득을 챙길 수 있을 것이다. 그러나 이는 X가 Y에게 대가를 지불해 Y로 하여금 그의 정치적 영향력을 X에게 양도하도록 하는 것을 뜻한다. 사실상, X가 Y의 표를 사는 것이라고 할 수 있다. 이는 불법이기 때문에 X는 이 방법을 사용할 수 없다. 그러나 만약 Y가 특정한 정부 계획에서 X가 선호하는 대안이 자신에게는 별 편익을 주지 않는다고 판단한다면, X에게 돌아가는 2천 퍼센트의 보상보다는 자신에게 돌아오는 2퍼센트의 보상이 더 가치 있다고 보기 때문에 Y는 그의 정치적 영향력을 자발적으로 양도하지는 않을 것이다.[21]

---

21) 민주주의 정치체제에서는 상당량의 뇌물이 생겨난다. 대개의 경우 현금으로 지불되지 않는다 하더라도 말이다. 전체적으로 보면 '보스' 체제 — 특혜를 대가로, 시민들은 보스가 이끄는 대로 투표한다 — 는 뇌물, 즉 매표의 한 형태이다. 사실 우리 모형의 배후에 있는 중심적인 생각은, 유권자들은 자신을 만족시키는 정치인들에게 투표할 것이라는 점이다. 그럼에도 현실 세계에서조차 곡물 시장이나 주식시장과 같은 매표 시장은 존재하지 않으며, 이런

따라서 매표의 금지는 서로 다른 시기들 간에, 또한 한 시기 내에서 한계 수익 균등화 원리의 작동을 차단한다.[22] 결과적으로, 정부는 끊임없이 다양한 보상률을 지닌 행동들을 하게 된다. 따라서 정부의 차익 거래arbitrage[23]를 통해 유권자들 중 구매자와 판매자 모두는 이득을 볼수 있다. 하지만 정부는 어떤 매표도 일어나지 않는 상황에서는 자원을 이동시켜 그들 모두가 이득을 보게 할 유인을 갖고 있지 않다. 그래서 정부는 소극적 봉쇄를 행하게 되고 이는 실현 가능한 파레토최적을 막아 버린다. 표의 매매가 합법이라면, 사회 전체가 이득을 보게 되지 않을까? 그렇게 되면 지금의 조건에서는 불가능한 파레토최적이 가능해지지 않을까?

4) 가상적인 매표 시장

이런 질문들에 답하기 전에, 우리는 우선 개개인에게 투표가 지니는 가치의 독특한 성격을 검토해야만 한다. 모든 대규모 선거에서, 합리적 유권자라면 자신의 표가 어떤 방식으로든 결정적 영향을 미칠 확률이 매우 낮다는 사실을 알고 있을 것이다. 다른 모든 타인들의 선택이 이미 주어져 있을 때, 정당 P가 정당 Q를 이기는 것을 그가 얼마나 중요하게 생각하는지와는 관계없이 그의 표는 거의 가치가 없다. 만약 매표

사실 때문에, 여기서 논의되는 중요한 효과들이 발생한다. 따라서 우리는 모형에서 '보스' 체제와 같이 국지적인 영향을 미치는 시장은 제외할 것이다.
22) 이 두 가지 질문이 반드시 동일한 것만은 아니다. 즉 사회 전체가 이득을 보게 하는 것과 파레토최적을 달성하는 것은 서로 구분되는 행동이며, 항상 일치하지는 않는다.
23) [옮긴이] 차익 거래는 어떤 상품의 가격이 시장 간에 상이할 경우 가격이 싼 시장에서 매입해 비싼 시장에 매도함으로써 매매 차익을 얻는 거래 행위를 말한다.

가 합법적이라면, 돈은 그에게 분명히 가치 있기 때문에 그는 매우 낮은 가격으로라도 자신의 표를 기꺼이 팔아 버릴 것이다. 달리 말해, 모든 합리적 유권자는 자신의 표에 대해 낮은 보유 가격을 책정하고 있다. 그렇다고 해서 이것이, 통제되지 않는 시장에서 표의 가격이 저렴할 것이라는 의미는 아니다. 표의 가격은 공급뿐만 아니라 수요에도 달려 있다.

이 문제를 좀 더 깊이 알아보기 위해, 당분간은 다음의 두 가지 가정을 세워 보자. ① 표를 사고파는 데는 아무런 법적 제약이 없다. ② 유통 가능한 투표 증서가 인쇄되어 각 선거 이전에 유권자별로 한 장씩 분배된다. 이렇게 된다면 어떤 일이 발생할까?

어떤 단일 유권자도 엄청난 정치권력을 가지고 있지 않다. 보유 가격이 낮은 이유는 이 때문이다. 그러나 많은 수의 표를 사 모을 수 있다면 자신의 이해관계가 걸린 어떤 영역에서라도 강한 영향력을 행사할 수 있다. 결과적으로, 그런 권력을 원하고 표를 살 만한 자금을 가진 자들이 표에 대한 수요를 형성할 것이다. 바라는 것이 별로 없는 나머지 사람들이나, 자금을 많이 가지지 못한 사람들이 표의 공급자가 될 것이다. 심지어 표 수요자들 사이의 치열한 경쟁이 발생해 표의 가격이 다수 시민의 보유 가격보다 상당히 높은 수준까지 상승할 수 있다. 이렇게 되면 대부분의 저소득층은 구매자가 될 수 없는 대신에 판매자가 될 것이다.

따라서 경쟁자들 가운데 결국 누가 정부 정책을 통제하기에 충분한 표를 사 모으게 될 것인가와는 상관없이, 승자는 거의 언제나 고소득층 혹은 대자본 소유자들일 것이다. 요약하자면, 매표 시장이 존재할 경우 비록 특정 정책들에 대한 지배를 둘러싸고 고소득층 내부에서 첨예한 경쟁이 존재한다 할지라도, 정부 정책은 이런 집단들에 의해 좌우될 것이다.

아마도, 저소득층은 결국 정부 정책에 의해 차별받는 것을 참지 못하게 될 것이다. 고소득층의 지배에 맞서기 위해 그들은 노동시장에서와 마찬가지로 대규모 단체협상단을 형성하고자 할 것이다. 사실 그들은 노동시장에서 이미 존재하는 집단적 협상단을 활용할 수도 있다.

그렇게 되면 개별 유권자들은 더는 자신의 표가 가치 없다고 느끼지 않을 것이다. 그 이유는 자신이 집단에 포함될 수 있고, 그렇게 함으로써 집단 전체의 표로 간주되는 자신의 표가 결정적인 역할을 할 확률을 높일 수 있기 때문이다. 따라서 그는 자신의 표를 집단적으로 행사한 보상을 받게 될 것인데, 이 보상은 그가 표를 팔았을 때와 같은 화폐 보상이 아니라, 저소득층의 협상 본부가 정부 정책에 영향을 미칠 충분한 권력을 획득할 때 성취되는 정책상의 보상이 될 것이다.

이런 가상적 세계에서는, 정부가 어떤 정책을 채택하는지에 대해 유권자가 무관심한 한, 개인적으로든 집단적으로든 투표하는 것보다는 표를 파는 것이 유권자에게 항상 더 합리적이다. 그가 모든 다른 유권자들의 표를 이미 결정된 것으로 판단하는 경우에도 표를 파는 것이 더욱 합리적이다. 그러므로 어느 한 명의 이탈 정도는 사소해 보일 만큼 집단이 상당히 커지게 되면, 유권자들이 집단에 자신의 표를 기부하도록, 즉 유권자들로 하여금 자신의 표를 집단적으로 행사하도록 설득하기란 이제 쉽지 않다. 노동운동의 역사, 심지어 대규모 카르텔의 역사조차도 이것이 얼마나 어려운가를 보여 준다. [집단에서] 이탈하는 것은 처벌받아야 하며, 혹은 [이탈과 참여를] 통계의 차원에서 보는 것이 아니라, 감성적이고 도덕적 차원에서 판단할 수 있도록 [구성원들은] 교육되어야 한다. 즉 각 구성원들이 자신의 행동을 자신의 문제에서 멈추는 것이 아니라 타인들이 따르게 될 모범으로 여겨야만 한다. 그렇지 않으면 그 집단은 긴장 상태에 빠져 분열될 것이다.

이 난관이 해결되고 저소득층의 협상 집단이 투표 시장에 출현했다고 가정해 보자. 그들은 [어느 쪽에도 속하지 않은] 주변부의 표들에 대한 통제권을 놓고 고소득층과 경쟁에 돌입할 것이다. 아마도 고소득층은 기금을 모아 표를 살 것이고, 저소득층은 정책을 약속함에 따라 경쟁 구도가 형성될 것이다. [이 과정에서] 정당들은 불필요한 기관으로 전락하거나 스스로 투표 시장에 뛰어들어 저소득층 혹은 고소득층의 이익을 대변하는 당파partisan가 된다.

따라서 투표 시장은 두 집합적인 집단들 사이에 있는, 불안정한 힘의 균형을 향해 나아갈 것이다. ① 재력을 바탕으로 초기 지배력을 차지하는 고소득층, ② 결과적으로 수적 우위를 점하게 될, 신생 저소득층 집단 협상 본부가 그것이다. 고소득층은 어느 정도 매표에 성공하는 한, 매표가 불법일 때에 비해 더 많은 정치적 영향력을 갖게 된다. 그러나 이런 영향력은 소득을 지출함으로써 구매된 것이다. 그러므로 자신의 표를 팔아 버린 저소득층은 대가를 받았기 때문에 금전적으로 이득을 본다. 명백히 손해를 보는 사람들은 저소득층 시민들 중에서 표를 팔지 않고 정책에 영향을 미치려고 한 사람들이다. 그들은 매표가 합법화되기 전보다 더 많은 소득을 얻지 못할 뿐만 아니라 정치적 영향력 또한 줄어든다.

집단으로서의 저소득층 시민들은 화폐소득을 얻기 위해 정치적 영향력[즉 표]을 판매해 왔다. 표를 합법적으로 판매하기 전에 그들이 가졌던 정치적 영향력을 되찾기 위해, 집단으로서의 저소득층 시민들은 ① 단체 협상단으로 단결해야 하고, ② 그들이 매표함으로써 제공받는 화폐소득을 포기해야 한다. 만약 이 화폐소득이, 원래 그들이 지녔던 크기의 정치적 영향력으로부터 얻는 보상보다 더 큰 효용을 제공한다면,

매표를 포기하는 것은 분명 그들에게 어리석은 짓이다. 그러나 만약 표를 팔더라도 최대한의 화폐를 획득하기 위해서는 여전히 집단 협상을 통해야만 한다. 그렇지 않으면 표 구매자들은 노동시장에서와 마찬가지로 판매자들 간의 경쟁을 조장하여 시장의 편익을 독차지할 것이다.

그러나 만약 저소득층에게 있어, 표를 팔아 얻을 수 있는 화폐보다 정책에 대한 통제가 더 중요하다면, 매표를 금지시키는 것이 그들이 할 수 있는 최선의 방침이다. 이를 통해 저소득층은 자신들의 정치적 영향력을 고소득층이 잠식해 버리려는 것을 막아 낼 수 있다. 각자가 단 한 표만을 행사하고 아무도 더 많은 표를 사거나 자신의 표를 팔 수 없을 때, 최소한 확실성의 세계에서는 개인들 간 정치권력의 평등이 이루어진다. 그런 평등은 수적으로 우세한 저소득층에게 당연히 이롭다. 따라서 투표권의 평등과 매표의 금지를 시행하는 것은 사회에서 저소득층이 정부 정책에 대한 영향력을 가질 수 있도록 보증하는 가장 효과적인 방법이다.

이 결론을 유념하고, 매표가 파레토최적을 낳을 것인지에 대한 문제로 돌아가 보자. 다양한 상황에서 가난한 표 판매자가 부유한 표 구매자에게 자신의 표를 팔 수 있다면 양자 모두는 분명 이익을 볼 것이다. 그러나 대부분 그런 경우 누군가의 이득은 다른 이들의 손실이 된다. 예를 들어, 이 장의 앞부분에서 예로 들었던 나무 그늘의 경우를 떠올려 보자. A와 B는 나무를 베어 버리는 데 반대하고 C는 찬성한다. 만약 C가 A와 B 모두에게 뇌물을 줄 수 있다면, 그는 나무를 베어 버리게 할 수 있고 모두가 이득을 볼 것이다. 그러나 뇌물이 합법적이라면 C의 입장에서는 A와 B 모두에게 뇌물을 주는 대신에 B에게만 뇌물을 주는 편이 더 비용이 적게 들 것이다. B는 뇌물을 받아서, 그리고 C는 나무를 제거하기에 충분한 표를 통제할 수 있게 되므로 B와 C는 모두 이득을 본다. 반면에 A는 손해를 본다. 그는 그늘과 소득 증가 중 아무것도 얻지 못한다. 사실 그는 나무를 제거하는 데 반대했음에도 나무 제거 때문에 늘어난 세금을 부담해야 한다. 그러나 C의 입장에서 A에게도 뇌물을 주게 되면, 비용은 더 많이 들지만 편익은 증가하지 않기 때문에 비합리적이다. C가 A와 B 모두에게 뇌물을 주거나 아니면 아무에게도 줄 수 없도록 어떻게든 강제한다면, C는 어떤 타인에게 손해를 입힘으로써 자신의 이득을 증대할 수는 없을 것이다. 그러나 자유 시장에서는 오직 순수한 자발적 거래만이 이루어질 수 있기 때문에, 그런 강제성은 자유 시장과 양립할 수 없다.

후생경제학의 용어에 따르면, 누군가에게 이득을 주면서 아무에게도 해를 입히지 않는다면 어떤 변화는 명백하게 좋다고 할 수 있다. 그러나 광범위한 매표 시장에서 거래는 거의 불가피하게 누군가에게 손해를 입힐 것이기 때문에, 그런 시장의 도입은 명백하게 좋은 변화를 가져오지는 않을 것이다. 따라서 그런 시장이 합법적이게 되더라도 사회가 반드시 이득을 보게 될 것이라고는 말할 수 없다.[24]

[누군가에게 이득을 주면서 아무에게도 해를 입히지 않는 것이] 가능한 몇 가지 조건이 있는데, 이 조건들하에서는 비록 모든 사람이 비용을 극소화하고 보상을 극대화하고자 할지라도 매표 시장은 모두에게 이득을 가져다줄 것이다.

---

24) 일부 사람들이 손해를 본다 하더라도 매표를 합법화하는 것이 사회에 좋을 수도 있다. 그러나 그 경우, 좋음(goodness)이라는 것은 개인들 간의 후생 비교, 즉 윤리적 판단을 통해서만 판단될 수 있다. 이때 모든 시민이 똑같은 윤리적 원칙을 사용하는 것이 아니기 때문에, 합법화된 매표의 '좋음'이라는 것은 본질적으로 견해와 관련된 문제이다. 매표의 합법화를 옹호하는 정치적 선동은 거의 없는 반면, 매표가 발각되었을 경우 그것을 질타하는 선동은 상당히 많기 때문에 매표의 합법화가 사회를 위해서는 좋지 않다고 본다. 이는 대부분의 민주주의에서 지배적인 견해이다.

1. 각각의 표 판매자들에게 뇌물의 효용가치는, 매표 시장의 작동에 의해 나타나는 정책의 모든 변화로 인해 그가 경험하게 되는 효용의 손실보다 크거나 같다.
2. 각각의 표 구매자들이 지불하는 뇌물의 양은 ①에서 언급된 정책 변화로 얻게 되는 이득보다 작거나 같다.
3. 표를 구매하지도 판매하지도 않는 모든 이들은 ①에서 언급된 정책 변화로 인해 효용 손실을 전혀 겪지 않는다.

이와 같은 조건들이 충족되기 위해서는, 첫째, 모든 표 판매자들이 집단적으로 협상해야 하며, 둘째, 모든 표 구매자들이, 구매한 표를 통해 어떤 정책 변화를 이끌어 낼 것인지에 대해 동의가 형성돼 있어야 할 것이다. 요컨대, 표 판매자들은 단일 집단을 형성해 자신들의 정치적 영향력을 표 구매자들의 카르텔과 거래할 것이다.

그러나 우리의 견해로는 그와 같이 거대한 쌍방 독점bilateral monopoly [수요 독점과 공급 독점이 서로 대립한 시장의 상태]이 자유 시장에서 형성되기는 어려울 것 같다. 특히 표 구매자들마다 정책에 대한 선호가 서로 상당히 다를 것이기 때문이다. 정부가 어떻게든 개입해 모든 표 판매자들이 하나의 집단을 형성하도록, 그리고 표 구매자들도 그렇게 하도록 강제할 때 이런 상황은 생겨날 것이다. 분명히, 그 시장은 이제 넓게 개방된 것이 되지 않을 것이다. 게다가 집권당이 정치를 그렇게 통제하는 것은 1장에서 설정한 헌법의 규정을 위반하는 것이 된다. 즉 정부가 정치 활동에 대한 시민의 자유를 가로막게 되는 것이다. 사실 매표를 금지하는 것 역시 자유에 대한 제한이기는 하다. 그러나 표 구매자 카르텔에 강제로 가입시키는 것은 정치적 영향력을 원하는 모든 이에게 특정 정책을 강요하는 것을 의미하지만, 매표 금지는 그렇지 않다. 따라서 우리는 매표 시장이, 정치적 자유를 해치지 않으면서 어느 누구에게도 손해를 입히지 않는 동시에, 누군가에게 이득을 줄 수 있다는 가능성을 기각하기로 한다.

우리의 결론은 아주 극미한 불확실성이라도 존재한다면 민주주의 정부는 완전경쟁 경제하에서조차 파레토최적을 가져오기 위해 필요한 모든 최적 촉진optimum-furthering 행동을 수행하지 못한다는 것이다. 정부는 유권자의 능력과 효용 함수에 대한 완벽한 지식을 갖고 있지 않기 때문에, 득표 극대화를 추구하는 정부는 불가피하게 개인의 한계 균형 달성을 가로막는다. 따라서 특정한 정치적 협상의 형태를 취하는 차익 거래에 의해 모두가 이득을 보거나, 또는 아무도 손해를 보지 않으면서 일부가 이득을 보게 되는 경우도 있을 수 있다. 그러나 이런 협상은 불가능하다. 자유 경제활동은 집합재나 비시장적 상호 의존, 또는 둘 다를 포함하고 있기 때문에 그런 협상을 성사시킬 수 없다. 따라서 정치적 뇌물을 제공하는 영향력 행사자들은 모두에게 뇌물을 주는 것보다는, 일부 시민들에게 손해를 끼치더라도 몇 명에게만 제공하는 것이 더 이익이라는 사실을 항상 알게 된다. 이를 알아차린 다수의 시민들은 불확실성으로 인해, 자신이 손해 보는 바로 그 소수가 될지도 모른다는 두려움을 갖게 되어 서로 연합해 뇌물을 불법화할 것이다. 비록 [그들 사이에] 어떤 협상이 필요한지를 안다 해도 정부 역시 그런 거래가 이루어지도록 강제할 수는 없다. 왜냐하면 정부가 그렇게 하면 정치적 자유를 위협하는 모양새가 되어 버리기 때문이다. 한마디로, 민주주의하에서 파레토최적은 결코 이루어질 수 없다.

5) 분할 불가능성이 미치는 영향과 그 기술적 원인

이 장의 앞부분에서, 우리는 정부의 작동과 연관된 어떤 분할 불가 능성들이 파레토최적 달성에 기술적인 장애물이 된다고 지적한 바 있 다. 그리고 이 장애물들에 대한 논의는 뒤로 미루었다. 이제 그것들을 자세히 분석해 보고자 한다. 그 첫 번째 단계는 3장에서 논했던, 정부 활동으로부터 개인이 획득하는 효용 소득에 대해 다시 검토해 보는 것 이다.

개별 유권자는 정부 행동으로부터 **총** 효용 소득을 얻고, 정부의 한 계 지출로부터 **한계** 소득을 얻는다. 또한 그는 과세 및 규제를 통해 총 효용 비용을 지불하고, 최근의 과세액(혹은 물가 상승의 규제로 인한 소득 손실)에서 한계비용을 부담한다. 합리적인 사람은, 사회에서 정부의 정 책 활동과 정부 외의 활동에서 그가 얻는 총 효용 소득이 그런 모든 활 동에 대해 그가 부담하는 총비용을 초과하는 한 그 사회에 머문다. 따 라서 [정부 외의 활동 영역도 존재하기 때문에] 그가 정부 행동으로부터 얻 게 되는 총소득만으로 그 행동에 대해 부담하는 총비용을 초과하거나 같아야 할 이유는 없다.

마찬가지로, 정부 행동으로부터 어떤 시민이 획득하는 한계 이득이 그의 한계 손실과 같아야 할 선험적인 이유는 없다. [정부가 아닌] 사적 시장에서는 다르다. 합리적 인간은 한계 수익과 한계비용(이것은 사실상 다른 곳에 한계 지출했을 때 얻게 되어 있는 보상이다)이 같아지도록 자신의 전체 경제활동을 조정하고, 이에 따라 순소득을 극대화시킨다. 이것은 그가 수익과 비용의 각 방향으로 자신의 행동을 조금씩 변화시키는 방 식으로 추가적인 1단위의 선택에서 그의 행동을 정확히 통제할 수 있 기 때문에 가능한 것이다. 달리 말해, 최소한 이론상으로라도 그의 개별적인 노력은 분할 가능하고 원하는 만큼 늘이거나 줄일 수 있다.

그러나 정부는 각 시민들에게 의무적으로 비용을 부담하게 하는데, 개별 시민들은 이를 매우 한정된 범위 내에서만 변화시킬 수 있다.[25] 그뿐만 아니라 정부는 개별 시민이 그 서비스의 공급에 얼마나 기여했는가와는 전혀 상관없이 서비스를 제공한다. 따라서 정부와의 거래에 있어서 개인은 가능성이 거의 없는 우연의 일치를 통해서만 완벽한 한계 균형을 이룰 수 있다. 우리는 보통 각자가 정부 행동으로부터 얻는 한계 이득은 그의 한계 손실과 같지 않을 것임을, 따라서 개개인은 정부로부터 순 한계 초과 소득net marginal bonus을 얻거나 순 한계 손실net marginal drain을 입히게 될 것임을 예상할 수 있다.

자유롭고 분할 가능한 시장에서는 이런 결과들 중 어느 쪽도 오래가지 못한다. 어떤 추가적인 1단위의 투자에서 순손실을 입은 합리적 인간은 그 투자로 유입되는 자원을 줄일 것이다. 이렇게 하여 한계 보상 체감의 법칙이 작용한다고 가정하면, 한계 보상은 결과적으로 한계비용과 같은 수준으로 올라갈 것이다. 또는 그가 어떤 추가적인 1단위의 투자에서 순이익을 누리고 있다면, 한계 보상이 한계비용과 동일한 수준으로 하락할 때까지 더 많은 자원을 그곳으로 투입할 것이다. 두 경우 모두, 현 상황에 대처하는 그의 적절한 행동은 그의 총 순소득을 증가시킬 것이다.

그러나 정부는 사기업들이 하듯이 각 시민들과 자발적 거래에만 관여하는 것은 아니다. 많은 사기업들처럼 정부는 모든 사람들을 각각의 범주로 나누고 같은 범주에 속하는 사람들에게는 같은 규칙을 사용하

---

25) 예를 들어, 어떤 사람은 소득세를 내지 않기 위해 작업 시간을 줄이거나, 판매세를 피하기 위해 저축하거나, 사치세를 부담해야 하는 상품을 구매하려 하지 않거나 할 수 있다.

는 방식으로 여러 범주와 거래하지만, 정부의 '고객들'은 그들이 좋든 싫든 간에 특정한 범주에 속하도록 요구받는다. 예를 들어, 연필 제조업자가 "내 상품을 구입하려면 2.69달러를 지불해야 한다."라는 규칙을 세우더라도, 그 상품을 반드시 사야만 하는 사람은 없다. 하지만 "과세 대상 소득을 벌고 있는 미네소타 주의 모든 사람은 소득의 5퍼센트를 주 재무부에 납부해야 한다."와 같은 정부 규칙에 대해서는 자유가 없다.

　　과세 대상 소득을 전혀 벌지 않으면 된다고 주장할 수는 있으나, 시장경제하에서 그렇게 살아가기란 어렵다. 마찬가지 근거로, 어떤 사람도 살아 있도록 강요받지는 않으므로 강제적 인두세poll tax 역시 자발적인 것이라고 주장할 수도 있다. 그러나 그런 궤변은 강제의 가능성을 부인하는 것인데, 강제란 우리 모형에서뿐만 아니라 세상에도 실재하고 있는 힘이다.

　　극단적인 반대 진영에서는 사적 부문에서도 공적 부문에서와 똑같은 강제가 존재한다고 주장한다. 우리가 살고 있는 경제에서 은둔자가 아닌 이상 기업과 관계하지 않고 살아가기란 불가능하다. 그러므로 은둔자가 아닌 모든 이들은 사기업과 사고파는 거래를 할 수밖에 없는데, 이는 강제로 소득세를 내야 하는 것과 마찬가지라는 것이다.

　　이런 주장에는 진실의 일면이 있으나, 공적 부문에서 나타나는 강제의 유형은 사적 부문에서와는 매우 다르다. 사적 부문에서는 **누군가와** 거래를 해야 하지만, 각 거래에 포함되는 특정 주체 및 거래의 정도는 개인의 재량에 맡겨진다. [사적 부문에서] 개인은 각 거래에서 자신의 위치를 추가적인 1단위별로 변화시키면서 다양한 거래나 시장들을 넘나들 수 있다. 따라서 그는 이전에 서술한 한계 균등화 과정[즉 한계 소득과 한계비용을 일치시키는 과정]을 실행할 수 있다.[26]

　　공적 부문에서는 이와 다르다. 각 시민들은 정부와 관계해야 하며

(시민이 아닌) 정부가 규정한 방식대로 관계가 이루어진다. 물론, 그는 한 묶음으로 간주되는 모든 범주들을 의도적으로 움직여 한계비용과 한계 소득을 동일하게 하려고 시도할 수도 있다. 그러나 그에게는 너무나 많은 범주들이 부여되기 때문에 변동이 가능한 영역은 매우 한정되어서 [공적 부문에서는] 한계 균형을 보증할 수 없다.

이런 상황은 정부 행동의 분할 불가능성에서 나오는데, 그것에는 다시 두 가지 기술적인 원인이 있다. 그것들은 ① 특정 정부 행동에서 흘러나오는 편익의 성질과 ② 편익 측정의 어려움이다. 이 둘을 차례대로 논의해 보자.

이 장의 앞 부분에서 지적한 바와 같이, 정부의 주된 활동들은 분할 불가능한 편익을 낳는다. 누가 비용을 지불하는가에 상관없이 모든 시민들은 이런 편익의 잠재적인 수혜자이다. 따라서 앞서 설명한 바 있듯이, 정부는 시민들에게 대개 치안·사법·국방 등과 같은 정부의 기본적인 서비스로부터 나오는 그런 편익의 비용을 지불하도록 강제해야만 한다. 분명 그런 강제는 자유로운 협상의 가능성을 없애 버릴 것이다.

그러나 편익의 흐름이 이렇게 분할 불가능하다는 것은 그 편익들을 얻기 위해 어느 정도의 지출이 필요한지, 그 비용의 배분은 어떻게 할 것인지를 설명해 주지 않을뿐더러, 모든 이들이 획득하는 편익이 서로 반드시 동등함을 의미하는 것도 아니다. 예를 들어, 공습에 대비한 국방비 지출은 의심할 바 없이 어느 정도는 모든 이들에게 편익을 제공하

---

26) 여기서 우리는 사적 부문에서 완전경쟁이 존재하며, 그곳의 모든 상품은 완벽하게 분할 가능하다고 가정한다. 이 장에서 이런 가정은 (집합재를 제외한) 사적 부문에 대한 모든 논의에 내포되어 있다. 우리는 편의상, 그리고 이것이 경제학의 일반 균형 모형의 배후에 있는 통상적인 전제이기 때문에 이 가정을 채택한다.

지만, 사막에서 자급자족하며 사는 사람들보다는 방위산업체 근처의 도시에 사는 사람들에게 훨씬 많은 편익을 제공한다. 어떤 시민들은 심지어 국민 생활에서 국방 영역이 차지하는 비중이 지나치게 높다거나 제트기의 소음이 지나치다는 등의 이유로 한계 국방 지출이 그들 자신에게는 순손실이라고 생각할 수도 있다. 또한 정부가 시민들에게 강제로 비용을 걷는다는 사실이 각 시민으로부터 얼마만큼이나 징수하는지를 설명해 주지 않는다.

이런 비용 배분 문제는, 만약 개개인들이 획득하는 편익 소득benefit income을 정확히 측정할 수만 있다면 쉽게 풀릴 것이다. 그러나 정부 행동에서 발생하는 편익들은 많은 경우 순전히 심리적인 것이다. 즉 [그 많은 편익들은] 화폐의 형태로 받게 되는 것이 아니라 [개개인들의 심리적 차원에서] 직접적으로 소비된다. 개개인들의 심리적 소득을 비교하기란 불가능하기 때문에, 한 개인이 획득한 편익을 측정하고 그것을 다른 사람이 획득한 편익과 비교해 비용 배분 문제를 해결할 수는 없다. 정부가 각 시민에게 "X 서비스를 계속 제공받기 위해 얼마나 지불하겠습니까?"라고 물어서, 그 정부 행동으로부터 그들이 얻는 편익이 얼마나 되는지를 알아낼 수도 없다. 정부의 많은 서비스들은 상당한 정도의 소비자잉여를 낳기 때문에, 거의 모든 시민들이 정부의 존재로 인해 상당량의 총편익을 얻는다. 이 편익의 규모는 한 시민이 오직 그 목적만을 위해 자신의 소득을 모두 지출해 스스로 그 서비스를 제공하는 경우보다 크다. 따라서 많은 정부 활동들에 내재해 있는 거대한 '규모의 경제'economies of scale 역시 이런 결과를 만드는 데 기여한다.

편익을 측정할 수 있는 방법을 발명한다 할지라도 편익 원칙을 통해 비용을 배분하는 데 존재하는 모든 장애물을 없애지는 못할 것이다. 정부가 시민들이 얻는 편익의 크기를 알아내기 위해서는, 시민들의 화폐

소득을 알아내기 위해 이미 그렇게 하고 있듯이, 개별 시민들과 협상에 들어가야 한다. 만약 이런 협상 비용이 매우 크다면, 그 높은 비용은 정부와의 관계에서 시민들이 한계 균형에 도달함에 따라 성취할 수 있는 어떤 이득도 무효화시킬 것이다.

현재로서는 편익을 측정할 수 있는 방법이 전혀 없기 때문에, 정부가 원한다 해도 편익에 비례해 비용을 배분할 수는 없다. 그리고 편익의 분할 불가능성 때문에 정부는 응분 보상 원칙quid pro quo을 기반으로 해 자유 시장에서 정부 서비스를 팔 수도 없다. 이런 기술적 이유들 때문에, 정부는 시민들이 정부와의 거래에서 개인적 한계 균형을 획득하도록 돕겠다는 식의 생각은 버려야만 한다.

6) 한계 균형이 봉쇄되는 원인으로서의 소득분포

개인의 편익을 측정하는 것과 적은 비용으로 개별 협상을 진행하는 데 발생하는 기술적인 문제들이 해결될 수 있다 하더라도, 각 개인들이 정부와의 거래에서 한계 균형을 달성하리라고 추정할 만한 이유는 없다. 사실 정부에게 최선의 이해는 그런 균형에 도달하기 위해 필요한 개별적 협상을 의도적으로 거부하는 것이 될 것이다.

추가적인 1단위의 납세에 의해 발생하는 효용 손실, 혹은 적자 재정의 경우 추가적인 1단위의 물가 상승에 의해 생겨나는 효용 손실이 정부의 행동으로부터 얻게 되는 한계 편익에 의한 효용 증가분과 동일할 때 다른 조건들이 같다면, 개개인은 자신의 효용 소득을 극대화한다. 이런 조건하에서라면, 개개인은 사실상 자신의 화폐소득으로 정부의 서비스를 구매하는 것이 된다. 그는 주어진 화폐소득을 가능한 한 가장 효율적으로 사용한다. 즉 그는 자신이 할 수 있는 한에서 가장 큰 효용 소득을 얻는 것이다.

그러나 정부는 소득을 재분배할 수 있는 권한을 가지고 있기 때문에 모든 사람들의 화폐소득을 이미 결정된 것으로 간주할 필요가 없다. 우리 모형에서, 득표 극대화에 도움이 된다면 정부는 언제든지 그 권한을 사용한다. 분명히, 모든 시민이 하나의, 오직 하나의 표만을 가진 사회에서 재분배를 통해 표를 획득하는 가장 좋은 방법은 소수의 소득을 빼앗아(따라서 이들 소수는 정부를 적대적으로 대하게 된다) 다수의 사람들에게 사용하는 것이다(따라서 이들 다수는 정부를 지지한다). 거의 모든 사회에서 과세 이전의 소득분배는 소수의 사람들이 많은 소득을 얻고 다수의 사람들이 상대적으로 적은 소득을 얻는 구조로 이루어져 있다. 따라서 평등을 향한 재분배는 정부가 원하는 바로 그 정치적 목표를 성취하게 해준다. 따라서 민주주의 사회에서 투표권이 평등하다는 것은, 정부 행동이 소수의 고소득층으로부터 다수의 저소득층에게로 소득을 재분배함으로써 소득의 평등화를 이루려는 경향으로 이어진다.

그러나 정부는, 각 시민들의 과세 전 소득에 세금이 징수되고 정부의 활동에 의해 편익이 더해져서 모든 시민의 소득이 같아질 때까지 이 과정을 계속할 수는 없다. 이는 다음 세 가지 이유 때문인데, 이 모두는 불확실성과 관련되어 있다.

첫째, 정부는 어떤 환류 효과나 유인 효과incentive effects를 초래하지 않으면서 소득을 재분배하는 조세와 편익의 체계를 고안해 낼 수 없다. 합리적 행동에 관한 공리 중의 하나는, 모든 개인들이 가능하기만 하다면 비용을 부담하지 않으면서 보상을 얻으려 한다는 것이다. 따라서 정부가 과세 및 편익 분배에 관한 규칙들을 발표하면 모든 시민들은 되도록 세금을 내지 않으면서 편익을 얻을 수 있도록 자신의 자원을 배분한다. 물론, 앞 절에서 지적했듯이, 정부 규칙은 강제적이기 때문에 시민은 이와 관해서는 사적 부문에서 할 수 있는 만큼 자유롭게 전략을 쓸 수 없다. 그럼에도 손해를 보지 않으면서 보상을 얻는 어떤 방법이 가능하다면 그 범위 안에서 그렇게 할 것이다.

만약 모든 시민이 정부의 제안에 대해 어떻게 반응할지를 정부가 정확히 알고 있다면, 정부는 아마도 총산출을 감소시키거나 개인의 한계 균형을 교란시키지 않으면서 부유층에서 빈곤층으로 소득을 재분배할 수 있는 조세-편익 구조를 구상해 낼 수 있을 것이다. 예를 들어, 실제 화폐소득이 아니라 각 개인의 타고난 소득 획득 능력에 대해 세금을 부과할 수도 있다. 그런 세금은 주민세와 소득세의 장점을 모두 가지는 반면, 주민세와 소득세가 갖는 큰 단점은 갖지 않는다. 어느 누구도 자신의 자원을 재분배함으로써 징세를 피할 수 없다는 점에서 그것은 주민세와 비슷하다. 따라서 그것은 한계 균형 상태를 교란하는 효과를 나타내지 않는다. 그렇지만 소득세처럼 개인들 간에 차별을 두어 징수할 수 있으며 소득 재분배에 사용될 수 있다. 따라서 정부가 모든 개인들의 소득 획득 잠재력에 대한 완벽한 지식을 가지고 있다면, 예고된 징세 일정에 각 시민들이 반응한 이후에도 각 시민이 얻게 된 정부로부터의 한계 이득은 조세에 의한 한계 손실과 같다는 것을 깨닫도록 조세-편익 체계를 정비할 수 있을 것이다. 시민들에게 세금이 부과되고 그 과정에서 소득이 재분배되었다고 해도 결과는 마찬가지다. 그러나 [유권자들의] 마음을 읽어 내지 못하거나, 소득 획득 잠재력을 정확히 측정하지 못하는 식의, 미세한 정도라도 불확실성이 존재한다면 정부는 그런 능력을 가지지 못하게 된다.[27] 사실 모든 대규모의 조세-편익 체계

---

27) '소득 획득 능력'에 대해 인정될 만한 정의가 개념적으로라도 형성된 적이 있는지는 분명하지 않다. 이에 관련된 판단은 개인 간 비교와 관련된 것이며, 경제적이거나 심리적인 것이

는 파레토최적에 이르는 것을 방해하며, 모든 재분배 효과들은 총산출에 이러저러한 반향을 가져오게 마련이다.

실제로 이것이 의미하는 바는, 정부 행동이 평등을 실현하는 방식으로 화폐소득에 대한 과세와 편익을 분배하려고 시도하는 경우에는 항상 경제의 총산출에 중대한 반향이 일어난다는 것이다. 이전에 고소득층이었던 시민들은 자신의 시간 중 상당 부분을 화폐소득을 취득하는 데서 벗어나 여가 소득을 향유하는 데 사용할 것이고, 따라서 1인당 비여가 산출nonleisure output은 줄어들 것이다. 저소득층에 속한 시민들조차도 궁극적으로 불평등한 소득분배에 의해 생산되는 총산출이 평등한 소득분배에 의한 것보다 훨씬 더 크다고 느끼게 된다. 그 차이가 너무 크다면, 그들은 불평등한 소득분배에서 그들이 획득하는 평균 이하의 몫이 평등한 소득분배에서의 평등한 몫보다 절대적으로 많다고 느낄 것이다. 그러므로 완전한 소득 평준화에 대한 반대는 거의 보편적인 현상이다. 그래서 우리 모형의 득표 극대화 정부는 불평등한 소득분배를 존중한다.

불확실성 때문에, 정부는 모든 사람들의 소득이 평등해질 때까지 [계속해서] 재분배를 하지 못한다. 불확실성이 이런 기능을 하도록 하는 데는 두 가지 방식이 더 있다. 첫째, 불확실성은 저소득층으로 하여금 언젠가는 자신들도 고소득층이 될 수 있다고 믿게 한다. 따라서 '부자에게서 많은 돈을 빨아내려는' 그들의 갈망은 그들 자신이 부자가 되리라

라기보다는 본질적으로 윤리적인 문제이다. 따라서 합의를 위한 과학적 기준을 마련하기란 불가능할 것이다. 이런 사실은 현실 세계의 모든 정부가 파레토최적 달성을 배제하지 않는 재분배적 조세 구조를 시행하기 어렵다는 점을 부각시킨다. 이런 유형의 조세가 갖는 이론적 가능성 및 정치적 취약성을 지적해 준 애로에게 감사한다.

는 희망 때문에 감소한다.28) 둘째, 불확실성은 유권자들의 영향력을 차별화한다. 즉 투표 권력의 분배를 평등하지 않은 것으로 만드는 것이다. 불확실성의 세계에서 고소득층은 자신들을 위한 영향력을 창출하기 위해 금전적인 자원을 이용할 수 있다. 따라서 대부분의 경우 최고 소득을 획득하고 있는 유권자들이 정치권력에서도 가장 큰 힘을 가지게 된다.

이런 효과들 중 첫 번째 것은 민주주의 정부의 자연스러운 '로빈 후드' 경향[빈자 보호 경향]을 약화시키고, 두 번째 것은 그 경향을 완전히 뒤덮어 버릴 수도 있는 상쇄력을 만들어 낸다. 그럴 경우에, 합리적인 정부 행동은 심지어 저소득층에게서 고소득층에게로 소득을 [역으로] 재분배해 버릴 수도 있다.

3. 요점 정리와 결론

이 장에서 우리는 전통적 경제 이론의 일반 배분 모형general allocation model 에 득표 극대화 정부를 추가했을 경우 개인의 한계 균형에 무슨 일이 발생하는지를 검토했다. 우리의 결론은 어떤 사적 주체도 전통적 이론

---

28) 저소득층이 이런 식으로 생각하는 것은 비합리적인 것으로 해석될 수도 있고, 따라서 우리 모형에서 제외될 수도 있다. 그러나 그런 합리성을 충분히 평가하려면 주관적 확률과 객관적 확률의 비교분석을 포함하는 어려운 과제를 수행해야 한다. 우리가 이 연구에서 그런 과제의 분석을 시도할 수는 없지만, 그런 생각이 최소한 언급은 되어야 할 정도의 중요성을 가지고 있다고 본다. 그 생각의 합리성은 프리드먼(Friedman, Milton)의 "Choice, Chance, and the Personal Distribution of Income," *Journal of Political Economy* LXI(August, 1953), pp. 277-290에서 자세히 논의되었다.

에서 일반적인 것으로 여겨졌던 한계 균형에 도달할 가능성이 없다는 것이다. 우리 모형에 포함되어 있는 몇 가지 조건 때문에 대부분의 행위자들은 정부 행동에서 비롯되는 한계 수익과 그것의 한계비용을 같게 하지 못한다. 이 조건들은 다음과 같다.

1. 표는 시민들 사이에 평등하게 분배되어 있다. 그러나 불확실성의 조건하에서 이 평등한 분배는 고소득층에게 유리하도록 편향된, 영향력의 불평등한 분배와 충돌해 많은 부분 상쇄될 수 있다.
2. 대다수의 사람들에 비해 소수의 사람들이 매우 높은 소득을 획득하도록 되어 있기 때문에, 소득의 불평등한 분배가 나타난다.
3. 정부는 과세, 인플레이션, 혹은 양자 모두를 사용해 시민들에게 자원의 일부를 내어놓도록 강제할 수 있는 능력이 있다.
4. 정부는 득표 극대화를 목표로 행동하지만 이는 개인의 효용 소득에 영향을 미친다. 비록 효용 극대화를 목표로 하는 개인들의 행동은 투표 결정을 포함하지만, 개인은 정부가 자신들을 강제하는 것과 같은 방식으로 정부를 강제할 수 없다.
5. 정부가 제공하는 특정 편익의 본질과 개인의 편익 소득을 객관적으로 측정하는 것이 불가능하다는 사실로 인해 정책 계획의 기술적 분할 불가능성이 발생한다.
6. 투표권을 사고파는 것은 금지되지만, 대부분의 다른 개인적 특권들, 특히 소유권은 사고파는 것이 허용된다.
7. 시민들의 효용 함수와 타고난 능력에 관해 정부는 완벽한 지식을 가지지 못하며 미래 사건에 대해서도 완벽한 지식을 지니지 못한다. 이 조건은 부분적으로 앞의 조건 ⑤와 ⑥의 토대가 된다.

전통적 경제 이론은 각 계획 주체가 추가적인 1단위의 투자 모두에서 보상이 같아지도록 자원을 배분할 것이라는 사실을 상정한다. 그러나 앞의 조건들이 암시하듯이, 정부는 사적 주체들이 한계적 선택을 하는 데서 자유롭게 행동하는 것을 방해한다. 따라서 사적 주체들은 전통적 이론에서 상정된 균형에 도달하지 못한다. 그뿐만 아니라 개인들은 상호 간 정치적 영향력을 거래할 수 없다. 따라서 시장 기제를 통해 정부가 한계 균등화 과정을 봉쇄하는 것을 피할 수 없다.

또한 득표 극대화라는 정부의 목표 때문에 정부는 가장 숫자가 많은 소득 집단인 저소득층에게 유리하게 행동한다. 그러므로 정부는 비용과 서비스의 배분을 통해 고소득층의 소득을 저소득층에게로 재분배하는 경향을 보인다.

이상의 설명과 그에 앞선 조건들에 근거해 우리는 다음과 같은 일반적 결론을 내릴 수 있다.

1. 민주주의 정부의 정책들은 고소득층보다는 저소득층에게 우호적인 경향을 보인다.
2. 자유 시장은 매우 불평등한 소득분배를 보인다. 그래서 민주주의가 정치적으로 더욱 효과적일수록 경제의 정상적 작동에 대해 정부가 간섭하는 정도는 결과적으로 더 높아진다.
3. 불확실성과 정보 비용은 민주주의의 경제적 평준화 경향을 상쇄하는 방향으로 정치권력을 재분배한다. 이런 현상 때문에 자연적 소득분배 과정에 대해 정부가 간섭하는 정도는 감소된다.
4. 따라서 정치 영역에서 불확실성의 정도가 커질수록, 정부는 정책 행동과 규모의 측면에서 완전한 정보를 지닌 민주주의에서보다 작은 정부가 될 가능성이 높아진다.[29]

5. 합리적인 정부의 정책 계획은 한계적 정책 행동에서 매우 다양한 '할인된 효용 보상률'rates of discounted utility return을 동시에 지닐 수도 있다. 정부는 자신의 한계 득표에 기초해 서로 다른 개개인의 한계효용들 사이에 균형을 맞추기 때문에, 이는 사실이다.

6. 결과적으로, 파레토주의적인 관점에서 볼 때 경제는 항상 최적 이하의 위치에 있다. 최적 위치는 이론상으로는 어떤 정치적 거래를 통해 도달할 수 있다. 그러나 실제로는 헌법에서 보장된 정치적 자유를 해치지 않은 채 그런 거래를 하는 것은 불가능하다.

사적 계획 주체와 정부가 갖는 몇 가지 목적을 전제할 때, 이런 결과들은 양측 모두의 완벽하게 합리적인 행위에서 비롯된다.

4. 요약

경제 영역의 사적 부문에서 자원은 순 한계 보상이 가장 높은 용도들에 배분된다. 이런 과정은 각 계획 단위와 전체 경제를 포함한 모든 방향에서, 순 한계 보상률이 같아질 때까지 계속된다. 전통적 경제 이론의

---

29) 이런 결론은 극단적인 정도의 불확실성이 있을 경우에는 성립하지 않는다. 극단적 불확실성이 존재할 경우, 아무런 계획도 세워질 수 없기 때문에 사회적 행동은 불가능해진다. 사람들은 강력한 정부의 통제 — 정부의 공식적 주체들이 항상 이런 통제권을 가지고 있는 것은 아니다 — 를 도입함으로써 그런 혼란에 대처한다. 그러므로 불확실성이 증대해 갈 때 처음에는 자유방임을 옹호하는 고소득층의 영향력이 커져 정부의 통제가 감소할 것이다. 그러나 이런 결론조차 보편적으로 유효한 것은 아닌데, 모든 체제에서 불확실성이 견딜 수 없는 정도에 이르게 되면 정부 통제는 결과적으로 크게 증가한다.

일반적 추론을 통해 우리는 이와 같은 결론을 내리게 된다.

그러나 득표 극대화 정부는, 어떤 의사 결정자들에게는 강제적 비용을 부과하고 다른 의사 결정자들에게는 보조금을 통한 편익을 얻을 수 있게 해 이런 한계 균형을 망가뜨린다. 매표가 금지되기 때문에 이 의사 결정자들이 상호 간의 협상을 통해 한계 균형으로 복귀할 수는 없다. 그뿐만 아니라 정부가 ① 정부의 모든 서비스를 자유 시장에서 판매해 각 시민들이 사적 부문에서 지니는 것과 똑같은 재량권을 제공하거나, ② 사적 의사 결정자들과 개별적인 거래에 돌입함으로써 이 상황을 해결하려고 하는 것은, 양자 모두에 내재해 있는 기술적 분할 불가능성 때문에 가로막힌다. 마지막으로, 표 분배와 소득분배의 차이로 인해 정부는 소득재분배를 통해 개인의 한계효용에 순손실 또는 순이익을 가하려는 유인을 가지게 된다. 그 결과 불확실성이 고소득층의 정치적 힘을 증대시키지 않는 한, 정부 행태는 '로빈 후드' 경향을 보이게 된다.

이와 같이 한계 균형을 교란하는 것의 결과 중 하나는, 합리적 정부가 자신의 자원을 최저 보상에서 최고 보상으로 재배분하지 않으면서 매우 다양한 효용 보상률을 지닌 계획들을 동시에 실행할 수 있다는 것이다. 이는 항상 가능한 파레토최적이 존재하더라도 그것에 실제로는 도달할 수 없음을 의미한다.

이런 모든 결과들은 유권자들의 한계효용 소득이 아니라 자신의 한계투표 소득에 근거해 보상을 동등하게 하고자 하는 정부의 갈망 때문이다. 정부는 그런 바람을 실행하기 위해 강제력을 행사할 수 있으나 사적 의사 결정자들은 그렇게 할 수 없다. 따라서 갈등이 발생할 때마다 효용 균형은 득표 균형에 의해 밀려날 수밖에 없다.

AN ECONOMIC THEORY OF DEMOCRACY | 제3부

정보 비용의 구체적 효과

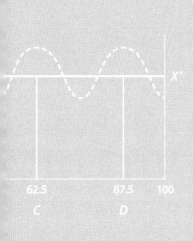

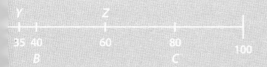

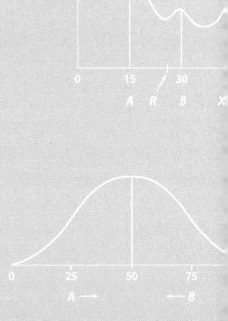

11
정보화의 과정

전통적인 경제학 이론은 사람들이 의사 결정을 할 때 비용을 지불하지 않고 무제한 정보를 취득할 수 있다고 가정한다. 반면에 우리는 불확실성이 존재하며 비용을 지불해야만 정보를 취득할 수 있는 상황에서 정치적 의사 결정이 어떻게 이루어질 것인지를 알아보고자 한다. 이런 목표를 달성하기 위한 기초적 단계는 정보화[1]의 경제학economics of becoming informed, 즉 의사 결정에 필요한 자료를 취득하기 위해 희소 자원을 합리적으로 사용하는 방법을 분석하는 것이다. 이런 과정은 '완전 정보' 사회에서는 존재하지 않는다. 하지만 우리는 현실적인 모형에서라면 항상 이런 과정이 전체 의사 결정 과정에 커다란 영향을 미친다는 것을 보게 될 것이다.

이 장의 목표

이 장에서 우리는 다음과 같은 명제를 증명하고자 한다.

---

[1] [옮긴이] 여기서 '정보화'란 비용을 들여 합리적 결정에 필요한 사실 및 자료들을 취득하는 것을 의미한다. 누군가가 '정보화된다'라는 피동형 표현은 어색하기에, 여기에서는 맥락에 따라 '정보를 얻는다', '정보를 취득한다' 등으로 번역했다.

1. 불확실성의 세계에서 합리적 의사 결정자는 선택을 내리기 전에 오직 제한된 양의 정보만을 취득한다.
2. 모든 정보는 편향적이다. 그 이유는 정보 전달자가 현존하는 사실 중 일부만을 선별해 청중에게 전달하기 때문이다.
3. 합리적인 시민은 그가 선별한 특정 정보 원천information sources을 체계적으로 살펴봄으로써 적절한 수준의 정보를 지속적으로 취득한다.

1. 의사 결정에서 정보의 역할

1) 의사 결정 과정과 그 비용

사람들이 합리적인 결정을 내리기 위해서는 ① 자신의 목표가 무엇인지, ② 이런 목표에 도달하기 위해 선택할 수 있는 대안적 방법에는 어떤 것들이 있는지, ③ 각각의 대안들을 선택할 때 예상되는 결과는 어떤 것인지를 알아야 한다. 이를 위해 필요한 지식은 정보 및 관련 지식contextual knowledge으로 구성되며, 앞서 언급한 의사 결정의 각 측면에서는 대개 둘 다 필요하다. 심지어 자신의 목표를 설정하는 데도 정보가 필요하다. 오직 그의 궁극적인 목표 ─ 이상적인 사회에 대한 이미지 ─ 만이 현재 상황에 대한 정보와 무관하게 존재할 수 있다. 대부분의 다른 목표는 이런 궁극적인 목표를 위한 수단이고 따라서 이런 [하위] 목표를 선택하기 위해서는 [바람직한 사회에 대한 자신의] 이상ideal뿐만 아니라 [현실에 대한] 정보가 필요하다.

현재의 분석을 단순화하기 위해 우리는 정보에 관해 두 가지 가정을 한다. ① 관련 지식과 정보는 그것을 취득하는 데 비용이 든다는 점에서 둘 다 동일하게 정보로 취급될 수 있다. ② 어떤 정보 원천도 거짓 정보를 유통시키지 않는다. 이 두 번째 가정이 [정보 전달자가] 사실을 조작적으로 배치해manipulated 거짓된 인상을 줄 가능성을 배제하는 것은 아니다. 이 가정은 단지 사실에 관한 모든 진술은 비록 그 중요성이 의심스러울 수는 있더라도, 추가적으로 검증하지 않고 참인 것으로 받아들여질 수 있음을 의미할 뿐이다.

우리 모형에서 정부 구성원이 아닌 시민이 해야 하는 중요한 정치적 결정은 두 가지이다. ① 어떻게 투표할 것인가에 대한 결정, 그리고 ② 만약 가능하다면, 어떤 방법으로 정부의 정책 결정에 직접 영향력을 행사할 것인가에 대한 결정이 그것이다. 이 두 가지 결정이 어떻게 다른지는 13장에서 상세히 논할 것이다. 이 장에서는 모든 정치적 결정이 동일한 방식으로 이루어진다고 가정한다. 따라서 투표 결정만 분석한다면, 우리는 시민들이 내리는 모든 정치적 결정을 설명할 수 있다.

어떻게 정보 비용이 투표 결정에 영향을 미치는지를 보기 위해, 먼저 3장에서 논의된 투표의 논리를 몇 개의 연속적인 단계로 구분해 보자. 하나로 통합되어 있는 역동적 과정을 분해해서 논하는 일이 대부분 그렇듯이 우리의 논의 또한 다소 자의적으로 보일 수 있다. 그러나 우리는 이런 분해가 현실을 왜곡해 그릇된 결론을 초래하지 않으면서도 유용한 분석의 틀을 제공할 수 있다고 본다. 어떻게 투표할 것인지, 그리고 투표에 참여할 것인지를 합리적으로 결정하는 주요 단계는 다음과 같다.

1. 중요한 정치적 결정이 내려진(또는 내려질) 각 쟁점에 대해 적절한 정보를 모은다.

2. 각각의 쟁점에 대해, 수집된 모든 정보 중에서 투표 결정에 사용될 정보를 선별한다.

3. 각각의 쟁점에 대해, 가능한 대안적인 정책과 그 결과에 대한 구체적이고 사실적인 결론에 도달하기 위해 앞서 선별한 사실들을 분석한다.

4. 각각의 쟁점에 대해, [자신의] 적절한 목표에 비추어 모든 가능한 정책들의 [예상되는] 결과를 평가한다. 이는 엄밀한 의미에서는 사실 판단이라기보다는 가치판단이다.

5. 각 쟁점에 대한 평가치를 합쳐, 선거 경쟁에 참여한 각 정당들에 대한 순 평가치를 도출한다. 이런 판단 또한 유권자 자신의 개인적인 목표에 따라 행해지는 가치판단이다.

6. 각 정당에 대한 순 평가치를 서로 비교하고, 여기에 [각 정당이 당선될] 미래의 가능성을 반영한 가중치를 부여한다. 그리고 이를 통해 투표 결정을 내린다.

7. 투표에 참여하거나 기권한다.

마지막 단계를 제외한 나머지 모든 단계는 유권자 자신이 아닌 타인에게 위임될 수 있다. 그런 위임이 있을 때에는 [각 단계에서의] 판단의 결과가 다른 행위자로부터 유권자에게로, 혹은 한 행위자로부터 다른 행위자에게로 전달되는 추가적인 단계도 분석에 포함해야 한다. 예를 들어, 한 유권자가 원자력 정책에 관한 사실들에 대한 평가를 전문가에게 맡긴다고 해보자. 이때 그 전문가의 견해가 유권자에게로 전달되는 데는 비용이 든다. 또한 전문가 자신도 타인이 모은 자료에 비용을 지불해야만 했을 수도 있다. 그러므로 전달 비용은 [투표 결정의] 어떤 단계 사이에서도 발생할 수 있다. 만약 그렇다면 의사 결정의 총비용을 계산할 때, 각 단계에서의 비용에 전달 비용 또한 더해야 한다.

앞서 언급된 [정보] 비용은 무엇으로 이루어지는가? 정의상 모든 비용은 효용을 낳는 다른 용도에 대한 희소 자원의 투여를 포기하는 것을 의미하고, 여기서 다른 용도란 선택되지 않은 대안을 의미한다. 앞서 제시한 단계들에서 소비되는 주된 희소 자원은 자료를 소화하고 대안을 평가하는 데 드는 시간이다. 그러나 다른 자원들 또한 포함될 수 있다. 특히 자료를 수집하고 전달하는 단계에서 그러하다. 우리는 이런 모든 비용을 크게 두 가지로 분류할 수 있다.

1. **이전 가능한 비용**은 유권자가 타인에게 이전할 수 있다. 우리는 이전 가능한 비용을 세 가지 유형으로 분류한다.
   ❶ 취득 비용procurement costs은 자료를 수집하고, 선별하고, 전달하는 데 드는 비용이다.
   ❷ 분석 비용analysis costs은 자료를 사실적으로 분석하는 데 드는 비용이다.
   ❸ 평가 비용evaluative costs은 자료 혹은 사실 분석을 특정 목표와 연관시키는, 즉 그것들을 평가하는 데 드는 비용이다.
2. **이전 불가능한 비용**은 유권자 자신이 부담해야만 한다. 이론적으로는 투표소에 가는 비용을 제외한 나머지 모든 비용은 타인에게 이전될 수 있다. 그러나 특별히 언급하지 않는 한, [정당을 평가하고 최종적인 투표 결정을 내리는 단계인] ⑥단계는 항상 유권자 자신이 수행한다고 가정한다. 따라서 유권자는 적어도 정보를 소화하고 판단을 내리는 데 드는 약간의 비용을 부담해야만 한다.

분명히 유권자가 스스로 행하는 단계가 줄어들수록 그가 직접 부담하는 비용은 줄어든다. 그렇지만 그가 타인에게 몇 가지 단계를 위임한다고 하더라도, 타인이 이 단계들을 수행하는 데는 대가를 지불해야 하므로 여전히 비용을 간접적으로나마 부담하게 된다. 예를 들어, 유권자는 [자신을 대신해] 외교정책에 대한 전문적인 결정을 내리기 위해 누군가를 고용할 수도 있다.

얼핏 보기에 유권자가 투표 결정 단계 중 일부를 타인에게 위임하는 것은 비합리적인 것으로 보일 수 있다. 왜냐하면 유권자는 타인에게 위임할 때마다 결정에서 고려되어야 할 현실로부터 차츰 괴리되기 때문이다. [그러나] 유권자가 사실을 수집하고, 선별하고, 분석하는 과정을 타인에게 위임하는 것은 대개의 경우 명백히 합리적이다. 왜냐하면 그 과정에서 규모의 경제와 전문가의 전문 지식을 활용할 수 있기 때문이다. 그러나 [자신의 목표에 비추어 정책을 평가하고, 이와 정당에 대한 평가를 결부시키는 단계인] ④와 ⑤단계와 같은 가치판단의 경우에는 위임이 합리적인지가 그다지 명백하지 않다. 이 문제에 관해서는 다음 장에서 상세히 논할 것이다.

1) 선별 원칙의 필요성과 그 성격

완전 정보의 세계에서 의사 결정자는 비용을 전혀 들이지 않고 무제한의 정보를 얻을 수 있다. 그리고 그는 정보를 활용하는 데 [희소 자원으로서의] 시간을 쓸 필요가 없다. 그러므로 가장 적절한 정보를 어떻게 선별해 낼 것인가라는 문제는 결코 발생하지 않는다. 계획을 해야 하는 사람은 결정을 내리는 데 관련된 모든 자료를 그 양과 상관없이 무엇이든 이용할 수 있다.

그러나 우리의 모형에서 합리적인 의사 결정자는 얼마나 많은 자료를 사용할 수 있는지 여부와 무관하게 엄격히 제한된 양의 정보만을 사용한다. 이는 현실 세계와 마찬가지다. 그 이유는 다음과 같다. ① 계산기의 도움을 받는다 하더라도, 인간의 지적 능력으로는 한 번에 오직 제한된 양의 정보만을 받아들일 수 있다. ② 자료를 소화하고 평가하는 데는 시간이 소요된다. [의사 결정자가 해결해야 할] 사건이 주는 부담이 있기에, 의사 결정을 내릴 때에 시간은 특히나 희소한 자원이다. 이런 조건들로 인해 모든 의사 결정자는 정보를 선별해야만 한다. 결정을 내릴 때 그는 엄청난 양으로 공급되는 자료 중에서 오직 제한된 양만을 선별해야 하는 것이다.

앞 절에서 보았듯이 정보를 취득하고 이용하는 데는 시간 이외의 비용도 든다. 당연히 이 사실로 인해 의사 결정자는 사용하는 자료의 양을 줄여야 한다는 압력을 받는다. 그리고 의사 결정 과정 전반에 걸쳐서 이런 압력이 존재하기 때문에 앞서 언급한 단계들 각각에서 경제적 문제가 제기된다. 즉 얼마만큼의 정보(판단을 포함해)가 다음 단계로 전달되어야 하는가의 문제가 제기되는 것이다. 사실 수집된 모든 정보를 추가적으로 선별하지 않고 다음 단계로 가져가는 것이 가능하기 때문에 [어떤 정보를 얼마만큼 취득할지] 선별할 필요성은 오직 첫 번째 단계에만 내재해 있다. 그렇지만 실제로 이렇게 하면, 의사 결정의 연속적인 단계에서 전달되는 자료의 양을 계속 줄여 감으로써 얻을 수 있는 커다란 경제성을 없애 버리게 된다. 그런 경제성이 얼마나 큰가는 행정관리들의 행동에서 잘 드러난다. 행정관리들은 애초 관련 자료의 양이 아무리 많았다 하더라도, 각 결정에 필요한 모든 자료를 문서 용지 한 장으로 줄일 것을 요구한다.

따라서 정보화 과정의 기본적인 경제적 속성으로부터 자료를 선별해야 할 필요성이 발생하게 된다. 이에 따라 어떤 자료는 선별하고 어떤 자료는 버릴지를 어떻게 결정할 것인가라는 결정적인 문제가 제기된다. 이 문제는 매우 중요하다. 왜냐하면 이 문제에 어떻게 답하느냐에 따라, 의사 결정을 내릴 때에 어떤 정보를 사용할지가 결정되고, 그에 따른 결정과 그 결정의 효율성이 어떻게 될지가 정해지기 때문이다. 더욱이 [정당을 평가하고 최종적인 투표 결정을 내리는 단계인] ⑥단계를 제외한 모든 단계에서는 정보의 선별이 의사 결정자 자신이 아닌 타인에 의해 이루어질 수 있다. 누가 정보를 선별하든지 정보를 선별하는 사람이 의사 결정에 잠재적으로 매우 큰 영향력을 지닌다는 것은 분명하다. 이는 설령 정보를 선별하는 자가 직접 결정하지 않더라도 마찬가지다.

앞선 분석은 정보가 필연적으로 특정한 **선별 원칙**principles of selection, 즉 어떤 정보는 활용하고 어떤 것은 활용하지 않을 것인지를 결정하는 규칙에 입각해 수집된다는 것을 보여 준다. 누구나 어떤 종류든 간에 [선별 원칙이라는] 규칙을 적용하지 않으면 안 된다. 심지어는 무작위 선별도 하나의 규칙이다. 따라서 모든 정보는 그 본성상 편향된 것이다. 왜냐하면 정보란 현존하는 막대한 양의 자료로부터 선별된 것이고, [만약 다른 선별 원칙을 사용했다면] 동일한 자료로부터 다른 정보가 선별될 수도 있었기 때문이다.[2] 칼 만하임Karl Mannheim은 다음과 같이 말했다.

역사의 특정한 측면이 다른 측면에 대비되어 강조되지 않는 한 [실제 있었던 사실들이 아닌, 현재의 시각으로 과거를 해석했다는 의미인] 역사로서의 역

---

[2] '편향된'(biased)이라는 단어가 감정적으로 부정적인 인상을 줌에도 우리는 정보 전달의 필연적 특성을 가리키기 위해 이 단어를 의도적으로 사용했다. 정보 전달이 편향되었다고 말할 때, 그 정보 속의 자료가 거짓임을 의미하는 것은 아니다. 우리는 이미 모든 자료는 정확하다고 가정한 바 있다. 또한 정보 전달자가 비도덕적임을 의미하지도 않는다. 왜냐하면 편향은 불가피한 것이기 때문이다. 우리가 의미하고자 하는 바는 단지 모든 정보 전달에서 사실을 선별하고 배열하는 것은 반드시 정보 전달자의 관점에 의해 채색될 수밖에 없다는 점이다.

사History as history는 인지 불가능하다. 역사적 총체성 중 특정 측면을 선별하고 강조하는 것은 궁극적으로 가치 평가적 과정 및 존재론적 판단으로 향하는 첫걸음으로 평가될 수 있다.[3]

본질적으로 정보란 단기적인 역사이기 때문에 만하임의 말은 정보화 과정에도 전적으로 적용된다. 정보화 과정의 목적은 의사 결정에서의 가치 평가에 있다. 가치 평가는 다른 정보 대신에 특정 정보를 강조하는 것, 즉 선별하는 것에서부터 시작된다. 그런 선별은 어느 정도는 모두 가치 평가적이다. 요컨대 어떤 상황 또는 사실에 대한 순수하게 객관적인 정보 전달이란 존재하지 않는다.

2. 선별 원칙의 합리적 선택 방법

사회적 노동 분업으로 인해 현대 민주주의 사회에서 대부분의 시민은 정치적 의사 결정에 필요한 정보를 스스로 모으지 않는다. 수천 명의 전문가가 그런 정보를 수집하고, 해석하고, 전달한다. 시민들은 텔레비전 방송부터 백과사전에 이르는 엄청나게 다양한 방식으로 정보를 취득할 수 있다. 그러나 모든 시민들에게 자료를 구입하고 소화하는 데 쓸 수 있는 자원은 제한되어 있다. 따라서 그들은 자신이 경제적인 선택의 상황에 놓여 있음을 깨닫는다. 즉 시민들은 이처럼 많은 정보 원

---

3) Karl Mannheim, *Ideology and Utopia,* Harvest Books Series (New York: Harcourt, Brace and Co., 1955), pp. 93-94[『이데올로기와 유토피아』, 임석진 옮김, 청아, 1991].

천 중에서 몇 개만 선택해서 활용해야 한다.

이런 선택의 목표는 **정보 취득 체계**를 만들어서 ① 자신의 선별 원칙과 동일한 원칙에 의해 선별되고, ② 자신이 직면하고 있는 결정을 내리기에 충분히 포괄적인 자료를 제공받는 것이다. 우리는 얼마만큼의 정보가 요구되는지의 문제에 대해서는 이후에 다룰 것이다. 여기서는 어떻게 선별 원칙을 선택하고 검증하는가의 문제를 분석하는 것에 집중한다.

앞서 모든 정보 전달자는 어떤 사실은 선별해서 전달하고 여타 사실은 제외해야 한다고 말했다. 따라서 그의 정보 전달은 필연적으로 편향적이라고 결론 내린 바 있다. 그는 정보를 전달하는 데서 자신이 가지고 있는 목적에 따라 사실을 선별한다. 예를 들어, 러시아의 의사, 영국의 정치학자, 교황청 기관지가 스탈린Joseph Stalin의 사망 소식을 전하는 방식은 각기 다를 것이다. 심지어 정치 정보 전달의 경계 내에 속하는 사람들 사이에서도, 사실을 선별하는 방법은 정보 전달자의 정치철학, 지적 능력, 경험 그리고 사건을 극적으로 표현하는 능력과 같은 변수에 따라 상이할 것이다.

시민들이 사건에 대한 정보의 전달을 타인에게 의존하게 될 때, [누구에게 의존할지를 정하는] 합리적인 방식은 만약 그들 자신이 현장에 있는 전문가였다면 했을 법한 방식으로 정보를 제공해 줄 정보 전달자를 선택하는 것이다. 이를 위해 시민들은 최대한 자신의 선별 원칙과 유사한 선별 원칙을 지닌 정보 전달자를 골라야 한다. 그럴 때에는 정보 전달자가 불가피하게 편향되어 있다는 것이 시민의 의사 결정을 방해하기보다는 오히려 돕게 될 것이다.

아직 풀리지 않은 문제가 두 가지 남아 있다. ① 어떻게 시민들은 자신의 선별 원칙을 합리적으로 선택할 수 있는가? ② 어떻게 시민들은 정보 전달자가 항상 자신이 선택한 선별 원칙 또는 그와 거의 유사한 선별 원칙을 사용하고 있다고 확신할 수 있는가?

특정 시민에게 합리적인 선별 원칙이란, 그 선별 원칙을 적용할 때 그가 가장 선호하는 사회 상태를 이루기 위한 결정을 내리는 데 유용한 것을 의미한다. 분명 사람들마다 선호하는 사회 상태가 다르기 때문에 특정한 하나의 선별 원칙이 모든 이에게 적합할 수는 없다. 그러나 선별 원칙은 경험적인 현상을 다루는 수단이기에 시민들은 다양한 선별 원칙들을 검증해 자신에게 가장 합리적인, 즉 자신의 목적을 달성하는 데 가장 유용한 것을 알아낼 수 있다.

합리적인 유권자는 몇 가지 서로 다른 정보 원천으로부터의 정보 전달을 동시에 표본으로 삼아sampling 자신의 선별 원칙을 선택한다. 그가 택하는 표본은 서로 간에 상당히 이질적인 선별 원칙을 지닌 여러 정보 전달자들을 포괄해야 한다. 예를 들면, 어떤 이는 『뉴욕 타임스』*New York Times*와 『데일리 워커』*Daily Worker*, 『시카고 트리뷴』*Chicago Tribune*을 읽고 그 기사를 비교할 수도 있다. 다음으로 그는 각 정보 원천들의 결과물을 토대로 가설적인 결정을 내린다. 그러고 나서 실제 상황의 결과에 비추어서, 그가 내린 각각의 가설적 결정들이 어떤 결과를 가져왔을지를 평가한다. 그에게 가장 합리적인 선별 원칙은 자신이 선호하는 사회 상태와 가장 가까운 결과를 가져오는 데 도움이 되는 결정을 지속적으로 내릴 수 있게 해주는 것이다. 당연히 검증 과정의 많은 부분이 가설적일 수밖에 없기 때문에 이 과정은 불완전하며 커다란 실수가 발생할 수도 있다. 그럼에도 우리 모형에서 그것은 가능한 한 최고로 합리적인 선택 기제이다.

합리적인 시민은 여러 정보 선별 원칙의 집합 가운데서 그가 생각하기에 자신의 목적에 가장 적합하다고 생각하는 정보 선별 원칙의 집합을 고른다. 그러고 나면 그는 어떤 정보 전달자가 적합한 선별 원칙을 지니고 있는지를 알게 된다. 그러나 이것으로 조사가 끝나는 것은 아니다. 왜냐하면 그는 때때로 정보 전달자를 [재]점검해서 자신이 원하는 선별 원칙에서 벗어나지 않았는지를 확인해야 하기 때문이다. 이를 위해 그는 때때로 그들의 정보 전달을, 자신과 동일한 선별 원칙을 공유하고 있는 다른 행위자들의 정보 전달과 비교해야 한다. 예를 들면, 어떤 시민은 『뉴욕 타임스』, 『뉴욕 헤럴드 트리뷴』*New York Herald Tribune* 및 『크리스천 사이언스 모니터』*Christian Science Monitor*를 동시에 참고해 각각이 특정 사건에 대해 어떻게 보도하고 있는지를 알아볼 수 있다. 이를 통해 그는 어떤 정보 전달자가 [자신이 원하는 선별 원칙으로부터] 벗어났지만, 자신이 그걸 모르고 있을 가능성을 줄일 수 있다.

3. 합리적인 정보 취득의 양

어떤 이들은 정보 취득 자체를 목적으로 한다. 그들은 [미국의 영화배우인] 그레고리 펙*Gregory Peck*이 어제저녁 스토크 클럽*Stork Club*에서 식사를 했다거나, 성 테레사*St. Teresa of Lisieux*가 50가지의 기적을 행했다는 사실 자체를 아는 데서 즐거움을 느낀다. 우리는 그 내용이 얼마나 진지한가와 상관없이, 오직 그 내용 자체를 습득하는 것을 목적으로 하는 모든 정보를 **오락 정보**entertainment information라고 부른다.

그러나 대부분의 정보는 의사 결정이라는 목적을 위한 수단으로 사용된다. 다른 모든 수단이 그러하듯, 이런 정보의 유용성과 그것이 선별되는 기준은 목적에 어떻게 기여하는지에 달려 있다. 우리는 수단으로의 정보가 필요한 의사 결정들을 생산 결정production decisions, 소비 결정 consumption decisions, 정치적 결정political decisions이라는 세 가지 유형으로 분류한다. 그러므로 오락 정보를 제외한 모든 정보는 그것이 어떻게 이용되는가에 따라 **생산 정보**, **소비 정보**, **정치 정보** 또는 이들 사이의 결합으로 분류될 수 있다.

세 가지 유형의 의사 결정 모두에서 얼마만큼의 자료를 취득할 것인가를 결정하는 기본 규칙은 동일하다. 정보를 취득하고자 하는 사람은 정보를 얻는 데서 오는 한계 보상이 그 한계비용과 같아질 때까지 자원을 투자한다. 한계 보상이 감소하든 한계비용이 증가하든 혹은 둘 다이든, 일단 한계 보상과 한계비용이 같아지면 그는 충분한 정보를 가진 것이며 [그 이상의 정보를 얻지 않고] 의사 결정을 내린다. 우리는 시민들이 3장에서 언급된 의사 결정 절차를 따라 투표한다고 가정하고, 여기에 이상의 원칙을 적용해 보는 것을 예시로 들어 보겠다.

어떤 결정을 내리든지 의사 결정자가 이미 최소한의 정보는 지니고 있다고 전제된다. 최소한 그는 자신이 결정해야 한다는 것을 알고 있고, 그 결정의 일반적인 맥락을 알고 있다. 그러므로 유권자는 투표 결정을 하기에 앞서 선거 일정, 경쟁하는 정당의 수와 그들의 당명, 투표 절차 등에 대한 정보는 필수적으로 알고 있어야 한다. 우리는 모든 사회에 존재하며 지속적으로 제공되는 무료 정보free information의 흐름이 유권자들에게 이런 최소한의 정보는 제공해 준다고 가정한다. 그리고 나서야 유권자는 어느 정도의 정보를 취득할 것인가에 대한 세부적인 계산을 진행할 수 있다.[4]

---

4) 12장의 1절을 보라.

유권자가 정보에 얼마만큼 투자할 것인지는 세 가지 요인에 달려 있다. 첫째는 그가 잘못된 결정에 비해 옳은 결정을 내리는 것에 부여하는 가치이다. 즉 그가 내리는 결정의 예상 결과에 결부된 효용 소득의 편차이다. 둘째는 어떤 결정이 내려지든 간에, 해당 정보가 그 결정에 적실성이 있는지의 여부이다. 특정한 지식을 취득했을 때, 어떤 식으로든 그 지식이 의사 결정에 영향을 미칠 가능성이 있는가? 만약 영향을 미칠 가능성이 있다면, 어떻게 미칠 것인가? 이런 질문에 답하기 위해서는 어떤 주어진 정보가 그의 결정을 바꿀 수 있을 확률을 측정해야 한다. 그다음으로, 옳은 결정을 내리는 것의 가치(우리의 예에서는 **투표 가치**vote value)에 이 확률을 적용한다. 이로부터, 고려 중인 정보로부터의 보상, 즉 추가적인 단위의 자료에 대한 정보 투자의 한계 보상이 발생한다.

셋째는 자료의 비용이다. 특정 정보의 한계비용은 그것을 취득하는 데 지출하기 위해 포기된 보상(즉 기회비용)으로 구성된다. 특정 정보를 취득할 것인지의 여부는 한계비용 측정치와 한계 보상 측정치를 비교함으로써 결정된다. 모든 정보에 대해 이런 비교가 이뤄지고 나면, 취득되어야 할 자료가 무엇인지 결정된다. 이어지는 두 장에서 정보의 보상과 비용에 대해 상세히 논할 것이기 때문에 여기서는 의사 결정 과정을 간략하게 묘사하는 데 그치기로 하겠다.

이상에서 우리 모형의 의사 결정 과정을 간략하게 묘사했는데, 혹자는 현실 세계에서의 의사 결정 과정과 우리 모형에서의 그것은 크게 다르다고 말할지 모른다. 왜냐하면 앞서 언급한 방식으로 행동하는 의사 결정자는 거의 없는 것처럼 보이기 때문이다. 그러나 우리가 묘사한 행동이 일상적인 관찰을 통해서는 입증되지 않는다고 하더라도, 정보를 필요로 하는 모든 합리적인 의사 결정 과정에 내재해 있는 것이다. 게다가 앞으로 보게 되겠지만, 다수의 합리적인 시민들은 정치적 결정을 하기에 앞서서 아무런 정보도 취득하지 않는다. 따라서 그들의 행위가 우리가 묘사한 것과 크게 다른 것처럼 보이지만, 여전히 합리적인 것일 수 있다. 따라서 우리의 모형이 실제와 그렇게 많이 다른 것은 아니다.

4. 관심을 집중시킬 필요성

옳게 결정하는 것의 가치를 정하는 첫 번째 단계는 [그 결정에서] 어떤 결과가 나타날 수 있으며 그 결과들 간의 차이가 무엇인지를 아는 것이다. 우리의 예시에서, 이런 일에는 엄청난 노력이 요구된다. 왜냐하면 각 정당에 의한 통치 방식 각각을 하나의 결과로 볼 때, 잘 알려지지도 않은 기관을 운영하는 데서의 사소한 차이를 포함해 특정 정당이 정부를 운영할 방식과 다른 정당이 운영할 방식의 차이 모두가 결과에 영향을 미치기 때문이다. 물론 이런 차이 모두가 똑같이 중요한 것은 아니다. 그러나 먼저 그 차이 각각에 대해 알지 못하고서는 어떤 것이 가장 중요한 차이인지를 판단할 수 없다. 분명 평균적인 유권자는 존재하는 모든 차이를 알아내는 데 드는 비용을 감당할 수 없다.

이런 딜레마에서 벗어나기 위해 유권자에게는 선험적으로 가장 중요한 자료에만 관심을 집중할 수 있게 해주는 장치가 필요하다. 그런 장치가 있어야만 유권자들은 현 정부가 선거 주기 동안 행한 모든 일과, 반대당이 만약 집권했더라면 행했을 모든 일을 알아야 한다는 성가신 난제를 피해 갈 수 있다. 이 장치는 오직 다음과 같은 **차별적인 결정 영역**differential areas of decision에만 관심을 집중시켜야 한다.

1. 반대당이 집권당의 정책에 이의를 제기하고, 대안적 정책을 제시하는 결정 영역

2. 현 집권당이, 상황에 대한 정부의 반응 방법이나 대처 방법을 바꾼 결정 영역, 즉 이전 정부와 비교할 때 정책이나 수행 능력에서 변화가 있는 결정 영역

3. 현 정부가 반응해야 하는 상황이 이전 정부하에서의 상황과 눈에 띄게 달라진 결정 영역. 이에 대한 지식은 현 정부가 행한 바를 이전 정부가 [만약 이번에도 집권했다면] 행했을 바와 비교할 수 있게 해준다.

이 영역들 중 첫 번째(경쟁하는 정책들)에 대한 지식은 정당 간 현재 효용 격차를 계산하기 위한 필요충분조건이다. 나머지 두 가지(새로운 정책과 새로운 상황)에 대한 지식은 미래 지향적 수정자future-orienting modifiers를 계산하기 위한 필요충분조건이다. 따라서 유권자가 이 세 가지 영역에만 관심을 집중하고 나머지 모든 것을 무시한다면, 합리적인 투표는 매우 단순화된다.

사회적 노동 분업을 통해, 주로 차별적인 영역에 대한 정보를 제공하는 일군의 대리인들이 등장했다. 게다가 이 정보는 흔히 무료이거나 아주 싼 비용으로 유권자들에게 제공된다. 이렇게 할 수 있는 이유는 정보를 제공하는 많은 대리인들이 정보를 제공받는 유권자가 아닌 [국가나 광고주 등] 다른 사람에게서 재정을 지원받고 있기 때문이다. 이들 대리인에 대해서는 12장에서 상세히 분석하겠다.

5. 합리적인 정보 체계의 특성

결과적으로 모든 합리적인 시민은 자신의 정치적 용도에 맞는 정보 취득 체계를 형성한다. 그 체계는 제한된 수의 정보 원천으로 구성된다. 그리고 그는 정치적 의사 결정을 할 때, 여기서 산출된 자료의 일부분을 사용하기로 선택한다. 앞서 설명했듯, 합리적인 시민은 이 체계를 형성하기 위해 시행착오의 실험을 거치는, 다소 투박한 방법에 의존할 수밖에 없다. 그러나 만약 하나의 체계가 정말로 합리적이라면 그것은 다음과 같은 특성을 지닐 것이다.

1. 그 체계 속의 정보 전달자는 가능한 한 그 시민 자신과 유사한 선별 원칙을 사용한다.
2. 그 체계는 차별적인 영역에서 모든 중요한 정보를 제공할 수 있을 만큼 폭넓은 것이지만, 다른 한편으로는 알 가치가 없는 모든 정보를 골라낼 수 있을 만큼 좁은 것이다. 요컨대 그 체계는 그의 의사 결정에 밀접히 관련되어 있는 사실에만 관심을 집중시켜 준다.
3. 그가 정보에 투자하려고만 한다면, 그 체계는 그가 결정을 내려야 하는 각 이슈에 대해 충분한 자료를 제공한다.
4. 그 체계는 충분한 내적 다원성internal plurality을 지니고 있어서 다른 부분들이 정확한지, 그리고 시민 자신의 선별 원칙으로부터 벗어나지는 않았는지의 여부를 검증할 수 있다. 부분들 간의 효과적인 상호 검증이 이루어지기 위해서는, 정보 원천들이 상호 간에 명목적으로 분리되어 있을 뿐만 아니라, [실질적으로도] 독립적이어야 한다. 예를 들면 미국연합통신사AP의 보도만을 사용하는 라디오

방송국과 신문을 통해서는 상호 검증이 불가능하다.

이와 같은 합리적인 정보 체계를 만들고 유지하기 위해서는 당연히 희소 자원이 투여되어야 한다. 따라서 이를 위한 비용과, 이를 통해 취득된 정보로부터 얻는 보상은 균형을 이루어야 한다. 그러므로 그 체계의 범위는 이 보상의 성격에 상당 부분 달려 있는데, 이에 대해서는 13장에서 분석한다.

6. 요약

의사 결정은 시간 및 여타의 희소 자원을 소비하는 과정이다. 따라서 그 과정에 얼마만큼의 자원을 사용할 것인지에 대한 경제적 판단이 이루어져야 한다. 이 사실 때문에 의사 결정자는 취득 가능한 총정보 중에서 오직 일부만을 선별해 결정을 내린다. 선별 원칙은 어떤 목적을 위해 정보를 사용하느냐에 달려 있다. 하지만 모든 정보 전달에는 그것이 어떤 것이든 선별 원칙이 내재해 있기 마련이고, 따라서 모든 정보는 본질적으로 편향적이다.

복잡한 사회에서 한 시민이 사용하는 정보는 대개 타인에 의해 수집되고, 전달되고, 분석된다. 정보를 사용하는 시민이 자신의 관점에서 의사 결정을 할 때 그 정보가 진정 어떤 의미를 지니는지 알기 위해서는, [자신에게 정보를 전달한] 타인들이 자신과 동일한 선별 원칙을 지니고 있음을 확인하거나, 그들의 선별 원칙이 자신의 것과 어떻게 다른지를 알아야 한다.

자신의 선별 원칙을 선택하는 것도 쉬운 일이 아니다. 합리적인 시민들은 각자 시행착오의 과정을 통해 자신의 정치적 목적에 가장 부합하는 선별 원칙을 찾아내게 된다. 때때로 그는 자신의 정보 원천을 점검해서 자신의 선별 원칙으로부터 얼마나 벗어났는지를 살펴보아야 한다.

각 시민은 경제학의 기본 법칙인 한계비용-한계 보상 원칙을 활용해 얼마만큼의 정보를 취득할 것인지를 결정한다. 정보로부터의 한계 보상은 먼저 잘못된 결정에 비해 옳은 결정을 내리는 것이 갖는 중요성을 평가해 계산된다. 그리고 현재 고려되는 정보가 이런 결정을 내리는 데서 유용할 확률(즉 그 정보를 알게 되면 결정을 바꿀 확률)을 이런 가치에 적용해 할인한다. 한계비용은 정보를 취득하는 것의 기회비용이다. 이 비용의 많은 부분은 의사 결정자로부터 타인에게로 이전될 수 있다. 그러나 정보를 소화하는 데 드는 시간은 이전 불가능한 비용이다. 의사 결정자는 한계 보상과 한계비용이 같아질 때까지 정보를 취득한다.

존재하는 모든 자료를 검토하지 않기 위해, 의사 결정자는 중요한 특정 영역의 지식에만 관심을 집중하게 해주는 정보 원천을 찾는다. 각 시민은 몇몇의 정보 수집자와 정보 전달자를 선택해 자신의 정보 취득 체계의 틀을 잡는다. 이 체계가 합리적이기 위해서는 적절한 편향을 지녀야 하고, 그 관심이 잘 집중되어 있어야 하며, 충분하면서도 과다하지 않은 자료를 제공해야 하고, 일정한 내적 다원성을 지녀야 한다.

12

합리적인 시민은
어떻게 정보 비용을 줄이는가

불확실성의 세계에서 합리적인 시민은 정치 정보를 얻기 위해 사용하는 희소 자원의 양을 줄여야 하는 압력에 직면한다. 이 장에서 우리는 합리적인 시민들이 정보 비용[1]을 줄이기 위해 사용하는 방법들을 살펴보고자 한다. 이를 통해 이런 방법들이 얼마나 효과적인지를 밝히고, 우리 모형의 민주주의하에서 정치권력의 분포에 어떤 영향을 미치는지를 살펴보고자 한다.

이제부터 설명할 모든 행위가 앞에서 제시된 원래의 공리로부터 필연적으로 도출되는 것은 아니다. 몇몇 행위들은 이 장에서 채택하게 될 몇 가지 새로운 가정으로부터 도출되기도 한다. 그런 명제들은 현실 세계에 좀 더 적실성 있는 모형을 만들기 위해 추가되었다. 그러나 우리가 앞으로 설명할 모형이 현실 세계를 그대로 모방한 복제본이 될 수는 없다. 그리고 우리의 분석이 실제 의사소통 과정을 묘사하는 것으로 받아들여져서는 안 된다. 의사소통과 선전propaganda에 대한 포괄적인 이론을 구축하기 위해서는 광범위한 연구가 필요한데, 이는 이 책에서 다룰

---

1) [옮긴이] 다운스는 information cost와 data cost를 동일한 의미로 사용함에도 혼용하고 있다. 따라서 혼란을 피하기 위해 여기서는 '정보 비용'으로 통일해 번역한다.

수 없는 것이다. 비록 우리의 모형이 그런 연구의 기초가 될 가능성은 있다고 보지만, 여기에서의 목표는 훨씬 소박한 것이다.

이 장의 목표

이 장에서 우리는 다음과 같은 명제를 증명하고자 한다.

1. 한 사회에서 무료 정보의 흐름은 특정 시민들에게 다른 시민들보다 정치적으로 유용한 정보를 체계적으로 더 많이 제공한다. [즉 무료 정보의 흐름이 시민들에게 가져다주는 정보의 가치는 그들 사이에서 체계적인 차별성을 가진다. 무료 정보라고 하더라도 시민들이 동등한 양을 받아들이는 것은 아니다.]
2. 사회적 노동 분업 속에서 특정 전문가들은 자동적으로 시민들의 정보 비용을 대폭 줄여 주고, 시민들로 하여금 정치적 의사 결정에서 가장 중요한 분야에만 관심을 집중할 수 있게 해준다.
3. 합리적 인간은 때때로 정치적 의사 결정의 일부 또는 전부를 타인에게 위임한다. 이는 옳은 결정으로부터 얻는 보상이 매우 큰 경우라 하더라도 그렇다. 따라서 이런 경우 그들은 정치에 대해 아무것도 모를 수 있다.
4. 불확실성과 사회적 노동 분업이 존재하는 모든 사회에서, 모든 사람이 정치에 대해 같은 양의 정보를 취득하지는 않을 것이다. 이는 비록 다른 모든 측면에서 그들이 평등하더라도 그렇다.
5. 모든 유권자들이 동등하게 정보를 취득할 것이라는 가정에 기초한 민주주의 개념은 모두 인간이 비합리적으로 행동한다고 전제하는 것이다.

1. 무료 정보의 흐름

1) 무료 정보의 특성과 그 원천

모든 사회는 그 구성원들에게 다양한 주제에 대해 무료 정보를 지속적으로 제공한다. 이런 정보 흐름은 모든 문화에 내재하는 면대면face-to-face 접촉에서 비롯되며, 생산, 여가, 자녀 양육, 정치 행위 등에서의 긴밀한 사적 협력의 필요 때문에 생겨난다. 그것은 또한 호기심 내지 타인과 관계를 맺고자 하는 욕구에 심리적인 뿌리를 두고 있을 수도 있다. 이런 무료 정보의 흐름이 다루는 주제의 범위는 문화마다 다르고 한 문화 내에서도 다르다. 그러나 민주주의 사회에서는 정치 자료를 무료로 유통하는 것을 전혀 금지하지 않는다고 가정하는 것이 합리적이다. 그러므로 우리 모형에서 무료 정보의 흐름은 잠재적으로 중요한 요소이다.

무료 정보가 얼마나 중요한 것인지를 보기에 앞서, 우리는 정보가 '무료'free라는 것이 어떤 의미인지를 설명해야 한다. 사람들이 받는 어떤 정보도 완전히 무료일 수는 없다. 단순히 그것을 인지하는 데도 시간이 들기 때문이다. 그리고 만약 사람들이 그 정보를 깊이 생각하고 소화하려 한다면 더 많은 시간이 소요된다. 따라서 시간의 기회비용이 0인 불가능한 상황을 제외한다면, 그들은 정보를 얻기 위해 희소 자원을 희생해야만 한다. 이런 희생은 이전 불가능한 비용이다. 그러나 정보와 관련된 비용에는 [시간 외의] 다른 비용들이 있고, 그것들은 이전 가능하다. 정보를 수집하고, 선별하고, 전달하고, 분석하고, 평가하는 데 드는 비용의 대부분은 다른 사람에게 이전될 수 있다.

무료 정보는 시민들이 이전 가능한 비용을 들이지 않고 얻는 정보를 의미한다. 그가 감당해야 하는 유일한 비용은 그것을 받아들이고 활용하는 데 드는 시간뿐이다. 이 비용은 자료의 속성에 따라 매우 다양하다. 예를 들면, 문턱에 걸려 넘어지려고 할 때 "조심해!" 하는 외침에 주의를 기울이는 시간은 『대통령 경제 보고서』를 읽는 데 드는 시간과 비교하면 사소한 것이다. 그러나 그것은 후자에 비해 비교할 수 없을 정도로 큰 보상을 가져다줄 수도 있다.

민주주의에서 시민은 대개 다음과 같은 방법으로 무료 정보를 취득한다.

1. 집권당은 통치 활동에 내재된 한 부분으로서 많은 양의 정보를 제공한다.

2. 집권당을 포함한 모든 정당은 유권자에 영향을 미치기 위해 당파적인 정보를 내보낸다.

3. 전문 언론·출판 업체는 광고주의 재정 지원을 받고 정보를 배포한다(예를 들면, 전단지나 텔레비전 프로그램).

4. 이익집단은 자신의 견해를 받아들이도록 시민을 설득하기 위해 무료 정보를 제공한다.

5. 개별 시민들은 편지, 대화, 토론 모임, 연설 등의 형태로 무료 자료를 제공한다.2)

---

2) 경험적 조사에 따르면, 미국처럼 기술이 가장 발달된 나라에서조차도 이런 정보 원천이 정치적으로 가장 중요하다. 따라서 [기술이 덜 발달된 나라에서는 사적인 만남에서 얻는 정보 원천이 더욱 중요할 가능성이 높으므로] 우리는 언제나 이런 정보 원천이 가장 중요한 것이라고 가정할 수 있다. 과거 사회에서는 오늘날 이용 가능한 대안적 의사소통 수단이 존재하지 않았기 때문이다. 이 주제에 대한 광범한 논의는 다음을 보라. E. Katz and P. F. Lazarsfeld, *Personal Influence* (Glencoe, Illinois : Free Press, 1955); P. F. Lazarsfeld, B. Berelson and H. Gaudet, *The People's Choice* (New York: Columbia University Press, 1948).

6. 오락물은 때때로 오락을 즐기기 위해 지불했던 것의 부가적인 편익으로 정치 정보를 제공한다(예를 들면, 극장에서 뉴스 영화3)가 상영되는 것). 어떤 시민은 정치적인 경쟁과 싸움을 즐기기 때문에 단지 오락적인 가치만을 위해 직접적으로 정치 정보를 추구한다. 그들이 취득한 정치 정보의 가치는 오락이 가져다준 소비자잉여con-sumer-surplus4)의 부산물이다.

7. 마찬가지로 생산과 소비에 대한 결정 과정에서 얻어지는 정보들도 정치 정보로서의 가치를 가질 수 있다. [이때 얻어지는 정치 정보는] 원래 정보를 취득하려 했던 목적에 비해 부수적으로 얻어지는 것이기 때문에, [정치 정보로서의] 가치는 무료 편익으로 간주될 수 있다.

이상의 원천들에서 얻어지는, 정치에 관한 무료 정보에는 **우연히 얻어지는 것**과 **의도적으로 추구된 것**의 두 유형이 있다. 우연히 얻어지는 자료는 시민들의 비정치적 활동에서 얻어진 부산물이고, 그것을 찾기 위해 특별한 노력을 하지 않고서 얻어진 것들이다. 따라서 여기에 드는 시간상의 비용은 보통 의도적으로 추구된 자료의 경우보다 훨씬 적다. 앞서 ⑤, ⑥, ⑦은 주로 우연히 얻어지는 자료를 생산한다. 반면에 ②, ③, ④로부터 생기는 자료는 대개 시민들이 특별히 정치 정보를 의도적으로 추구하려 하지 않으면 얻을 수 없다. ①은 두 유형의 자료를 모두

---

3) [옮긴이] 시대의 중요한 사건들인 뉴스를 중심으로 만든 영화를 의미한다. 과거에는 영화관에서 본 영화를 시작하기에 앞서 상영되기도 했다.

4) [옮긴이] 어떤 상품의 구매자가 스스로 생각하기에 최대한 지불해도 좋다고 생각하는 가격(수요 가격 혹은 효용)에서 실제로 지불하는 가격(시장가격)을 뺀 차액을 의미한다.

생산한다.

모든 시민이 똑같은 양의 무료 자료를 얻는 것은 아니며, 똑같은 양의 자료를 얻는 시민들도 그것을 똑같이 활용하는 것은 아니다. 그럴 시간만 있다면 사람들은 이 '의도적으로 추구된' 자료를 무한정 모을 수 있다. 그러나 우연히 얻어지는 자료를 받아들이는 양의 차이는 [시간 이외에도] 다른 몇 가지 요인의 영향을 받는다. 사실 민주주의에서 무료 정보를 받아들이는 양과 그것을 소화하는 능력에서의 체계적 차이는 정치체제 내부의 정치권력 분포에 강력한 영향을 미친다.

이런 차이들을 조사하기에 앞서, 우리 모형에서 무료 정보가 갖는 주요한 역할이 무엇인지를 지적해야 한다. 우리 모형에서 무료 정보는 모든 종류의 합리적 계산을 위한 기초로 작용한다. 그것은 정당 간 효용 격차, 정보로부터의 한계 보상, 정보의 한계비용, 투표 비용과 같은 단위들을 예비적으로 평가할 때 기초가 된다. 합리적 시민은 그가 현재 가지고 있는 모든 종류의 무료 정보를 이용해, 앞서 제시한 단위 각각이 얼마나 큰지를 추측할 수 있다. 그리고 이를 통해 그는 정치적 의사결정을 내리기에 앞서 더 많은 정보를 얻을 것인지의 여부를 결정할 수 있다.

또한 무료 정보는 개인이 사회화되는 주요 매개체이기 때문에 실제로는 앞서 언급한 것들보다 훨씬 더 중요한 역할을 한다. 사회가 어떤 방식으로 그 구성원을 사회화하는지는 그 사회에서 민주주의가 성공할 수 있는지를 일정 부분 결정한다는 점에서, 이런 역할은 정치에 직접적으로 영향을 미친다. 그러나 우리 연구가 인류학으로 빠지지 않도록 여기서는 무료 정보를 좁은 의미의 정치적 용도에만 한정하기로 한다.

2) 시민이 받는 무료 자료의 양

사람들이 무료 정보를 얼마만큼 유익하게 받아들일 수 있는지를 결정하는 가장 중요한 요인은, 모든 정보에 내재해 있는 이전 불가능한 비용을 감당할 수 있는 개인의 능력이다. 따라서 그가 정보를 수집하는 데 얼마만큼의 시간을 쓸 수 있는지가 중요하다. 여가가 많은 사람이나 정보를 수집하는 시간이 업무 시간에 포함되어 있는 사람들은 무료 자료를 숙지할 수 있는 기회가 가장 많다. 여가 시간과 소득의 연관성을 가정할 이유는 없지만 2차적인 비용인, 무료 정보의 원천에 대한 접근 비용을 감당할 수 있는 능력은 분명히 소득과 비례한다. 사실 텔레비전과 라디오를 통해 얻는 정보는 최초 접근 비용을 지불해야만 얻을 수 있으므로 엄밀하게는 무료 정보라고 말하기 어렵다. 그러나 한번 이 진입 비용을 지불하고 나면, 거의 0의 한계비용으로 정보를 얻을 수 있다[는 점에서 무료 정보라고 부를 수 있다].

사람들이 무료 정보를 얼마만큼 얻는지에 영향을 미치는 다른 요소는 업무 시간과 여가 시간 모두에서 이루어지는 비공식적 접촉의 성격이다. 이런 접촉을 통해 얻는 자료의 종류는 그가 어떤 사회 계급에 속해 있는지, 그가 사회 계급의 경계를 가로질러 사람들을 만나는 비율은 어느 정도인지에 따라 다양하다. 대기업 사장은 동료들과 잡담하는 가운데서도 국가적으로 중요한 정치 정보를 취득한다. 반면에 접시 닦이는 정치에 관해 토론하는 것을 전혀 듣지 못할 수도 있다.

사람들이 얻고자 하는 오락 정보의 유형도 그들이 받아들이는, 정치에 관한 무료 정보의 양에 영향을 미친다. 예를 들면, 취미로 역사책을 읽는 사람은 정치적으로 중요한 많은 자료를 부수적으로 얻을 수 있다. [그러나] 값싼 흥미 위주의 출판물을 읽는 사람들도 이와 유사한 편익을 얻기 때문에 무료 정보에 대한 접근의 정도가 소득에 따라 다르다고 확정적으로 말하기는 어렵다.

마지막으로, 사람들이 정부의 행동으로부터 얼마만큼 직접적인 영향을 받느냐 하는 것이, 통치 과정의 일환으로 [정부가 제공하는] 무료 정보를 얼마만큼 취득하는지를 결정한다. 정부와 거래 관계에 있는 시민이나 정부 구성원들은 정치적으로 중요한 정부 결정들 중 최소한 일부에 대해서는 자동적으로 정보를 얻게 된다.

이 장의 마지막 부분에서는 무료 정보를 얻는 능력의 차이와 그것을 사용하는 능력의 차이가 우리 모형의 민주주의하에서 어떤 방식으로 정치권력의 분포에 영향을 미치는지를 논의한다.

2. 정보 제공자는 어떻게 시민들의 관심을 집중시키는가

앞 장에서 지적한 것과 같이, ① 소수의 전문가들이 다수의 의사 결정자들을 위해 정보를 수집하지 않고, ② 각 시민이 얻는 정보가 의사 결정을 하는 데서 차별적인 영역에 미리 관심이 집중되어 있지 않다면, 대규모의 민주주의에서는 엄청난 [정보] 비용을 치러야만 정치적 의사 결정에 도달할 수 있다. 이 두 가지 일반적인 조건은, 각 개인이 정보로부터 얻는 보상과 그 비용 사이의 균형을 맞추기 위해 정보 비용을 줄이는 과정을 시작하기 전에 이미 충족되어 있어야 한다.

대부분의 현대 민주주의에서는 이런 기능이 사회적 노동 분업을 통해 전문적인 정보 제공자들에게 위임된다. 이런 대리인들은 전문적으로 정보 취득을 담당함으로써 자료의 단위당 비용을 대폭 감축하고, 따라서 각 개인이 정보를 [그들이 감당할 만한 가격으로] 구매할 수 있도록 해 준다(물론 이 과정에 재정 지원이 이루어진다). 그들은 [시민들에게] 제공하는 것을 목적으로 오직 차별적인 영역의 자료만을 선별함으로써, 개인들이 특정 영역에 관심을 집중해야 하는 문제를 대신 해결해 준다. 우리 모형에는 사적 개인 외에 네 가지 유형의 중요한 정보 제공자가 있다. 사적 개인들은 궁극적으로는 우리가 논의하는 전문가들에게 자료를 의존하는 비전문가라고 가정한다. 각 유형의 정보 제공자들은 서로 다른 동기를 갖고 있다. 따라서 이들 각각에 대해 살펴보자.[5]

1) 전문 언론·출판 업체

전문적으로 자료를 모으고 배포하는 이들은 오직 차별적인 영역에서의 정보만을 전달한다. 소비자들이 원하는 것은 차별적인 영역에서의 정보이고, 전문가들의 목적은 소비자를 만족시켜서 이윤을 창출하는 것이기 때문이다. '뉴스'news는 그 이름 자체에 '새롭다'라는 의미가 내포되어 있듯, 알 만한 가치가 있는 상황의 변화에 관련된 것이다. 물론 언론·출판 업체가 언제나 소비자가 원하는 종류의 자료에 관심을 쏟는다는 사실이, 그들이 언제나 소비자가 원하는 정치적 선별 원칙을 사용한다는 것을 의미하지는 않는다. 하지만 이들을 통해 소비자는 자신이 고려할 만한 가치가 있는 적은 양의 자료를 얻기 위해 모든 정보를 조사해야 하는, 감당할 수 없는 부담을 줄일 수 있다.

---

5) 모든 비영리·비정치적인 조직(예컨대 대학)도 자료를 제공하겠지만, 이 자료의 대부분은 앞에 언급한 네 가지 중 하나의 통로를 통해 시민들에게 도달한다. 따라서 비영리·비정치적인 조직을 다섯 번째 정보 원천으로 다루지는 않겠다.

2) 이익집단

이익집단의 주된 관심은 현재의 정부 정책에 영향을 미치는 것이다. 따라서 이익집단이 제공하는 정보는 변경 가능한 정책에 관심이 집중되어 있다. 이익집단은 그 정책이 변하기를 원하든지 그대로 유지되기를 바라든지, 이들 정책에만 관심을 집중시킨다. 따라서 그들은 이미 결정된 쟁점을 공론화하는 데 자원을 낭비하지 않고, 시민들의 정치적 의사 결정에서 가장 중요한 항목에만 관심을 집중시킨다. 물론 이 원칙에도 예외는 있다. 그렇지만 이익집단이 제공하는 대부분의 자료는 차별적인 영역에 관한 것이다. 이는 이익집단이 하는 선동agitation이 차별적인 영역 내에서 중요한 것을 결정하는 데 도움이 되기 때문이다.

3) 정당

모든 정당의 최우선적인 목표는 선거에서 이기는 것이다. 정당이 제공하는 모든 정보는 이 목표를 위한 것이고, 따라서 정치적 의사 결정에 매우 적실성이 있는 것이다. 정당이 때로는 그들에게 불리한 사실을 은폐하기 위해 혹은 그들의 위치를 모호하게 만들기 위해,[6] 의도적으로 부적절한 자료를 발표하는 것은 사실이다. 게다가 정당은 전통적으로 국기國族, 모성, 가정 등을 찬양하는 등 상투적인 방식으로 스스로가 경건한 체하는 정보를 상당량 남발하기도 한다. 그러나 각 정당이 제공하는 정보는 대부분 상대방을 공격하거나 자신을 방어하기 위한 것이

---

6) 이런 모호성에 대한 자세한 논의는 8장을 보라.

다. 따라서 그들은 정당 간 효용 격차가 형성되는 요소들을 강조한다.

4) 정부

정당이 일상적으로 산출하는 정보 외에도, [집권당을 의미하는] 정부는 통치 활동의 일환으로 상당한 양의 정보를 제공해야 한다. 이 자료들은 행정 지시, 신규 법안에 대한 홍보, 연구 결과의 발표, 그리고 기타 정부 운영 과정에서 시민들에게 공지하는 것 등을 포함한다. 이런 정보의 대다수는 오직 행정적인 필요에 의한 것이고, 본질적으로는 정치적인 것이 아니다. 그럼에도 그것들은 정부가 수행하고 있는 정책이 무엇인지를 말해 주기 때문에, 정치적 결정을 내리는 시민들에게 중요한 단서를 제공한다. 모든 정책 변화는 그것에 의해 영향을 받는 시민들에게 특히 잘 알려져야 한다. 따라서 이들 정보 중 상당한 양이 차별적인 영역에서의 정부의 정책적 행동에 관심이 집중되어 있다.

그러나 정부가 제공하는 정보에 접근하려고 하면, 정부가 생산하는 엄청난 정보의 홍수 속으로 빠져들기 십상이다. 시민들은 정부가 제공하는 정보를 피상적으로 받아들여야만 특정 문제에 관심을 집중함으로써 얻을 수 있는 편익을 얻을 수 있다. 그래야만 정책 변화 가운데 중요한 것에 대해 알 수 있기 때문이다. 그러나 피상적으로만 정보를 받아들이면 그에게는 더 중요하지만 덜 눈에 띄는 자료를 보지 못할 수도 있다. 전체적으로 볼 때, 정부가 제공하는 비정치적 정보가 시민들로 하여금 차별적인 영역에 관심을 집중하게끔 도와주는지는 의심스럽다. 곡물에서 알곡들만을 골라내는 과정처럼, 이들 정보는 전문적으로 정보를 전달해 주는 대리인에 의해 여과되어야만 [꼭 필요한 정보들을 볼 수 있을 정도로] 전체 정보의 양에 압도당하지 않을 수 있다. 물론 이때에는 대리인들이 관심을 집중하게 하는 것이지 정부가 직접 하는 것은 아니다.

3. 합리적인 시민은 어떻게 정보 비용을 줄이는가

1) 문제와 기본적인 해결 방법

비록 그가 가지고 있는 대부분의 정치 정보가 일반적으로 중요한 영역에 미리 관심이 집중되어 있다 하더라도, 합리적인 인간은 효율성을 높이기 위해 몇 가지 [추가적인] 조치를 취해야 한다. 그는 ① 정치 정보를 얻는 데 그가 받는 보상보다 더 많은 시간과 돈을 들이려 하지 않고, ② 그가 사용하는 자원이 무엇이든, [그 자원 범위 내에서] 가능한 한 더 많은 자료를 얻으려고 한다. 다음 장에서 우리는 정치 정보로부터 얻을 수 있는 보상의 개연적인 크기를 논의할 것이다. 여기서는 유권자 A가 주어진 보상 X를 기대한다고 가정한다. 그에게 문제는 정보 비용을 X보다 낮은 범위 내에서 지식을 극대화하는 것이다.

이 문제에 접근하는 주된 방법을 알기 쉽게 나타내기 위해, A는 현재 정치 정보에 X 이상의 비용을 투자했고, 자신의 투자를 줄이려 하고 있다고 가정한다. 그는 다음 중 하나 이상의 방법으로 그렇게 할 수 있다.

1. 그가 받고 있는 정보의 양을 줄인다. 즉 더 적은 양의 정보를 받아들이고, 따라서 정보를 수집하고 소화하는 데 더 적은 양의 자원만을 사용한다. 이 방법은 A의 결정에 이용되는 정보의 양을 감소시킨다는 단점이 있다. 따라서 잘못된 결정을 내릴 확률이 높아진다.
2. 똑같은 양의 정보를 받지만, 다음의 방법으로 정보 취득 비용을

감소시킨다.

❶ 무료 정보를 더 많이 이용하거나,

❷ 가능하다면 이들 비용에 대해 재정 지원을 받거나,

❸ 이 두 가지 방법을 모두 이용한다.

3. 정치적 결정에 필요한 정보의 양은 동일하게 유지하지만, 다음의 방법으로 의사 결정의 일부를 타인에게 위임한다.

❶ 전문가의 조언을 이용해 분석 비용을 줄이거나,

❷ 다른 사람의 명확한 가치판단을 채택해 평가 비용을 줄이거나,

❸ 이 두 가지 방법을 모두 이용한다.

이 중 첫 번째 대안은 설명이 불필요하다. 나머지는 좀 더 복잡하기 때문에 이에 대해서는 자세히 검토할 것이다.

2) 정보 취득 비용의 이전

사실에 대한 분석과 평가를 타인에게 추가적으로 위임하지 않으려 한다면, 정치적 결정에 드는 비용을 절감하는 방법에는 한계가 있다. 사실 더욱 빠르게 사고할 수 있는 법을 배울 수도 없고, 그렇다고 더 적은 양의 자료만 사용하는 것도 원치 않는다면, 그가 할 수 있는 것이란 과거와 똑같은 양의 정보를 더 적은 비용으로 얻는 것밖에 없다. 여기에는 두 가지 방법이 있다.

첫 번째 방법은 무료 정보를 더 많이 이용하는 것이다. 앞에서 본 것처럼 우리의 모형에서는 다양한 원천으로부터 무료 정보를 얻을 수 있다. 그 원천들은 인격persons 정보 원천과 비인격nonpersons 정보 원천[7]이라는 두 가지 유형으로 나눌 수 있다. 후자는 주로 매스미디어로 구성

되어 있다. 예를 들어, 정보를 많이 가진 친구와 더욱 자주 이야기를 나누거나, 도서관에서 신문을 좀 더 샅샅이 읽음으로써 더 많은 무료 자료를 얻을 수 있다. 과거에는 비용을 지불하며 얻었던 자료를 이런 방법으로 얻을 수 있는 자료로 대체한다면, 두 경우 모두 정보 비용을 줄여 준다.

합리적 인간은 어떤 유형의 무료 자료 원천을 가장 많이 이용할 것인가? 자료를 이미 가지고 있는 타인들과 사적으로 접촉하는 것은 친구를 사귀는 기쁨을 주고, 더 정확한 정보를 얻기 위해 토론을 제기할 수 있게 해주는 등 여러 다른 효용을 가져다주는 장점이 있다. 또한 여기저기 흩어져 있는 무료 인쇄물이나 방송을 통해 정보를 얻는 것보다는 정보가 많은 사람들과 접촉하는 것이 대체로 더 쉽다. 마지막으로, 비인격 정보 원천에 의해 제공되는 무료 정보는 자신의 관점을 선전하는 데 관심이 있는 이들에게서 재정을 지원받는 경우가 많다. 따라서 정당, 특혜 추구자, 대표자 집단representative group, 그리고 기타 영향력 있는 사람들에 의해 제공되는 정보는 그들 자체의 선별 원칙에 따라 선별된 것이다. 이때 이들이 채택한 선별 원칙과 시민의 선별 원칙이 일치할 가능성은 낮다. 반면에 사람들이 자신의 선별 원칙과 동일한 것을 갖고

---

7) [옮긴이] 여기서 인격 정보 원천이란 사적으로 잘 아는 이들을 정보 원천으로 삼는 것을 의미한다. 예를 들어, 가족이나 친구 등으로부터 정보를 획득하는 것을 의미한다. 반면에 비인격 정보 원천은 주로 매스미디어로, 사적으로 알지 못하는 이들을 정보 원천으로 삼는 것을 의미한다. 예를 들어, 텔레비전이나 신문 등으로부터 정보를 획득하는 것을 의미한다.
왜 굳이 정보 원천을 이렇게 두 가지로 구분하는가? 그 이유는 일견 시민들이 얻는 정치 정보의 대다수가 매스미디어에서 기인하는 것처럼 보이지만, 실제로는 가족이나 친구 등 사적으로 잘 알고 있는 사람들에게 더 큰 영향을 받는다는 주장이 있기 때문이다. 선거 연구에서 이른바 '컬럼비아 학파'라 불리는 이들은 시민들 사이의 정치 커뮤니케이션이 정치 정보 획득 및 투표 행태에 큰 영향을 미친다고 주장한다. 다운스가 즐겨 인용하는 라자스펠드(Paul F. Lazarsfeld)가 컬럼비아 학파의 대표적인 학자이다.

있다고 생각되는 지인을 발견하는 것은 대체로 더 쉽다.

이런 모든 이유 때문에, 합리적 시민은 가능한 한 다른 개인으로부터 무료의 정치 정보를 얻고자 하리라는 것이 우리의 선험적인 예측이다. 이 예측은 다른 경험적 연구들에 의해서도 뒷받침된다.[8]

취득 비용을 줄이는 두 번째 방법은 부분적으로 재정 지원을 받는 정보를 이용하는 것이다. 현대 민주주의에서 대부분의 매스미디어는 광고주나 정부로부터 재정을 지원받는다. 따라서 많은 정보를 얻고 있는 거의 모든 합리적 시민은 재정 지원을 받은 정보를 [최소한] 일부 받게 된다. 궁극적으로는 광고 제품의 구매자나 납세자가 재정을 지원하는 것이다. 그러나 이런 정보를 이용하는 사람과 궁극적으로 재정 지원을 하는 사람이 항상 일치할 필요는 없다. 따라서 우리는 이 둘을 구분해서 다룰 것이다.

부분적으로 재정 지원을 받는 자료를 이용할 때의 가장 큰 문제점은 전적으로 재정 지원을 받는 자료를 이용할 때의 문제점과 동일하다. 그 문제점은 자료에 내재된 선별 원칙이 의사 결정자의 그것과 다를 수 있고, 이때 그는 잘못된 결정을 내리게 된다는 것이다. 앞 장에서 본 것처럼 의사 결정자가 타인에 의해 선별된 자료를 받아들일 때, 그 자료가 재정 지원을 받는 것이든지 아니든지 그런 위험은 항상 내재하고 있다. 그러나 만약 의사 결정자와는 부분적으로나마 선별 원칙이 다른 사람이 정보 제공자에게 소득을 제공하고 있다면, 의사 결정자는 정보 제공자로 하여금 자신의 선별 원칙을 따르도록 강제할 수 없다. 따라서 그런 위험은 재정 지원을 받는 자료일 때 가장 크다. 다수의 소규모 소비

---

8) 다음을 보라. Katz and Lazarsfeld, *Personal Influence* (1955); Lazarsfeld, Berelson and Gaudet, *The People's Choice* (1948).

자들과 소수의 대규모 생산자들로 구성된 시장에서처럼, 이 경우에도 어떤 한 명의 소비자도 생산자에게 영향을 미칠 수 있을 만큼 충분한 협상력을 가지지 못한다. 따라서 대량으로 생산되거나, 재정 지원을 받거나, 또는 둘 다이기 때문에 소비자에게 낮은 가격으로 정보가 공급되는 경우, 개별 소비자는 정보 뒤에 숨겨진 선별 원칙에 대한 통제력을 희생해야만 재정적인 이익을 얻게 된다. 만약 그의 선별 원칙과 정보 제공자의 선별 원칙이 일치하지 않는다면, 이런 희생은 그가 얻는 경제적인 이익을 완전히 상쇄해 버릴 수도 있다.

자료에 대한 재정 지원 혹은 대량생산이 미치는 효과를 정확하게 묘사하기 위해서는 한 사회의 전체 의사소통 구조를 자세히 분석해야만 한다. 이 장의 도입부에서 언급한 것처럼 우리의 연구는 그런 분석을 하려는 것이 아니다. 따라서 우리는 [정보 원천에 대한] 재정 지원이 [민주주의에서 시민들 사이의] 정치권력의 분포에 특정한 왜곡을 초래할 수도 있다는 정도의 제한적인 결론을 내릴 수 있다. 그러나 어떤 왜곡이 발생할 것인지를 선험적으로 구체화할 수는 없다.

3) 비용 절감의 수단으로서 분석과 평가의 위임

고도로 전문화된 사회에서 비전문가들은 많은 영역에서 이루어지는 결정을 그야말로 이해할 수조차 없다. 그러나 비전문가들도 중요한 정치적 선택을 하기 위해서는 때때로 이들 영역에서 정책이 적절한지에 대한 의견을 가져야만 한다. 예를 들면, 핵전쟁 시대에 국방의 성격은 국가의 생존과 자원의 적절한 배분이라는 점에서 중요한 정치적 쟁점이다. 그러나 이와 관련된 쟁점이 너무 복잡하기 때문에 이 분야의 전문가가 아닌 일반 시민들은 대부분 자신의 의견을 전문가들에게 의존해야만 한다.

사회적 노동 분업은 [사람들의 전문 분야를 나눠서 비전문 분야의 쟁점을 이해하지 못하게 한다는 의미에서] 이와 같은 종류의 문제를 야기하기도 하지만 또한 해결하기도 한다. 왜냐하면 사회적 노동 분업으로 인해 시민들은 전문가의 의견에 필적할 만한 의견을 스스로 생산할 때 드는 비용보다 훨씬 낮은 가격으로 전문가의 일반적 의견을 구매할 수 있기 때문이다. 이렇게 절약된 부분이 매우 크기 때문에, 대규모의 민주주의에서 전문가에게 사실 분석을 맡기지 않고서는 합리적인 정치 행위를 할 수 없다.

그러나 비전문가인 시민이 어떻게 전문가의 분석이 정확한지를 알수 있을까? 다행히도 전문화된 거의 모든 영역에서는 전문성의 기준이 존재하고, 이를 통해 전문성을 독립적으로 검증할 수 있다. 비전문가는 이를 활용해 어떤 전문가에게 자문을 구할 것인지를 결정할 수 있다. 전문가들 사이에서도 이견이 존재하지만, 대부분의 전문가들은 절차에 관해 어떤 표준적인 방법을 타당한 것으로 인정한다. 만약 어떤 전문가가 이들 표준을 따르고 다른 것에서도 능력을 보이면, 그는 자신의 전문 분야에서 명성을 얻을 것이다. 비전문가는 이런 명성을 전문가의 신뢰성에 대한 검증 장치로 활용할 수 있다. 이 검증 장치에도 오류가 있을 수 있지만, 비전문가가 그것 없이 상황에 대처할 때 직면하게 될 불확실성을 현저하게 줄여 준다.

전문가에게 사실 분석을 이양하는 것은 분석 비용을 상당히 줄여 주기는 하지만, 어떤 비용은 여전히 남는다. 시민이 이 비용을 재정 지원을 하는 이에게 떠넘길 수 없거나, 무료 정보의 흐름을 통해 전문성에 접근할 수 없다면, 그는 이 비용을 스스로 (또는 똑같은 정보를 구매하는 다른 시민들과 협력해) 지불해야만 한다. 따라서 전문가에게 지불하는 비용을 줄이는 것은 앞에서 논의한 취득 비용을 줄이는 것과 똑같은 것이 된다.

불행하게도 가치 평가의 속성상 [사실 분석에서처럼] 전문가들 사이에서의 전문화 과정과 유사한 방식으로, 평가의 정확성을 객관적으로 검증하기는 어렵다. 가치 평가는 목적의 관점에서 수단을 평가하는 과정이다. 그러므로 여기서는 목적이 전적으로 중요하다. 그러나 정치적인 목적은 사람마다 다르다. 그리고 이 중 무엇을 선택할 것인지에 대한 객관적인 기준은 존재하지 않는다. 물론 앞 장에서 지적한 것처럼, 사실에 대한 선별과 분석 역시 부분적으로는 가치 평가적이다. 그러나 최소한 그것들에 대해서는 절차에 관한 몇 가지 객관적 기준이 형성될 수 있다.9) [그러나] 명확히 가치 평가적인 행동에서는 그런 절차에 관한 객관적 기준이 형성될 수 없기 때문에, 합리적 의사 결정자는 자신의 가치 평가적 결정을 타인에게 위임하는 행위에 대해 극도로 주의를 기울여야 한다. 따라서 우리 모형에서 가치 평가의 위임은 분석의 위임보다 덜 발생하고, 또한 분석의 위임은 마찬가지로 정보 취득의 위임보다 덜 일어난다.

가치 평가를 위임하는 사람이 합리적이라면, 그가 선택한 대리인이 ① 자신과 유사한 목표를 가지고 있는지, ② 자신보다 많은 자료를 가지고 있는지, ③ 최악의 경우, 자신보다 판단력이 너무 열등해 더 많은 정보를 갖고 있는 것이 의미 없어질 정도는 아닌지를 개인적으로 결정해야 한다. 이와 같은 조건들은 대리인이 결정을 내리는 모든 영역에서 유지될 필요는 없고, 위임자가 대리인의 판단을 신뢰하기로 한 영역에

---

9) 이 경우에 **객관적**이라는 것은 전문가들 사이에서, 그리고 이 문제에 이해관계가 달려 있는 사람들 사이에서 매우 폭넓게 동의가 이루어져 있음을 의미한다.

서만 유지되면 된다. 예를 들어, A와 B가 인종차별 문제에 대한 의견이 다르더라도, A는 B와 의견이 일치하는 외교정책에 대해서는 B에게 가치 평가적 결정을 위임하는 것이 합리적일 수 있다.

대리인의 [미래에 대한] 전망적 판단을 믿을 수 있는가의 여부를 알기 위해, 합리적인 의사 결정자는 먼저 과거에 이루어진 대리인의 판단을 검토해야 한다. 이것은 모든 합리적인 위임에서 그렇듯이, 가치 평가의 위임이 때때로 대리인을 선택하는 과정에서 드는 비용을 포함하고 있음을 의미한다. 우리는 선택된 대리인들을 ① **인격 대리인들**, ② 위임자가 한 가지 혹은 그 이상의 쟁점에 대해 자신과 동일시하고 있는 (정당을 포함한) **이익집단**, ③ 자신의 가치판단을 타인에게 판매하는 것을 직업으로 삼고 있는 가치 평가 **전문가**(예를 들면, 정치 칼럼니스트, 평론가, 신문의 논설위원)라는 세 유형으로 나눌 수 있다.10) 의사 결정자는 이 중 몇몇의 혹은 모든 유형의 대리인을 이용할 수 있다. 예를 들면 한 사람이 다양한 전문 분야에서 미국의사협회American Medical Association, 농장을 경영하는 친구, [미국의 저널리스트] 리프먼의 관점을 따로따로 받아들일 수도 있다. 그리고 나서 그는 이 모든 가치 평가들의 균형을 맞추어 보고, 이를 투표 결정을 내리는 데 사용한다. 시간을 절약하기 위해 그의 부인은 자신의 투표 결정을 전적으로 남편에게 위임할 수도 있다. 이런 행동들은 정보 비용을 줄여 주면서도 여전히 광범위한 정보에 기초해 판단을 내리게 해주는 대단히 효율적인 방법이다.

현실 세계에서 어느 한 유형의 대리인이 다른 이들보다 자주 선택된

---

10) [옮긴이] 본문의 ②와 ③을 묶어 비인격 대리인들로 칭할 수 있다. 이런 구분은 앞서 정보 원천에서도 이루어졌다. 이런 구분이 필요한 이유와 번역어에 대한 선택에 대해서는 이 장의 각주 7)을 참조하라.

다고 예상할 수 있는 선험적인 근거가 있는가? 사실상 어떤 대리인이 선택되는지의 빈도 분포frequency distribution를 경험적인 조사 없이 단정할 수는 없다. 그러나 우리는 인격 대리인들이 다른 대리인들보다 더 자주 이용되리라 생각한다. 이런 추론은 앞서 언급했듯이, 인격 정보 원천이 무료 정보의 원천으로 가장 널리 이용된다는 관점과 일치한다.

4) 정보로부터의 보상과 위임의 관계

앞의 논의로부터 다음과 같은 다소 놀라운 결론이 도출된다. 즉 옳은 결정을 내리는 것이 아무리 중요하다고 하더라도 정치적 결정의 일부 또는 전부를 남에게 위임하는 것이 합리적일 수 있다는 것이다. 이 주장을 증명하기 위해, 단 한 명의 시민 S가, 경쟁하는 몇 개의 정당 중에서 다음 선거 주기 동안 전 국민을 통치하게 될 정당을 결정해야 한다는 극단적인 사례를 가정해 보자. 이때 그가 선택할 가장 합리적인 방법은 무엇인가?

S가 결정을 내리는 중요한 모든 정책 영역에서 전문가일 수 없다는 것은 분명하다. 따라서 그는 해당 영역에서 전문가이며, 자신과 똑같은 정치적 목표를 가지고 있고, 좋은 판단력을 가진 사람들로부터 도움을 얻으려 할 것이다. 만약 S가 신뢰하는 T가 S 자신과 유사한 정치적 목표를 가지고 있고 그 자신보다 판단력이 우수하며, T가 S와 동등한 정보를 가지고 있다면, S는 T에게 최종적인 결정을 위임하는 것이 합리적이다. 요컨대, S에게 가장 합리적인 방법은 누가 결정할 것인지를 선택하는 것 이외에는 아무것도 결정하지 않는 것이다. 심지어 옳은 결정을 내리는지에 따라 S의 생명이 좌우된다고 하더라도 다른 방식으로 결정을 내리는 것은 비합리적이다.

이 경우에는 [옳은 결정을 내리는 것과 잘못된 결정을 내리는 것 사이의 차이를 의미하는] 정보로부터 얻는 보상이 매우 크다. 그러나 이런 때마저도 정보의 취득과 분석뿐만 아니라 평가마저도 위임하는 것이 여전히 합리적이다. 그런 위임은 가능한 선택 중에서 최선의 선택을 보장할 뿐만 아니라, S의 비용 또한 크게 감소시켜 줄 것이다. 따라서 그가 위임하는 것에는 이중의 유인이 존재한다.

그러나 일반적으로 투표가 행해지는 조건하에서, 우리 모형에서의 합리적 시민들은 선거에서 경쟁하는 정당을 [자신의 판단을] 위임할 만한 대리인으로 간주할 수 없다. 만약 시민이 정책에 대해 생각하기를 회피하고, 정당 구성원이 많은 정보를 가지고 있으며 판단력이 뛰어나다고 여기기 때문에 정당을 [대리인으로] 선택한다면, 그는 비합리적으로 행동하는 것이다. 현실 세계에서 정당이나 후보자에게 가치 평가를 위임하는 것이 아무리 빈번하게 이루어지고 때때로 그것이 합리적일 수 있다고 하더라도 결론은 바뀌지 않는다.

[가치 평가의 위임에서] 핵심적인 문제는 공통의 목표라는 가정이 합리적인 위임에 필수적이라는 점이다. 우리의 가설에 따르면, 정당은 특정한 사회의 상태를 만드는 그 자체에 관심을 가지는 것이 아니라, 오직 득표 극대화에만 관심을 가진다. 그러나 유권자가 관심을 갖는 것은 언제나 특정한 사회의 상태이다. 그러므로 정당 구성원이 아닌 합리적 유권자는 어떤 정당도 자신과 유사한 목표를 가졌다고 가정할 수 없다. 공통의 목표라는 가정이 성립되지 않는데도 타인에게 모든 정치적 결정을 위임하는 것은 비합리적이다. 따라서 정당은 결코 합리적 위임의 대리인이 될 수 없다.

이 법칙에 단 하나의 예외가 있다. 만약 한 정당이 특정 이익집단이나 일부 유권자 분파의 요구를 만족시킴으로써 득표 극대화를 추구한다고 여겨지고, 유권자의 목표가 그런 이익집단이나 유권자 분파의 목표와 일치한다면, 그가 자신의 모든 정치적 의사 결정을 그 정당에 위임하는 것은 합리적이다. 그러나 자신의 목표와, 정당이 반응하고자 하는 집단의 목표가 동일한지를 알기 위해서는 정책들을 조사해야만 한다. 그러므로 이런 유형의 위임을 하기 위해서는 정책들에 대해 어느 정도 정보 비용을 지출해야만 한다.

4. 정보의 차별적인 권력 효과

1) 정치 자료를 사용하는 능력의 차이

한 사람이 얻는 정치 정보의 총량이 주어져 있다면, 정보를 사용할 수 있는 그의 능력은 크게 세 가지에 의해 좌우된다. ① 정보를 소화하기 위해 사용할 수 있는 시간, ② 그가 가지고 있는 관련 지식의 유형, ③ 해당 정보에 내재해 있는 선별 원칙과 그 자신의 선별 원칙 사이의 동질성이 그것이다. ①에 대해서는 이 장의 1절에서 이미 논의했기 때문에, 여기서는 ②와 ③에 대해서만 논의할 것이다.

관련 지식은 주로 교육을 통해 얻을 수 있다. 그러나 교육이 꼭 정규교육일 필요는 없다. 왜냐하면 직업에서 얻는 경험도 학교 교육만큼 효과적일 수 있기 때문이다. 따라서 사람들의 학력과 직업의 유형이 자료를 유용하게 사용할 수 있는 현재의 능력에 중요한 영향을 미친다. 그것들은 일반적인 관련 지식뿐만 아니라 구체적인 의사 결정 능력을 형성한다. 우리는 어떤 유형의 직업이 효율적인 의사 결정에 도움이 되는지를 선험적으로 단언할 수는 없다. 이에 대해서는 복잡한 경험적 연구를 해야만 확실히 말할 수 있을 것이다. 우리가 확실하게 말할 수 있는 것은 ① 사회적 노동 분업으로 인해, 사람들 사이에서 자료를 잘 사용하는 능력에는 차이가 있다는 것, ② 정규 교육을 통해 더욱 효과적으로 의사 결정을 할 수 있는 만큼, 보통 저소득층보다는 더 좋은 교육을 받는 고소득층이 그런 능력을 갖는 경향이 있다는 점이다.

만약 한 사람이 입수하는 자료에 내재해 있는 선별 원칙이 자신의 것과 동질적인 (즉 유사하거나 똑같은) 것이 아니라면, 비록 전달된 모든 개별적인 사실이 그 자체로는 사실이라고 하더라도, 그는 똑같은 사건에 대해 서로 다른 해석을 만나게 될 것이다. 따라서 『데일리 워커』와 『프리맨』*Freeman*에 실리는 글에 똑같은 비중을 두는 시민은 똑같은 사건에 대한 상반된 해석 때문에 혼란스러워질 수 있다. 마찬가지로, 한 사람이 받는 정보가 모두 자신의 선별 원칙과 상이한 정보 원천으로부터 오는 것이라면 혼란스러울 수 있다. 예를 들어, 한 노동자가 보수적인 언론·출판 업체가 통제하는 일간지 이외에는 읽을 수 없다면, 그는 매우 혼란스러울 것이다. 이들 두 가지 상황에서 생겨나는 갈등으로 인해 불확실성이 발생하게 되고, 이는 의사 결정을 마비시키는 경향이 있다. 물론 경험적인 연구 없이는 이들 요소의 영향을 일반화하기 어렵다. 잠정적인 결론은 다음과 같다. 많은 민주주의 사회에서 매스미디어는 대체로 저소득층보다는 고소득층에 의해 소유되거나 지배되기 때문에, 저소득층은 자신의 선별 원칙과 상이한 선별 원칙에 의해 선별된 정보를 접할 가능성이 높다. 우리는 여기서 발생하는 갈등이 얼마나 큰 영향을 미치는지 알 수 없다. 그러나 이런 현상은 고소득층에게 대체로 유리한데, 그 이유는 정치 정보를 얻는 데는 비용을 부담해야 하기 때문이다.

2) 정보 비용, 그리고 정치적 영향력에서의 평등

이 장의 모든 분석으로부터 한 가지 사실이 분명해졌다. 광범위한 사회적 노동 분업과 불확실성이 존재하는 모든 사회에서, 정보 비용은 사람마다 다를 수밖에 없다는 것이다. 따라서 한 사람이 취득하기에 합리적인 자료의 양은 다른 사람이 취득하기에 합리적인 정보의 양과는 다를 것이다. 정보로부터 얻는 보상이 모든 사람에게 동일할 때에도 이런 결론은 타당하다.

우리 모형의 세계에 지적인 능력이 동일하고, 정부 정책에 대해 동일하게 관심을 가지고, 소득수준이 동일한 합리적인 개인들이 살고 있다고 하더라도, 그들은 정치 정보를 동등하게 가지고 있지 않을 것이다. 사실 그들 중 많은 사람은 자신의 결정을 타인에게 위임하기 때문에 정치에 대해 아무것도 모를 수 있다. 사회적 노동 분업으로 인해 사람들은 서로 다른 수준으로 정보에 접근하고, 정보에 대한 필요성 또한 다양하다. 그리고 완전 정보의 부재로 인해 각각의 시민들은 비용을 치르지 않고는 자신의 전문 지식을 타인에게 전달할 수 없다. 그러므로 우리는 다음과 같이 결론을 내릴 수 있다.

1. 모든 유권자들이 동등하게 정치 정보를 취득할 것이라는 가정에 기초한 민주주의 개념은 모두 비합리적이다. 즉 이렇게 가정하는 것은 시민들이 비합리적으로 행동할 것임을 전제한다.
2. 민주주의하에서 차별적인 정치권력[의 분포]은 바로 [불확실성과 사회적 노동 분업이라는] 사회 그 자체의 특성에 기초하고 있다.

그리고 더욱 현실적으로 설명하고자 한다면, 앞서 논의한 [권력의] 차별화 요인에 불평등한 소득분포 또한 추가해 논의해야 한다. 모든 정보는 비용이 든다. 그러므로 고소득층은 저소득층보다 정보를 더 잘 얻을 수 있다. 앞의 장들에서 봐온 것처럼 이런 사실로 인해 민주주의 이론의 핵심에 해당하는 정치적 평등 원칙의 실현이 왜곡된다.

5. 요약

모든 사회는 구성원에게 이전 가능한 비용이 들지 않는, 무료 정보의 흐름을 제공한다. 현대 민주주의에서 모든 시민이 정치에 관한 무료 자료를 동등한 양으로 받고 있는 것은 아니다. [그러나] 더 많은 정보를 얻을 만한 가치가 있는지 여부에 대해 예비적 평가를 내려야 하므로, 그들 모두는 자신이 가지고 있는 무료 자료가 무엇이든 그것을 활용한다.

합리적 정치 행위를 위한 필수적인 전제 조건은 차별적인 결정 영역에 미리 관심을 집중하는 것이다. 이는 자기 이익을 추구하는, 다양한 분야의 정치 정보 제공자들에 의해 가능해진다. 개인적인 정보 취득 비용을 줄이기 위해 합리적 시민은 더 많은 무료 정보를 이용한다. 이때 합리적 시민은 매스미디어보다는 인격 정보 원천으로부터 무료 정보를 얻을 가능성이 높다. 비용을 절감하는 다른 방법은 재정 지원을 받는 정보를 받아들이는 것이다. 그러나 그렇게 하면 정보에 내재해 있는 선별 원칙에 대한 통제력을 상실하게 될 가능성이 높다.

복잡한 사회에서 정치적 의사 결정 과정의 몇 가지 단계를 타인에게 위임하는 것은 필수적이다. 정보를 취득하고 분석하는 것의 대부분은 의사 결정자 자신이 아니라, 전문적인 대리인이 수행한다. 시민들은 그런 대리인들을 활용함으로써 상당한 비용을 절감할 수 있다.

가치 평가적 결정을 위임하는 것은 좀 더 어렵다. 왜냐하면 여기에는 전문가들이 인정할 수 있는 전문적인 기준이 없기 때문이다. 따라서 위임자는 오직 자신의 목표와 유사한 목표를 가지고 있으면서, 그 자신보다 폭넓은 정보를 가지고 있는 대리인을 선택해야만 한다. [이런 때에는] 이익집단이나 직업적인 전문가보다는 인격 대리인에게 가치 평가를 위임할 가능성이 높다. 정보로부터 얻는 보상이 매우 큰 경우에도 이렇게 하는 것이 합리적인 때가 꽤 있다. 그러나 우리 모형 내에서 정당을 대리인으로 선택하는 것은 합리적이지 않다.

똑같은 양의 자료를 갖고 있다고 하더라도, 모두가 동등하게 효율적으로 그것을 사용하는 것은 결코 아니다. 사실 사회적 노동 분업과 불확실성이 존재하기 때문에 합리적인 인간들 사이에서도 정치 정보의 수준은 다를 것이다. 따라서 민주주의 사회 내부에 존재하는 권력의 불평등한 분배는 사회 그 자체에 내재해 있다. 이런 사실은 심지어 정치적 평등이 민주주의의 가장 기초적인 윤리적 전제라고 하더라도 그렇다.

13
정보로부터의 보상과 그 감소

시민들이 정치 정보를 취득하는 이유는 크게 두 가지이다. ① 어떻게 투표할지를 결정할 때 도움을 받기 위해, 그리고 ② 여론을 형성해 [현 정부가 선출된 선거로부터 다음 선거까지의] 선거 주기 동안에 정부 정책 형성에 영향을 미치기 위해서이다. 투표 결정은 [지난 선거로부터 현 선거까지의] 선거 주기 동안 정부가 추구했던 정책을 고려해 이루어진다. 정부가 이미 행한 바에 대한 유권자의 반응이 곧 투표 결정이다. 여론을 형성하는 결정opinion-forming decisions은 선거 주기 동안의 정부 정책 형성에 영향을 미치기 위한 것이다. 따라서 이는 시민들이 정부 결정에 대해 사후적으로 반응하는 것이 아니라, 그것을 능동적으로 수정하고자 하는 것이다.[1)]

물론 투표 자체는 특정 공약을 제시한 통치자를 선택함으로써 미래

---

1) [옮긴이] 여기서 다운스가 말하는 투표 결정은 t-1, t, t+1 시점에 각각 이루어진다. t 시점의 투표 결정은 't-1~t' 시점까지의 정부 정책을 '사후적으로' 고려해, 't~t+1' 시점의 정부 정책에 영향을 미치려는 것이다. 현대 정치학에서는 이런 유형의 투표를 회고적 투표(retrospective voting)라고 부른다.

한편, 여론을 형성하는 결정은 't-1~t+1' 시점에 수시로 이루어진다. 이 결정은 그것이 행해지는 시점 이후의 정책에 영향을 미치려 한다는 점에서는 투표 결정과 동일하다. 그러나 특정 정책이 형성된 것에 대한 '사후적' 반응이 아니라, 어떤 정책이 형성될 것인지에 '사전적'으로 영향을 미치려 한다는 점에서 차이가 있다.

의 정부 정책에 영향을 미치는 수단이다. 또한 정부는 일반 시민들이 어떻게 투표할 것인가를 고려하며 정책적 조치를 취하므로 투표는 정부의 과거 정책에 이미 영향을 준 것이기도 하다. 그러므로 정부의 관점에서 보면 이와 같은 정보의 두 가지 용도 사이에는 큰 차이가 없다. 그러나 시민의 관점에서는 그 차이가 큰데, 이에 대해 앞으로 살펴볼 것이다.

이 연구에서 우리는 앞에서 언급한 두 가지 이외에는 정치 정보를 취득할 유인이 없다고 가정한다. 어떤 시민들은 정치적 논쟁을 하거나 선거운동에 참여하는 그 자체를 즐긴다. 어떤 시민들은 칵테일파티에서 자신이 현재의 시사 문제를 잘 알고 있음을 보여 줌으로써 사회적 위신을 획득한다. 우리는 그 내용이 얼마나 정치적으로 보이든 상관없이 이와 같은 목적을 위해 취득된 정보를 오락 정보로 분류한다.

이 장의 목표

이 장에서 우리는 다음과 같은 명제를 증명하고자 한다.

1. 선거에서 어느 정당이 승리할 것인지에 대해 가장 관심이 많은 시민들은 [오히려] 정보를 가장 적게 필요로 한다. 반면에 정보를 가장 유용하게 활용할 시민들은 어느 정당이 승리할 것인지에 관심이 없다.
2. 수많은 시민들에게 있어 비용을 지불하고 정치에 대한 자료를 취득하는 것은 그 내용과 상관없이 비합리적이다. 그리고 무료일지라도 정치 자료를 많이 취득하는 것은 비합리적이다. 이는 심지어 선거운동 기간에도 그러하다.

3. 민주주의하에서 대다수의 시민은 자신의 진정한 정치적 관점[2]에 입각해 투표하지 않는다. 따라서 민주주의하에서 정부는 다수 시민들이 정부로부터 얻을 수도 있었을 모든 편익을 제공하지 못할 수 있다.

4. 정부의 각 정책 형성에 영향을 미치려는 시도는 소수의 시민들에게만 합리적일 수 있다. 심지어 자신에게 영향을 미치는 정책이라 할지라도 대다수 시민들의 입장에서 볼 때, 그 정책 형성에 대해 무엇이든 알고자 하는 것은 비합리적이다.

5. 일반적으로 합리적인 정부의 경제적 결정은 소비자에게 불리하고 생산자에게 유리하게끔 편향되어 있다.

6. 모든 대규모 사회는 불확실성과 사회적 노동 분업으로 특징지어지고, 이런 사회에서 정치권력의 불평등은 불가피하다. 헌법에 어떻게 명시되어 있든, 다른 모든 측면에서 시민들이 얼마나 평등하든 상관없이 그렇다.

---

2) [옮긴이] 여기서 유권자의 '진정한 정치적 관점'(true political views)이란 유권자 자신의 표가 선거 결과를 결정한다고 가정했을 때 그가 갖게 될 견해를 의미한다. 유권자의 '진정한 정치적 관점'과 실제 취하게 될 정치적 관점이 차이가 나는 이유는 이 장에서 설명되듯이, 유권자는 다른 유권자의 영향력을 감안해 투표로부터의 보상을 할인하게 되고, 따라서 자신의 표가 선거 결과를 결정할 때에 비해 정보에 대한 투자를 적게 하기 때문이다.

1. 투표를 위한 정보 취득

1) 정당 간 효용 격차의 역할

합리적 인간은 왜 투표를 하는가? 우리 모형에서 투표는 경쟁하는 정당들 가운데 [집권하면] 가장 나은 정부가 될 것으로 판단되는 정당을 선택하기 위한 수단이다. 그러므로 합리적 인간은 경쟁하는 정당 가운데 어떤 한 정당이 집권하는 것을 다른 정당이 집권하는 것보다 선호하기 때문에 투표를 한다. 그의 [정당에 대한] 선호 간의 차이가 곧 **정당 간 효용 격차**인데, 이는 3장에서 설명한 바 있다. 정당 간 효용 격차는 [투표를 하는 데서 얻을 수 있는] 기본적인 보상이고, 이로부터 정보에 대한 투자로 얻을 수 있는 한계 보상이 계산된다.

한 명의 시민만이 투표한다고 가정해 보자. 즉 그의 표가 어느 정당이 집권할 것인지를 결정한다고 가정한다. 이때 그의 정당 간 효용 격차는 그가 잘못 투표할 때의 비용, 혹은 다른 각도에서 본다면 그가 옳게 투표할 때의 보상을 나타낸다. 여기서 '옳다'be right라는 의미는 집권한다면 다른 어떤 정당보다 실제로 더 높은 효용 소득을 가져다줄 정당을 선택한다는 것이다. 반면에 '잘못되다'be wrong라는 의미는 최선의 정당이 아닌 다른 정당을 선택해, 최선의 정당이 줄 수 있는 효용을 잃는 것을 의미한다.3)

---

3) [옮긴이] right에는 ① '도덕적으로 옳다', ② '(틀리지 않고) 맞다, 정확하다'라는 두 가지 뜻이 있다. 여기서 다운스가 correct 등이 아니라 right라는 표현을 쓴 것은 일종의 규범적인 평가의 기준으로 사용하기 위해서라고 볼 수 있다. 여기서는 저자의 이런 의도를 따라 '정확하다'가 아닌 '옳다'로 번역했다. 그리고 wrong은 '부정확하다'가 아닌 '잘못되다'로 번역했다.

분명히 어느 정당이 집권하는가에 대해 유권자가 무차별할 때 — 즉 그의 정당 간 효용 격차가 0일 경우 — 그는 정보를 취득함으로써 얻을 보상이 없다. 만약 실수로 '잘못된' 정당에 투표한다고 하더라도 그는 아무런 효용 손실을 입지 않는다. 사실 그에게는 '잘못된' 정당이란 없다. 따라서 그가 투표를 목적으로 취득하는 어떤 정치 정보라도 그 잠재적 보상은 0이다. 그러나 어떤 자료라도 소화하는 데는 시간이 들기 때문에 정보 비용은 0이 될 수 없다. 따라서 정당 간 효용 격차가 0인 사람이 투표 결정에 도움을 받기 위해 정치 정보에 투자하는 것은 비합리적이다.

하지만 그가 정보에 투자하지 않았다면 자신의 정당 간 효용 격차를 어떻게 알 수 있는가? 정당 간 효용 격차가 0인지 아닌지를 알아내기 위해 그는 [최소한] 일정량의 자료를 취득해야만 한다. 사실 자신의 정당 간 효용 격차를 알아내는 것은 일반적인 투표 결정을 하는 것과 동일하다. 정당 간 효용 격차를 알아낸다는 것은 일반적인 투표 결정을 표현하기 위해 만들어 낸 개념일 뿐이다.

우리 모형에서와 같은 불확실성의 세계에서는 현실 세계와 마찬가지로 투표 결정이 역동적인 행위라는 사실을 알 수 있다. 따라서 우리는 투표 결정을 시간의 흐름 속에서 발생하는 과정이자, 일련의 단계들로 이루어진 것으로 분석해야 한다. 첫 번째 단계는 자신의 정당 간 효용 격차를 측정하는 것이다. 이는 ① 일상생활에서 습득하는 무료 정보를 이용하거나, ② 이 목적만을 위해 행해진 탐색적 투자를 통해 얻은 자료를 바탕으로 이루어진다.

정당 간 효용 격차에 대한 예비적 측정치는 [투표 결정의] 기본적인 보상으로, 이에 기초해 계산이 이루어진다. 정당 간 효용 격차에 대한 예비적 측정치는 잘못 투표할 때의 비용에 대한 측정치로, 그 비용과 보상에 대한 심각한 고려 없이 도출된다. 그러나 그 지점으로부터 모든 자료의 비용과 보상이 평가되고, 시민은 오직 정보 취득의 기대 보상ex-pected pay-off이 그 비용을 넘어서는 한에서만 실제로 정보를 취득한다.

2) 정보 단편, 그리고 의사 결정에서 정보 단편의 역할

합리적 유권자는 자신의 예비적인 투표 결정, 즉 자신의 정당 간 효용 격차에 대한 예비적 측정에 의해 이루어지는 결정을 변화시킬 가능성이 있는 정보에만 관심을 가진다. 모든 정보에는 비용이 든다. 최초의 결정을 변화시킬 가능성이 있는 정보만이, 좀 더 나은 결정을 할 수 있게 하거나, 기존의 결정을 강화시킨다는 점에서 보상을 제공한다. 따라서 이런 유형의 정보를 취득하는 것만이 합리적이다.

주어진 하나의 정보 단편bit of information이 자신의 결정을 변화시킬 수 있을 것인가를 판단하기 위해, 유권자는 그 정보를 자신의 정당 간 효용 격차와 비교한다. 그 단편이 포함하고 있는 정보는 정당 가운데 하나가 집권했을 때 그가 기대할 수 있는 효용 소득상의 양(+), 음(-), 또는 0의 변화로 표현될 수 있다. 이런 변화는 그의 정당 간 효용 격차에 직접적으로 영향을 미친다. 정당 간 효용 격차란 집권당이 재선했을 때 기대되는 효용 소득과 반대당이 이겼을 때 기대되는 효용 소득의 차이이기 때문이다. 특정 정보를 받아들여 그의 현재 정당 간 효용 격차가 완전히 바뀔 가능성이 크다면 그는 이 정보를 취득할 것이다.

그렇지만 시민들에게 있어, 주어진 정보가 자신이 기대할 수 있는 정당 간 효용 격차를 어떻게 변화시킬지를 측정하기란 극히 어려운 일이다. [우선] 정보들은 서로 독립적이지 않기 때문에 어떤 순서로 정보를 취득할 것인지가 결정적으로 중요한 문제이다. 예를 들어, 정보 단편 X는 정당 A가 반체제 세력에게 장악되어 있는지 여부를 알게 해주고, 정보 단편 Y는 그 정당이 치즈에 어느 정도 관세를 부과할지를 알게 해준다고 가정하자. 분명 정보 단편 Y의 가치는 전적으로 정보 단편 X의 내용에 달려 있다. 왜냐하면 정당 A가 반체제 세력에 의해 장악되어 있다면 이 정당이 치즈에 대해 어떤 관세 정책을 갖고 있는지는 전혀 중요한 문제가 아니기 때문이다. 따라서 정보 단편은 개별적인 것으로 평가될 수 없으며 반드시 하나의 집합으로 평가되어야 한다. [시민들이] 정확하게 어떤 방법으로 이 문제를 숙고할 것인가는 통계적인 문제로, 우리가 여기서 다룰 수는 없다. 그러나 지금부터 우리가 **단편**bit이라고 말할 때 그것은 하나의 단위unit로 간주되는, **단편들의 집합**a set of bits을 의미한다.

[이와 관련된] 또 다른 난점은 한 정보 단편의 기대 가치expected value를 그것의 기대 보상으로 전환시키는 것이다. 한 유권자가 각 정보 단편을 취득하기 전에 그것에 대해 알고 있는 것은 ① 그 단편의 가능한 가치들의 목록, ② 각 가치들에 연관된 확률, ③ 그것의 비용뿐이다. 이런 지식은 사실 그가 이미 취득한 정보에 기초를 둔 주관적인 측정이다. 그 지식에 기초해 유권자는 그 정보 단편의 기대 가치와 그 분산 값을 계산할 수 있다. 그리고 정보 단편의 비용 및 자신의 정당 간 효용 격차를 [그 정보 단편의 기대 가치 및 분산 값과 견주어] 평가해 그 정보 단편의 취득 여부를 결정한다.

이런 과정을 명확히 하기 위해 예시를 들어 보자. 시민 Z가 자신의 정당 간 효용 격차를 50단위라고 측정했고, 이제 하나의 정보 단편을 앞에 두고 있다고 가정하자. 그 단편을 취득하는 데 드는 비용은 10단위이다. 그리고 그 단편의 가능한 가치들의 목록은 다음과 같다.

100.0단위의 가치를 지닐 확률 0.5

-10.0단위의 가치를 지닐 확률 0.4

-100.0단위의 가치를 지닐 확률 0.1

따라서 이 정보 단편의 기대 가치는 36[단위]이다.[4) [정보 단편의 기대 가치는 36단위이고 따라서 50단위인 정당 간 효용 격차보다 작으므로] 이는 이 정보 단편이 그의 결정을 바꾸지 못할 것임을 의미한다. 사실상 이 정보 단편에 의해 그의 정당 간 효용 격차가 더 커질 가능성이 높다. 그러나 이 정보 단편은 한 정당을 50단위만큼 선호했던 데서 다른 정당을 50단위만큼 선호하는 데로 유권자의 위치를 변화시킬 가능성이 10퍼센트 존재한다. 따라서 만약 유권자가 그 단편을 구매하지 않았는데 [그 10퍼센트가 실현되어] 그 단편의 가치가 실제로 -100[단위]이라면, 유권자는 (그의 표가 선거를 결정한다고 가정할 때) 잘못된 정당에 투표해 40단위의 효용 소득 손실을 입게 된다.[5) 이 예는 그가 각 정보 단편의 가치를 평가할 때 단순히 기대 가치만 고려해서는 안 되고, 가치의 전체적인 분포 또한 고려해야 한다는 것을 보여 준다.

이처럼 세부적인 분석을 하는 목적은 한 단편의 기대 보상은 그 기대 가치 및 분산 값과의 관계 속에서 변한다는 것을 보여 주기 위해서이다. 한 정보 단편의 **기대 보상**이란, 유권자가 그 정보 단편 속의 자료를 받아들여 자신의 결정을 변화시켰을 경우 얻을 수 있는 효용의 양이

---

4) [옮긴이] 본문에서 설명한 대로 가능한 가치들과 그것들의 실현 가능성을 곱해서 더한 값이다. 즉 $(100 \times 0.5) + (-10 \times 0.4) + (-100 \times 0.1) = 36$이다.

5) 그의 효용 손실이 50이 아니라 40인 이유는, 옳게 투표해 얻는 이득 50에서 그 정보 단편을 구매하는 데 드는 비용 10을 빼야 하기 때문이다.

다. 만약 특정 정보 단편이 그의 결정을 변화시킬 가능성이 없다면, 비록 그 기대 가치는 0이 아닐지라도 기대 보상은 0이다. 한 정보 단편의 기대 보상이 그것의 비용보다 클 때 유권자는 그것을 구입하고, 그렇지 않을 때는 구입하지 않는다. 분명히 특정 정보 단편의 기대 보상의 크기는 그 정보 단편 자체뿐만 아니라, 기대 보상이 적용될 정당 간 효용 격차의 크기에 달려 있다. 한 정보 단편의 분산 값과 기대 가치가 주어져 있을 때, 유권자의 정당 간 효용 격차가 크면 클수록, 그 정보 단편의 기대 보상은 작아진다. 그리고 그 결과 유권자가 그 정보 단편을 구입할 확률 역시 작아진다.

다르게 표현하자면, 다른 조건이 동일할 때, 유권자가 애초부터 한 정당을 다른 정당에 비해 선호하는 정도가 크면 클수록 그가 정치 정보를 구입할 가능성은 낮아진다.[6] 그 유권자가 애초부터 [특정 정당에 대한] 강한 선호를 지니고 있었다면, 그가 결정을 바꾸기 위해서는 매우 많은 양의 반대되는 정보가 필요하다. 따라서 오직 매우 높은 음($-$)의 가치가 포함된 가치 분포를 지닌 정보 단편들의 집합만이 그의 결정을 바꿀 수 있다. 그런데 대부분의 선거운동에서 이런 상황은 드물다. 따라서 선거운동이 시작될 무렵부터 [특정 정당에 대해] 강한 선호를 지니고 있었던 합리적 시민은 그 기간 동안 제시되는 정보를 많이 이용하지 않을 것이다. 그는 우연히 취득하는 무료 정보를 제외한 다른 정보는

---

6) 대부분의 경험적 연구는 정반대의 결론을 도출한다. 경험적 연구에 따르면, 정당을 열렬히 지지하는 사람일수록, 정보를 더 많이 얻을 가능성이 높다. 그런 발견은 일반 시민들이 투표 결정을 할 때 자료의 유용성에 비례해서가 아니라, 결과에 대한 관심에 비례해 정보를 얻는다는 것을 말한다. 만약 그렇다면 일반 시민들이 취득하는 정보의 양은 그들의 정당 간 효용 격차에 정비례해 변화할 것이다. 타인을 설득하기 위해 자료를 얻는 경우를 제외한다면, 선거 그 자체의 관점에서 이런 행위는 비합리적이다. P. S Lazarsfeld, B. Berelson and H. Gaudet, *The People's Choice* (New York: Columbia University Press, 1984).

취득하지 않을 것이다.

반면에 애초부터 정당 간에 무차별했던 유권자 역시 정보를 얻는 데 무관심할 것이다. 사실 이런 시민들은 특정 정당을 강하게 지지하는 유권자에 비해 정보를 취득할 유인이 더 크다. 왜냐하면 어떤 정보 단편에 의해서도 그는 한 정당에서 다른 정당으로 선택을 바꿀 수 있기 때문이다. 그러나 새로운 자료에 의해 기대 소득상에 매우 큰 변화가 생기지 않는 한, 그에게 어느 정당이 이기는지는 별로 상관이 없는 일이다. 따라서 정보 단편들이 큰 기대 가치 혹은 그의 정당 간 효용 격차에 비해 큰 분산 값을 지니고 있지 않는 한, 비용이 드는 정보 단편을 많이 습득하는 것은 비합리적이다. 오직 큰 기대 가치 혹은 큰 분산 값을 지닌 자료에 의해서만 그의 정당 간 효용 격차가 커지게 된다. 그는 그런 경우에만 옳게 투표하는 문제에 관심을 가지게 될 것이다.

따라서 우리는 다음과 같은 결론에 도달한다. ① 어느 정당이 승리할 것인지에 대해 관심을 지닌 시민들에게 정보는 상대적으로 쓸모가 없다. ② 정보를 가장 유용하게 활용할 시민들은 어느 정당이 승리할 것인지에 대해 관심이 없다. 요약하자면 아무도 정치 정보를 취득하는 데 아주 높은 유인을 보유하고 있지는 않다.

3) 왜 정당 간 효용 격차는 할인되어야 하는가

앞의 논의에서 우리는 각 시민이 마치 자신의 투표만으로 선거를 결정지을 수 있는 것처럼 행동한다고 가정해 왔다. 그러나 사실 수백, 수천, 심지어 수백만의 다른 시민들 역시 투표권을 지니고 있다. 따라서 각자의 표는 바다 속의 물 한 방울에 불과하다. 다른 모든 유권자들의 표가 정해져 있다면, 그가 던지는 한 표가 선거 결과를 결정지을 확률은 0은 아닐지라도 지극히 낮을 것이다. 그 확률의 크기는 타인들이 어떻게 투표할 것인가에 따라 변한다. 예를 들어, 한 공동체가 완고한 공화당원과 고집불통의 민주당원으로 거의 균등하게 나뉘어 있다고 해보자. 이때 한 명의 표가 그 지역의 선거 결과를 결정할 가능성은 공화당원이 85퍼센트인 공동체에서 투표하는 때보다는 더 크다. 또는 다른 조건이 모두 동일할 때, 1백 퍼센트가 투표하는 경우에 비해 95퍼센트의 유권자가 투표에 불참할 경우 나머지 5퍼센트 유권자들 중 한 명의 표가 투표 결과를 결정할 확률은 더 크다.

조건이 어떻든 간에 합리적 유권자들 모두는 자신이 유일한 투표자가 아니라는 것을 깨닫는다. 이런 사실로 인해 자신의 투표가 갖는 중요성에 대한 그의 관점은 근본적으로 변한다. 그가 유일한 유권자라면 잘못 투표할 경우의 비용은 그의 정당 간 효용 격차에 의해 측정된다. 잘못된 표 하나로 인해 잘못된 정당이 당선되기 때문이다. 그러나 실제로는 다른 많은 유권자들이 존재한다. 따라서 다른 시민들이 그와는 독립적으로 투표한다면, 그가 어떻게 투표하는지와는 상관없이, 당선될 정당은 어차피 당선될 것이다. 즉 그가 잘못 투표한다고 하더라도 선거 결과는 바뀌지 않는다. 따라서 잘못 투표할 경우의 비용을 그의 정당 간 효용 격차로 측정할 수 없다.

대신에 그는 우선 자신의 정당 간 격차를 크게 할인해야만 옳게 투표하는 것의 가치를 평가할 수 있다. 이런 **투표 가치**는 자신의 정당 간 효용 격차에 대한 측정과 자신의 표가 선거 결과를 결정지을 확률의 곱으로 이루어진다. 투표 가치는 그가 정보를 제대로 얻지 못해 잘못 투표를 할 경우의 잠재적 비용의 측정치이다. 그러므로 투표에 관련된 정보의 가치는 정당 간 효용 격차가 아니라 투표 가치로부터 도출된다. 따라서 우리는 앞의 분석에서 제시된 모든 계산에서 정당 간 효용 격차를 투표 가치로 교체해야 한다. 그런데 [자신의 표가 선거 결과를 결정지을 확률은 거의 0에 가까우므로] 투표 가치는 대부분의 상황에서 거의 0에 가깝다. 이로 인해 유권자들이 투표하기 전에 정치 정보를 취득할 유인은 급격히 작아진다.

이런 유인이 얼마나 작은지를 선험적으로 예측할 수는 없다. 하지만 민주주의에서 수많은 시민들이 합리적으로 행동하는 한, 정치 정보 그 자체에 대해서는 어떤 투자도 하지 않으리라는 것이 그럴듯해 보인다. 무료 정보를 취득하면 알게 될 정당 간 효용 격차가 얼마나 크든지, 또는 어느 정당을 지지해야 할지에 대해 그가 얼마나 불확실하든지 간에, 그는 자신의 표가 선거 결과에 영향을 미칠 가능성이 거의 없음을 깨닫는다. 그렇다면 그가 정치 정보를 취득해야 할 이유는 어디에 있겠는가? 대신에 그는 순전히 자신의 비정치적인 일상에서 얻게 되는 무료 정보의 흐름에 의존할 가능성이 크다. 심지어 무료 정보를 소화하는 데도 시간이 걸리기 때문에, 그는 취득 가능한 무료 정보도 모두 활용하지는 않을 것이다.

그러나 정치 정보를 많이 취득하는 모든 사람이 비합리적이라고 말하는 것은 아니다. 합리적인 인간은 ① 정부의 정책에 영향을 미치려 하기 때문에, ② 다른 유권자들이 어떻게 행동할 것인가를 추측한 결과 자신의 표가 선거 결과를 바꿀 확률이 비교적 높다고 생각하기 때문에, 또는 ③ 그런 자료로부터 오락적 가치나 사회적 위신을 얻기 때문에 정치 정보를 구입할 수 있다. 그러나 투표에 관한 것에 한정한다면, 우리는 대다수의 유권자들에게는 정치 정보에 대한 투자를 극소화하는 것이 합리적이라고 생각한다. 그들에게 있어 정치 정보 그 자체에 대해서는 자원을 투자하지 않는 것, 그리고 받아들일 무료 정보의 양에 명확하게 제한을 두는 것은 합리적인 행위이다.

4) 분할 불가능성의 영향

합리성에 대한 이런 관점은 민주주의하에서의 바람직한 시민 정신에 대한 전통적인 관념과 날카롭게 대립한다. 사실 유권자들이 대표되어야represented 할 정치적 견해 자체를 지니고 있지 않다면, 대의제 정부라는 개념 전체가 다소 공허해진다. 만약 그렇다면 우리의 결론을 어떻게 변호할 수 있겠는가?

민주주의에 대한 전통적·규범적 모형과 우리 모형 사이의 분명한 차이를 이 연구에서 모두 제시하는 것은 불가능하다. 그렇지만 잠정적인 설명은 제시할 수 있다. 그 갈등은 모순되는 것처럼 보이는 다음의 두 명제가 동시에 참이라는 사실에서 비롯된다. ① 합리적 시민은 민주주의가 잘 운영되어 그로부터 편익을 얻기를 원한다. 그리고 민주주의는 시민들이 많은 정보를 취득할 때 가장 잘 작동한다. ② 개인의 차원에서 볼 때 정보를 많이 얻는 것은 비합리적이다. 이 지점에서 개인적인 합리성과 사회적인 합리성은 명백하게 대립한다. 즉 개인으로서 추구하는 목표와 그들이 사회의 한 성원으로서 공동으로 추구하는 목표가 모순되는 것이다.

이런 역설은 일반 시민들이 효율적인 사회조직으로부터 얻는 편익이 분할 불가능하기 때문에 생겨난다. 이 문제를 논하기 위해, 정부가 진정으로 '피치자의 동의에 입각해' 운영될 때, 즉 모든 유권자가 투표에서 자신의 진정한 견해를 표현할 때, 모든 이가 이득을 본다고 가정해 보자.[7] 우리가 누군가의 '진정한'true 견해라는 표현을 쓸 때, 이는 그

---

7) 이런 가정은 거짓이다. 왜냐하면 소수자들은 다수가 선거에서 자신들의 진정한 견해를 표현하지 않을 때 이득을 볼 수도 있기 때문이다. 따라서 우리의 논증은 민주주의가 더 잘 운영될

자신의 표가 선거 결과를 결정한다고 가정했을 때 그가 지니게 될 견해를 의미한다.

　그러나 실제로는 그의 표가 선거 결과를 결정하지 않는다. 그가 던지는 한 표는 다른 유권자들의 표가 이루는 바다 속에 잠겨 버린다. 따라서 그 자신이 많은 정보를 얻었는지의 여부는 그가 취득하는 편익에 명시적인 영향을 미치지 않는다. 만약 모든 타인이 그들의 진정한 견해를 표현한다면, 시민은 자신이 얼마나 많은 정보를 얻었는가에 관계없이 이로부터 편익을 얻을 것이다. 만약 모든 타인이 많은 정보를 얻지 않았다면, 자기 혼자만으로는 그런 편익을 만들어 내지 못할 것이다. 따라서 분할 불가능한 편익이 발생하는 모든 경우와 마찬가지로, 그는 자기 몫의 비용을 부담하지 않으려는 [즉 무임승차하려는] 유인을 가지게 된다. 즉 그는 자신의 진정한 견해를 발견하기 위해 필요한 정보를 충분히 취득하려 하지 않을 것이다. 모든 이들이 이와 같이 하므로, 선거는 피치자의 진정한 동의를 반영하지 못하게 된다.

　게다가 이 경우에는 분할 불가능한 편익이 존재하는 상황에 대한 일반적인 해결책이 적용되지 않는다. 일반적인 경우, 분할 불가능한 편익을 취득하는 개인들은 정부에 강제력을 사용할 수 있는 권한을 부여하며, 정부는 이를 통해 각자에게 자기 몫의 비용을 지불하도록 강제한다. 우리가 앞서 설명한 바 있듯이, 이렇게 해서 모두가 이득을 본다. 그러나 민주주의하에서는 정부가 일반 시민들에게 정보를 많이 얻게끔 강제할 수는 없다. 여기에는 다음과 같은 이유들이 있다.

때 이득을 보는 입장에 있는 사람들에게만 적용된다. 그렇지만 정의상 (애로 문제를 무시한다면) 민주주의가 잘 운영되면 이득을 보는 사람들이 다수자이기 때문에, 우리의 논증이 의미가 없는 것은 아니다.

1. 어떤 시민이 얼마만큼 정보를 얻었는가를 측정할 만한 신뢰성 있고, 객관적이며, 비용이 적게 드는 방법이 없다.
2. 각 시민들이 어떤 종류의 정보를 얼마만큼 지녀야 하는가를 결정하는 합의된 규칙은 존재하지 않는다.
3. 시민들이 정보를 취득하도록 강제해 발생하는 자유의 손실은 아마도 유권자들이 정보를 많이 얻음으로써 얻어지는 편익을 훨씬 초과할 것이다.

이런 문제점 때문에 대부분의 민주주의 정부는 학교에서 학생들이 의무적으로 시민교육 과정을 이수하도록 하는 것 이상을 강제하지 못한다.

지금까지의 추론에 따르면, 민주주의에서 선거는 항상 최적 이하의 less-than-perfect 효율로 작동한다. 개인적인 합리성과 사회적인 합리성 사이의 긴장으로 인해 피치자들은 정부를 선출할 때 자신들의 진정한 동의를 표현하지 못한다. 우리의 분석이 진행됨에 따라 불확실성의 세계에서 민주주의가 그 완벽한 이상을 달성하지 못하게 되는 다른 이유들도 발견하게 될 것이다.

2. 정부 정책에 영향을 미치기 위한 정보 취득

1) 어떻게 정보는 그것을 가진 자로 하여금 영향력을 갖게 만드는가

4장에서 설명한 바와 마찬가지로, 우리 모형의 정부는 정책을 형성할 때 최대한 많은 수의 유권자를 만족시키려고 노력한다. 그러나 유권자를 만족시키기 위해서는 유권자들이 선택 가능했던 다른 대안들보다 그 정책을 더 선호해야만 한다. 그리고 유권자가 그 정책을 선호하기 위해서는 그런 정책 결정이 이루어진 상황에 대한 정보를 가지고 있어야 한다. 따라서 정치 정보는 유권자로 하여금 특정 선호를 갖도록 해준다는 점에서, 그리고 그 선호에 입각해 자신에게 영향을 미치는 정부 정책에 영향력을 행사할 수 있게 해준다는 점에서 유용하다.

물론 정부 정책에 대해 미리 견해를 지니고 있는 사람들만이 그 정책의 영향을 받는 것은 아니다. 따라서 정부는 결정을 할 때 이미 견해를 지니고 있는 사람들의 반응만을 고려할 수는 없다. 그럼에도 정부는 불확실성이라는 안개 속에서 움직이기 때문에, 모호하게 남아 있는 욕구보다는 자신이 인지할 수 있는 욕구에 더 많이 주목할 것임은 분명하다. 정부가 다양한 정책 대안의 실제 결과와 그것이 유권자들의 투표에 미치는 영향에 대해 확실하게 알지 못할 때에는 이런 경향이 특히 강해진다. 예를 들어, 시민들이 특정한 노동 분쟁으로 [산업] 평화와 [경제적] 번영을 망치는 일이 없기를 바란다는 사실을 정부가 알 수 있다고 해보자. 그렇지만 정부는 기업과 노동조합 중 어느 쪽의 제안이 가장 평온한 결과를 낳을 것인지에 대해 확실히 알지 못할 수도 있다. (정부가 노동 분쟁의 조정에 대한 관할권을 가지고 있다고 가정할 때) 정부의 노동 분쟁 조정이 정보가 많은 사람뿐만 아니라 다른 많은 사람들에게도 영향을 미친다 하더라도, 정부는 이 결정이 가져올 효과를 알기 위해 정보가 많은 사람들에게 의존할 수밖에 없다. 따라서 정부가 정책을 결정할 때, 정보를 많이 가지고 있는 이들이 강한 영향력을 행사한다.

우리의 모형에서 정부는 자신의 행위가 시민들의 효용 소득에 어떤 영향을 미치는지에 신경 쓰지 않는다. 정부는 오직 시민들의 표에만 관심이 있다. 따라서 정부는 시민들의 효용 소득이 표의 향배에 영향을 미치는 한에서만 효용 소득에 관심을 갖는다. 그러나 정부의 정책적 행동이 실제로 유권자들의 효용 소득에 변화를 일으킬 때조차, 정부는 유권자들이 그 변화를 알 수 있는지의 여부를 모를 수도 있다. 바꿔 말하면, 정부 정책이 시민들에게 어떻게 영향을 미치는지에 대해 시민들이 얼마나 잘 알고 있는지, 정부는 모를 수도 있다. 이와 같은 지식의 여러 수준을 살펴보기 위해 정부가 시민들의 욕구에 주의를 기울이는 정도를 다음과 같이 분류할 수 있다.

1. 정부가 자신의 결정이 특정 시민의 소득에 어떤 영향을 미칠지 알지 못할 때는 분명 그 시민의 이익을 고려할 수 없다. 따라서 정부는 그를 무시하고 결정을 내린다.

2. 정부가 자신의 결정이 특정 시민의 소득에 영향을 미치지 않는다는 것을 알 때, 정부는 그를 무시하고 결정을 내린다.

3. 정부가 자신의 결정이 특정 시민의 소득에 영향을 준다는 것을 알고 있지만, 시민이 정부의 정책적 행동의 구체적인 효과를 세부적으로 알 수 없다는 것 또한 알고 있다면, 정부는 그를 무시한다.

4. 정부가 자신의 정책이 특정 유권자의 소득에 영향을 준다는 것을 알지만, 그 유권자가 이 사실을 알고 있는지의 여부를 모를 때, 정부는 유권자가 알고 있을 경우에 대비해 조정을 시도할 것이다.

5. 정부가 자신의 정책이 특정 시민의 소득에 영향을 준다는 것과 그 시민 역시 이 사실을 알고 있다는 것을 안다면, 정부는 자신의 정책이 그 시민에게 미치는 효과를 충분히 고려한다. 그러나 이런 때조차도 정부는 다른 유권자들을 만족시키기 위해 전략적으로 그가 원하는 바를 무시할 수 있다.

이와 같은 지식의 수준은 모두 ① 정부의 정책이 자신들에게 어떤 영향을 미치는지에 대한 시민들의 정보, ② 어떤 시민들이 영향을 받는지에 대해 정부가 가지고 있는 정보, ③ 특정 시민들이 자신이 받는 영향을 알고 있는지에 대해 정부가 가지고 있는 정보에 달려 있다. 시민들이 자신의 선호를 정부에 전달한다고 가정하면, 분명히 정보를 많이 가진 사람일수록 정부 정책에 행사할 수 있는 영향력 또한 커진다. 반대로 시민들이 정책 대안들에 대해 아는 바가 적을수록, 그가 가질 수 있는 구체적인 선호의 수는 적어지고, 정부가 정책 결정에서 그를 무시할 가능성은 커진다. 따라서 정보를 가진 사람이 정부 정책 형성을 통제할 수 있게 된다는 점에서 정보는 가치 있는 것이다. 이 가치의 양이 정보로부터 얻는 보상이다. 자료를 구입할 것인지의 여부를 결정할 때, 이 보상은 비용과 균형을 이루어야 한다. 우리는 또다시 한계비용과 한계 보상이 일치해야 한다는 원칙을 사용하며, 정보에 대한 투자를 연속적으로 분석되어야 할 하나의 과정으로 봐야 한다.

그렇지만 우리는 우선 정보가 어떻게 [정부 정책에 대한] 영향력으로부터 그 가치를 이끌어 내는지에 대해 주의 깊게 살펴보아야 한다. 시민 X는 정부가 A라는 경제 영역에서 어떤 정책을 채택할지에 관심을 가지고 있으며, X는 그 영역에서 자신의 소득을 취득한다고 가정하자. X가 영향을 미치기 위해 전혀 노력하지 않는다 하더라도 — 아무런 정보도 얻지 못하고, 정부와 의사소통을 하지 못한다고 하더라도 — '불간섭'hands off도 하나의 정책이라고 본다면, 정부는 영역 A에서 특정 정책을 추구할 것이다. 이 정책을 a_1이라 하자. 반면에 X가 영역 A에 대해 완전한 정보를 지니고 있다면, 그는 a_X라는 특정한 정책을 선호하는데 그 정책은 그에게 가장 많은 편익을 제공하는 정책이다.

만약 a_1과 a_X가 동일하다면, X는 영역 A에서의 정책에 자신의 이득을 극대화하기 위해 정부에 영향을 미칠 필요가 전혀 없다. 사실 이럴 경우 영향력을 행사하기 위해 어떤 것을 투자하더라도 낭비일 뿐이다. 그러나 우리가 투표에 대해 논할 때 이미 보았듯이, X가 정보에 어느 정도 투자하기 전까지는 a_1과 a_X가 동일한지 여부를 알 수 없다. 따라서 그는 무료 정보를 활용하거나 자료에 대해 약간의 탐색적인 투자를 해서, a_1과 a_X의 특성 및 두 정책 간 효용 소득의 차이에 대해 예비적인 측정을 해야만 한다. a_1과 a_X의 차이를 영역 A에 대한 **개입 가치**inter-vention value라고 부르자. 개입 가치는 X가 그 영역의 정책을 직접 결정할 수 있다고 할 때, 자신이 개입하지 않았더라면 채택되었을 정책으로부터 자신이 가장 좋아하는 정책으로 변화시킴으로써 그가 얻을 수 있는 최대한의 이득이다.

X의 개입 가치는 다른 시민들이 영역 A에 대해 어떤 영향력을 행사할 것인가에 달려 있다. 분명 X가 영역 A에 개입하지 않는다면, 여기에 개입하는 타인들에 의해 정부의 정책이 결정될 것이다. 따라서 다수의 시민들이 영역 A에 대한 자신의 개입 가치를 알아내고자 하는 것은, 다수의 과점 기업들이 타 기업의 경영 정책을 고려하는 것과 유사하다. 각자는 자신에게 합리적인 것이 무엇인지를 계산하기 이전에, 타인들이 어떻게 할 것인지를 추측해야만 한다. 그리고 각자는 타인들 또한 유사한 방식으로 자신의 가능한 행동들을 고려한다는 것을 안다. 여기서 이런 상호 간 추측 변이의 문제에 대해 일반적인 해결책을 제시하고자 하는 것은 아니다. 그러나 각 시민들은 어떤 자료에 투자하는 것이 가장 합리적인지를 결정하기 이전에 어떤 방식으로든 자신이 직면하고 있는 이 문제를 해결해야 한다.

실제로 X가 영역 A에 대해 많은 정보를 얻었다고 하더라도 반드시 그가 영향력을 행사해 정부 정책을 통제하는 것은 아니다. 정부는 X가 영역 A에서 어떤 정책이 채택될 것인가에 관심을 가지고 있는지 모를 수도 있다. 정부가 그 영역에서 X의 선호를 안다 할지라도, 그의 선호를 따르지 않고 다른 유권자들을 만족시키려 할 수도 있다. 그리고 전략적인 고려를 통해 X의 욕구와 타협할 수도 있고 아예 무시할 수도 있다. 따라서 X가 영역 A에 영향력을 미치기 위해서는 다음과 같은 조건이 충족되어야 한다.

1. X는 영역 A에서 구체적인 선호를 지녀야만 한다. 그러기 위해 X는 그 영역에 어떤 대안들이 존재하는지에 대해 잘 알고 있어야 한다.

2. 정부는 X가 선호를 지니고 있다는 사실을 알아야 하며, 그 선호의 내용에 대해서도 알아야 한다. 이는 X와 정부 사이에 의사소통이 있어야 함을 의미한다.[8]

3. X의 선호를 알고 난 뒤 정부가 변해야 한다. 그리고 정부는 X의 선호를 알지 못했더라면 취했을 정책을 변화시켜야 한다. X가 정부를 설득해 현재의 정책을 유지하도록 할 수도 있지만, 이 경우 정부가 막 정책을 바꾸려던 참이 아니라면 X의 행동은 불필요한 것이다.

---

[8] 정부는 ① X가 선호를 지니고 있는지, 또는 ② X의 선호의 내용이 무엇인지에 대해 확실하게 알지 못할 때에도 X의 욕구를 고려할 수 있다. 예를 들어, 정부가 큰 규모의 유권자 집단이 특정 정책에 의해 영향을 받아 투표할 정당을 바꿀 수 있다고 느낀다면, 이런 느낌이 정부의 결정에 영향을 미칠 수도 있다. 이 경우 의사소통 비용은 존재하지 않으며, 유권자들은 정보를 취득할 필요가 없다(즉 정부가 오해할 수도 있다)는 것이다. 그렇지만 다른 조건들이 동일하다면 이런 경우에 행사되는 영향력은 본문에서 묘사한 바와 같이 행사되는 영향력보다는 훨씬 약할 것이다.

X가 자신의 견해를 정부에 전달한 이후 실제로 등장한 정책을 a_2라고 부르기로 하자. 그것은 X의 영향력이 반영된 것이다. 만약 a_2가 a_1과 동일하다면 X는 아무런 영향력도 행사하지 못한 것이다. a_2가 a_1과 다르고 a_X와 같다면, X는 영역 A를 완전히 지배한 것이다. 마지막으로 X에게 a_2가 a_1보다는 낫지만 a_X보다는 못하다면, X는 부분적으로 영향력을 행사한 것이다. 이 모든 경우에서 X의 영향력의 크기는 a_1과 a_2 간의 효용 소득의 차이에 의해 측정된다. 이 차이를 X의 **의견 표명 효과** opinion impact라고 부르자. 그것은 X가 정보를 얻고, 정부로 하여금 자신의 선호를 알게 해서 취득한 실제 이득을 나타낸다. 오직 X가 그 영역을 완전히 지배할 때에만 그의 의견 표명 효과와 개입 가치가 일치한다.

이런 분석을 통해 우리는 영향력을 행사하고자 하는 사람이 직면하는 두 가지 난점을 볼 수 있다. 첫째, 어떤 [대안적] 정책이 자신에게 가장 큰 편익을 제공할 것인지가 분명하지 않다면 그는 그것을 알아내기 위해 정보 비용을 투자해야 할 것이다. 그렇게 해도 정책의 결과가 크게 불확실해 곤란해질 수 있다. 둘째, 자신이 어떤 [대안적] 정책을 선호하는지를 안다고 하더라도, 실제로 정부의 정책 결정이 이루어지기 전까지는 자신의 영향력의 크기를 알 수 없다. 따라서 그의 의견 표명 효과는 항상 정부에 특정한 다른 압력이 어떻게 행사될 것인지를 주관적으로 추측한 값이다.

자료를 얼마만큼 구입할 것인지를 결정할 때 유권자들은 위와 유사한 어려움에 직면하는데, 이에 대해서는 이 장의 앞부분에서 살펴본 바 있다. 사실 의견 표명 효과가 투표 가치와 유사한 것처럼, 여기서의 개입 가치는 앞에서 다루었던 정당 간 효용 격차와 정확히 닮아 있다. 따라서 개입 가치는 X가 영역 A에 대한 정보로부터 얻을 수 있는 최대한의 이득을 나타낸다. 반면에 의견 표명 효과는 이 최대한의 이득에서 다른 시민들의 영향력을 고려해 할인한 것이다. 또한 의견 표명 효과는 정보 단편들로부터의 한계 보상이 계산되는 기본적인 보상이다.

이 계산은 투표에 사용되는 정보로부터의 한계 보상을 계산하는 것과 매우 유사한 것이며 따라서 동일한 추론이 적용된다. 어떤 정보 단편을 구매할 것인가를 결정하는 과정에서도 동일하게 비용과 보상의 균형을 맞추는 과정이 적용된다. 따라서 이들 절차에 대한 분석을 반복할 필요는 없다.

2) 의사소통 비용

이런 유사성에도 불구하고, 투표를 위한 정보 취득과 정부 정책에 영향을 미치기 위한 정보 취득 간에는 중대한 차이가 존재한다. 가장 중요한 차이는, 유권자들은 투표 행위를 통해 자동적으로 자신의 결정을 정부에 전달하지만, 정부 정책에 영향력을 미치고자 하는 사람들이 결과물을 얻기 위해서는 구체적인 행동으로 자신의 견해를 정부에 전달해야 한다는 점이다. 다른 모든 행위와 마찬가지로 이런 행위에는 희소 자원, 즉 비용이 든다. **의사소통 비용**cost of communication의 크기는 사회에서 시민이 점하는 위치에 달려 있다. 그가 미국의 부통령이라면 의사소통 비용은 낮을 것이다. 반면에 그가 탄광촌의 광부라면 그것은 매우 높을 것이다.[9]

비용의 규모가 어느 정도이든 누군가는 그것을 지불해야 한다. 그렇

---

9) 그가 정부에 전달하는 의사가 어떤 대접을 받을 것인가는, 6장에서 묘사한 것처럼, 그가 영향력 있는 유권자인지 여부에 달렸다. 그렇지만 우리의 분석에서 당분간은 의사소통에서 그가 점하는 위치와 그의 정치적 영향력을 분리하고자 한다.

지만 시민 자신이 그 비용을 지불할 필요는 없다. 만약 특정 정책 영역에서의 이해관계가 그의 직업 때문이라면, 그는 회사에 의사소통 비용을 청구할 수 있다. 회사는 아마 과세 대상 소득에서 그 비용을 공제할 것이다. 따라서 이때에는 시민이 아니라, 회사와 정부가 비용을 부담하게 된다.[10] 그러나 누가 비용을 치르든지 간에, 정부 정책에 영향력을 행사하고자 하는 사람에게 부과되는 의사소통 비용은 모두 한계비용의 일부로 계산되어야 하고, 정보를 얻음으로써 생기는 한계 보상과 균형을 이루어야 한다. 이 비용은 시민이 자신의 견해를 정부의 누구에게 전달하는가에 따라 변한다. 왜냐하면 어떤 공무원은 다른 공무원보다 접근하는 데 더 많은 비용이 들기 때문이다. 물론 의견 표명 효과 역시 영향력을 행사하고자 하는 사람이 누구와 접촉할 것인가에 달려 있다. 정책에 영향을 미칠 목적으로 얼마만큼의 정보를 구매할 것인지를 결정할 때에는 이런 두 가지 요인이 모두 고려되어야 한다.

3) 왜 정부 정책에 영향력을 행사하려고 정보를 얻는 사람은 투표를 목적으로 정보를 얻는 사람보다 더 많은 정보를 취득하는가

정보로부터 얻는 보상의 두 유형 사이에는 두 번째 중요한 차이가 있다. 그것은, 투표의 경우 거의 모든 사람들이 고려하지만, 특정 정책 영역에 영향력을 행사할 것인가는 소수의 시민만이 고려한다는 것이다. 우리가 앞서 보았듯이, 다수의 다른 유권자들이 존재하기 때문에

---

10) 실제로 정보를 소유하는 것은 회사이므로 그들이 이 비용의 일부를 부담한다. 물론 정부는 자기 몫의 비용을 납세자, 인플레이션으로 손해를 보는 사람들에게 전가한다. 구체적으로 어떻게 전가할 것인지는 정부가 재정을 충당하는 방법에 따라 다르다.

한 유권자의 정당 간 효용 격차는 크게 할인된다. 반면에 영향력을 행사하고자 하는 사람이 영향을 미치고자 하는 정책에는 오직 소수의 타인들만 관심을 갖기 때문에, 그의 개입 가치는 거의 할인되지 않는다. 아마도 이 정책에 의해 영향을 받을 사람은 많을 것이지만 그들 중 대다수는 그런 효과가 어디서 나오는지를 사전에 알지 못한다. 따라서 그들은 추진되고 있는 정책을 변화시키고자 할 수 없다.

단순히 무관심으로 인해 그런 무지가 발생하는 것은 아니다. 오히려 그런 현상은 효과적으로 영향력을 행사하기에 충분한 정보를 취득하는 데는 큰 비용이 들기 때문에 생겨난다. 영향력을 행사하고자 하는 사람들은 최소한 특정 정책을 다른 정책들보다 더 선호할 수 있을 정도만큼은 상황을 충분히 알고 있어야 한다. 사실 많은 일반 시민들은 별다른 정보 없이도 강한 선호를 표명한다. 그리고 이들이 던지는 표는 정보가 많은 시민들의 표와 동일한 효과가 있다. 정부는 주어진 정책 영역에서의 정책적 행동이 그 영역에 즉각적으로 관심을 보이지 않는 많은 시민들에게도 영향을 주리라는 것을 안다. 결과적으로 영향력을 행사하고자 하는 사람은 현재 수동적인 시민들이 자신이 도입하고자 하는 정책에 부정적으로 반응하지 않을 것이라고 정부를 설득해야 한다. 따라서 영향력을 행사하는 사람이 되기 위해서는 이런 설득을 할 수 있을 만큼 충분한 지식을 지녀야 한다.

따라서 정책을 형성하는 데는 [그리하여 정부 정책에 영향력을 행사하기 위해서는], [일반 유권자들처럼] 타인이 형성한 대안들 중에서 선택하는 것보다 더 많은 지식이 필요하다. 그 결과 특정 정책 영역에 영향력을 행사하고자 하는 사람은 그가 영향력을 미치고자 하는 정책 영역에 대해 가장 정보가 많은 일반 유권자들보다 더 많은 정보를 필요로 한다. 따라서 그들의 정보 비용은 더 크다. 이 영역들의 복잡성으로 인해, 때때로 영향력을 행사하고자 하는 사람은 전문가가 되어야만 자신의 이익에 가장 잘 부합하는 정책을 찾아낼 수 있다. 그리고 서로 다른 목표를 지니고 영향력을 행사하려고 하는 사람들이 권력을 위해 서로 경쟁하고 있기 때문에, 각자는 ① 자신에 대한 어떤 공격에도 대응할 수 있는 논리를 만들어야 하고, ② 타인의 주장을 자신의 자료를 통해 논박해야 하며, ③ 어떤 타협이 자신에게 만족스러운 것인지를 알기에 충분할 만큼 정보를 얻어야 한다.

반면에 유권자는 타인에 의해 형성된 소수의 대안이 자기 자신에게 미치는 차별적인 효과에 대해서만 알면 된다. 그는 가능한 모든 대안을 검토할 필요가 없다. 정책 결정자의 선택에는 모든 대안이 열려 있다고 하더라도, 유권자의 선택에는 이 모든 것이 열려 있지 않기 때문이다. 또한 유권자는 [여러 대안들 사이에서] 어떻게 타협할 것인지를 생각할 수 있을 정도로 충분한 정보를 얻을 필요가 없다. 그 이유는 (연립정부의 경우를 제외한다면) 이 정당 아니면 저 정당이 승리할 것이기 때문이다. 그리고 자신의 방식대로 투표하게끔 타인을 설득하고자 하는 것이 아니라면, 그는 반대 세력과 논쟁할 필요가 없다. 따라서 그는 경쟁 때문에 정보를 얻어야 할 압력을 받지 않는다.

이 분석의 요지는 영향력을 행사하고자 하는 사람들은 그들이 영향을 미치기를 원하는 정책 영역이 어디든 간에 그 영역에서 전문가인 반면, 유권자들은 정당 간의 전반적인 차이를 이해하고자 시도하는 개괄적인 지식만 가지고 있는 사람generalizer이라는 것이다. 특히 [정부에 영향력을 미치고자 하는] 경쟁이 첨예할 경우에는 전문적인 지식과 정보가 요구된다. 그러나 대부분의 일반 시민들은 많은 영역 모두에서 전문가가 될 수는 없다. 따라서 영향력을 행사하고자 하는 사람들은 대개 한 번에 하나 또는 두 개의 정책 영역에서만 활동한다. 이는 각 영역에서 오직 소수의 전문가만이 정부에 영향을 미치려 시도한다는 것을 의미한다.

당연히 정책 영역에 영향력을 행사하는 것으로부터 가장 큰 이득을 얻을 수 있는 사람이 그 영역에 전문가가 되는 비용을 가장 잘 부담할 수 있는 사람이다. 영향력을 행사함으로써 얻는 잠재적 보상은 정보에 대한 커다란 규모의 투자를 정당화하기에 충분할 만큼 높다. 거의 모든 정책 영역에서 가장 많은 이득을 취할 위치에 있는 사람은 [즉 영향력을 행사할 가능성이 가장 높은 사람은] 그 영역에서 소득을 얻는 사람이다. 이는 대부분의 일반 시민들이 한 영역에서 자신의 소득을 얻지만, 여러 영역에서 그 소득을 소비하기 때문이다. 따라서 그들에게, 자신이 소득을 얻는 영역은 자신이 소비하는 어느 영역보다 중요하다. 게다가 생산의 영역에서 정부 정책에 영향을 미치기 위해 자료를 구입하는 비용은 종종 기업이나 노동조합에 청구될 수 있다. 그리고 이런 단체들은 그들의 과세 대상 소득에서 그 비용을 공제할 수 있다. 또한 이런 단체들은 규모가 크기 때문에 관련된 정책 영역에서 집중적인 전문화를 통해 자료를 구입할 수 있고, 이를 통해 규모의 경제를 달성할 수 있다.

이런 모든 이유 때문에, 생산자가 소비자에 비해 영향력을 행사할 수 있는 사람이 될 가능성이 훨씬 높다. 생산자는 영향력을 행사하는 데 필요한 전문적 정보에 투자하는 데서도, 또한 그들의 견해를 정부에 전달하는 데서도 비용을 더 잘 부담할 수 있다. 기업에도 이런 결론은 적용된다. 왜냐하면 거의 항상 기업의 이윤은 그들이 비용을 투입하는 영역보다는 더 적은 수의 정책 영역에서 나오기 때문이다. 그렇지만 거의 모든 일반 시민들은 다양한 삶의 순간에서 생산자이면서 동시에 소비자이다. 그러므로 우리는 이 같은 결론을 다음과 같이 고쳐 말할 수 있다. 즉 일반 시민들은 개별 시민으로 행동하든 단체의 성원으로 행동하든 간에, 소비자income-spenders로서 역할을 할 때보다는 생산자income-receivers로서 역할을 할 때 정치적 영향력을 행사할 가능성이 더 크다는 것이다.

이상의 결론은 매우 중요하다. 왜냐하면 그로부터 ① 특정 시민이 어떤 방식으로 정보에 투자할지, ② 주어진 정책 영역에서 정보가 많을 가능성이 높은 시민이 누구인지, ③ 각 영역에서 정부에 대한 압력 중 어떤 것이 가장 강력할 것인지를 추론할 수 있기 때문이다. 분명히 정보를 취득하고 정부에 견해를 전달하는 데 드는 비용이 정치적 영향력의 구조를 결정한다. 이 비용을 부담할 능력이 있는 사람들만이 영향력을 지닐 수 있는 위치에 있다.

이런 사실의 뚜렷한 예시는 전체로서의 소비자가 자신들에게 영향을 미치는 정부 결정에 대해 일관된 영향력을 행사하지 못한다는 것이다. 예를 들어, 입법자들은 각 영역에서 수천의 소비자를 희생시켜 소수의 생산자에게 혜택을 주는 관세법을 작성하는 것으로 악명이 높다. 투표만을 고려한다면, 이런 행동은 정부 행위에 대한 우리의 중심적 가설들과 거의 양립이 불가능하다. 그러나 일단 정보 비용을 논의에 도입하면 우리 이론으로 이를 충분히 설명할 수 있다. 각 생산자는 자신의 상품에 영향을 미치는 관세법 조항에 영향력을 행사할 수 있다. 반대로 대부분의 소비자는 그 법의 어떤 부분에 대해서도 영향력을 행사할 수 없다. 왜냐하면 각 소비자의 이해관계는 매우 다양한 상품에 분산되어 있기 때문이다. 사실 대부분의 소비자는 자신이 지불해야 하는 특정 상품의 가격이 어떤 관세 때문에 오르는지 잘 알지 못한다. 그러나 그런 지식이 없으면 정부가 주목할 만한 정책 선호를 가질 수 없다.

이런 조건하에서, 정부는 정책을 만들 때 소비자보다 생산자에게 더 주의를 기울이는 경향이 있다. 이것은 ① 정부는 득표를 극대화하기 위해 정책을 형성하고, ② 형성된 정책에 의해 영향을 받는 소비자의 표가 생산자의 표보다 많다고 하더라도 사실이다. 그 결과 노동자, 자본가 및 소비자 대표로 구성된 3자 위원회tripartite industrial control boards와 같은 장치들은 실패할 수밖에 없다.11) 소비자 대표는 결코 노동자 및 자본가의 대표에 필적할 만한 효과적인 영향력을 가지지 못한다. 따라서 이 위원회는 실제로는 항상 노동자와 자본가가 공동으로 소비자를 착취할 기회를 제공하게 된다.12) 만약 거대 노동조합이 그 구성원들의, 소비자로서의 이익을 위해 행동하려 한다 해도, 너무 많은 상품에 영향력을 분산시켜야 하기 때문에 각 분야의 생산자를 효과적으로 견제할 수 없을 것이다. 경제적인 관점에서 볼 때, 민주주의에서 정부 정책은 거의 항상 반反소비자적·친親생산자적 편향을 보인다. 우리 모형에서 이런 편향이 존재하는 이유는 다양한 행위자들이 비합리적이기 때문이 아니라, 그들이 합리적으로 행동하기 때문이다. 이런 사실은 경제의 거의 모든 영역의 예측에서 큰 의미를 지닌다. 그러나 여기서 그것들을 논할 수는 없다.

실제로 이 추론은 모두 사회적 노동 분업하에서의 정보의 역할로부터 직접적으로 도출된다. 전문화된 사회에서 모든 일반 시민들은 자연히 다른 영역보다는 자신의 전문 영역에서 더 많은 정보를 가지고 있다. 이는 두 가지 효과를 나타낸다. ① 그의 소득이 자신의 전문 영역에서 나오기 때문에, 그 영역의 정책에 영향력을 행사함으로써 정보로부터 얻는 보상이 크다. ② 그는 전문 영역에 이미 친숙하기 때문에, 그 영역에서 정보를 얻기 위해 지불해야 할 비용이 낮다. 따라서 사회적

---

11) 이 점에서 우리는 멜빈 레더 교수에게 감사한다.

12) 다음 글에서 이와 유사한 논증이 제시되었다. Henry C. Simons, "Some Reflections on Syndicalism," *Economic Policy for a Free Society*(Chicago: University of Chicago Press, 1948).

노동 분업 자체의 속성상, 각 영역에서 합리적으로 정부 정책에 영향을 미칠 수 있는 사람은 소수이며 대부분의 사람들에게 정부 정책에 영향을 미치려고 하는 것은 비합리적이다. 모든 사람이 정부 활동에 대한 관심, 지능, 재산 수준, 그리고 소득 모두에서 동등하더라도 동일한 결론이 도출된다.

앞의 분석을 통해 실제로 많은 사람이 각 영역에서 영향력을 행사함으로써 이득을 얻을 수 있음에도 왜 소수만이 그렇게 하는지를 이해할 수 있다. [만약] 영향력을 행사한다면 잠재적으로 이익을 얻을 수 있는 대부분의 사람들은 자신이 어디에 영향력을 행사해야 이득이 될지를 알 수 없다. 그들은 각 영역에 있는 소수의 전문가들에게 그 영역을 내줄 수밖에 없다. 결과적으로 각 전문가들은 [정보로부터의 한계 보상을 계산하기 위해] 타인의 영향력을 감안할 때, 자신의 개입 가치를 상대적으로 약간만 할인하면 된다. 앞서 지적했듯, 이런 결론은 투표에는 적용되지 않는다. 투표의 비용은 매우 낮아서 수많은 사람들이 합리적으로 그 비용을 부담할 수 있다. 따라서 각 유권자들은 동료들의 엄청난 숫자를 고려해 자기 자신의 영향력을 크게 할인해야 한다.

4) 영향력의 불평등과 권력의 분포

바로 앞 장에서, 우리는 사회적 노동 분업과 불확실성 때문에 필연적으로 사람들은 서로 다른 수준으로 정보를 취득한다는 것을 보여 주었다. 이제 우리는 이런 정보 불평등이 항상 그에 조응하는 정부의 정책 결정에 대한 영향력의 불평등으로 귀결됨을 증명했다. 이 결론은 민주주의 사회에 내재해 있는, 정치권력의 불평등을 다시 한 번 부각시킨다.

민주주의는 종종 '피치자의 동의에 입각한 통치'라고 정의된다. 나아가 우리는 '피치자의 동의에 입각한 통치'를 '의사 결정자가 정책을 선택할 때, 그 정책에 의해 영향을 받는 시민들의 선호를 바탕으로 선택하고, 시민들이 영향을 받는 정도에 따라서 각 시민의 선호에 가중치를 부여하는 의사 결정'으로 다시 정의할 수 있다.[13] 이 복잡한 정의는 여전히 모호하기는 하지만, 우리 모형의 합리적인 정부가 사용하는, 선호의 비중을 평가하는 방법과 비교하기에는 충분하다.

[이와 같은 정의와 우리 모형의 정부 행태를] 비교해 보면 정보 비용의 존재로 인해 우리 모형의 정부가 순수한 의미에서 피치자의 동의에 의해 기능하지 못한다는 것을 알 수 있다. 이는 정부가 자신의 결정에 의해 영향을 받는 이들의 욕구를 고려하지 않고서 결정을 내린다는 것을 의미하지는 않는다. 정반대로 정부는 유권자들이 바라는 것에 극히 민감하다. 그러나 [사회적 노동 분업과 불확실성이라는] 사회구조 그 자체 때문에, 정부가 내리는 결정은 그 결정에 의해 동등하게 영향을 받는 일반 시민들의 바람을 동등하게 고려하지는 못한다.[14] 이와 같은 영향력의 내재적 불평등에다가, 소득의 불균등한 분포에서 기인하는 권력의 불평등을 더하면, [우리 모형에서의 민주주의는] 시민들 간의 정치적 평등으로부터 점점 멀어지게 된다.

이 결론이 민주주의가 제대로 작동할 수 없다거나, 민주주의로부터

---

13) 실제로 이 정의는 (그것이 규범적인 정의이기 때문에) 이 연구의 범위를 벗어나며, (개인의 선호를 어떻게 사회적 선택으로 전환할 것인가의 문제를 무시하기 때문에) 불완전하다. 그렇지만 우리가 적용하고자 하는 제한적인 용도를 위해서는 이런 정의가 적합하다고 생각한다. 따라서 우리는 이런 정의를 세세한 부분까지 옹호하려 하지 않겠다.

14) 동등한 영향을 받는 시민들을 동등하게 고려해 결정이 이루어진다는 것이 그들에게 동등한 편익을 제공한다는 것은 아니다. 여기서 '고려한다'는 것은 '우호적으로 행동한다'기보다는 '[그들의 존재를] 인식하고 있다'(to take cognizance of)는 의미이다.

얼을 수 있는 이득이 없다거나, 또는 민주주의가 거짓된 평등만을 구현한다는 의미는 결코 아니다. 이를테면 우리 모형과 공산주의 정부의 모형을 비교해 본다면, 아마도 민주주의는 정치적 평등을 달성하는 데 상대적으로 성공적이라는 것을 알게 될 것이다. 그럼에도 우리 모형에 따르면 다음과 같은 주장은 사실이다. 즉 사회의 규칙이 정치권력을 평등하게 분배하기 위해 구체적으로 고안되어 있다 할지라도, 사람들이 합리적으로 행동하는 한, 불확실성의 세계에서 정치적 평등은 실현될 수 없다. 요컨대 불확실성이 존재할 때, 완전한 정치적 평등은 비합리적이다. 그리고 만약 사회적 노동 분업이 존재한다면 정치적 평등은 적절하지 못하다.

3. 요약

정치 정보는 시민들이 가능한 최선의 결정을 내리도록 돕기 때문에 중요하다. 따라서 정치 정보의 가치에 대한 일차적인 척도는 최선의 결정에서 나온 결과물과 최악의 결정에서 나온 결과물 사이에 나타나는 효용 소득의 차이이다. 그러나 모든 합리적 시민은 어떤 자료를 구입할 것인지를 결정할 때 이런 차이를 할인한다. 왜냐하면 그의 의견은 결정을 행하는 수많은 의견 가운데 하나에 불과하기 때문이다.

투표를 목적으로 할 때, 시민이 정보로부터 얻는 기본적인 보상은 그의 정당 간 효용 격차이다. 그는 정당 간 효용 격차로부터 다양한 정보의 기대 보상을 계산한다. 이런 보상과 정보 비용을 비교하기 전에, 이 보상은 선거 결과를 결정하는 데 각 시민의 표가 차지하는 극히 작은 역할에 맞게 대폭 할인되어야 한다. 결과적으로 그 보상이 매우 낮기 때문에 많은 합리적 유권자들은 모든 정치 정보를 그 자체로 구매하지 않는다. 대신에 그들은 우연히 얻게 되는 무료 자료에 의존한다.

시민이 정부의 특정 결정 영역에서 정부의 정책 형성에 영향을 미치려면 이와 관련된 정보를 지속적으로 취득해야 한다. 그는 [투표 결정에 필요한 정보만을 얻는] 유권자와는 달리 사후적인 차이만을 다룰 수 없다. [즉 현재 선거 주기에서의 정부 정책에 대한 정보도 획득해야 한다.] 이런 방식으로 정보를 얻는 데는 매우 큰 비용이 들기 때문에, 어떤 시민도 모든 정책 영역에 영향을 미치기 위해 정보를 획득하는 데 드는 비용을 감당할 수 없다. 심지어 그렇게 정보를 얻어 개입한다면 큰 이윤을 창출할 수 있다 하더라도 그렇다. 그가 [정부 정책 형성에] 어떤 영향력이라도 행사하기를 원한다면, 그는 자신의 개입 가치가 가장 크고 정보 비용은 가장 낮은 영역에 대해서만 정보를 얻어야 한다. 그런 영역은 그의 전문적인 생산 영역이다. 왜냐하면 그는 그 영역으로부터 소득을 얻고, 이미 그 영역에 대해 많이 알고 있기 때문이다.

합리적 시민은 (만약 그런 영역이 있다면) 각각 오직 소수의 정책 영역에서만 영향력을 행사하기에 충분한 정보를 취득할 수 있다. 따라서 각 영역에서 영향력을 행사하고자 하는 사람의 수는 상대적으로 적다. 그러므로 영향력을 행사하고자 하는 사람의 경우, 다른 시민들의 존재를 고려해 할인할 필요가 있더라도 유권자들보다는 덜 할인한다.

일반적으로 말해 정치 정보를 많이 취득하는 것은 비합리적이다. 왜냐하면 자료로부터 받게 되는 보상이 시간 및 여타 희소 자원상의 비용을 뒷받침하지 못한다는 단순한 사실 때문이다. 그러므로 많은 유권자들은 투표하기 전에 자신의 진정한 견해를 발견하려고 애쓰지 않는다. 그리고 대부분의 시민들은 자신들에게 영향을 미치는 정책에 직접적인 영향력을 행사하기에 충분할 만큼 정보를 취득하지 않는다. 이런 결과 들은 ① 불확실성이 존재하고, ② 사회적 노동 분업이 존재하고, ③ 인 간이 합리적으로 행동하는 한, 민주주의하에서라도 진정한 정치적 평 등은 불가능함을 보여 준다.

14

합리적 기권의 원인과 결과

민주주의 선거에서 투표권이 있는 시민들은 종종 투표에 참여하지 않는다. 사실 늘 기권하는 시민들도 있으며, 기권하는 사람이 투표하는 사람보다 많은 경우도 있다. 이 장에서는 어떤 조건일 때 기권이 합리적인지를 검토하며, 기권이 정치권력의 분포에 미치는 영향에 대해 평가하고자 한다.

이 분석에서 합리적인 인간은 투표에 참여할 것인지의 여부에 대한 결정을 다른 모든 결정과 동일한 방식으로 한다고 가정한다. 즉 만약 보상이 비용보다 크다면 그는 투표에 참여하고 그렇지 않다면 기권한다는 것이다.

이 장의 목표

이 장에서 우리는 다음과 같은 명제를 증명하고자 한다.

1. 투표에 비용이 들지 않는다면, 정당 간에 무차별한(즉 정당 간에 선호 순위를 매길 수 없는) 시민들은 모두 기권하지만, 정당 간에 선호를 가지고 있는(즉 정당 간에 선호 순위를 매길 수 있는) 나머지 시민은 모두 투표에 참여한다.

2. 투표에 비용이 든다면, 정당 간에 무차별한 시민 중 일부가 투표에 참여하는 것과 정당 간에 선호를 가지고 있는 시민 중 일부가 기권하는 것은 합리적이다.

3. 투표에 비용이 드는 상황에서 그 비용의 크기가 약간이라도 변한다면, 이는 정치권력의 분포에 막대한 영향을 미칠 수도 있다.

4. 투표에 비용이 든다면, 정보 비용은 고소득층에 비해 상대적으로 저소득층의 투표권을 박탈하는 효과를 낳는다.

5. 투표 비용 역시 고소득층에 비해 상대적으로 저소득층의 투표권을 박탈하는 효과를 낳을 수 있다.

6. 때로는 단기적인 비용이 단기적인 보상을 초과하는 때에도 시민이 투표하는 것은 합리적이다. 그 이유는 [투표해야 한다는] 사회적 의무감social responsibility이 장기적인 보상을 낳기 때문이다.

1. 투표에 비용이 들지 않을 때의 선거 참여

투표 비용이 0일 때, 그 보상이 아무리 작더라도 투표에 참여하는 것은 합리적이고, 기권하는 것은 비합리적이다. 따라서 기권이 합리적이냐의 여부는 전적으로 투표로부터 얻는 보상의 성격에 달려 있다.

1) 왜 정당 간에 무차별한 사람만이 기권하는가

앞 장에서 우리는 시민이 옳게 투표하는 것에서 얻는 보상은 투표 가치로 구성된다고 지적했다. 즉 시민이 투표하는 데서 얻는 보상은 그의 정당 간 효용 격차를 다른 유권자들이 선거 결과에 미치는 영향력을 고려해 할인한 것이다. 만약 한 시민이 여러 정당 간에 무차별하다면, 그의 정당 간 효용 격차는 0이고, 따라서 그의 투표 가치 또한 0이 되어야 한다. 만약 그가 한 정당을 다른 정당보다 선호하지 않는다면, 그는 투표를 하는 데서 아무런 보상을 얻지 못한다. 따라서 정당 간에 무차별한 시민은 언제나 기권한다.

그러나 이런 결론은 거짓이다. 그 이유는 투표하는 것 자체로부터 얻는 보상과 옳게 투표하는 데서 얻는 보상은 다르기 때문이다. 투표하는 것 자체에 대한 대안은 기권하는 것이다. 반면에 옳게 투표하는 것에 대한 대안은 잘못 투표하는 것이다. 최소한 지금까지 우리의 분석에서는 그렇게 봐왔다. 그러나 잘못 투표하는 것 역시 투표하는 것이다. 따라서 투표하는 것 자체로부터 얻을 수 있는 특정한 이익이 있다면, 잘못 투표하는 사람은 그것을 얻지만 기권하는 사람은 그것을 얻지 못한다.

민주주의가 가능한 것은 투표하는 것 자체로부터 얻는 이익 덕분이다. 만약 모두가 기권한다면, 어떤 정부도 선출될 수 없을 것이고 따라서 민주주의 체제는 붕괴한다. 우리는 민주주의하에서 시민들이 민주주의 원칙에 동의하고 따라서 민주주의가 지속되는 것으로부터 편익을 얻는다고 가정한다. 그러므로 그들은 민주주의가 붕괴하는 것을 원하지 않는다.[1] 이런 이유 때문에 시민들은 투표하는 것 **자체**에 가치를 부

---

1) 이 가정은 모든 시민이 민주주의로부터 동일한 편익을 얻는다는 것을 의미하지는 않는다. 그리고 그들이 어떤 혹은 모든 쟁점에 대해 다수에 반대하는 것을 배제하지도 않는다. 이 가정은 ① 모든 시민은 [민주주의의 유지로부터] 어떤 편익을 얻으며, 따라서 ② 그가 싫어하는 어떤 것을 다수가 실현할 때, 그가 입게 되는 손실 중 일부는 다수의 지배(majority rule)가 운영된다는 것 자체로부터 그가 얻는 편익에 의해 상쇄됨을 의미한다.

여하고, 그것으로부터 보상을 얻는다.

역설적이게도 이 보상의 크기는 투표 비용에 달려 있다. 투표 비용이 0일 때, 투표하는 것 **자체**로부터 얻는 보상도 0이다. 그러나 투표에 비용이 들 때, 투표하는 것 **자체**로부터 얻는 보상은 양(+)이 된다. 두 번째 주장에 대해서는 나중에 살펴보기로 하고, 지금은 먼저 첫 번째 주장을 검토한다.[2]

모든 일반 시민이, 누가 당선되든 상관하지 않는다면 민주주의는 합리적으로 작동할 수 없다. 물론 모든 일반 시민이 정당들 간에 선호를 가져야 하는 것은 아니다. 그러나 선거가 의미 있는 [정부] 선출 행위가 되려면, 누군가는 반드시 정당 간에 선호를 가져야 한다. 그러므로 이 장을 통틀어 다음과 같이 가정한다. ① 최소한 한 명의 시민은 정당 간에 무차별하지 않다. ② 비기는 선거 결과는 발생하지 않는다. ③ 정당 간에 무차별하다는 것은, 모든 후보자를 동등하게 혐오한다기보다는 그들 모두에게 동등하게 만족한다는 것을 의미한다.[3]

투표 비용이 0일 때, 정당 간에 무차별하지 않은 모든 사람은 투표에 참여할 것이다. 왜냐하면 투표하는 데서 얻는 보상이 아무리 작다고 하더라도 0보다는 크기 때문이다. 따라서 정당 간에 무차별한 시민들은 그들이 기권한다고 하더라도, 선거가 작동하고 민주주의가 계속 기능할 것임을 알고 있다. 유권자 집단의 대다수가 무차별하다고 하더라도 이런 결론은 유효하다. 사실 한 명만 투표에 참여하면 된다. 그렇지만 선거에서 경쟁하는 정당은 다음의 두 가지 이유로 여전히 전체 유권자

---

2) 현실에서 투표 비용은 0이 될 수 없기 때문에, 이 논의는 단지 뒤에서 하게 될 분석을 위한 예비적 논의일 뿐이다.
3) 세 번째 가정은 뒤에서 자세히 논의할 것이다.

집단의 이익을 충족시켜야 한다. ① 정당은 사전에 누가 정당 간에 무차별하게 될 것인지를 알 수 없다. ② 일단 선출되었다 하더라도, 정당은 이전에 정당 간에 무차별했던 시민들이 향후에는 투표에 참여할 수도 있다는 것을 안다. 따라서 정당은 실제로 투표에 참여했던 사람들의 표에 더해, 이전에 기권했던 잠재적 유권자들의 표를 얻기 위해 경쟁한다.

그 결과 어느 정당이 이길 것인지에 대해 무차별한 사람은 투표하는 것으로부터 얻을 이득이 없고 따라서 그는 기권한다. 그러므로 투표의 비용이 0일 때, 정당 간에 전적으로 무차별한 모든 사람은 기권한다. 그러나 나중에 볼 것처럼, 이런 추론은 투표에 비용이 들 때에는 적용되지 않는다.

2) 정당 간 무차별이 갖는 성격

우리 모형에서 정당 간에 무차별한 유권자들은 결코 선거의 결과에 영향을 미치지 못한다.[4] 그러나 정당 간 경쟁으로 인해 각 정당은 투표에 참여하는 사람뿐만 아니라, 잠재적인 유권자들의 지지도 얻고자 한다. 따라서 정당은 정당 간에 무차별한 이들의 이익도 충족한다. 이 사실은 정당 간에 무차별하다는 것이 어떤 정치적 의미를 갖는지에 대한 문제를 제기한다.

정당 간에 무차별한 유권자들은 어떤 정당이 선출되더라도, 그들의 기대 효용 소득에 차이가 없다고 생각하는 이들이다. 따라서 선험적으

---

[4] 투표에 비용이 들 때, 정당 간에 무차별한 유권자 중 일부가 투표한다고 하더라도 이 결론은 유효하다. 왜냐하면 그들은 무작위로 투표하고, 투표의 영향은 상쇄되기 때문이다. 이 장의 2절을 보라.

로 볼 때, 그들은 누가 이기는지에 어떤 영향도 미치지 않는다는 것이 합리적으로 보인다. 그러나 이 결론에 두 가지 의문이 제기된다.

첫째, 정당 간에 무차별한 유권자들은 모든 정당에 동일하게 만족하는 것인가, 아니면 모든 정당을 동일하게 혐오하는 것인가? 유권자 중 많은 이들이 정당 간에 무차별할 때(이는 현실 세계에서도 자주 발생한다), 선거가 정부를 선출하는 장치로 합리적인지는 이 문제에 대한 대답에 달려 있다. 만약 정당 간에 무차별하다는 것이 모든 후보자를 동일하게 혐오하는 것을 의미하고, 후보자가 아닌 누군가를 강하게 선호하는 것을 의미한다면 선거는 많은 시민들에게 불만족스러운 정부를 만들어낼 것이다. 다른 한편, 정당 간에 무차별하다는 것이 경쟁하고 있는 후보자나 정당에 대해 동일하게 만족한다는 것을 의미한다면, 승리자에 반대하는 투표를 하는 시민들만이 그 결과에 불만족스러울 것이다.

본질적으로 볼 때, 이런 주장은 우리가 8장에서 간략히 다룬 문제를 [다시] 제기한다. 즉 각 선거에서 후보자가 어떻게 선출되는가의 문제이다. 이 문제에 대한 추가적인 논의를 피하기 위해 우리는 선거에서 경쟁하는 정당들이, 상당수의 지지자를 가진 모든 정치적 입장을 대표할 것이라고 가정한다. 따라서 우리 모형에서 정당 간에 무차별하다는 것은 모든 후보자를 동등하게 혐오해서가 아니다. 그것은 그리 경멸적이지 않은 의미에서 양가적인 모호성을 반영하는 것이다.

정당 간에 무차별하다는 것에 대해 제기되는 두 번째 문제는, 정당 간에 무차별한 유권자가 정말로 정당 간 효용 격차가 0인지, 아니면 단순히 정보가 부족한지에 대한 것이다. 앞 장에서 우리는 대부분의 유권자가 자신의 진정한 선호를 알아내기에 충분한 정보를 취득하지 않는다는 것을 보았다. 왜냐하면 각 유권자는 자신의 투표가 [투표 결과에 미치는] 중요성이 아주 작다는 것을 알기 때문이다. 정당 간에 무차별하지 않은 많은 유권자들도 자신의 진정한 선호를 알게 된다면, 아마도 정당 간에 무차별하게 될 수도 있을 것이다. 그러나 정보 비용이 있기 때문에 추가적으로 [정당 간 효용 격차에 대해] 조사하는 것은 비합리적이다. 저소득층은 고소득층에 비해 이런 비용을 감당하기 어렵다. 따라서 고소득층에 비해 저소득층의 경우, 사실은 정당 간 효용 격차가 있지만 그 자신은 무차별하다고 생각하는 이가 많을 것이다. 그렇다면 불확실성으로 인해 정치권력의 분포는 편중된다. 즉 불균형적으로 저소득층 가운데 많은 수가 [정당 간에 무차별하게 되어] 선거 결과에 영향을 미치지 못하게 되는 것이다.

이런 주장이 타당한가의 여부는 다음과 같은 명제, 즉 시민들이 각 정당의 정책에 관한 정보가 많을수록, 정당 간에 무차별해질 가능성이 점점 더 낮아진다는 명제에 달려 있다. 만약 이 가정이 사실이 아니라면, 자신의 진정한 선호를 알고 있는 사람이 그렇지 못한 사람들에 비해 정당 간에 무차별해질 가능성이 낮다고 믿을 근거는 없다.

우리가 생각하기에 이 명제는 잘못된 것이다. 사람들이 가진 정보의 양은 그들이 결정을 내릴 때 얼마나 확신하는지에 필연적으로 영향을 미친다. 그러나 정보의 양이 반드시, 어떤 방향으로 결정을 내릴 것인지에 영향을 미치는 것은 아니다. 만약 모두가 1백 퍼센트 완벽한 정보를 갖는다고 하더라도, 몇몇 시민들은 여전히 정당 간에 무차별할 것이다.[5] 그러므로 정당 간에 무차별하다는 것은 단순히 정보가 부족하기

---

5) 완전 정보의 세계에서 정당 간 무차별이 존재하지 않으리라는 것은 꽤 그럴듯한 주장이다. 그러나 이는 오직 선호가 불연속적일(discontinuous) 때에만 그렇다. [즉 선호가 연속적이면 완벽한 무차별이 가능하다.] 따라서 대부분의 경제학자는 대안들 사이에 무차별하다는 것이 실제 행동으로는 쉽게 관측되지 않더라도 마음속으로는 실재(實在)한다고 가정한다. 이런 견해를 뒷받침하는 추론 과정을 보여 주기 위해, 합리적인 소비자가 세 묶음의 상품 A, B,

때문에 생겨난 착각이 아니다. 따라서 우리는 정보를 더 많이 가지면, 정당 간에 무차별하지 않게 될 것이라고 선험적으로 주장할 수 없다. 그러나 다른 모든 조건이 동일할 때, 더 많은 정보를 가진다면 각 시민은 결정을 내릴 때 더욱 확신할 것이다. 왜냐하면 더 많은 정보를 갖는 다는 것은 시민을 1백 퍼센트 완전한 정보를 얻는 것에 가깝게 이동시키기 때문이다. 이런 이유 때문에 사람들이 더 많은 자료를 가질수록, 옳게 투표하는 것으로부터 얻게 되는 기대 보상을 덜 할인한다.

투표 비용이 0일 때, 각 시민이 자신의 정당 간 효용 격차를 얼마만큼 할인하는지는 — 1백 퍼센트를 할인하는 경우를 제외한다면 — 아무런 차이를 만들지 못한다. 왜냐하면 아무리 작은 순 보상이 있다고 하더라도 그는 투표하기 때문이다. 따라서 정보 비용으로 인해 저소득층이 고소득층보다 상대적으로 더 많이 기권하지는 않는다. 그러나 투표에 비용이 들 때, 저소득층이 고소득층만큼 많은 정보를 얻을 능력이 없다는 사실은 편향된 결과를 낳는다. 예를 들어, 투표 비용과 진정한 투표 보상의 분포가 두 집단에서 똑같다고 가정하자.6) 저소득층은 [정보 비용을 감당하지 못해 불확실성이 높기에] 그들의 보상을 더 많이 할인하고, 따라서 더 적은 이들만 투표할 것이다. 그러므로 투표에 비용이 들지 않을 때에는 [정당 간 효용 격차를 얼마만큼 할인하는지에 따른 차이가 없기

C를 앞에 두고 있다고 가정해 보자. 그는 A를 B보다 선호하고, B를 C보다 선호한다. [즉 A 〉 B 〉 C이다.] 이제 A의 구성이 연속적으로(continuous) 변해 C와 비슷해지지만, 결코 B와 동일해지지는 않는다고 가정하자. 소비자는 처음에는 A를 B보다 선호하지만, 마지막에는 B를 A보다 선호한다. 이 과정 중간 어딘가에서 소비자는 A와 B 사이에 정확하게 무차별해야 한다. 이상의 주장은 이런 방식으로 전개된다. 우리는 이 주장을 받아들인다.

6) **진정한 보상(real returns)**이라는 용어는 완전 정보의 세계에서 각 시민이 인지할 수 있는 보상을 의미한다.

때문에] 저소득층이 결정을 내릴 때 확신하는 수준이 낮다고 해도 아무런 정치적 영향이 없다. 그렇지만 우리 모형에 투표 비용이 도입될 때에는 그들이 결정을 내릴 때 확신의 수준이 낮다는 것이 중요한 의미를 갖게 된다.

2. 투표에 비용이 들 때의 선거 참여

1) 투표 비용과 그것이 실제 행동에 미치는 영향

지금까지 우리는 투표에 비용이 들지 않는다고 가정했다. 그러나 모든 행위에는 시간이 들기 때문에 이런 가정은 자기 모순적이다. 사실 시간은 투표하는 데 드는 가장 핵심적인 비용이다. 선거인명부에 등록하고,[7] 어떤 정당이 경쟁하고 있는지를 살펴보고, 어떻게 투표할지 생각하고, 투표소에 가고, 실제 기표를 하는 이 모든 행위에는 시간이 든다. 시간은 희소 자원이므로 투표하는 것에는 본질적으로 비용이 든다.

이 사실로 인해 정당 간에 선호를 가지고 있는 모든 사람이 투표에 참여한다는 이전의 결론은 변경된다. 투표에 비용이 든다면 그 비용은 보상보다 클 수도 있다. 따라서 특정한 정당이 이기기를 원하는 시민이라 하더라도 기권하는 것이 합리적일 수 있다. 사실 투표로부터 얻는

---

7) [옮긴이] 국가가 일괄적으로 선거인명부 등록을 하는 한국과 달리, 미국에서는 개별 시민이 자신을 유권자로 등록해야 한다. 따라서 개별 시민이 선거인명부에 등록하지 않는다면 그는 해당 선거에서 투표할 수 없다. 이는 투표하는 데 드는 비용을 높이게 되고, 따라서 미국의 투표율이 낮은 주된 원인 중 하나로 지적되기도 한다.

보상은 종종 너무나 적기 때문에, 투표 비용이 낮고 특정 정당을 지지한다 해도 기권하는 사람이 많다.

기권은 정치권력의 분포에 영향을 미치기 때문에 중요하다. 기권이 정치권력의 분포에 미치는 영향은 다음 두 가지에서 나올 수 있다. ① 투표 비용을 부담하는 능력의 분포에서의 편중, ② 투표로부터 얻는 보상의 분포에서의 편중이다.

유권자 명부에 등록하고, 투표에 참여하는 데 직접 필요한 금전적 비용으로는 교통비, 그리고 투표권과 관련해 과세되는 인두세(poll taxes[8])가 있다. 소득에 따라 이 비용을 부담할 수 있는 능력이 다르며, 따라서 고소득층이 유리하다. 인두세가 존재하지 않는 곳에서 가장 중요한 투표 비용은 다른 무엇보다 투표하는 데 시간을 할애함으로써 잃게 되는 효용 소득이다. 만약 투표하는 데 드는 시간을 노동시간에서 할애해야 한다면, 이 비용은 굉장히 클 수 있다. 이 경우에도 다시 한 번 고소득층이 유리하다. 그러나 투표하는 데 드는 시간을 휴식 시간에서 할애하는 경우라면, 소득과 관련된 격차가 존재한다고 가정할 이유가 없다.

얼핏 보기에 이 모든 비용은 사소해 보일 수 있고, 그것을 부담할 능력에서의 편중도 별로 중요하지 않아 보일 수 있다. 그러나 투표로부터 얻는 보상은 대체로 매우 낮기 때문에, 투표 비용의 작은 차이가 정치권력의 분포에 막대한 영향을 미칠 수 있다. 이 사실은 투표를 휴일에 실시하고, 투표소를 늦게까지 열어 놓고, 소액의 인두세를 폐지하고,

---

8) [옮긴이] poll은 투표소, 선거인명부, 여론조사 등을 가리킨다. 따라서 poll tax는 투표세가 아니냐고 오해할 수 있다. 그러나 이는 인두세 대장이 선거인명부의 역할을 했던 역사적 사실에서 비롯된다. 미국에서는 흑인의 경우 일정액 이상의 인두세를 내는 사람에게 투표권을 주던 시대가 있었다(앤터니 다운즈, 『민주주의 경제학 이론』, 전인권 옮김, 나남, 1997).

투표소까지 무료로 데려다 주는 것과 같은 단순한 일들이 선거 결과에 막대한 영향을 미칠 수 있는 이유를 설명한다.

2) 투표로부터 얻는 보상의 성격, 크기, 그리고 그 영향

한 시민이 투표로부터 얻는 보상은 몇 가지 요소로 구성되어 있다. 첫 번째 요소는 어떤 정당이 다른 정당을 이기게 하려는 욕구의 강도, 즉 그의 정당 간 효용 격차의 크기이다. 3장에서 지적했던 것처럼, 정당의 정책이 이 요소를 결정한다. 두 번째 요소는 다른 유권자들의 영향력을 감안해 자신의 정당 간 효용 격차를 할인하는 정도이다. 앞 장에서 우리는 이 요소가 그가 생각하기에 선거가 얼마나 박빙이 될 것이냐에 달려 있음을 제시했다. 이 두 가지 요소가 그의 투표 가치를 구성한다.

세 번째 요소는 다른 두 요소와 독립적이다. 이는 투표하는 것 **자체**의 가치이다. 이 장의 앞부분에서 간단히 논의했지만, 투표하는 것에 비용이 들 때 이것은 매우 중요한 역할을 하기 때문에 여기서는 좀 더 신중히 논의해야 한다.

앞서 말한 것처럼, 우리 모형에서는 모든 시민이 민주주의 국가에 사는 것으로부터 효용을 얻는다고 가정한다. 투표 비용이 0일 때는 기권한다고 해서 이 효용이 위협받지는 않는다. 왜냐하면 오직 정당 간에 무차별한 사람만이 기권하기 때문이다. 그러나 투표 비용이 양(+)일 때는 상황이 달라진다. 이때에는 분명한 정당 간 선호를 가진 사람들 중 일부도 기권하기 때문이다. 사실 시민 각자의 투표 가치는 대체로 매우 작기 때문에, 매우 적은 비용이라 할지라도 [투표 참여를 방해하므로] 참여의 부족으로 이어져 정치체제를 위협할 수 있다.

추가적인 분석은 9장에서 묘사한 것과 유사한, 과점의 문제로 인해 복잡해진다. 만약 특정 정당을 지지하는 유권자가 타인들 중 다수가 투표할 것이라고 예상한다면, 그 자신의 투표 가치는 매우 작아질 것이다. 그러므로 매우 작은 투표 비용도 투표 가치보다 커질 것이다. 이런 식으로 느끼는 유권자가 많으면 많을수록 총투표수는 점점 줄어든다. 그러나 총투표수가 줄어들면, 시민의 한 표가 선거를 결정지을 가능성이 높아진다. 따라서 각 시민의 투표 가치는 투표의 비용을 넘어서는 지점까지 높아질 수 있다. 따라서 타인들이 투표율이 높을 것으로 예상한다고 생각하는 시민들 자신은 정작 투표율이 낮을 것으로 예상할 것이다.9) 그리고 그는 [낮은 투표율에도 참여하는] 이 소수에 속하기를 원할 것이다.

따라서 각 시민은 추측 변이의 미로에 빠지게 된다. 한 시민(시민 X라고 하자)의 표의 중요성은 다른 사람들이 자신의 표를 얼마나 중요하게 생각하는가에 달려 있다. 또한 다른 사람들이 자신의 표를 얼마나 중요하게 생각하는지는 시민 X가 자신의 표를 얼마나 중요하게 생각하는가에 달려 있다. 그는 ① 많은 사람이 투표할 것이므로 투표할 만한 가치가 없다거나, ② 다른 이들도 대체로 이처럼 생각해 기권할 것이므로 투표해야 한다는 두 가지 중 하나라고 결론 내릴 수 있다. 만약 모두가 첫 번째 결론에 도달한다면, 아무도 투표하지 않을 것이다. 반면에 모두가 두 번째 결론에 도달한다면, 정당 간에 무차별하지 않은 모든 시

---

9) [옮긴이] 이 문장은 다음과 같이 이해할 수 있다. X(시민), Y(다른 시민들), C(시민 전체)를 보자. Y의 입장에서 볼 때, ① C가 투표를 많이 할 것이라고 추측한다면 Y는 기권할 것이다. ② C가 투표를 적게 할 것이라고 추측한다면 Y는 투표할 것이다. X는 Y의 추측을 다시 한 번 추측해, ①의 경우 실제로는 투표하는 사람이 적을 것이고, ②의 경우 실제로는 투표하는 사람이 많을 것이라고 예측한다. 따라서 ①의 경우에는 투표하고, ②의 경우에는 하지 않는다. 본문의 문장은 ①의 경우를 말하고 있다.

민은 투표할 것이다.

이 두 가지 결과는 모두 자기 파괴적이다. 아무도 투표하지 않는다면 민주주의는 붕괴된다. 반면에 정당 간에 무차별하지 않은 모든 사람이 투표한다면 이들은 다음 선거에서 기권할 것이다. 왜냐하면 그들의 표는 과거(즉 모두가 투표했을 때)에 매우 적은 영향력만을 가졌기 때문이다. 따라서 모든 사람이 동일한 방식으로 사고한다고 가정하면, 민주주의는 합리적으로 기능할 수 없는 것처럼 보인다. 합리적인 사람들이 동일한 상황에 처하더라도 어떻게 서로 다른 결론에 도달하는지[즉 일부는 투표하고 일부는 투표하지 않는지]를 보려면, 우리 모형의 틀 내에서 어떤 규칙이 제시될 수 있는가?

이에 대한 대답은 두 부분으로 구성된다.

1. 민주주의에서 합리적 인간은 그들의 단기적 손익과는 상대적으로 무관한 사회적 의무감에 의해 일정 부분 동기를 부여받는다.
2. 그런 의무감을 투표로부터 얻는 보상의 한 부분으로 간주한다면, 모두는 아니더라도 일부 합리적 인간에게는 투표로부터 얻는 보상이 그 비용보다 클 수 있다.

이 가정들을 순서대로 점검해 보자.

우리 모형에서 모든 시민은 민주주의가 잘 작동하길 바란다. 그러나 투표 비용이 존재할 때, 단기적인 합리성의 추구는 아마도 민주주의를 붕괴시킬 수 있을 것이다. 그러나 이런 결과는 일어나지 않는다. 왜냐하면 그런 결과는 너무나 손해가 큰 것이어서 모든 시민은 그런 사태가 일어나지 않도록 최소한 약간의 비용은 기꺼이 부담하려고 하기 때문이다. 그런 사태가 일어날 가능성이 높을수록, 시민들은 더 많은 비용을 기꺼이 부담하고자 한다.

투표는 이런 재난적인 상황을 막는 보험의 한 형태이기 때문에 모든 합리적 시민은 투표가 비용이 드는 경우에 투표하는 것 자체로부터 일정 정도의 보상을 얻는다. 그 보상의 크기는 ① 결코 0이 아니고, ② 그가 민주주의로부터 얻는 편익에 정비례하고, ③ 그가 투표할 것이라고 예상하는 사람들의 수에 반비례한다. 세 번째 요소는 투표 비용 및 그가 생각하기에 다른 사람들이 투표에서 얻으리라고 예상되는 보상에 달려 있다. 따라서 우리는 과점의 문제를 완전히 배제하지는 않았지만 그것의 중요성을 상쇄하는 경향이 있는 다른 요인을 도입했다.

이 요인이 어떻게 작동하는지를 보기 위해 이번에는 다른 각도에서 접근해 보자. 우리 연구 전체에 함축되어 있는 가정은, 합리적 인간은 장기적으로 더 큰 이익을 얻기 위해서는 단기적 이익을 도모할 수 있는 자신의 능력에 대한 제약을 받아들인다는 것이다. 이 가정은 1장에서 언급한 헌법의 많은 조항, 그리고 10장에서 언급한 '분할 불가능성의 문제'에 대한 해결에서 나타난다. 사람들이 받아들이는 제약은 '게임의 규칙'rules of the game으로, 보통 그것 없이는 어떤 게임도 이루어질 수 없다. 시민 각자는 특정 순간에서는 게임의 규칙을 위반함으로써 이익을 얻을 수 있다는 것을 안다. 그러나 그는 많은 시민이 지속적으로 규칙을 위반하면 게임이 파괴되고 결국 사회적 무질서가 발생한다는 것도 안다. 만약 사회적 무질서가 발생하면 자신도 손해를 보게 된다. 따라서 그는 단기적인 개인적 합리성이 장기적인 개인적 합리성을 이기게 하는 순간적인 유혹에 저항한다. 분명히 이런 저항은 합리적이다.

그러나 다음의 세 가지 이유 때문에 이런 저항이 항상 동일한 수준으로 나타나는 것은 아니다. ① 특정한 규칙을 위반하는 것과 그 결과로 나타나는 사회적 무질서 사이의 연관이 항상 명백한 것은 아니다. ②

특정 규칙을 위반하는 것은 다른 규칙을 위반하는 것보다 더욱 심각한 무질서를 초래한다. ③ 규칙의 위반으로부터 얻는 즉각적인[단기적] 이익이 언제나 같은 것은 아니다. 예를 들면, 모든 사람이 투표하지 않는 것의 악영향은 모든 사람이 투표하기 전에 많은 정보를 취득하지 않았을 때 발생하는 악영향에 비해 더욱 명백하고 나쁜 것이다. 마찬가지로 소득세를 내지 않음으로써 피할 수 있는 비용은 투표를 하지 않음으로써 피할 수 있는 비용보다 훨씬 크다. 이런 이유들 때문에 규칙의 종류에 따라서 사람들이 상호 간에 규칙의 자발적 준수를 신뢰할 수 있는 정도는 다르다. 몇몇 경우, 그들이 규칙을 준수하는 것을 보장하기 위해서는 그 규칙들을 강제해야만 한다.

선거 참여는 민주주의에서 게임의 규칙 중 하나이다. 왜냐하면 그것 없이는 민주주의가 작동하지 않기 때문이다. 모든 사람이 투표하지 않는 것의 결과는 명백하고도 그 손해가 크기 때문에, 그리고 투표 비용은 적기 때문에, 최소한 몇몇 이들은 단기적으로 볼 때 자신이 감당해야 할 개인적 비용이 이익보다 크더라도 합리적으로 투표할 유인을 갖는다. 그러나 이 결론은 두 가지 문제를 제기한다.

첫째, 다른 정치 행위에 관해서는 그런 동기를 가정하지 않으면서 투표에 대해서만 가정하는 것은 자의적이라는 점이다. 예를 들어, 합리적 인간은 투표를 할 때 자신의 진정한 선호를 발견하면 장기적으로는 이익을 보는데도 왜 그렇게 하려고 하지 않는가? 이 문제에 대해 우리는 앞서 언급한 세 가지 요인을 지적함으로써 대답할 수 있을 뿐이다. ① 투표를 하지 않는 것의 잠재적인 악영향은 정보를 취득하지 않아 발생하는 악영향보다 더욱 나쁘다. ② 투표하지 않는 것과 그 악영향 사이의 관련성은 정보를 취득하지 않는 것과 그 악영향 사이의 관련성보다 훨씬 명백하다. ③ 투표 비용은 정보를 취득하는 데 드는 비용보다 낮다.[10] 이와 같은 주장 가운데 일부 또는 전부는 우리가 단기적 합리성이 지배적이라고 가정했던 분할 불가능한 편익(예를 들어, 납세)이 발생하는 모든 경우에 적용된다.

두 번째 어려움은 모든 사람이 민주주의를 좋아하고 민주주의가 지속되는 데서 편익을 얻음에도 왜 일부는 투표하고 일부는 기권하는가를 설명하는 것이다. 이 문제에 답하려면, 앞서 언급했듯이 일부 사람에게는 실제로 보상이 비용보다 크지만, 일부 사람에게는 아니라는 두 번째 가정이 필요하다.

민주주의하에서 사는 것으로부터 시민 각자가 얻는 편익이 실제로는 시간이 지남에 따라 자연히 증가하는 것이라고 하더라도, 그는 민주주의하에서 사는 것을 각 선거 때마다 이자를 지불해야만 하는 자본 총계capital sum로 간주할 수 있다[여기서는 투표하는 것이 민주주의의 유지를 위해 지속적으로 지불해야만 하는 이자로 비유되고 있다]. 이 절차는 투표가 민주주의에 필수적인 전제 조건이기 때문에 합리적이다. 따라서 어떤 의미에서는 민주주의는 투표 참여에 대한 보상이다. 우리는 각 선거에서 시민이 받는 이 보상의 일부를 그의 **장기적 참여 가치**long-run participation value라고 부른다.

물론 충분히 많은 다른 시민들이 투표하는 한, 그는 투표하지 않더라도 실제로 이 보상을 받을 것이다. 그러나 우리는 이미 각 시민이 장기적인 편익을 마련하는 데 필요한 자신의 몫을 부담하기 위해, 피할 수도 있었던 단기적인 비용을 기꺼이 부담하려 한다는 것을 살펴보았

---

10) 이 경우 또 하나의 사실이 중요하다. 그것은 투표하는 것은 불연속적이고 분명한 행동인 반면, '충분한 지식과 정보를 갖추고 있다'는 것(being well-informed)은 그 자신조차 인지하기 어려운 모호한 마음의 상태라는 것이다.

다. 특정한 선거에서 이런 이유로 감당할 수 있는 비용의 최대치가 그의 장기적 참여 가치이다.

따라서 합리적인 시민이 특정 선거에서 투표하는 것으로부터 얻는 총보상은 장기적 참여 가치에 그의 투표 가치를 더한 것으로 구성되어 있다. 달리 말해, 투표하는 것으로부터 얻는 보상은 다음 네 가지 조건에 달려 있다. ① 민주주의하에서 사는 것에 얼마만큼 가치를 부여하는가, ② 어떤 정당이 이기는가에 얼마나 관심을 가지는가, ③ 선거가 얼마나 박빙이라고 예측하는가, ④ 그가 생각하기에 얼마나 많은 다른 시민들이 투표할 것인가가 바로 그것이다.[11] 이 네 변수는 일반 시민들이 투표로부터 얻는 이익의 범위가 다양하다는 것을 확실하게 해준다. 또한 앞서 본 바와 같이, 일반 시민들이 투표하는 데 드는 비용의 범위도 다양하다. 그러므로 비용과 보상을 결합해 보면 여러 다양한 결과를 쉽게 도출할 수 있다. 즉 보상이 비용보다 큰 많은 일반 시민들은 투표에 참여하고, 비용이 보상보다 큰 많은 일반 시민들은 기권한다는 것이다.

따라서 모든 인간은 합리적이라는 가정을 폐기하지 않고도, 우리 모형으로 다음의 현상을 설명할 수 있다.

1. 늘 기권하는 시민들도 있고, 때때로 기권하는 사람들도 있으며, 항상 투표에 참여하는 사람도 있다.
2. 기권하는 유권자 집단의 비율은 선거마다 다르다.
3. 투표에 참여하는 사람 중 다수가 선거 전에 많은 정보를 취득하지

---

[11] 이 목록은 왜 투표에 참여할 유인이 정보를 많이 취득할 유인보다 더 강한지를 명백히 보여준다. 투표에 참여할 유인은 언급한 네 가지를 모두 포함한다. 그러나 정보를 많이 취득할 유인은 ②와 ③으로만 구성된다.

않는다.

4. 정보를 많이 얻은 사람 중 오직 소수만이 기권한다.

게다가 우리의 분석은 합리적인 기권의 발생 빈도에 영향을 미치는 몇 가지 요인들을 구별해 냈다. 따라서 우리의 분석은 특정 선거에서 얼마나 많은 유권자들이 기권하게 될 것인지를 예측하는 방법을 고안해 내는 데 유용하게 쓰일 수 있다.[12]

3) 합리적인 시민이 투표하는 방법에 대한 수정된 요약

우리 모형에 투표 비용을 도입하게 되면, 3장에서 처음 형성된 행위 규칙을 수정해야만 한다. 불확실성의 세계에서 합리적인 시민은 다음과 같은 방법으로 투표 결정을 내린다.

1. 그는 자신의 정당 간 기대 효용 격차, 투표 비용, 장기적 참여 가치, 그리고 투표할 것이라고 생각하는 다른 시민들의 수에 대해 예비적인 평가를 내린다.

2. 그에게 모든 정당의 정책과 강령이 동일한 것처럼 보이기에 정당 간 효용 격차가 0이라면, 그는 '현상유지'no change에 반하는 '변화' change에 대한 기대 가치(혹은 그 역)와 장기적 참여 가치를 합하고, 이를 투표 비용과 비교한다.[13]

---

12) 당연히 다른 연구자들도 똑같은 요인들을 지적했다. 이 문제에 대한 그들의 관점과 연구 성과를 요약한 분석에 대해서는 다음을 보라. V. O. Key Jr., *Politics, Parties, and Pressure Groups* (New York: Thomas Y. Crowell Co., 1953), ch. 19.

❶ 만약 보상이 비용보다 크고 그가 '변화'를 선호한다면, 반대당에 투표한다(다당제에서는 반대당 중 하나를 무작위로 선택해 거기에 투표한다).

❷ 만약 보상이 비용보다 크고 그가 '현상유지'를 선호한다면, 집권당에 투표한다(만약 정당이 연립으로 집권하고 있다면, 그는 연립을 이루고 있는 정당 중 하나를 무작위로 선택해 거기에 투표한다).

❸ 만약 비용이 보상보다 크다면, 그는 기권한다.

3. 비록 모든 정당의 정책과 강령이 다르더라도, 그가 그로부터 동일한 효용 소득을 기대하기 때문에 정당 간 효용 격차가 0이라면, 그는 장기적 참여 가치만을 투표 비용과 비교한다.

❶ 만약 보상이 비용보다 크다면, 그는 무작위로 선택한 정당에 투표한다.

❷ 만약 비용이 보상보다 크다면, 그는 기권한다.

4. 그의 정당 간 효용 격차가 0이 아니라면, 그는 선거가 얼마나 박빙일지를 평가하고 그에 따라 자신의 정당 간 효용 격차를 할인한다(3장에서 묘사한 것과 같이, 그는 다당제하에서는 자신이 가장 선호하는 정당이 승리할 가능성이 희박한지 여부 또한 결정해야 한다).

❶ 장기적 참여 가치와 할인된 정당 간 효용 격차의 합이 투표 비용보다 크다면, 그는 자신이 가장 선호하는 정당에 투표한다(3장에서 말했듯이, 특정 경우에는 다른 정당에 투표한다).

❷ 그 합이 투표 비용보다 작으면, 그는 기권한다.

5. 이 과정 전체에서 기대 보상이 비용을 능가할 때마다, 그는 관련된 모든 항목에 관해 더 많은 정보를 취득한다. 이 정보는 [앞서 언급된] 항목에 대한 그의 평가를 변경시킬 수도 있다. 따라서 그는

---

13) 이 경우에 왜 그가 '변화'를 '현상유지'에 반하는 것으로서 고려하는가에 대한 설명은 3장 2절 3)을 보라.

숙고하는 도중에 한 범주에서 다른 범주로 이동할 수도 있다. 그러므로 그는 선거일에 그가 속해 있는 범주에 들어맞는 규칙에 따라 투표한다.[14]

4) 투표 행태와 권력 분포 사이의 관계

앞에서 고려한 결과물을 몇 가지 가능한 행동 유형으로 변형하면, 우리 모형에서 시민들은 다음과 같은 방식 중 하나로 선거에 반응한다는 사실을 발견할 수 있다.

1. 선호하는 정당에 투표한다.
2. 선호하는 정당이 승리할 가능성이 희박해 전략적으로 선택한 다른 정당에 투표한다.
3. 무작위로 선택한 정당에 투표한다.
4. 기권한다.

이 네 가지 유형의 행동을 하는 시민들의 영향력은 동등하지 않다. 집단별로 보면, 선호에 따라서 투표하는 [즉 1번과 2번 유형] 시민들은 즉각적으로 선거 결과에 영향을 미치고, 장기적으로 정당 정책의 발전에

---

14) 어떻게 투표할 것인지를 결정하는 매우 복잡한 이 방법은 현실 세계에서 사람들이 행동하는 방법과는 별로 닮은 점이 없다. 그러나 비록 표면적인 관찰로 이를 확증할 수는 없다고 하더라도, 한 단계를 제외한 전체 과정은 모든 합리적 유권자의 행위에 필연적으로 내재해 있다. 필수적이지 않은 한 단계는 정당 간에 무차별하지만 투표하기를 원하는 2a, 2b, 3a와 같은 시민들이 '균형을 깨기'(break ties) 위해 무작위적 선택 기제를 사용한다는 것이다. 이 단계가 갖는 의미는 이 장의 〈부록〉에서 논의되고 있다.

강한 영향을 미친다. 무작위로 투표하는 시민들은 오직 장기적인 정당 정책의 발전에만 영향을 미친다. 왜냐하면 그들의 투표는 즉각적인 결과에 관해서는 그 효과가 상쇄되기 때문이다. 기권하는 시민들 역시 누가 선거에서 승리하는가에는 아무런 영향을 미치지 않는다. 그러므로 투표 행태는 정치권력의 분포에서 핵심적인 결정 요인이다.

저소득층이 고소득층에 비해 대체로 기권율이 높다고 추정할 만한 이유가 두 가지 있다. 첫째, 투표 비용을 부담하는 것은 저소득층이 고소득층에 비해 어렵다. 따라서 저소득층과 고소득층이 투표로부터 받는 보상이 동일하더라도, 저소득층의 투표율은 낮다. 둘째, 정보 비용을 부담하는 것은 저소득층에게 더 어렵다. 그러므로 그들 중 대다수는 정보가 부족하고, 그로 인해 더 많은 이들이 불확실한 상태에 놓일 가능성이 높다. 불확실성은 투표로부터 얻는 보상을 감소시킨다. 따라서 투표 비용을 부담하는 것이 모든 사람에게 똑같이 어렵다 하더라도 저소득층의 투표율은 더 낮을 것이다.

기권하는 시민은 투표하는 시민에 비해 더 적은 영향력을 행사하기 때문에, 사회에서 저소득층은 그들의 수에 비해 정치권력을 더 적게, 고소득층은 더 많이 갖는 경향이 있다. 정치 행위를 하기 위해서는 반드시 경제적 비용을 부담해야 한다는 사실 때문에, 정치권력의 분포가 저소득층에게 불리한 방식으로 편중된다는 사실을 우리는 다시 한 번 보게 된다. 그러나 실제로 이런 편중이 얼마나 중요한 것인지에 대해서는 선험적으로 판단할 수 없다.

3. 요약

투표에 비용이 들지 않을 때, 어떤 종류든 보상이 있다면 기권은 비합리적이다. 따라서 정당 간에 근소한 선호만을 가지고 있는 사람도 투표에 참여한다. 다른 한편, 두 가지 이유로 인해 정당 간에 무차별한 사람들에게 기권은 해가 되지 않는다. ① 그들이 기권한다고 하더라도 민주주의는 작동하며, ② 정당은 다음 선거에서 그들의 표를 얻기 위해 여전히 그들의 이익을 충족시킬 것이기 때문이다. 따라서 투표하는 것 자체로부터 얻는 보상이 없고, 정당 간에 무차별한 모든 시민은 기권한다.

투표에 비용이 들 때, 그 비용은 [투표했을 때의] 보상보다 클 수 있다. 따라서 정당 간에 선호를 가진 시민들조차 기권하는 것이 합리적일 수 있다. 사실 유권자가 투표하는 것에서 얻는 보상은 보통 매우 낮기 때문에, 아주 적은 비용이 든다고 하더라도 기권할 수 있다. 따라서 투표비용이 약간만 변하더라도 정치권력이 극명하게 재분배될 수 있다.

투표하는 데서 얻는 보상 중의 하나는 많은 사람이 투표하지 않으면 민주주의가 그 기능을 하지 못한다는 인식으로부터 나온다. 이 보상은 시민의 단기적인 손익과는 독립적이다. 민주주의에서 얻는 편익은 분할 불가능한 것이기 때문에 이 보상은 그렇게 크지는 않다. 그럼에도 그것은 유권자가 직면하는 과점의 문제를 해결하는 데 도움을 주고, 이에 따라 모든 유권자가 기권해 민주주의가 마비되는 사태를 예방한다.

시민 각자가 투표하는 것에서 얻는 총보상은 ① 그가 민주주의하에서 살고 있는 것으로부터 얼마나 많은 편익을 얻는다고 생각하는지, ② 그가 특정 정당이 승리하기를 얼마만큼 원하는지, ③ 그가 생각하기에 투표 결과는 얼마나 박빙일지, ④ 그가 생각하기에 얼마나 많은 다른 시민들이 투표할지에 달려 있다. 이 변수들은 투표 비용의 범위가 다양한 것처럼, 투표로부터 얻을 수 있는 보상의 범위가 상대적으로 다양하다는 것을 설명한다. 따라서 시민은 자신의 비용과 보상 사이에 균형을 맞추려고 하고, [그 결과] 일부 사람들은 투표하고 일부 사람들은 기권한다.

두 가지 이유로 저소득층은 고소득층보다 더 많이 기권한다. [첫째] 저소득층은 투표 비용을 지불하기가 좀 더 어렵기 때문에, 그들이 투표에 참여하려면 더 많은 보상이 필요하다. 그리고 [둘째로] 정보 비용을 부담하는 것이 저소득층에게는 더 어렵기 때문에, 그들은 상대적으로 더 적은 자료만을 가지고 있고 따라서 더욱 불확실한 상태에 있다. 그러므로 그들은 투표하는 것으로부터 얻는 보상을 더 크게 할인한다.

부록 | 우리 모형에서 비합리성의 존재 가능성

이 연구 전체를 통틀어 우리가 자의적인 가정을 할 때에는 그런 가정이 왜 설득력 있는가에 대해 최소한 몇 가지 이유를 제시하곤 했다. 그러므로 이 장에서 설정한 자의적인 가정에 대한 **해명**apologia으로 이 부록을 제시한다. 이 장에서는 지금까지 자의적인 가정에 대해 아무런 설명도 하지 않았기 때문이다.

우리가 말하고 있는 가정은 다음과 같다. 즉 "투표하기를 원하지만 어느 정당이 승리할 것인지에 대해 무차별한 모든 시민은 무작위로 정당을 선택해서 투표한다."는 것이다. 개인의 관점에서 본다면 무작위적 선택이 다른 방식으로 선택하는 것에 비해 더 낫다고 여길 이유는 없다. 그는 정책을 기준으로 해서는 정당을 구별하지 못하기 때문에 그를 만족시키는 다른 기준을 사용할 수도 있다. 예를 들면, 가장 매력적인 성격을 지닌 지도자를 가진 정당이나, 그에게 가장 호소력 있는 역사적인 영웅이 속했던 정당이나, 그의 아버지가 투표했던 정당에 표를 던질 수도 있다. 그러므로 합리적인 사람이라도 누구에게 투표할 것인지를 정할 때 정치적으로 비합리적인 방법을 사용할 수도 있다.

그런 방법을 사용하는 것은 개인적으로는 합리적일지라도, 사회적으로는 비합리적인 것이다. 만약 정당 간에 무차별한 유권자들이 투표 선택을 무작위로 하지 않는다면, 그들의 투표는 서로 간에 상쇄되지 않을 것이다. 따라서 정당 간에 무차별한 사람들이 선거 결과에 영향을 미치게 되는 것이다. 이런 방식은 그 자체로 비효율적일 뿐만 아니라, 정당의 행위에 심각한 영향을 미칠 수도 있다. 만약 정당 간에 무차별한 유권자의 수가 많으면, 정당은 이런 유권자들이 사용할 것이라고 생각하는 비합리적인 선택 방식에 영향을 미치기 위해 그것에 맞는 방식으로 행동하고 발언할 것이다. 그 결과 정당은 시민들의 정치적 욕구에 적합한 정책의 형성이라는 자신의 사회적 기능을 수행하는 데 전력을 다하지 않게 될 것이다.

분명히 우리는 이런 결과를 피하기 위해 무작위 선택이라는 가정을 설정했다. 그러나 이런 가정을 설정하지 않는다고 하더라도, 우리 모형에서 비합리성이 심각한 수준으로 발생하지는 않을 것이다. 우리의 의견으로는 투표에 참여할 정도로 정치에 충분한 관심이 있는 시민들은 거의 항상 특정 정당에 대한 선호를 가지고 있다. 이것이 사실이라면 합리적 유권자 중 극소수만이 정치적으로 비합리적인 요인에 의해 영향을 받는 위치에 있다. 따라서 정당은 그런 극소수에게 지지를 호소하기 위해 많은 노력을 기울이지 않는다. 물론 이는 단지 우리의 의견일 뿐이다.

앞에 제시한 것들처럼 명료하지는 않지만, 우리의 분석에서 비합리적인 요인들이 상당한 영향력을 행사할 수 있는 다른 부분도 있다. 예를 들어, 투표하러 가는 데 드는 시간을 투표 비용이라고 간주한다면, 왜 투표하는 데서 얻는 사회적 위신은 보상으로 보지 않는가? 분명히 사회는 일반 시민들이 투표하게끔 하기 위해 이런 위신을 제공한다. 그렇다면 시민들이 이런 보상을 추구하는 것은 합리적이지 않은가?[15]

1장에서 이미 지적했듯이, 그런 주장이 갖는 난점은 그것이 모든 것을 합리적인 것으로 만들어 버린다는 점이다. 만약 사회적 위신을 얻으려고 투표하는 것이 합리적이라면, 고용주나 애인을 기쁘게 하기 위해 투표하는 것은 왜 비합리적인가? 이렇게 되면 모든 행위는 합리적인 것이 된다. 왜냐하면 모든 행위는 행위자가 가치를 부여하는 특정 목표를 달성하기 위한 수단이기 때문이다. 이런 무의미한 결론을 피하기 위해 우리는 엄밀하게 정치적이거나 경제적인 목적을 위한 행위만을 합리적인 것으로 간주한다.

---

15) 실제로 현실 세계에서 투표하는 것과 관련된 사회적 위신은 우리 모형의 장기적 참여 가치와 유사하다. 현실 세계의 시민들은 우리 모형의 시민들처럼 계산을 즐기지는 않는다고 가정하는 것이 타당할 것이다. 따라서 사회의 지도자들은 일반 시민들이 사회적 의무감을 받아들이게 하기 위해 잘못된 행동(예컨대 투표하지 않는 것)에 대해 죄책감을 느끼고, 옳은 행동(예컨대 투표하는 것)에 대해 보상감을 느끼게끔 계획한다. 이 같은 감정이 무의식적으로 달성하고자 하는 목적과, 우리 모형에서 투표하는 것 자체로부터 발생하는 가치가 의식적으로 달성하고자 하는 목적은 동일하다. 따라서 어떤 의미에서는 우리 모형의 구조 내에서 이미 사회적 위신의 작용이 설명된 것이다.

제4부

우리의 이론에서 도출되는
함의와 가설

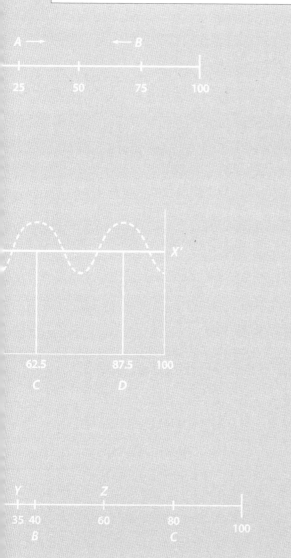

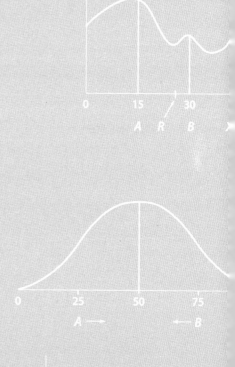

15
정부 행위의 경제 이론에 대한 논평

정부 행위를 일반균형이론 [내부의] 한 부분으로 설명하려는 극소수의 경제학자가 있긴 했지만, 그들 가운데 다수는 정부에 대한 특정 관념을 함축한 규범적 진술을 했다. 이 장에서는 [전통적 경제 이론 내에 함축되어 있는] 정부에 대한 특정 관념을 검토해, ① 그것이 경제 이론의 기초적인 공리와 일관성이 있는지, ② 우리의 이론처럼 정부를 있는 그대로 다루는 이론에서 경제 이론의 기초적인 공리가 어떤 의미를 갖는지를 논한다.

이 장의 목표

이 장에서 우리는 다음과 같은 명제를 증명하고자 한다.

1. 대부분의 전통적인 경제 이론에 함축되어 있는 정부에 대한 관념은 사적 부문이 어떻게 움직이는지를 설명하는 공리와 모순된다.
2. 모든 형태의 정부를 단일한 경제 이론으로 설명하려는 시도는 자기 모순적이거나 지나치게 일반적이어서 무의미하기 마련이다.
3. 규범적 수준에서든 실증적 수준에서든, 경제 영역에서의 정부 역할을 설명하려면 경제학자는 해당 사회의 헌정 체제political constitution

를 고려해야만 한다. 따라서 경제학과 정치학을 합쳐, 사회적 행위에 대한 통합 이론을 만들어야 한다.

1. 정부 행위에 대한 전통적인 경제 이론 내부의 비일관성

1) 전통적인 이론에 함축되어 있는 관점

정부를 일반균형이론 내부의 내생변수endogenous variable로 다루는 시도는 매우 드물었다. 그 이유는 대부분의 학자들이 정부를 자기 조정적인 사적 경제self-regulating private economy에 [외생적으로] 영향력을 배분하는 존재로 바라보는 고전적인 전통을 따랐기 때문이다.[1] 따라서 그들은 정부를 사회적 노동 분업에 내재된 한 부분으로 바라보기보다는 외생적인 변수로 보았다. 그러나 경제활동의 모든 부분에서 정부는 결정적인 역할을 한다. 그래서 경제학자들은 정부에 대한 일반 이론이 없음에도 정부 행위에 대해 언급해야만 했다. 특히 공공재정학public finance이나 후생경제학 분야에서는 정부에 관한 규범적인 규정들이 많다. 우리가 그중 몇 가지만 검토하더라도, 그런 규정들 대다수에 정부의 적절한 경제적 역할에 대한 유사한 관념이 함축되어 있음을 알 수 있다.[2]

---

[1] 다음을 보라. Gerhard Colm, *Essays in public Finance and Fiscal Policy* (New York: Oxford University Press, 1955), pp. 6-8.

[2] 그렇다고 모든 경제학자들이 정부에 대한 정책 제안에서도 견해가 일치한다는 의미는 아니다. 그들은 정부 행위의 목적이 무엇이어야 하는지에 대한 광범위한 진술에서는 의견이 일치한다. 즉 정부는 사회의 후생을 극대화해야 한다는 것이다. 하지만 이런 목적을 가장 잘 성취하는 방법에 대해서는 의견이 극단적으로 엇갈린다.

이들 규정은 대개 다음 세 가지 가운데 하나의 형식을 취한다. 첫째, 정부의 목표를 '가정'하고, 그 가정하에서 어떻게 그 목표를 달성할 수 있을지를 그럴듯하게 사실적으로 진술하는 방식이다. 이런 형태는 가치판단을 위장한 것이다. 따라서 러너Abba. P. Lerner 교수는 『통제의 경제학』 *The Economics of Controls*에서 다음과 같이 말한다.

> 만약 사회의 전체적인 만족을 극대화해야 한다면, 평등주의적인 기준에 근거해 소득을 나누는 것이 합리적 과정이다.[3]

러너는 자신의 분석 후반부에서 '합리적 과정'에 대한 이 같은 설명에 전제 조건을 달지만, 소득의 일부가 부유한 사람에게서 가난한 사람으로 재분배되어야 한다는 견해는 유지한다. [그에 따르면] 정부는 재분배를 수행하는 기구이므로, 우리는 러너가 정부의 적절한 기능은 '사회에서 전체적인 만족을 극대화하는 것'이라고 믿고 있다고 결론을 내릴 수 있을 것이다.

정부에 대한 두 번째 유형의 규정은 특정한 정책 목표를 정부에게 '적절한' 것이라고 명시적으로 지정하는 것이다. 예를 들어, 바그너Adolph Wagner는 소득재분배를 국가의 의무라고 간주한다. 비록 그가 자신의 개인적 견해를, '현대 경제학'이 승인한 '요구'라고 가장하지만 말이다. 그에 따르면,

---

3) Abba P. Lerner, *The Economics of Controls* (New York: The Macmillan Co., 1944), p. 32.

국가는 재정적인 사안 혹은 다른 사안에서, 자신의 과거 행동 때문에 생겨난 것이 아닌 해악을, 적절한 정책을 채택함으로써 치유해야만 한다. 이것으로부터 …… 다음과 같은 요구가 생겨난다. …… 과세는 충분한 세수의 확보라는 순전히 재정적인 목적에 기여하는 것 이외에, 현재 사회질서의 기초인 자유경쟁에 의해 나타나는 소득분포와는 다른 형태의 소득분포[즉 기존 소득을 재분배하는 것]를 이끌어 내기 위해서도 사용되어야만 한다.[4]

이런 공개적인 가치판단의 또 다른 예로 다음과 같은 러너의 글을 들 수 있다.

완전고용을 유지하는 것은 정부의 책무, 아마도 최우선의 책무일 것이다.[5]

이상 두 유형의 규정은 모두 정부에 대한 규범적 이론으로서의 자격을 갖추지 못하고 있다. 전자는 충분히 명시적이지 못하기 때문이고, 후자는 충분히 일반적이지 못하기 때문이다. 그런데 이상의 규정들에서는 사적 행위자에게 적합한 행위와 정부에게 적합한 행위를 구별할 수 있는 기준에 대해 명시적으로 진술한 것을 발견하기 어렵다. 이에 관한 폭넓은 언급 중의 하나로서 돌턴Hugh Dalton은 『공공 재정의 원리』 *The principles of finance*에서 다음과 같이 말했다.

---

4) Adolph Wagner, *Finanzwissenschaft* Vol. I, Part 27. Elmer D. Fagan and C. Ward Macy eds., *Public Finance: Selected Readings* (New York: Longmans and Co., 1936), p. 179 에서 인용.

5) Lerner, *The Economics of Controls* (1944), p. 302.

공공 재정의 작용은 대부분 일련의 구매력 이전으로 분해된다. …… 어떤 개인으로부터 공적 권위체로, 그리고 다시 공공 지출을 통해 이들로부터 다른 개인들에게로 …… 이와 같은 공공 재정이 작용한 결과, 생산된 부富의 양과 성격이 변한다. 또한 개인들 사이에서, 계급들 사이에서 부의 분배도 변한다. 이런 작용 전체가 가져온 변화는 사회적으로 유익한 것인가? 그렇다면 이들 작용은 정당화된다. 그렇지 않다면 이들 작용은 정당화될 수 없다. 최선의 공공 재정 체계는 그것의 운영으로부터 최대의 사회적 이익이 보장되는 것이다.[6]

펙Harvey W. Peck은 『과세와 복지』 *Taxation and Welfare*에서 이와 유사한 언급을 했다.

만약 특정 기업의 공적 작용이 커다란 사회적 순 효용net social utility을 생산한다면, 이 기업이 제공하는 서비스는 공공재의 범주에 포함되어야 한다.[7]

펙은 또한 린달Erik Lindahl이 발전시킨 주장을 인용한다.

린달에 따르면 …… 공공재는 사적 경제에서처럼 [한계]비용과 [한계]효용이 일치하는 지점까지 생산되거나, 공공재로부터 얻는 한계효용과 사적 재화로부터 얻는 한계효용이 일치하는 지점까지 생산되어야 한다.[8]

---

6) Hugh Dalton, *The Principles of Public Finance* (London: George Routledge and Sons, 1932), pp. 9-10.

7) Harvey W. Peck, *Taxation and Welfare* (New York:The Macmillan Co., 1925), pp. 30-36. Harold M. Groves ed., *Viewpoints in Public Finance* (New York: Henry Holt and Co., 1947), p. 551에서 인용.

우리가 보기에 이런 몇 안 되는 인용은 비마르크스주의 경제학자들non-Marxist economists의 매우 전형적인 사례이다.

앞서 인용한, 정부에 대한 모든 규정에는 정부에 관한 단일한 관념이 깔려 있다. 즉 정부는 사회적 노동 분업 속에서 사회적 후생의 극대화를 그 자신의 주된 임무로 삼는 기관이라는 것이다.[9] 그러나 관념이 명시적으로 정식화된 것은 아니기 때문에, 이런 관념이 내포하고 있는 바의 일부는 모호하게 남아 있다. 특히 정부는 사회적 노동 분업 전체를 구성하는 데 필수적인 한 부분으로 거의 취급되지 않는다. 설령 정부가 경제에서 그 고유의 기능을 한다는 점이 인지되는 경우에도, 정부를 분석 대상인 체계에서 외생적인 것으로 간주하는 고전적 경향은 지속되고 있다.

2) 이 견해의 약점

우리가 2장에서 지적한 것과 같이, 사회적 노동 분업 내의 모든 행위자는 사회적 기능을 하는 것과 더불어 사적 동기를 가지고 있는 것으로 가정된다. 이 이중성은 자기 이익의 추구라는 공리에서 나온다. 자기 이익의 공리에 따르면, 일반적으로 인간의 경제적 활동은 사적 목적을 달성하기 위한 것이고, 오직 부차적으로만 사회적 이익을 제공(즉 타인을 위해 행동)하는 것이다. 사회 전체의 관점에서 보면, 각 개인이 행동

---

8) Erik Lindahl, *Die Gerechtgkeit der Besterung.* Harold M. Groves ed., *Viewpoints in Public Finance*(1947)에서 인용.

9) 여기서 **사회적 후생**(social welfare)은 사회적 효용(utility), 사회에서의 만족(satisfaction), 사회적 이익(advantage), 그 밖에 같은 관념을 지칭하는 다른 용어들과 동의어로 사용된다.

하는 목적은 사회적 기능을 실행하는 것이 된다. 그러나 각 개인의 관점에서 보면, 그는 자신의 사적 목적을 달성하기 위해 행동한다. 대개 그의 사적 목적은 사회적 기능과 그 자체로는 연관이 없다. 따라서 그의 행동을 이론화할 때, 그의 사회적 기능만을 묘사해서는 안 된다. 우리는 그가 사회적 기능을 수행하는 [사적] 동기가 무엇인지도 보여 주어야 한다.

모든 경제학자가 사적 경제 행위자에 대해 논할 때 개별 행위자의 사적 동기가 중요하다는 것을 알고 있다. 경제학자들은 독점기업에, 가격을 내리고 이윤을 줄임으로써 사회적 후생을 증대하라고 권하지 않는다. 그보다는 기업을 운영하는 사람도 [자기 이익을 추구하는] 인간이기 때문에, 자신의 이윤을 극대화하고자 할 것으로 예측하는 것이 합리적이라고 가정한다. 마찬가지로 노동조합의 경우, 가입 조건을 제한하는 것이 자원의 비효율적 배분을 초래하므로 그것을 철폐하라고 권하지 않는다. 경제학자는 사회적 이익을 위해서는 노동조합 가입이 좀 더 쉬워야 한다고 생각할 수도 있다. 그러나 가입 조건이 엄격할 때 노동조합원이 편익을 얻는다면, 가입을 제한하는 것은 그들이 자신의 이익에 따라 합리적으로 행동하는 것이라고 간주한다.

경제학자들이 이런 상황을 바로잡고자 할 때, 관련된 사람들에게 이기적으로 행동하지 말라고 제안하지 않는다. 오히려 바로 그 이기심을 이용해 사회에 편익을 제공하는 사회적 질서를 고안하고자 노력할 것이다. 이런 점에서 후생경제학자들이 고안한 완전경쟁 모형은 이기심의 승리이다. 완전경쟁 모형은 특정 조건이 갖춰지면, 개인들이 자신의 이익과 효용을 극대화하고자 할 때 사회가 실제로 어떻게 이익을 얻는가를 보여 준다.

경제학자들이 사적 경제 행위자들에게 이런 추론을 적용하는 이유는 그들이 사적private이기 때문이 아니라 행위자agents이기 때문이다. [즉 공적 부문이든 사적 부문이든 모든 행위자에게는 자기 이익의 공리가 적용되어야 한다.] 즉 그들은 인간이며, 모든 경제학적 분석은 인간 본성의 실제 모습을 고려해야만 한다. 바로 이런 사실 때문에, 인간이 운영하는 모든 제도, 즉 사회적 노동 분업 속의 모든 행위자에게 이상과 동일한 추론이 적용되어야 한다.

그러나 정부 행위에 대해 논할 때, 경제 이론은 정부 내부의 사람들에게 어떤 [사적] 동기도 부여하지 못하고 있다. 우리가 인용한 모든 구절에서, 그리고 유사한 다른 모든 곳에서도, 사회 내부에서의 정부 역할에 대한 이론은 단지 정부의 적절한 사회적 기능만을 논하고 있다. 이들 이론에서는 정부를 운영하는 개인들이 사회적 기능을 수행하도록 하는 [사적] 동기에 대한 언급이 전혀 없다. 그러나 정부의 사회적 기능이 어떤 방식으로 수행되는지는 정부를 운영하는 개인들에게 달려 있다. 따라서 그들의 동기는 매우 중요한 문제이다. 이는 기업 간 경쟁의 정도에 따라 어떤 종류의 상품이 생산되는지가 결정되는 것과 마찬가지의 원리이다. 슘페터는 우리가 앞서 인용했던 부분에서 이렇게 말하고 있다.

특정 유형의 활동이 사회적인 의미를 갖는다고 해서, 그 사회적 의미가 반드시 그 행위의 동기가 되는 것은 아니다. 마찬가지로 사회적 의미에 대한 설명이 곧 행위 동기에 대한 설명이 될 수는 없다. 그렇다면 사회적 목적 혹은 충족되어야 할 사회적 필요만을 분석하는 이론은 그에 기여하는 활동들에 대한 적절한 설명으로 받아들여질 수 없다.[10]

사실 이런 오류를 저지른 경제학자들이 현실을 부정확하게 묘사했다고 비난받을 이유는 거의 없다. 왜냐하면 그 진술의 대부분은 실증적인 것이 아니라 규범적인 것이기 때문이다. 아마 그들 중 어느 누구도 현실에서 정부가 실제로 사회적 후생을 극대화하고 있다고 주장하지는 않을 것이다. 그러나 그들은 정부가 사회적 후생을 극대화해야 한다는 가정하에서 정책적 처방을 제시한다. 만약 정부가 사회적 후생을 극대화할 것이라고 믿을 근거가 없다면, 정부에게 그렇게 하라고 조언하거나, 정부가 그렇게 할 것이라는 가정하에서 조언하는 것은 의미가 없다. 이윤을 극대화하고 있는 독점기업에 사회의 편익을 위해 한계비용의 가격으로 상품을 판매하라고 조언하는 것은 의미가 없다. 이와 마찬가지로 정부가 사회적 후생을 극대화할 것이라고 믿을 근거가 없다면, 정부에게 그런 방식으로 행동하라고 조언하는 것은 의미가 없다.

3) 왜 경제학자는 정부의 동기 문제를 무시하는가

대부분의 규범적인 경제학 이론은 정부가 후생을 극대화하는 방법을 알기만 하면 실제로 그렇게 할 것이라고 암묵적으로 가정한다. 우리가 생각하기에 경제학자들이 정부의 동기 문제를 무시하는 이유는 세 가지이다. 첫 번째이자 가장 분명한 이유는, 이 문제가 경제학보다는 정치학의 영역에서 더 많이 거론되고 있다는 것이다. 경제학자들의 관심이 정치경제학에서 순수 과학적인 분석으로 옮겨 가면서, 그들은 경

---

10) Joseph A. Schumpeter, *Capitalism, Socialism, Democracy* (New York: Harper & Brothers, 1950), p. 282[『자본주의·사회주의·민주주의』, 변상진 옮김, 한길사, 2011]. 슘페터는 이런 문제를 무시하지 않은 몇 안 되는 경제학자 중 한 명이다.

제문제의 정치적 측면에는 점차 관심을 덜 기울이게 되었다. 그러면서 그들은 준정치적인quasi-political 문제를 정치학자들에게 떠넘기는 경향을 보였다. 극히 최근에 들어서야 이런 문제들에 경제학적인 개념을 적용하려는 시도들이 이루어지고 있다.11)

[둘째로] 경제학자들이 정치에 대한 고찰을 회피한다고 해서 루소Jean Jacques Rousseau가 만들어 낸 추상적인 정부 개념에 영향을 받지 않을 수는 없었다.12) 실제로 루소는 정부가 인민의 의사를 수행하기 위한 도구여야 한다고 주장했다. 그러므로 그의 이론 속에서 정부는 인민의 의사와 구별되는 그 자신만의 실체는 아무것도 갖지 않는다. 만약 이런 입장을 수용한다면, 순수하게 이론적·규범적 수준에서마저도 정부의 동기를 고찰할 필요가 없어진다. 이렇게 보는 것은 정부가 사람에 의해 운영되는 제도가 아니라, 매우 엄밀한 규칙에 따라 작동하는, 탈인격화되고 갈등이 없는 기계라고 가정하는 것과 마찬가지다. 즉 [정부는] '다수의 의지'will of the majority를 수행하는 기계인 것이다.13) 정부는 기계이

---

11) 물론 이 연구도 그런 시도 중의 하나이다. 유사한 다른 시도의 예로는 경제학에서 발달된 합리적 선택이론을 정치 관료제에 적용한 것이 있다. Herbert A. Simon, *Administrative Behavior*(New York: The Macmillan Co., 1947)[『관리 행동론 : 조직의 의사 결정 과정 연구』, 이시원 옮김, 금정, 2005].

12) Jean Jacques Rousseau, *The Social Contract*, Hafner Library of Classics Edition (New York: Hafner Publishing Co., 1948)[『사회계약론』, 김중현 옮김, 펭귄클래식 코리아, 2010]. 루소가 사용한 표현은 '일반의지'이다. 루소 자신은 정부에 대한 이런 개념을 모든 정치체제에 적용하려고 하지는 않았다. 사실 그는 '일반의지'라는 개념을 당시 현존하는 정부와 대비되는, 이상적인 것을 의미하는 것으로 만들었다. 루소의 견해를 잘못된 방식으로 확장해 적용한 책임은 본문에 묘사된 방식으로 추론한 경제학자들에게 있다. 비록 그들은 의식하지 않고 했더라도 그러하다.

13) 루소의 이론을 해석하는 또 다른 방식은 정부가 오직 '인민의 의사'가 명령하는 정책을 수행하기 위해 고용된 사람들만으로 구성되어 있다고 말하는 것이다. 이 주장은 정부에서 일하는 사람들의 사적 동기를 아주 간단히 설명한다. 즉 그들은 자신의 직업을 유지하기 위해 인민의 명령을 정확하게 따른다는 것이다. 왜냐하면 사소한 것이라도 복종하지 않으면 즉

기 때문에 그를 운영하는 사람들은 아무런 사적 동기를 가지고 있지 않
다. [그리고 그 운영 과정에는] 갈등이 없기에, 정부의 작동 과정이 어떤지
는 그 결과에 아무런 영향을 미치지 않는다. 따라서 모든 사회의 정부
는 그들의 헌정 체제constitutional structures와 무관하게 동일한 가설에 의해
다뤄질 수 있다. 이 편리한 이론을 따른다면 어떻게 특정 정부가 그 자
신의 사회적 기능을 수행하도록 동기가 부여되는지를 설명할 필요가
없다. 또한 다양한 형태의 정부를 설명하는 각기 구분되는 이론도 필요
하지 않다. 얼마나 편리한가!

분명히 이런 '기계'machine 이론이 현실 세계를 정확하게 묘사한다고
생각하는 경제학자는 없다. 추측컨대, 그것을 규범적 기준으로 받아들
이는 경제학자도 많지 않을 것이다. 그러나 이 기계 이론은 경제학자들
이 언급한 많은 진술 — 그중 일부는 이 장 앞부분에서 인용했다 — 이
직접적으로 암시하고 있는 것이다. 그리고 민주주의를 인민의 의사로
바라보는 관점이 경제학자들의 사고에 자리 잡고 있는 한, 그들은 제도
로서의 정부의 작동을 설명해야 할 필요에 관심을 기울이지 않는다.

시 직업을 잃게 되기 때문이다. 우리의 연구에 따르면, 불확실성 및 사회적 노동 분업이라
는 현실과 이런 관점은 양립할 수 없다. 이 같은 입장은 ① 전체로서의 인민은 아무리 사소
한 문제일지라도, 모든 쟁점에 대해 수행되어야 할 의지(will)를 가지고 있으며, ② 전체로
서의 인민은 사회적 노동 분업 속에서 자신이 맡은 전문적인 임무를 수행하면서도, 그 무수
한 의지들을 피고용인(정부)에게 전달할 수 있다고 가정하는 것이다. 달리 말해, 이 세계는
완전 정보의 세계이자, 애로 문제는 발생하지 않으며 소수자는 항상 다수자에게 기꺼이 복
종한다는 것이다. 이런 추론이 비현실적이라는 것은 슘페터에 의해 강력히 논증되었다. 다
음을 보라. Schumpeter, *Capitalism, Socialism, Democracy* (1950). 분명히 모든 대기업
이 이윤을 극대화하려고 한다는 가정 또한 정확히 동일한 추론에 기초해 있다. 왜냐하면 이
가정 또한 기업 경영자가 주주가 원하는 바를 수행하는 동기가 무엇인지를 설명하고 있지
않기 때문이다. 그러나 이와 관련된 사실 왜곡은 기업의 경우보다 국가의 경우가 더 크다.
이런 왜곡이 너무 크기 때문에 우리는 정부를 이와 같은 방식으로 해석하는 것에 대해 더는
논하지 않을 것이다.

경제학자들이 사회적 후생을 극대화할 정부의 동기에 대해 논하지 않는 세 번째 이유는 사회적 후생이 무엇인지 혹은 사회적 후생이 무엇인지를 어떻게 결정해야 하는지에 대해 합의할 수 없었기 때문이다. 따라서 그들은 사회적 후생 함수의 성격, 즉 개인의 선호를 사회의 행동으로 전환시키는 것을 집중적으로 분석했다. 특히 신후생경제학자들은 효용이 기수적이라는 것cardinal utility[14]을 부정하고, 개인 간 효용 비교가 가능하다는 것을 거부한다. 그래서 이들은 일반 시민들의 다양한 취향으로부터 일련의 사회적 선호를 합리적으로 추출해야 하는 난관에 봉착해 왔다. 이런 난관이 극복되지 않고서는, 정부가 사회적 선호를 일단 발견하기만 한다면 그것을 수행할 것이라는 암묵적인 가정을 문제 삼는 것은 거의 무의미해 보인다.[15]

---

14) [옮긴이] 기수적 효용은 선택 대안들 간의 배수적 비교가 가능하다는 것이다. 즉 A를 B보다 두 배 더 좋아한다고 말할 수 있다는 것이다. 반대로 서수적 효용(ordinal utility)은 선택 대안들 간의 서열은 있지만, 배수적 비교는 불가능하다는 것이다. 즉 A를 B보다 더 좋아한다는 것은 확실하지만 얼마만큼 더 좋아하는지 알 수 없다는 것이다. 효용을 서수적으로 파악할 때 이 책 4장에서 언급된 애로 문제가 발생하고, 따라서 개인의 선호를 사회적 행위로 전환하는 것은 이론적 난관에 부딪히게 된다. 다운스에 따르면 경제학자들은 우선 개인들의 서수적 효용을 사회적 행위로 전환하는 문제를 해결해야만 사회적 후생에 대해 논할 수 있다고 생각했다는 것이다.

15) 애로는 이와 관련된 난관들이 개인적 선호에 대해 좀 더 제한적인 가정을 하지 않고는 극복될 수 없다는 것을 증명했다. 이 책의 4장과 다음을 보라. Kenneth Arrow, *Social Choice and Individual Values* (New York: John Wiley & Sons, 1951).

2. 정부 행위에 관한 이론의 일반적 특성

1) 단일 이론으로 모든 정부를 설명하려는 시도

우리가 생각하기에, 정부의 동기를 고려하지 않는다면, 정부의 의사결정에 관한 이론은 거짓된 일반화로 귀결된다. 규범적인 이론에서조차 정부가 사회적 후생을 극대화하기 위해 행동한다는 가정의 핵심은 정부를 운영하는 사람들이 그들의 생산 행위에 관한 한 완전히 이타적이라는 것이다. 사회 내의 모든 사람들 중에서 오직 정부를 운영하는 사람들만이, 사회적 기능을 수행할 뿐 다른 사적 동기를 갖지 않는다는 것이다. 따라서 그들이 행하는 사회적 기능의 성격은 그것을 수행하기 위해 사회적 노동 분업이 조직되는 방식과는 구분해 생각될 수 있다는 것이다.

앞서 언급했듯이, 이처럼 정부의 적절한 기능을 그 제도적 구성과 분리해 보는 것은 모든 정부를 동일한 관점에서 바라볼 수 있다는 것을 의미한다. [그들 이론에서] 각 정부는 속성상 그것이 속한 사회에서 총체적 권력을 가지고 있기에, 정부의 기능은 사회의 일반적 후생과 관련되어 있다고 가정된다.[16] 따라서 우리는 모든 정부의 적절한 기능은 사회적 후생을 극대화하는 것이라고 가정할 수 있다는 것이다. 이런 추론은 정부의 형태가 민주주의이든 전체주의이든 귀족정이든 혹은 군주정이든 상관없이, 모든 정부를 단일한 이론으로 다루려는 데서 절정에 이른다. 한 사회의 정치적 구조를 언급하지 않고 정부의 적절한 정책에

---

16) **총체적 권력**(general power)이란 그 사회에 있는 일반 시민들이나 조직에 일방적으로 강제할 수 있는 능력을 의미한다. 정부의 속성에 관한 더 자세한 논의는 2장을 보라.

대해 논하는 대다수의 경제학자들에게는 이런 결론이 내포되어 있는 것 같다.

사적 시민들은 이타적이 아닐지라도, 정부 ─ 최소한 민주주의 정부 ─ 는 이타적이라는 관점을 그럴듯하게 정당화하는 구체적인 주장이 몇 가지 제시되었다. 예를 들면, 셀리그먼Edwin Robert Anderson Seligman은 다음과 같이 말했다.

> 개인은 민간 혹은 공공의 협동 단체에서 다른 개인들과 어울린다. 다른 개인들과 어울린다는 바로 그 사실로 인해 개인들은 그 이전의 자신과는 다른 누군가가 된다. 타인의 욕구와 구별되는 그 자신의 특별한 욕구는 공동의 욕구로 변화된다. …… 재정학fiscal science의 대상은 …… 국가 구성원들 간의 재정적 관계로 구성된다. 이런 재정적 관계는 개인들 그 자체의 관계가 아니라, 그들이 정치적 혹은 공공적 역할 속에서 맺는 관계이다[그래서 국가의 구성원들은 공동의 욕구인 사회적 후생을 추구할 수 있다].17)

여기서 셀리그먼은 사람들이 정부 행위와 관련된 선택을 내릴 때 사용하는 기준과 시장에서 사적 결정을 내릴 때 사용하는 기준이 다르다고 말하고 있다. 그러나 이런 유형의 주장과 정부의 동기 문제는 관련이 없다. 만약 민주주의에 살고 있는 모든 시민이 정치적 쟁점에서는 자신의 특수 이익을 제쳐 놓으며, 따라서 집합적으로 도달한 결정이 진정 사회적 후생의 극대화를 지향한다고 할지라도(이런 과정이 분명히 밝혀질 수 있다고 가정하자), 정부를 운영하는 사람들이 언제나 시민이 선택한

---

17) E. R. A. Seligman, "Social of Fiscal Science," *Political Science Quarterly* XLI(1926). Harold M. Groves ed., *Viewpoints in Public Finance*(1947), p. 4에서 인용.

정책을 수행할 것이라고 선험적으로 가정할 근거는 없다. 2장에서 논의한 것처럼, 우리는 정부를 운영하는 사람들이 사적 이익의 측면에서 이런 기능을 수행할 이유를 설명해야만 한다.

가능한 대안은 오직 ① 정부를 운영하는 사람들이 정부 운영이라는 자신의 역할을 할 때에는 완전히 이타적이라고 가정하거나, ② 정부를 사람에 의해 운영되는 제도라기보다는 인민의 의사를 수행하는 기계로 취급하는 것이다. 우리가 앞에서 본 것처럼, 이들 두 입장은 사회 내의 다른 모든 경제 행위자들이 어떻게 움직이는지를 설명하는 공리와 논리적으로 부합하지 않는다. 따라서 우리는 규범적인 수준에서일지라도, 모든 사회의 정부 행위를 동일한 이론으로 설명하는 것을 정당화하는 근거로서 사용되는 이 두 가지 입장을 기각한다.

다른 하나의 정당화 논리가 남아 있다. 이에 따르면, 다양한 형태의 정부들 간의 차이점은, 단지 각 정부 형태가 서로 다른 부문의 사회적 후생을 극대화하고자 한다는 것이다. 이런 입장에 따르면, 민주주의 정부와 공산주의 정부는 개념적으로는 동일한 문제에 직면하고, 동일한 방법으로 그것을 처리한다. 그렇지만 사회적 후생 함수에서 차지하는 개인들의 선호의 비중은 다르게 여겨진다는 것이다. 민주주의에서는 모든 시민의 선호에 똑같은 비중이 두어진다. 반면에 공산주의 국가에서는 공산당의 정치국원의 선호가 다른 시민들의 선호보다 훨씬 더 비중 있게 여겨진다. 그러나 개인의 선호와 [그들이 사회적 후생 함수에서 차지하는] 비중이 일단 주어진다면, 모든 사회에서 사회적 후생을 극대화하는 문제는 동일한 것이며, 본질적으로 같은 방식으로 다루어진다는 것이다.

버그슨이 사회주의 경제의 작동을 묘사한 것은 이런 방식으로 사고하는 것의 좋은 예시이다. 버그슨은 다음과 같이 말한다.

최근 들어 이 문제(완전 소비자주권의 문제)의 변형에 관심이 집중되었다. 이는 위원회Board가 자체적으로 무엇이 소비자에게 좋은 것인가를 어느 정도 결정하고, 이 판단에 근거해 자원을 배분한다는 데서 발생한다. …… 만약 소비자주권에 유리한 결정이 내려진다면, …… 공동체의 후생은 …… 개별 가계의 효용이 그대로이거나 증가하거나 감소하는 데 따라서, 그대로이거나 증가하거나 감소한다. 만약 소비자주권에 불리한 결정이 내려진다면, 위원회 자신의 선호 척도preference scale가 개별 가계의 효용 함수를 대체하는 방식으로 [사회적] 후생 함수가 표현되어야 한다.[18]

버그슨은 다른 곳에서 이렇게 말했다

소비자주권이 무시되거나 수정되는 문제는 …… 쉽게 해결된다. 개별 가계가 아닌 위원회가 적절한 한계 대체율marginal rates of substitution을 결정했다는 사실을 반영해, 이전의 주장을 약간만 수정해 말하기만 하면 된다.[19]

버그슨은 이 구절들을 통해 경제에서 자원의 최적 배분을 달성하는 것을 자신의 사회적 기능으로 하는 중앙계획위원회Central Planning Board가 어떤 문제에 직면하는지를 논의하고 있다. 그의 추론에는 두 가지 암묵적인 가정이 내재해 있다. 그것은 ① 위원회는 자신이 충족하고자 하는 선호가 위원회 구성원의 것이든, 소비자 전체의 것이든 상관없이, 똑같이 열성적으로 자신의 사회적 기능을 수행하며, ② 사회주의 국가에서

---

18) Abram Betrson (Burk), "Socialist Economics," Howard Ellis ed., *Survey of Contemporary Economics* I(Philadelphia: The Blakiston Co., 1949), pp. 414, 418.
19) Betrson, "Socialist Economics"(1949), pp. 423-424.

의 현재 정치체제와는 상관없이, 소비자주권의 문제에서 개별 가계의 후생을 극대화하고자 하는 위원회의 시도는 똑같이 열성적이라는 것이다. 달리 말해, 중앙계획위원회는 이타주의자들로 구성되어 있다는 것이다. 그들의 유일한 사적 목적은 사회적 노동 분업 내에서 주어진 그들 자신의 사회적 기능을 수행하는 것이다. 이리하여 우리는 다시 한번 완전히 비이기적인 사람에 의해 운영되는 정부라는 오류를 만난다.

사실, 버그슨은 "현실의 세계에서 효율성의 비교 문제와 정치의 문제가 완전히 분리될 수는 없다."[20]라고 지적했다. 그러나 정작 그 자신의 분석에서는 둘을 분리했다. 물론 버그슨이나 다른 경제학자들이 정부의 행동에 대해 언급할 때마다 완전한 정치 이론을 구체적으로 말하기를 기대할 수는 없다. 그러나 어떤 경제학자든 정부를 사회적 노동 분업의 한 부분으로 다루지 않은 채, 즉 정부 구성원의 사적 동기가 정부 행위에 어떻게 영향을 미치는지를 보여 주지 않은 채, 정부 행위에 대한 전체적인 이론을 전개하는 것은 비합리적이다. 그러므로 정부 행위에 관한 경제 이론은 동시에 정치 이론이다. 심지어 규범적인 수준에서도 그렇다. 따라서 [정치에 대한 논의를 배제하고] 순전히 경제적인 고려에만 기초해 정부 행위에 관한 경제 이론을 만들 수는 없다.

2) 왜 다양한 이론이 필요한가

모든 정부는 사람에 의해 운영된다. 그리고 누구든 사회적 기능을 수행하기 위해서는 사적 동기가 필요하다. 따라서 정부의 기능과 그것

---

20) Betrson, "Socialist Economics"(1949), p. 448.

을 운영하는 사람들의 동기 사이의 구조적 관계는 정부 행위를 결정하는 핵심적인 결정 요인이다. 이 관계의 핵심은 그 사회의 헌정 체제이다.[21] 이는 피통치자가 정부를 선출하는 데 의견을 표명할 수 있는지 아닌지를 정하고, 이를 통해 통치자(정부)와 피통치자(나머지 사회 전체)의 실제 관계를 결정한다. 달리 말해, 헌정 체제는 개인의 선호를 사회적 행위로 전환시키기 위한 규칙을 제공하고, 따라서 사회적 후생 함수의 구체적인 내용을 결정한다.

헌정 체제는 사회마다 매우 다양하다. 그래서 개인의 선호를 사회적 행위로 전환하는 규칙은 사회마다 다르다. 경쟁적인 다당제 민주주의에서 정부의 정책적 행동과, 일당제 전체주의 국가에서 정부의 정책적 행동은 다를 수밖에 없다. 또한 이런 차이는 몇몇 후생 함수에 대해 상이한 비중을 부여하는 것만으로는 드러날 수 없다. 따라서 이 경우에는 사회적 행동의 세세한 과정이 매우 다르기 때문에, 두 사회의 사회적 행동을 모두 포괄적으로 설명하려는 어떤 이론도 자기 모순적이거나 지나치게 일반적이어서 무의미해질 뿐이다.

이런 딜레마를 피하기 위해 경제학자들은 정부마다 서로 다른 제도적 구조에 대응하는, 정부 행위에 대한 다양한 이론을 구성해야만 한다. 서술적 이론에서는 이런 다양성이 필요하다는 것이 일찍부터 인정되었다. 그러나 규범적인 처방을 내리려고 하더라도 그들이 조언하고자 하는 정부의 특수한 성격을 고려해야만 한다. 만약 경제학자가 주어진 목표를 가장 잘 달성할 사회제도가 무엇인지를 발견하려는 규범적 목표를 지니고 있다면, 그는 정치적 규칙과 경제적 규칙 두 가지 모두

---

21) 여기서 **헌정 체제**라는 개념은 성문화된 정부의 제도적 구조를 의미한다기보다는 정부의 실제적인 제도적 구조를 의미한다.

를 변수로 고려해야만 한다. 만약 규범적 목표를 달성하는 데 특정한 정부의 정책적 행동이 필요하다면, 경제적 규칙과 더불어 정치적 규칙을 고려하는 것은 더욱더 필요하다. 그러므로 실증적·규범적 수준 모두에서 경제학과 정치학이 결합해 통합 이론이 되어야 한다.

이 결론이 함축하지 않는 다음의 네 가지 사항을 추가로 지적하는 것은 중요하다. 첫째, 이 결론은 정부에 대한 경제 이론들 간에 공통적인 요소가 전혀 없다는 것을 의미하지 않는다. 오히려 정부에 대한 경제 이론들의 핵심적인 공리는 동일해야만 한다. 마치 독점 이론과 경쟁시장이론 모두가 생산자의 이윤 극대화와 소비자의 효용 극대화를 가정하는 것과 마찬가지다. 정부에 대한 모든 경제 이론에서는 통치자들이 일차적으로 자신의 사적 목적을 달성하기 위해 그들의 사회적 기능을 수행한다고 가정해야 한다. 그리고 통치자들의 목적은 모든 사회에서 동일할 것이다. 즉 그들은 소득·명성·권력, 그리고 정치 게임 그 자체가 주는 스릴을 추구한다. 다만 사회마다 정부가 조직되는 고유의 방법은 다르게 나타난다. 정부가 조직되는 고유의 방법이 부분적으로 정부의 사회적 기능을 결정한다.

둘째, 우리가 모든 경제학자에게 정치학자가 되어야 한다고 말하는 것은 아니다. 경제학자는 특정 사회에 대해 논할 때, 그것의 정치 구조는 이미 주어진 것으로 간주하고 순전히 경제적인 문제에만 관심을 집중할 수 있다. 그러나 그렇게 할 때, 그는 자신이 판단하기에 바람직한 정부의 기능을 정부가 자동적으로 수행할 것이라고 (명시적이든 묵시적이든) 가정해서는 안 된다. 만약 그가 정부를 서술적인 수준에서 다루고 있다면 통치자들의 사적 동기와 정부 제도의 성격을 고려해야만 한다. 만약 그가 정부를 규범적인 수준에서 다루고 있다면, 통치자들의 동기, 정부의 구조에 부합하지 않는 사회적 기능을 정부에 부여해서는 안 된다. 한 사회의 헌정 체제 자체를 변화시키길 권하는 것을 논외로 한다면 말이다.

셋째, 우리가 정부 행위에서 자기 이익의 중요성을 강조한다고 해서 개인의 자비심이나 이타심, 또는 일상적으로 이루어지는, 타인에 대한 봉사의 효율성을 배제하는 것은 아니다. 2장에서 지적한 것처럼, 진정한 이타주의는 사회의 중요한 힘이며 과소평가되어서는 안 된다. 그러나 아리스토텔레스부터 [전형적인 가격 결정 이론을 수정하는 데 기여했던 덴마크 출신 경제학자인] 주던Frederick Zeuthen에 이르는 경제학자들은 사람들이 자신의 이기심을 충족하는 수단으로, 자신의 [사회적] 역할을 수행한다고 가정해 왔다. 우리는 정부 또한 사회적 노동 분업의 한 부분으로 인식되어야 함을 요구하고 있을 뿐이다. 그리고 우리가 통치자들의 자기 이익이, 그들 직무에 대한 최상의 평판을 위한 경쟁, 혹은 임무를 뛰어나게 수행해 직업상의 지위를 취득하려는 노력과 같은 형태를 띨 수도 있음을 배제하는 것은 아니다. 따라서 자기 이익은 단순히 높은 소득에 대한 욕구 혹은 막강한 권력에 대한 욕구와는 전혀 다른 것이다. 자기 이익의 형태는 심지어 사회에 매우 유익한 것일 수도 있다. 우리가 요구하는 것은 단지 [정부 행위를 설명하는 데] 자기 이익의 역할이 조명되어, 경제학에서 정부가 고귀하지만 덜 현실적인 영역으로부터 내려와, 인간이 운영하는 기구로서 제자리를 잡아야 한다는 것이다.

마지막으로, 정부를 경제모형 내에서 내생적인 변수로 만든다고 해서, 정부가 경제를 교정하는 조치를 취할 수 있다는 점이 배제되는 것은 아니다. 현재의 경제학자들은 소비자와 생산자의 행동이 그들의 자기 이익과 기술적 조건에 의해 결정되는 것으로 간주한다. 만약 이런 행동의 결과가 윤리적 혹은 경제적으로 만족스럽지 못하다면, 정부는 자유 시장에 개입해 사태를 바로잡는 도구로 사용될 수 있다. 얼핏 보기에는, 정부가 자기 이익에 의해 움직인다고 한다면, 자기 이익에 의해 움직이는 사적 행위자들에게 이타적으로 개입할 자유를 가지고 있지 않다는 것을 의미하는 것으로 여겨질 수도 있다. 만약 정부 자신의 행동 또한 그것을 운영하는 사람들의 사적 동기에 의해 결정된다면, 사회 내의 모든 행동이 자기 이익에 근거한 연립방정식simultaneous equations에 의해 결정되지 않겠는가? 만약 그렇다면, 거기에는 정책 제안을 할 여지가 없지 않는가?

민주주의하에서라면 우리의 모형을 이용해 즉각적으로 답변할 수 있다. 우리의 가설이 타당하다면 다음과 같이 답할 수 있다. 첫째, 정부의 구성원들은 유권자들을 최대한 만족시키는 행동을 함으로써 그들 자신의 사적 목적을 달성할 수 있다. 이는 소비자가 원하는 상품을 생산함으로써 기업가가 이윤을 얻는 것과 마찬가지다. 그러므로 ① 무엇이 바람직한가에 대한 유권자의 견해를 바꾸는 것(즉 그들의 정치적 취향을 변화시키는 것), ② 정부가 생각하기에 유권자를 최대한 만족시키는 방법을 변화시키는 것을 통해, 정책 제안은 원하는 결과를 만들 수 있다. 둘째, 현실 세계는 너무나 불확실하기 때문에, 정부는 유권자들의 목표가 무엇인지 혹은 어떻게 그런 목표를 가장 잘 달성할 수 있는지를 알 수 없다. 따라서 정부의 정책적 행동은 엄밀하게 투표 함수vote function에 의해 결정되지는 않는다. 이는 과점 기업의 행동이 정확히 수요함수에 의해 결정되지 않는 것과 마찬가지다. 이에 따라 정부의 정책적 행동에는 풍부한 선택의 여지가 있고, 따라서 정당은 정책 제안에 기꺼이 귀를 기울이며 때때로 그것을 채택한다. 유권자들 역시 마찬가지로 혼란스러워 하고, 정책 제안을 잘 수용한다. 그러므로 모든 사회 행동의 지배적 동기가 자기 이익이라 하더라도, 규범적인 제안은 결코 쓸모없는 것이 아니다.

어떻게 해야 비민주주의 사회에서 정책 제안이 효과적일 수 있는지에 대해 정확히 답할 수는 없다. 누군가가 각 유형의 비민주주의 사회에서 통치자의 사적 동기와 사회적 기능 사이의 관계를 설명하는 이론을 만들어야만 그런 질문에 답할 수 있을 것이다.

3. 요약

경제학에서 정부 행위를 명시적으로 다루고 있는 이론이 드물지만, 몇몇 규범적인 학자들을 보면 이들이 공통적으로 정부의 적절한 기능은 사회적 후생을 극대화하는 것이라고 가정하고 있음을 알 수 있다. 그러나 이 이론가들은 정부의 구성원들이 그런 기능을 수행하는 사적 동기가 무엇인지는 설명하지 않는다. 그러므로 자기 이익의 공리가 사적 경제 행위자에 대한 분석의 기초임에도, 그들은 이런 공리를 정부 행위에는 적용하지 못하고 있다.

이런 비일관성의 원인은 아마 세 가지일 것이다. ① 경제학자들은 정부 행위의 동기에 관한 설명을 정치학자들에게 떠넘겼다. ② 루소의 사상이 민주주의 정부에는 '인민의 의사'와 분리된 어떤 실체도 존재하지 않는다는 견해를 조장했다. ③ 경제학자들은 사회적 후생을 정의하는 문제에만 관심을 집중시켰다.

이런 실패의 결과로 모든 정부가 이타주의자에 의해 운영된다는 무의식적인 가정이 나타났다. 이 가정에 따르면 모든 정부는 정치적 형태에 관계없이 단일한 이론으로 다루어질 수 있을 것이다. 그러나 정부에서 일하는 사람이 사회 구성원 전체의 후생을 극대화하려고 할 것인지,

아니면 특정한 특수 집단의 후생을 극대화하려고 할 것인지의 여부는 사회적 노동 분업 내에서 그들의 동기가 제도적으로 어떤 극대화 공리와 연결되어 있는지에 달려 있다. 따라서 각 사회에서 정부가 어떻게 행동할 것인지는 그 사회의 정치적 구조에 의해 결정된다. 각 사회마다 정치적 구조가 다르기 때문에, 다양한 체제하에서의 정부의 경제적 행위를 설명하기 위해서는 다양한 이론이 필요하다.

그러므로 규범적·실증적 경제학 모두에서 정부 행위를 이론화하려면 정치적 공리political axiom가 필요하다. 경제학자들은 우리가 이 책에서 한 것처럼 정치학과 경제학을 통합하는 모형을 발전시켜야 한다.

16
우리의 이론에서 도출되는
검증 가능한 명제들

우리의 목적은 민주주의 정부의 의사 결정에 관한 이론을 제시하는 것, 그리고 합리적이지만 동시에 불확실한 세계에서 민주주의 정부의 의사 결정이 어떻게 변하는가를 탐구하는 것이었다. 이제 우리는 연구의 주된 목적을 달성했다. 우리는 이미 각 장의 '목표'와 '요약' 부분에서 결론이 무엇인지를 강조했기 때문에, 여기서 다시 반복할 필요는 없다. 따라서 이 마지막 장에서는 우리의 기본 가정들에서 도출되는 경험적으로 검증 가능한 명제들의 목록을 제시할 것이다.

1. 기본적인 가정과 그들 사이의 상호관계

우리의 핵심적인 주장은 민주주의에서 활동하는 정당이 이윤을 추구하는 기업가와 유사하다는 것이다. 정당은 그들 자신의 사적 목적을 달성하기 위해 어떤 정책이든 그들이 생각하기에 득표를 극대화할 수 있다고 여겨지는 정책을 형성한다. 이것은 마치 기업가가 동일한 이유로 어떤 상품이든 그들이 생각하기에 이윤을 극대화할 수 있다고 여겨지는 상품을 생산하는 것과 마찬가지다. 이런 주장이 갖는 의미를 검토하기 위해 우리는 시민들이 정치에서 합리적으로 행동한다고 가정했다. 이 가정은 그 자체로 두 번째의 핵심적인 가설이다. 그러므로 우리의 연구에서는 각각의 핵심 가설로부터 도출되는 두 개의 검증 가능한 명제들의 집합이 등장한다.

이 두 개의 검증 가능한 명제들의 집합은 전적으로 상호 독립적인 것은 아니다. 왜냐하면 시민들이 합리적으로 행동한다는 가정은 정당의 동기에 관한 가정으로부터 도출된 몇몇 결론에 내재해 있는 것이기 때문이다. 그 결과 만약 어떤 명제가 경험적으로 반박될 때, 핵심적인 가정 중 어떤 것이 오류인지를 찾아내기란 불가능하다.

예를 들어 보자. 7장에서 추론된 결과는 다음과 같다. 만약 유권자들이 합리적으로 행동한다면, 득표를 극대화하려는 정당은 일단 당선된다면 상대적으로 정직하게 움직일 것이다. 그리고 그들의 정책은 지속적으로 비교적 일관적일 것이다. 이제 정당이 정직하지도 않고, 그들의 정책이 일관적이지도 않다는 것을 증명하는 신뢰할 만한 증거가 있다고 가정하자. 이 경우 분명 핵심 가정 중 최소한 하나가 잘못되었을 것이다. 그러나 둘 중 어떤 것이 잘못되었는가? 우리는 유권자들이 합리적이라는 가정이 잘못되었는지, 아니면 정당이 득표를 극대화할 것이라는 가정이 잘못되었는지, 혹은 둘 다 잘못되었는지를 판별할 수 없다.

이런 어려움은 자주 발생한다. 그러므로 이론을 검증하는 것은 처음 예상했던 것처럼 간단하지는 않다. 그러나 유권자들이 합리적이라는 가정으로부터 도출된 대다수의 명제는 정당이 득표 극대화를 추구한다는 가정과 독립적이다. 따라서 [첫 번째의 핵심적인 가정인] 유권자들이 합리적이라는 가정을 검증할 때에는, [두 핵심 가정 중 어느 것이 잘못되었는지 모르는] 모호한 결과가 나타나지 않을 것이다.

2. 검증 가능한 구체적 명제들

1) 정당의 동기에 대한 가정으로부터 연역적 추론을 통해 도출된 명제들

다음의 검증 가능한 명제들은 민주주의에서 정당은 득표를 극대화하기 위해 그들의 정책을 형성한다는 가정으로부터 도출된 것이다.

> **명제 1** 정당 구성원의 가장 중요한 동기는 공직을 취득하는 것 그 자체를 보상으로 얻으려는 것이다. 따라서 그들은 미리 계획된 정책을 수행하기 위해 공직을 추구하기보다는 공직에 취임하기 위한 수단으로서 정책을 형성한다(2장에서 도출됨).

> **명제 2** 양당제에서 두 정당은 시민 다수가 강하게 선호하는 모든 쟁점에 동의한다(4장에서 도출됨).

> **명제 3** 양당제에서 정당 정책은 다당제에서의 정당 정책보다 ① 더 모호하고, ② 타 정당의 정책과 더 유사하며, ③ 이데올로기와 덜 직접적으로 연결되어 있다(8장에서 도출됨).

> **명제 4** 연립정부에 의해 통치되는 다당제하에서, 정부는 양당제하에서의 정부보다 기본적인 사회문제를 해결하는 데 덜 효율적으로 행동하며, 정부의 정책은 덜 통합integrated되어 있고 덜 일관적이다(9장에서 도출됨).

> **명제 5** 다음 세 가지 경우에 신생 정당이 등장한다. ① 투표권을 규정하는 법률이 개정되어 정치적 척도political scale상에서의 시민들의 분포가 급격히 변할 때, ② 전쟁·혁명·인플레이션·불황과 같은 사회적 격변 때문에 유권자들의 사회관이 급격하게 변할 때, ③ 양당제에서 어느 한 정당이 어떤 쟁점에 대해 온건한 입장을 취해

서, 그 정당의 급진적인 당원들이 그 정당을 척도상 좀 더 극단 쪽에 가까운 위치로 되돌려 놓기 위해 분파 정당splinter-party을 조직할 때이다(8장에서 도출됨).

명제 6 민주주의 정부는 고소득층으로부터 저소득층에게로 소득을 재분배하는 경향이 있다(10장에서 도출됨).[1]

명제 7 민주주의 정부는 소비자보다는 생산자에게 호의적으로 행동하는 경향이 있다(13장에서 도출됨).

2) 시민이 합리적이라는 가정으로부터 연역적 추론을 통해 도출된 명제들

다음의 검증 가능한 명제들은 모든 시민은 합리적으로, 정부 활동으로부터 얻는 것을 포함한 자신의 효용 소득을 극대화하고자 한다는 가정으로부터 도출된 것이다.

명제 8 시민이 쟁점이 되는 현안들에 기초해 투표 결정을 할 때, 그는 투표 직전까지의 선거 주기 동안 각 정당의 성적(특히 집권당의 성적)을 정당의 공약보다 더 중요하게 고려한다(3장에서 도출됨).[2]

---

1) 다음을 보라. R. A. Musgrave, J. J. Carroll, L. D. Cook and L. France, "Distribution of Tax Payments by Income Groups : A Case Study for 1948," *National Tax Journal* IV (March, 1951), pp. 1-53; Alan Peacock and P. R. Browning, "The Social Services in Great Britain and Redistribution of Income," *Income Redistribution and Social Policy* (London: Jonathan Cape, 1954). 이 가운데 첫 번째 글은 세입에 대한 문제만을 다루고 있기 때문에, 명제 6을 검증하기 위해서는 세출의 분포에 대한 예측이 추가되어야 한다. 두 번째 글은 세입과 세출 모두를 다루고 있기 때문에, 우리의 추론을 검증하기 위해서는 이 글만으로도 충분하다. 두 번째 연구의 결론과 우리의 가설은 일치한다.

2) 모든 합리적 시민이 쟁점에 기초해 투표 결정을 내리는 것은 아니다. 우리가 이미 지적했듯, 몇몇 합리적인 시민은 습관적으로 동일한 정당에 투표한다. 그리고 몇몇 시민들은 이데올로

명제 9 [자신이 선호하는 정당이 승리할 가능성이 희박할 때, 가장 싫어하는 정당의 승리를 저지하기 위해서는 승리의 가능성이 상당한 정당을 투표해야 한다는] 특정한 조건하에서 합리적 인간은 차기 집권당으로 가장 선호하는 정당이 아닌 다른 정당에 투표한다(3장에서 도출됨).

명제 10 합리적 인간은 다음 두 가지 경우에 선거에서 승리할 가능성이 희박한 정당에 투표할 수도 있다. ① 그가 미래 지향적이며, 그 정당이 승리할 가능성이 희박해진 것이 최근 들어서일 때, ② 그렇게 함으로써 다른 정당의 강령에 영향을 미치려고 할 때이다(3장에서 도출됨).

명제 11 투표가 중요하다고 생각하고 투표에 참여하는 많은 시민들조차 선거에서의 쟁점에 관해 정보를 얻지 않을 수도 있다(6장과 13장에서 도출됨).[3]

명제 12 거의 모든 시민이 각 선거에서 자신의 투표가 결정적인 역할을 하지 않는다는 것을 알고 있다. 따라서 시민들이 투표 전에 정

기를 기준으로 투표한다. 또 어떤 시민들은 투표하지 않는다. 다른 한편, 쟁점에 기초해 투표 결정을 내리는 시민이 모두 합리적인 것은 아니다. 쟁점을 무시하는 것이 합리적인 상황에 대한 설명은 6장과 7장을 보라.

3) 이 명제와 뒤에 언급할 다른 명제들과 직접 연관이 있는 연구들은 다음과 같다. E. Katz and P. F. Lazarsfeld, *Personal Influence* (Glencoe, Illinois: The Free Press, 1955); Angus Campbell and Robert L. Kahn, *The People Elect a President* (Ann Arbor: Survey Research Center, Institute for Social Research, 1952); Bernard Berelson, "Democratic Theory and Public Opinion," *The Public Opinion Quarterly* XVI(Fall, 1952), pp. 313-330; P. F. Lazarsfeld, B. Berelson and H. Gaudet, *The People's Choice* (New York: Columbia University Press, 1948); B. Berelson, P. F. Lazarsfeld and W. N. McPhee, *Voting* (Chicago: University of Chicago Press, 1954); Seymour Lipset, P. F. Lazarsfeld, Allen H. Barton and Juan Linz, "The Psychology of Voting: An Analysis of Political Behavior," Gardner Lindzey ed., *Handbook of Social Psychology* II(Cambridge, Mass.: Addison-Wesley Publishing Co., 1954), pp. 1124-1175.

보를 취득할 유인은 매우 작다(13장에서 도출됨).[4]

명제 13 투표에 참여하는 사람을 포함해, 많은 시민들은 선거에서의 쟁점에 관해 상당한 수준의 정보를 취득하지는 않는다. 그들이 선거 결과가 중요하다고 생각하는 경우에도 그렇다(14장에서 도출됨).[5]

명제 14 특정 쟁점에 대해 가장 많은 정보를 가지고 있는 시민은 그들의 소득이 그 쟁점에 의해 직접적으로 영향을 받는 사람이다. 즉 그 쟁점과 관련된 정책 분야에서 소득을 얻는 사람들이 가장 많은 정보를 가지고 있다(13장에서 도출됨).

명제 15 자신이 소득을 얻는 데 영향을 미치는 쟁점에 대해 많은 정보를 가지고 있는 사람도, 소비자로서 자신에게 영향을 미치는 쟁점에 대해서는 똑같이 많은 정보를 가지고 있지는 않을 것이다(13장에서 도출됨).

명제 16 정당들에 대한 선호가 분명한 시민은 정당 간에 무차별한 시민보다 투표에 더 잘 참여하는 경향이 있다(13장에서 도출됨).[6]

명제 17 많은 시민들은 투표할 때 심지어 가치 평가의 단계마저도 타인에게 위임하고 그들의 충고에 따라 투표한다(12장에서 도출됨).[7]

명제 18 민주주의하에서의 시민들은 특정 선거에서 누가 이기는가에 관심이 없는 때에도 투표하는 것 자체로부터 보상을 얻는다(14장에서 도출됨).

명제 19 다른 조건이 동일하다면, 저소득층의 기권율은 고소득층의

---

4) 이 장의 각주 3)에 인용된 연구들을 보라.
5) 이 장의 각주 3)에 인용된 연구들을 보라.
6) 이 장의 각주 3)에 인용된 연구들을 보라.
7) 이 장의 각주 3)에 인용된 연구들을 보라.

기권율보다 높다(14장에서 도출됨).[8]

명제 20 만약 명제 19가 참이라면, 저소득층의 높은 기권율은 다음과 같은 이유 때문이다. ① 정보 비용을 감당할 능력이 없기 때문에 발생하는 더 큰 불확실성, ② 투표 비용을 부담하는 데서 겪는 더 큰 어려움이다(14장에서 도출됨).

명제 21 투표 비용이 실질적으로 감소할 때, 투표 참여는 크게 증가한다(14장에서 도출됨).

명제 22 자신의 선별 원칙과 다른 선별 원칙으로부터 정보를 받아들이는 시민들은, 자신과 동질적인 선별 원칙으로부터 정보를 받아들이는 시민들에 비해 더 많이 기권하는 경향이 있다(12장에서 도출됨).[9]

3) 두 가정 모두로부터 연역적 추론을 통해 도출된 명제들

다음의 검증 가능한 명제들은 앞서 설명한 두 가정 모두로부터 도출된 것이다.

명제 23 정당은 집권할 때마다, 그들이 공약했던 바를 최대한 이행하려고 하는 경향이 있다(7장에서 도출됨).

명제 24 정당은 압도적인 득표 차로 패배하지만 않는다면 지속적으로

---

8) 이 장의 각주 3)에 인용된 연구들을 보라.
9) Lipset, Lazarsfeld, Barton and Linz, "The Psychology of Voting: An Analysis of Political Behavior"(1954). 사실 12장의 분석은 부분적으로는 여기 인용한 연구의 결론에 부합하도록 계획되었기 때문에, 이 연구가 명제 22에 대한 충분한 검증이라고 할 수는 없다.

일관적인 이데올로기 위치를 유지하려는 경향이 있다. 반면에 압도적인 표차로 패배한 경우, 승리한 정당의 이데올로기를 모방하는 방식으로 자신의 이데올로기를 변경한다(7장에서 도출됨).

명제 25 주로 연립정부가 집권하는 체제에서는, 대부분의 시민이 선거가 정부를 선출하는 장치가 아닌 것처럼 [비합리적으로] 투표한다(9장에서 도출됨).

3. 요약

우리는 이 연구에서 두 개의 핵심적인 가정을 명시적으로 전개했다. 즉 정당은 득표를 극대화하려고 한다는 이론과 시민들은 정치에서 합리적으로 행동한다는 이론이다. 때때로 첫 번째 이론에 대한 설명은 두 번째 이론에 대한 설명에 의존하지만, 각각의 이론은 경험적으로 검증 가능한 일련의 명제들을 이끌어 냈다. 우리는 그런 명제들의 목록을 제시했고, 그것들을 검증하는 데 적절한 참고 자료 중 우리가 알고 있는 것을 인용했다.

옮긴이 후기

1

1957년 출간된 다운스의 저서 『경제 이론으로 본 민주주의』*An Economic Theory of Democracy*는 매우 야심 찬 책이었다. 그는 자신의 글이 민주주의를 경제학적으로 분석하는 '하나의' 이론일 뿐이라고 말하고 있다. 그렇지만 고작해야 박사 학위논문을 쓰면서도 그는 자신의 목표가 "민주주의 정부를 설명할 수 있는 행위 규칙을 제공"하는 것이라고 과감히 밝히고 있다. 그렇다면 이런 다운스의 야심은 성공했는가? 상당 정도 그렇다고 볼 수 있다.

유럽 정치 연구 컨소시엄European Consortium for Political Research, ECPR에서는 2010년에 『정치학의 거장들』*Masters of Political Science*이라는 책을 펴냈다. 여기서는 정치학에 가장 많은 영향을 미친 저자들 11명을 선정해 그들의 업적을 다루고 있다. 여기에 다운스가 포함되었음은 물론이다.[1] 이 책에서 이안 버지Ian Budge는 다운스를 소개하며 이렇게 말한다.

---

[1] 다운스를 제외한 10명은 다음과 같다. 로버트 달, 데이비드 이스턴(David Easton), 새뮤얼 파이너(Samuel Finer), 후안 린츠(Juan Linz), 시모어 마틴 립셋(Seymour M. Lipset), 새뮤얼 헌팅턴(Samuel Huntington), 한스 모겐소(Hans Morgenthau), 조반니 사르토리(Giovanni Sartori), 시드니 버바(Sydney Verba), 애런 윌더브스키(Aaron Wildavsky)이다.

다운스의 저서는 지난 50년간 수리적 정치 이론mathematical political theory과 경험적 연구들의 연구 의제에 막대한 영향을 미쳤다. …… 지난 50년간 가장 중요했던 학술 서적이 무엇이냐고 정치학자들에게 물어본다면, 다운스의 저서를 꼽는 이들이 가장 많을 것이다. 아니, 심지어 절반을 넘을 수도 있을 것이다. 다운스의 저서는 처음 출간된 이후 50여 년간 가장 많이 인용되는 책 중의 하나이며, 이렇게 오랜 시간 널리 인용되고 있는 거의 유일한 저서이다. 이 책은 현재 정치학에서 헤게모니를 쥐고 있는 합리적 선택 이론에 기초를 둔 접근법의 발전에 있어 선구적인 역할을 했으며, …… 주류 정치학자들이 세상을 바라보는 관점 자체를 바꾸었다.[2]

한편, 애덤 셰보르스키Adam Przeworski는 정치학계의 노벨상이라 불리는 요한 쉬테 정치학 상Johan Skytte Prize in Political Science을 수상한 『민주주의, 그리고 자치의 한계』Democracy and the Limits of Self-Government에서 자신의 민주주의 이론의 스승 중 한 명으로 다운스를 꼽고 있다.[3]

또한 1993년에 출간된 『정보, 참여, 그리고 선택』Information, Participation and Choice이라는 책에서는 20명의 정상급 정치학자가 단행본 전체를 통틀어 『경제 이론으로 본 민주주의』의 의의 및 함의, 비판 그리고 이후의 발전에 대해 논하고 있다. 여기서는 버나드 그로프먼Bernard Grofman, 존 페레존John Ferejohn, 새뮤얼 팝킨Samuel Popkin 등 이른바 합리적 선택 이론의 전통에 서 있는 학자들뿐만 아니라, 게이브리얼 알몬드Gabriel Almond,

---

2) Ian Budge, "Anthony Downs: Master of Many Models," Donatella Campus and Gianfranco Pasquino eds., *Masters of Political Science* (ECPR Press, 2010), pp. 38-39.

3) Adam Przeworski, *Democracy and Limits of Self-Government* (Cambridge University Press, 2010). 셰보르스키는 조지프 슘페터, 한스 켈젠(Hans Kelsen), 로버트 달, 노르베르토 보비오(Norberto Bobbio), 앤서니 다운스를 자신의 민주주의 이론의 스승으로 꼽고 있다.

아렌트 레이프하르트Arend Lijphart 등 고전적인 비교정치학자들도 입을 모아 『경제 이론으로 본 민주주의』가 얼마나 중요한 책인지를 이야기하고 있다.

이 책은 이렇게 정치학에서 가장 중요한 책 중 하나로 자리매김하고 있다. 적어도 정치학을 공부하는 사람이라면 한 번쯤 다운스의 주요 주장을 접해 보았을 것이다. 그렇지만 다운스의 책은 중요한 책이라는 점에서 고전임과 동시에, 마크 트웨인Mark Twain이 내린 바 있는 "모두가 칭송하지만, 아무도 읽지 않은 책"이라는 정의에도 부합한다. 그의 주장은 낡은 것으로 거부되거나, 지나치게 단순화되어 소비되곤 하는 것이다. 그로프먼은 "다운스가 정당들은 항상 중위수로 수렴한다는 것을 보였듯, 공화당과 민주당 사이에는 아무런 차이도 없다."라거나, "다운스가 합리적 유권자는 기권한다고 주장했다. 그런데 사람들은 투표에 참여하므로, 다운스(그리고 일반적인 합리적 선택 이론 모형)는 오류투성이일 뿐이다."[4]라는 식으로 이야기되곤 한다고 말하고 있다.

물론 이에 대한 가장 좋은 해결책은 고전 그 자체를 깊게 읽는 것이다. 그렇지만 여기서는 간략하게 다운스의 책을 어떻게 읽었으면 하는지, 그리고 어떻게 읽지 않았으면 하는지에 대한 옮긴이들의 의견을 말해보고자 한다. 당연히 이 또한 '하나의' 방법일 뿐이지만 말이다.

2

우선 그 전에 이 책의 저자인 앤서니 다운스에 대해 간략히 알아보자.

---

4) Bernard Grofman, "Introduction," Bernard Grofman ed., *Information, Participation and Choice* (University of Michigan Press, 1995), p. 3.

1930년생인 다운스는 칼튼 대학Carleton College에서 학부를 마치고, 스탠퍼드 대학교Stanford University에서 경제학으로 박사 학위를 받았는데, 이 책이 바로 그의 박사 학위논문이다. 20대 중반에 역사적인 저서를 남겼던 것이다.

그러나 이 책의 성공에도 불구하고 학자로서 그의 삶은 그리 성공적이지 않았다. 사실 그의 애초 관심사는 민주주의에 대한 경제학적 분석 혹은 정치경제학이 아니었다. 그는 지속적으로 도시 정책 및 부동산 문제에 관심을 가졌고, 『경제 이론으로 본 민주주의』를 발표한 뒤 그가 꾸준히 연구한 것도 이 주제였다. 결국 그가 자신의 관심사에서 벗어나 쓴 단 한 권의 책이 그를 정치학에서 가장 많이 인용되는 저자 중 한 명으로 자리매김했고, 그의 원래 관심사를 통해서는 큰 성공을 거두지 못했다.

앞서 언급했듯이, 사실 이 책은 다운스의 박사 학위논문을 약간만 수정한 것이다. 다운스는 "『경제 이론으로 본 민주주의』의 기원"[5]이라는 자전적인 회고에서 자신이 이 글을 쓴 계기를 밝히고 있다. 그에 따르면 처음 논문을 쓰고자 했던 주제는 도시 문제였는데, 그 논문이 막히면서 방황을 하고 있었다. 그러다가 율리우스 마골리스[6]를 만났는데 그가 슘페터의 『자본주의·사회주의·민주주의』를 권했다고 한다. 이것이 다운스가 관심을 전환하게 된 결정적인 계기였다.

당시까지의 경제학 저서에서 국가를 바라보는 관점과는 달리, 슘페터

5) Anthony Downs, "The Origins of *An Economic Theory of Democracy*," Bernard Norman Grofman eds., *Information, Participation and Choice* (University of Michigan Press, 1995) 참조. 이하의 내용은 이 글에 전적으로 의존했다.
6) 공공경제학을 초기에 발전시킨 학자 가운데 한 명이다. 대표작으로 『공공 지출과 정책 분석』(*Public expenditure and policy analysis*)이 있다.

는 정부가 사회 전체의 후생을 극대화하기 위해 움직인다고 보지 않았다. 그에 따르면 민주주의하에서 정당은 이윤을 추구하는 기업처럼 움직이며, 사회적 기능을 충족시키기 위해 움직이지 않는다는 것이다. 즉 그들의 동기는 사회적 기능과는 분리된다. 그의 말을 직접 옮겨 보자.

자동차 기업 GM의 사회적 기능은 자동차와 트럭을 만드는 것이지만, 기업의 경영자와 소유자는 이윤을 만들기 위한 [사적] 동기로 움직인다. 민주주의에서의 정당도 마찬가지다. 그들에게서도 사회적 기능과 사적 동기는 분리되는 것이다. 정당의 사회적 기능은 정부 정책을 형성하고 실현하는 것이다. 그렇지만 그들의 동기는 이와 전혀 다르다. 그들의 동기는 공직에 취임하고 권력을 유지하여, 그로부터 나오는 특권을 가능한 한 오랫동안 누리는 것이다.

다운스의 저서에서 슘페터의 영향력은 아무리 강조해도 지나치지 않다. 이 책의 2장에서 다운스는 "민주주의에 대한 슘페터의 심오한 분석은 이 책 전체에 영감을 주었고 전체 논지를 구성하는 데 기초적 토대가 되었다. 슘페터에게 진 빚이 너무 크며, 그에게 깊이 감사한다."고 말하며 슘페터의 통찰력 있는 논리가 "정부 기능에 대한 우리의 전체적인 접근을 요약"한다고 말하고 있다.

그러나 정치학에 손꼽히는 다운스의 이 명저는 또 한 명의 스승인 케네스 애로가 없었다면 빛을 보지 못할 뻔했다. 처음에 다운스의 연구 프로젝트는 어떤 재단으로부터도 지원을 받지 못했다. 그러다가 애로가 연구 지원을 알아본 끝에 해군연구소에서 다운스의 프로젝트를 지원해 주기로 했다. 다운스는 이를 회고하며 아직까지도 왜 해군이 자신의 연구를 지원해 줬는지 모르겠다고 말하고 있다. 그리고 이는 순전히 애로의 영향력 덕분이라고 회상한다.

한편, 다운스는 자신의 저서에 담긴 일견 차가운 가정 — 정당은 오로지 득표 극대화만을 추구한다 — 이 현실적임을 주장하며, 자신이 준▓정치인으로 활동한 기억을 떠올린다.

나는 내 모형이 극도로 비현실적이 되는 것을 막기 위해 분석에 정보 비용을 도입하기로 했다. 이런 결정은 학부 시절에 칼튼 대학에서 학생회장으로 활동했던 나 자신의 경험으로부터 크게 영향을 받았다. 대학 2학년 때 선거에 출마했는데, 나는 캠페인을 위한 선거 강령을 만들었고 거기에는 10가지 주요 정책 목표가 포함되어 있었다. 불타는 열정을 가지고 이 10가지 정책 목표를 실현하려 한 것은 아니었다. 그보다는 선거 과정에서 유권자들에게 그럴듯해 보이는 정책 프로그램을 제시하기 위해 만든 것이었다. 분명히 나의 동기는 특정한 정책을 추구하고자 하는 목적보다는 오로지 당선되고자 하는 욕심이었다. 물론 선거 과정에서는 그렇게 말하지 않았지만 말이다! 이런 행동은 내가 나중에 발전시킨 이론과 정확하게 들어맞는 것이었다. …… 당선된 이후에 나는 10가지 정책 목표를 거의 완수해 냈다. 그러나 대다수의 학생들은 이 사실에 무관심했다. …… 내 견해에 따르면, 학생들이 무관심했던 이유는 내가 어떤 정책을 펼치든 간에 그 결과가 그들에게 그리 큰 영향을 미치지 않기 때문이었다. …… [그리고] 그들이 다른 더 흥미로운 일들을 하기에도 바빴기 때문이다. 그러므로 나는 이미 그 당시에 최소한 민주주의에서 유권자들은 정부 활동에 **합리적으로 무지**rationally ignorant[강조는 원저자]하다는 잠정적인 가설을 도출해 냈던 것이다. 유권자들이 정부 활동의 모든 사소한 측면들까지 다 알고 있는 것은 합리적이지 않다. …… 그들이 그런 사소한 정보들까지 다 알고 있는 것은 자신의 삶에 중대한 영향을 미치지 않는 반면, 귀중한 시간과 노력을 막대하게 소모시키기 때문이다.

분명 다운스 이후로 발전한 합리적 선택 이론은 세세한 가정들을 통해 최대한 정확성을 추구하려고 하지만, 그의 이론은 세세한 문제점들은 과감하게 생략하거나 단순하게 가정해 버림으로써 피해 가곤 한다. 대신에 그는 민주주의에서 핵심적인 문제들에 도전한다. 이런 과감하면서도 낙관적인 태도는 그가 박사 학위논문을 쓰던 시절을 회고하는 대목에서도 재밌게 드러난다.

이때[박사 학위논문을 쓰기 시작한 때]부터 내 인생에서 전무후무하게 황홀했던 시기가 시작되었다. 나의 연구 주제는 오직 적절한 문헌들을 탐독하고, 가상적인 공직자들의 그럴듯한 행위 유형을 발명함으로써만 연구될 수 있었다. 어떤 통계적 혹은 양적 분석도 불가능해 보였다. 그래서 나는 시도조차 하지 않았다. 매일 아침 4시간 동안 타자기 앞에 앉아 있거나, 스탠퍼드 빌리지Stanford Village에 있는 조그마한 기숙사 방안을 서성이거나, [정치인과 유권자들의] 행위 유형을 발명해 보거나, 도서관에 가곤 했다. 오후와 저녁 시간에는 대개 테니스를 치거나 다른 엉뚱한 짓들을 하며 시간을 보냈다. 팔로알토Palo Alto(스탠퍼드 대학교 부근의 도시)는 너무나 훌륭했다. 그리고 나는 옆 기숙사에 살고 있었던 한 대학원생과 사랑에 빠졌는데, 그녀는 미래에 내 아내가 되었다. 나는 이제 시험도 치지 않았고 수업에도 나가지 않았다. 유치원에 입학한 뒤로 이처럼 느긋한 생활은 처음이었고, 그 이후로도 이렇게 편하게 살진 못했다!

3

앞서 언급한 『정치학의 거장들』에서 다운스에 대해 글을 쓴 이안 버지는 다운스의 책이 『경제 이론으로 본 민주주의』*An Economic Theory of Demo-*

*cracy*가 아니라, 『경제 이론들로 본 민주주의』*Economic Theories of Democracy*라고 말한다. 사실 이 표현은 다운스의 분석에 내적 일관성이 부족하다는 점을 지적하기 위한 것이었지만, 여기서는 이 책의 풍부함을 말하기 위해 빌려 본다. 이 책에는 어떤 이론들이 있을까?

우선 제목에서 잘 드러나듯, 다운스의 책은 민주주의에 대한 '경제학적 이론'이다. 물론 다운스는 민주주의가 경제 전반에 미치는 영향을 분석하는 것 또한 명시적인 목적으로 삼고 있으나, 후대에 더욱 큰 영향을 미친 것은 민주주의를 '경제학적' 방법론으로 분석할 수 있다는 아이디어 그 자체였다.

다운스의 방법론을 이해하기 위해서는 사회과학적 논증의 접근법을 세 가지로 구분하는 것이 유용하다. 첫째는 규범적normative 접근이다. 여기서는 "무엇이 일어나야만 하는가"를 논증하는 것이 그 목적이다. 둘째는 서술적descriptive 접근이다. 이는 현실을 최대한 있는 그대로 보여 주는 것을 목적으로 한다. 역사학적 접근을 떠올려 보면 쉽게 이해할 수 있을 것이다. 셋째는 실증적positive 접근이다. 여기서는 자명한 것으로 간주되는 일정한 공리axiom와 일련의 가정을 통해 연역적으로 결론에 도달한다.

다운스의 접근은 분명 실증적이다. 다운스는 인간의 합리성을 가정한다. 여기서 합리성이란 개인이 어떤 목표를 갖는가는 논외로 하고, 그런 주어진 목적을 달성하기 위한 효율적인 수단을 찾는 것을 의미한다. 이에 따르면 합리적 정당은 집권을 통해 정치적 이익을 실현한다는 '목표'를 달성하기 위해 정치적 지지를 극대화하려 한다. 합리적 유권자는 효용의 극대화라는 '목표'를 달성하기 위해 정당을 선택한다. 물론 현실에서 모든 정당이 합리적인 것은 아니다. 그리고 모든 유권자가 합리적이지도 않다. 그런 점에서 다운스의 모형은 현실이 아니며, 서술적이거나 경험적이지 않다.

또한 다운스의 접근은 규범적이지도 않다. 다운스는 '바람직한' 정당 혹은 '바람직한' 유권자의 모습을 다루고 있지 않다. 다만 일정한 조건이 갖추어질 때, 그들이 어떻게 행동할 것인지를 논하고 있다. 다음은 다운스의 방법론을 잘 요약해 준다.

> 우리 모형이 규범적이지는 않다. 왜냐하면 우리 모형은 어떤 윤리적 가정도 포함하고 있지 않으며, 인간이 어떻게 행위해야 하느냐를 판단하는 데 적용될 수도 없기 때문이다. 그렇다고 우리 모형이 서술적인 것도 아니다. 왜냐하면 합리적이지 않은 생각들이 정치 현실에서는 매우 중요한 작용을 하지만 이를 제외하고 있기 때문이다.

이런 실증적 접근은 경제학, 그중에서도 신고전파 경제학에서 주로 사용하는 것이다. 즉 다운스는 경제학적 접근으로 정치를 설명하고자 한다. 다운스는 "우리 모형은 경제학적 관점에서 본 정치적 합리성에 관한 연구"라고 말함으로써 이를 명시적으로 밝히고 있다.

이런 접근에는 어떤 의미가 있는가? 무엇이 옳은지를 말해 주는 것도 아니고, 현실 그 자체를 보여 주는 것도 아닌데 무슨 의미가 있는가? 그렇지만 합리성에 대한 가정, 그리고 그에 따른 실증적 접근은 개인이 마치 합리적으로 행위하는 것처럼 전제함으로써 이로부터 유용한 통찰력을 얻고 치밀한 설명을 도출하기 위해 요구되는 것이다. 복잡한 현실을 단순화해서 보여 주고 그를 통해 유용한 통찰력을 얻게 도와주는 것이야말로 실증적 접근의 힘이라 할 수 있다. 마치 지도가 현실을 있는 그대로 보여 주는 것은 아니지만, 현실을 단순하게 구현했다는 것 자체가 지도를 유용하게끔 만드는 것과 마찬가지이다. 실증적 이론의 의미와 의의는 다음과 같이 요약될 수 있을 것이다.

실증적 정치 이론 혹은 형식적 정치 이론은 정치 현상을 형식적인 언어와 분석적인 모형을 통해 이해하려는 것이다. 실증적 정치 이론은 규범적인 견해를 내세우기보다는 정치적 결과를 예측하고 설명하려고 한다는 점에서 규범 이론과 구분된다. 또한 실증적 정치 이론은 연역적인 지식의 체계를 도출하려 한다는 점에서 일반적인 경험적 이론과 구분된다. 즉 실증적 정치 이론에서는 공리 혹은 가정을 제시하고, 그로부터 정리theorem라 불리는 특정한 주장을 도출해 내려 한다는 것이다. …… 실증적 정치 이론가들은 물론 자신들의 이론이 현실을 추상화한 것이며 어떤 것들은 단지 가정에 불과하다는 것을 알고 있다. 그렇지만 그들은 경험적인 관찰을 통해 반증 가능할 수 있도록 하기 위해 자신들의 가정을 최대한 명시적으로 제시한다. 그래서 만약 이론적 예측과 경험적 관찰이 어긋난다면, 이론 중 어떤 가정이 수정되어야 하는지를 알 수 있게 되는 것이다.[7]

이런 다운스의 방법론은 오늘날 합리적 선택 이론, 공공 선택 이론 public Choice Theory, 실증적 정치 이론positive Political Theory, 정치경제학, 형식적 정치 이론Formal Political Theory 등으로 다양하게 명명되는 전통의 선구자라고 할 수 있다. 이들 접근은 현대 미국 정치학계의 주류적인 위치로 자리매김하고 있다.

---

7) Seok-Ju, Cho, "Positive Theory," Mark Bevir ed., *Encyclopedia of Political Theory* (http://knowledge.sagepub.com/view/politicaltheory/n354.xml, 2010).

4

앞서 말했듯이, 실증적 이론에서는 가정과 공리가 이론의 출발점이 된다. 따라서 어떤 가정과 공리를 세우는지가 그 이론의 성패에서 핵심적이다. 그런데 행위자에 대해 어떤 가정을 세우는가는 연구자의 일정한 관점을 반영하기 마련이다. 다운스의 저서도 이 점에서 예외가 아니다. 따라서 이 책을 규범적인 저서로 보기는 어렵고, 그런 의미에서의 정치사상 저서로 분류하기는 어렵다. 그러나 일정한 정치관 그리고 민주주의관이 그 기저에 있다는 사실 또한 명심해야 할 것이다. 그렇기에 셰보르스키가 정치사상에 대한 저서에서 자신의 민주주의 이론의 스승 중 한 명으로 다운스를 꼽는 것이다.

다운스의 사상적 기반으로 가장 먼저 이야기될 수 있는 것은 인간에 대한 가정이다. 인간에 대한 그의 가정은 이른바 '자기이익의 공리'를 기반으로 하고 있다. 즉 사회에 대한 올바른 이해는 인간에 대한 차가운 가정에서 출발해야 한다는 것이다.

이에 따르면 정치가 어떤 공공선을 추구하는 것으로 이해되어서는 안 된다. 그보다는 각자의 목적을 추구하는 행위자들 사이의 '갈등'과 '투쟁'으로 이해되어야 한다. 즉 정부는 시민의 효용에 관심이 없고 권력의 유지에만 관심이 있다. 집권당을 포함한 모든 정당은 득표 극대화에만 관심을 가진다. 시민들은 자신의 효용 소득 극대화에만 관심이 있다. 이어지는 슘페터의 글은, 다운스도 인정하듯, 이 책의 핵심을 표현하고 있다.

의회의 사회적 의미 내지 기능이 입법, 그리고 부분적으로는 행정적 조치라는 사실은 의심의 여지가 없다. 그러나 민주정치가 어떻게 이런 사회적 목표에 봉사하는지를 이해하고자 한다면, 우리는 권력과 공직을 향한 경쟁적인 권력 투쟁을 이해하는 것으로부터 출발해야 한다. 나아가 생산이 이익을 창출하고자 하는 것의 부수적 결과이듯이, 민주정치의 사회적 기능 역시 말 그대로 [권력 투쟁의 과정에서] 부수적으로 충족된다는 사실을 알아야 한다.

그렇다면 민주주의는 무엇인가? 자기 이익을 추구하는 '이기적인' 시민의 욕구를, 집권하고자 하는 이들이 '경쟁적'으로 충족시킴으로써 통치하는 과정이다. 이는 고전적인 민주주의의 이상과는 크게 어긋난다. 고전적 민주주의의 이상은 공공선을 추구하는 시민들의 적극적인 참여를 통한 직접 통치와 그를 통한 사회적 정의의 실현이라고 거칠게 요약할 수 있을 것이다. 이 이론과 다운스 이론 사이의 차이점을 들여다보자.

첫째, 다운스의 민주주의 이론에서 시민들과 정치인들은 공공선을 **지향하지 않는다.** 그렇다고 다운스의 민주주의 사회가 크게 나쁜 것은 아니다. 애덤 스미스가 자기 이익의 추구가 사회 전체를 좋게 만든다고 한 것과 마찬가지로, 다운스 이론의 힘은 유권자와 정치인들 모두가 이기적이라고 하더라도, 아니 이기적이기 때문에 민주주의 사회가 좋을 수 있는 경로를 보여 준다는 것이다.

둘째, 다운스의 민주주의 이론은 민주주의에 대한 이른바 최소 정의의 한 예시를 보여 준다. 오늘날 민주주의 이론은 모든 시민에게 부여된 투표권, 그리고 자유롭고 공정한 경쟁을 민주주의의 최소적 기준으로 삼고 있다. 다운스는 민주주의가 무엇인가에 대해 몇 가지 기준을 제시한다. 이를 요약하면 주기적으로 실시되며, 복수 정당이 공정하게 경쟁하는 가운데 치러진 보통·평등 선거에서 가장 많은 표를 획득한 정당이 통치하는 정치체제가 곧 민주주의라는 것이다. 이런 최소적 정의는 민주주의를 다른 무엇이 아닌, 선호를 취합하는 **절차적인 것**으로 바라볼 수 있게 해준다. 민주주의는 곧 하나의 정치적 의사 결정을 위한 절차일 뿐이라는 것이다.

셋째, 그는 민주주의의 핵심을 정당 간 경쟁에서 찾고 있다. 민주주의의 질적 수준을 높이기 위한 방법을 모색한다고 해보자. 숙의 민주주의, 참여 민주주의 등 한쪽의 전통에서는 시민 참여를 개선하는 데서 그 해답을 찾을 것이다. 그러나 경쟁적 민주주의라고 불리는 다른 전통에서는 좋은 경쟁을 구축하는 데서 그 해답을 찾을 것이다.

다른 한편, 다운스의 이론은 다원주의라고 불리는 미국적 전통하에 있다고 볼 수 있다. 그것이 가장 잘 드러나는 부분은 다수 지배의 비전과는 상치될 수 있는, '소수파들의 연합'에 대해 다루는 부분이다. 잘 알려져 있듯, 매디슨은 대규모 공화국에서는 일관된 다수파가 상시적으로 지배한다기보다는, 다양한 사회적 소수파들의 연합으로 구성된 임시적·잠정적 다수가 지배한다고 주장했다. 그를 통해 이른바 다수의 전제를 예방할 수 있다는 것이다. 로버트 달은 『민주주의 이론에 대한 서설』*Preface to Democratic Theory*에서 민주주의의 장점은 1인이 오직 1표만을 행사할 수 있다는 정치적 평등에 있지만, 동시에 그것은 '강한 선호'와 '약한 선호'를 구분하지 않는다는 점에서 그 한계를 찾고 있다.[8] 간단한 예시를 들어보자. A, B, C라는 시민이 있고 X, Y라는 대안이 있다고 생각해보자. A, B는 X에 1의 효용, Y에 2의 효용을 얻는다. 반면에 C는 X에 1백의 효용, Y에 1의 효용을 얻는다. 이때 다수결하에서의 사회적 선택은 Y이다.

---

8) Robert A. Dahl, *A Preface to Democratic Theory* (Chicago: University of Chicago Press, 1956), 4장.

그러나 다운스는 '소수파들의 연합' 그리고 '열정적 다수의 지배'라는 이론적 모형을 통해 이런 한계를 부분적이나마 극복할 실마리를 찾고 있다. 사회에서 누구도 항상 소수이거나 항상 다수이지 않은 이유를 밝히려 한 것이다. 자유주의적 문제의식과 민주주의적 문제의식의 접점을 찾으려는 매디슨적 시도는 다운스에게도 이어지고 있다.

5

다운스 이전에도 분명히 정당에 대한 이론이 있었고, 민주주의에 대한 이론이 있었다. 그러나 다운스의 저서는 '정당이 중심이 된 민주주의'를 설명하려는 최초의 이론 중 하나이다. 그래서 스탠리 켈리는 이 책의 소개 글에서 다운스가 "민주주의 국가들의 정당정치를 이해 가능한 방식으로 다룸으로써, 이 책의 주제 즉, 민주주의 국가에서 통치는 어떻게 이루어지는가 하는 문제를 규명하려 한다."고 말하면서, "정당정치를 중심에 놓고 민주주의를 사고한다는 점에서, 다운스는 다른 정치학자들과 매우 다른 방식으로 민주주의를 다룬다."고 말하고 있다.

이 책 전반을 통해 알 수 있듯, 다운스의 민주주의 이론에서 가장 중심적인 행위자는 ① 정당, ② 유권자이다. 그런데 여기서 유권자는 정당의 구성원이 아닌 방식으로 정의되고 있다. 즉 다운스 모형에서 민주주의는 정당과 그 여집합에 의해 작동한다.

다운스의 관점은 정당을 그 중심에 놓는다는 점에서도 주목할 만하지만, 정당을 사유하는 방식에서도 주목할 만한 지점들을 담고 있다. 우선 그를 위해 정당에 대한 버크Edmund Burke의 정의를 다운스의 정의와 비교해 보자. 버크는 정당을 "그 집단의 성원 모두가 동의하는 **특정 원칙**에 기초해, 공통의 노력으로 **국익**을 증진시키고자 하는 사람들의 연합체[강조는 옮긴이]"[9]라고 정의한다. 반면에 다운스는 정당을 "정당한 절차에 따라 실시되는 선거에서 공직을 얻음으로써 통치 기구를 통제하려고 하는 사람들의 팀"이라고 정의한다. 정당은 오직 득표 극대화만을 추구한다. 때로 정당이 이데올로기 혹은 특정 원칙에 호소하는 것처럼 보이지만, 그 또한 득표 극대화를 위한 수단일 뿐이지 목적이 아니다. 또한 정당은 국익 ― 혹은 경제학적 의미에서는 사회 전체의 파레토최적 ― 을 실현할 기회가 있더라도, 그것이 득표에 도움이 되지 않는다면 그렇게 하지 않는 경우가 자주 있다.

사실 이런 일견 냉소적인 관점은 정당 혹은 파벌faction에 대한 고전적인 관점에 내포되어 있다. 이들 전통에서는 정당 혹은 파벌이란 자신들의 특수 이익을 위해 사회 전체의 공공선을 해칠 뿐이다. 그렇지만 다운스 이론에서 정당은 그런 부정적인 지위를 부여받지 않는다. 왜 그럴까?

이는 정당 간 경쟁이 존재하기 때문에, 자신의 '이기적인' 목적을 달성하기 위해서라도 사회 전체 혹은 유권자 일반의 이익에 부합하게 움직이도록 강제되기 때문이다. 다른 체제와 달리 민주주의에서 정당은 선거에서 이김으로써만 자신의 이기적인 목적을 달성할 수 있다. 그런데 선거에서 이기기 위해서는 유권자들의 지지를 얻어야 한다. 그 때문에 마치 적절한 경쟁이 존재하는 시장에서 기업들이 소비자의 이익에 부합하듯, 정당들은 유권자들의 이익에 부합하게 행동한다. 이처럼 다운스는 정당에 대한 낭만적인 정의가 없이도 작동 가능한 '정당 민주주의'를 보여 준다.

---

9) Giovanni Satori, *Parties and Party Systems* (ECPR Press, 2005), p. 8에서 재인용.

6

사실 정당에 대한 '냉소적인' 정의는 쉽게 수용 가능할지 모른다. 현실에서 정당은 공익 같은 것은 전혀 무관심한 것처럼 보이는 경우가 많기 때문이다. 그러나 유권자가 합리적이라는 가정은 쉽게 와닿지 않을 수 있다. 이론적 추상임을 받아들인다고 하더라도 말이다. 이런 가정을 받아들이기 어려운 이유는 현실에서 유권자들은 비합리적으로 행동하는 것처럼 보이고, 유권자가 합리적이라는 가정은 지나치게 유권자에게 '우호적인' 가정처럼 보이기 때문일 것이다.

그렇지만 역설적이게도 다운스의 책을 읽다 보면 유권자가 합리적이라는 사실 그 자체가 바로 민주주의에서도 정치적 불평등이 나타난다는 것을 설명해 준다는 논리와 마주치게 된다. 왜 이런 결론에 도달하는가?

그 핵심에는 정치에서는 불확실성이 존재하며, 그것을 극복하는 데 필요한 정보를 얻기 위해서는 정보 비용이 든다는 통찰이 깔려 있다. 대규모 민주주의 사회에서 한 개인이 정치에 영향력을 행사할 가능성은 거의 0에 가깝다. 반면에 정보를 획득하는 데는 항상 비용이 든다. 그래서 보통의 시민에게는 정치에 관한 정보를 전혀 취득하지 않는 것이 합리적이라는 것, 즉 유권자는 **합리적으로 무지**하다는 결론에 도달하게 된다. 물론 정치에 관한 정보를 많이 취득하는 것이 합리적인 이들도 있다. 예를 들어, 저널리스트나 정치인이 그럴 것이다. 그 결과 다운스는 역설적이게도 "정부와 시민의 입장에서 볼 때 그것[정치적 불평등]이 합리적 행동의 필연적 결과"라는 결론을 내린다.

그렇지만 실제 시민들은 나름대로 선택을 하고 있다. 앞서 말했듯 다운스의 책에는 이데올로기를, 쟁점에 대한 판단에 도달하는 합리적인 지름길로 볼 수 있음을 시사하고 있다. 이를 좀 더 넓게 생각한다면 유권자들에게는 그렇게 비용을 들이지 않고도 완전정보를 어느 정도 대체할 수 있는 저렴한 정보가 존재한다는 결론으로 이어질 수도 있다. 만약 그렇다고 한다면 유권자가 두꺼운 정책 보고서를 읽는 대신에 선택하는 정보 획득 방법은 무엇인지를 파악해야 할 필요가 생기는 것이다.[10] 또한 개별 유권자는 무지해 보일지 모르지만, 전체로서의 유권자들은 서로 간의 **분업**에 따라 상대적으로 합리적인 결정에 도달할 수도 있을 것이다.[11] 다른 한편에서는 다운스가 가장 효과적인 정보 원천 중 하나로 생각했던 시민들 사이의 커뮤니케이션(이 책의 표현으로는 인격 정보 원천)에 주목할 수도 있다.[12] "현대사회에서 귀속성이 유효하고 기능적 역량을 발휘하는 힘의 근거는 …… 바로 '싸기 때문'이다. 귀속성은 어떤 목적을 이루기 위해 새롭게 특화된 구조를 만드는 것이 아니라 이미 설립되어 현존하는 구조를 자원으로 이용하는 것"이라는 통찰을 받아들인다면, 비교적 간과되어 왔던 측면을 새롭게 조망할 수도 있을 것이다. 이런 아이디어들은 최근 정치학에서 사회심리학·인지심리

---

10) 다음의 책은 일견 정보가 없어 보이는 유권자가 정보의 지름길을 활용하여 비교적 현명한 판단에 도달할 수 있음을 주장하고 있다. Samuel Popkin, *The Reasoning Voter: Communication and Persuasion in Presidential Campaigns* (University of Chicago Press, 1994).

11) 다음의 책은 전체로서의 유권자는 '합리적'이라고 주장한다. Benjamin I. Page and Robert Y. Shapiro, *The Rational Public: Fifty Years of Trends in Americans' Policy Preferences* (University of Chicago Press, 1992). 반면에 다음 책에서는 전체로서의 유권자가 정보를 충분히 획득하지 않았다는 의미에서 '비합리적'이며 그 결과가 미국의 불평등을 초래하는 한 원인이라고 지적하고 있다. Larry Bartels, *Unequal Democracy: The Political Economy of the New Gilded Age* (Princeton University Press, 2008).

12) Robert Huckfeld and John Sprague, *Citizens, Politics and Social Communication: Information and Influence in an Election Campaign* (Cambridge University Press, 2006).

학의 이론적 발견을 수용한 '인지 혁명'cognitive revolution으로 이어져, 개인의 정치 정보 습득 및 의사 결정에 대한 연구로 이어지고 있기도 하다.

　마지막으로 또 하나 주목할 만한 관점이 있다. 정보 비용과 그에 따른 불완전 정보라는 상황이 가능하다면, 유권자의 투표를 판단하는 규범적 기준도 새롭게 제시될 수 있다. 많은 이들은 계급, 물질적 이해, 이데올로기에 따른 투표는 '합리적'인 반면, 후보자 이미지, 정치적 수사 혹은 지역주의에 따른 투표는 '비합리적'이라고 보는 듯하다. 그렇지만 각 시민의 정치적 의사 결정 과정에서 어떤 선험적 기준이 진리를 자처할 수 없다고 생각한다면 이런 기준을 쉽게 규범적 잣대로 받아들이기는 어려울 것이다. 반면에 다운스에게서 올바른 투표right voting란 유권자가 완전 정보를 보유했더라면 했을 바로 그 투표 결정을 의미하는 것이다. 예를 들어, 어떤 유권자가 지역 발전을 너무나 중요하게 생각해서 다른 모든 현안을 부차적인 문제로 생각한다면, 그에게 올바른 투표, 즉 완전 정보가 있는 상황에서의 투표란 **실제로** 지역 발전을 실현할 후보를 찍는 것인 셈이다. 만약 이런 관점을 도입한다면 유권자들이 '비합리적인' 기준으로 투표하는 것을 문제 삼기보다는, 그가 어떤 기준을 가지고 있는가와 상관없이 얼마나 그 기준에 충실하게 투표할 수 있는 정보를 가졌는지의 관점에서 투표 행태를 규범적으로 판단할 수 있을 것이다.[13)]

---

13) 최근 미국에서는 올바른 투표(correct voting)라는 문제의식으로, 실제 유권자 중 얼마나 많은 이가 완전 정보를 가졌더라면 선택했을 후보에 투표했는지에 대한 연구가 존재한다. 이에 대해서는 다음을 참조하라. Richard R. Lau and David P. Redlawsk, *How Voters Decide: Information Processing in Election Campaigns* (Cambridge University Press, 2006).

1957년에 나온 이 책이 민주주의의 모든 것을 설명하는 것은 아니다. 이 책에는 지나친 단순화와 그에 따른 그릇된 결론이 들어 있다. 그리고 이 책 이후에 수많은 이론적 발전이 있었던바, 이 책에서의 논리들은 비판되고, 반박되며, 발전되곤 했다. 그럼에도 이 책은 민주주의를 생각하는 여러 가지 방식 중에서 대표적인 한 흐름인 합리적 선택 이론의 문제의식이 지나치게 복잡하지 않으면서도 풍부하게 들어 있다고 생각한다.

오늘날 한국 사회에서 정치인과 정당에 대해 비판을 하지 않기란 어려운 일이다. 그렇지만 어떤 비판을 할 것인가는 다른 문제다. 그들이 부패하다고? 자기 이익만 생각한다고? 그럴 수 있다.

그러나 정치인이 항상 '이기적'이라는 가정에서 출발하는 이 책의 민주주의가 오늘날 한국의 민주주의보다 더 나아 보인다는 생각을 한 번쯤이라도 하게 된다면, 우리는 조금 더 다른 비판을 생각하지 않을 수 없다. 이 책이 그런 고민을 하는 이들에게 도움이 되기를 바란다.

옮긴이를 대표해

이기훈

다운스 모형의 가정과 명제의 재구성

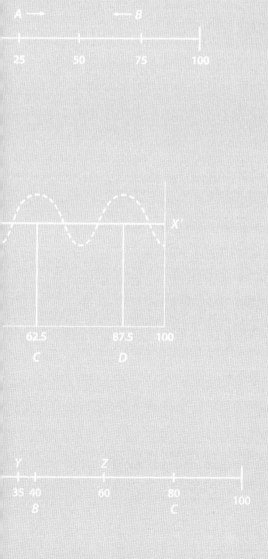

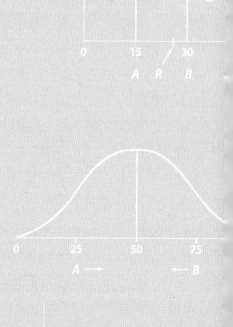

여기서는 다운스가 이 책 16장에서 제시한, 기본적인 가정과 거기서 도출되는 명제들을 좀 더 구체화하고자 한다. 다운스는 자신의 모형에서 두 가지 가정, 즉 정당의 득표 극대화와 시민의 효용 극대화만이 포함되어 있다고 말한다. 그렇지만 실제 분석에서는 명시적으로 밝혀지지 않은 암묵적인 가정들이 포함되어 있다. 따라서 여기서는 모든 가정들을 명료하게 드러냄으로써 다운스의 분석을 보충하고자 한다.[1]

1. 일반적인 다운스 모형의 전체 가정

가정 1 정치체제는 민주주의이다. 이는 곧 ① 지난 선거에서 가장 많이 득표한 정당 혹은 정당 연합이 통치 기구를 장악한다는 것, ② 모든 유권자는 투표권을 지니며, 모든 유권자의 표는 동등하게 간주된다는 것, ③ 선거 결과와 정치적 활동의 자유가 보장된다는 것, ④ 선거는 주기적으로 실시되며, 최소한 두 개 이상의 정당들이 경쟁한다는 것을 의미한다.

가정 2 유권자의 선호는 정당의 활동과 관계없이 외생적으로 주어지는 고정된 것이다.

가정 3 유권자는 정당이 제시한 정책 프로그램 및 그 정당의 과거 성적을 보고, 자신의 선호를 가장 잘 반영하는 정당에 독립적으로 투표한다.

가정 4 유권자는 정당이 자신의 선호를 얼마나 잘 반영하는지를 판단할 때, 두 가지 방법을 사용할 수 있다. 하나는 정당이 제시한 정책 프로그램 및 그 정당의 과거 성적이 자신의 선호와 얼마나 닮아 있는지를 통해 직접적으로 판단하는 것이다. 다른 하나는 이데올로기, 자신이 신뢰하는 단체의 판단 등의 지표를 통해 간접적으로 평가하는 것이다.

---

1) 이하 내용은 Ian Budge, "Anthony Downs: Master of Many Models," Donatella Campus & Gianfranco Pasquino eds., *Masters of Political Science* (ECPR Press, 2010)를 참조해 재구성했다.

가정 5 유권자가 정당이 제시한 정책 프로그램 및 그 정당의 과거 성적이 자신의 선호와 얼마나 닮아 있는지를 판단할 때, 그것은 정당 리더십 팀의 정책 프로그램 및 과거 성적을 통해 판단한다는 것이다.

가정 6 투표에 참여함으로써 자신의 정책 선호를 증진시키는 것의 편익과 투표 참여의 비용을 비교해서 비용이 더 크다면 유권자는 기권한다.

가정 7 저소득층이 유권자 중 다수이다. 즉 사회에서 고소득층보다는 저소득층이 많다.

가정 8 다수의 유권자는 어떤 쟁점에 대해서도 강한 선호를 갖지 않는다.

가정 9 정당의 리더십 팀은 선호 순위라는 측면에서 볼 때 항상 통일되어 있다.

가정 10 정당의 최우선 목표는 공직을 취득하거나 그것을 유지하는 것이다. 그러므로 가정 1에 따라, 그들은 반드시 표를 획득하거나 유지해야 한다. 그리고 가정 3과 가정 4에 따라, 그들은 많은 표를 얻기 위해 자신의 정책 프로그램 및 정부의 정책 행동을 조정해 다수의 유권자들의 선호와 유사하게 만들고자 한다.

가정 11 모든 정당은 자신의 정책 프로그램 및 과거 성적을 동등하게 효과적으로 제시할 수 있다.

가정 12 정당은 유권자의 선호가 무엇인지, 그리고 그 선호의 강도는 어느 정도인지를 알고 있다.

가정 13 유권자들은 정당의 정책 프로그램 및 과거 성적이 자신의 선호와 얼마나 닮아 있는지를 알고 있다.

가정 14 어떻게 투표할 것인지 결정하는 데 필요한 정보에는 비용이 든다. 따라서 유권자들은 자신이 강한 선호를 가진 분야를 제외하고는 정보 취득에 드는 비용을 절약하고자 한다.

가정 15 정당의 입장에서 볼 때, 유권자의 선호에 맞게 정책을 결정하기 위해 필요한 정보에는 비용이 든다. 따라서 정당은 유권자들이 강한 선호를 가진 분야를 제외하고는 정보 취득에 드는 비용을 절약하고자 한다.

2. 일반적인 다운스 모형의 가설에서 도출되는 명제들

명제 2 양당제에서 두 정당은 시민 다수가 강하게 선호하는 모든 쟁점에 동의한다(가정 1~5, 9~13).

명제 6 민주주의 정부는 고소득층으로부터 저소득층에게로 소득을 재분배하는 경향이 있다(가정 1~5, 7, 9~13).

명제 7 민주주의 정부는 소비자보다는 생산자에게 호의적으로 행동하는 경향이 있다(가정 1~5, 9~13, 15. 이는 정부가 정보가 부족하며, 생산자들이 부족한 정보를 공급할 개연성이 높다는 것을 가정하면 그렇다).

명제 11 투표가 중요하다고 생각하고 투표에 참여하는 많은 시민들조차 선거에서의 쟁점에 관해 정보를 얻지 않을 수도 있다(가정 1, 4, 8, 14).

명제 12 거의 모든 시민이 각 선거에서 자신의 투표가 결정적인 역할을 하지 않는다는 것을 알고 있다. 따라서 시민들이 투표 전에 정보를 취득할 유인은 매우 작다(가정 1, 8, 14).

명제 13 투표에 참여하는 사람을 포함해, 많은 시민들은 선거에서의 쟁점에 관해 상당한 수준의 정보를 취득하지는 않는다. 그들이 선거 결과가 중요하다고 생각하는 경우에도 그렇다(가정 1, 14).

명제 14 특정 쟁점에 대해 가장 많은 정보를 가지고 있는 시민은 그들의 소득이 그 쟁점에 의해 직접적으로 영향을 받는 사람이다. 즉 그 쟁점과 관련된 정책 분야에서 소득을 얻는 사람들이 가장 많은 정보를 가지고 있다(가정 1, 14).

명제 15 자신이 소득을 얻는 데 영향을 미치는 쟁점에 대해 많은 정보를 가지고 있는 사람도, 소비자로서 자신에게 영향을 미치는 여타 쟁점에 대해서는 똑같이 많은 정보를 가지고 있지는 않을 것이다(가정 1, 8, 14. 이는 유권자들이 상품의 가격보다 자신의 임금에 더 강한 선호를 가진다고 가정하면 그렇다).

명제 16 정당들에 대한 선호가 분명한 시민은 정당 간에 무차별한 시민보다 투표에 더 잘 참여하는 경향이 있다(가정 1, 4, 6).

명제 17 많은 시민들은 투표를 할 때, 심지어 가치 평가의 단계마저도 타인에게 위임하고 그들의 충고에 따라 투표한다(가정 1, 4, 14).

명제 19 다른 조건이 동일하다면, 저소득층의 기권율은 고소득층의 기권율보다 높다(가정 1, 3~6, 14. 이는 저소득층이 정보 비용을 감당할 능력이 적고, 그래서 투표 비용을 감당할 능력이 적다고 가정하면 그렇다).

명제 22 자신의 선별 원칙과 다른 선별 원칙으로부터 정보를 받아들이는 시민들은, 자신과 동질적인 선별 원칙으로부터 정보를 받아들이는 시민들에 비해 더 많이 기권하는 경향이 있다(가정 1, 4, 6, 14. 이는 정보가 동질적이지 않으면 정보를 받아들이고 처리하는 데 드는 비용이 높아지고 따라서 투표 비용이 높아진다는 점, 그리고 그에 따라 투표의 비용-편익의 비율을 흔들어 버린다고 가정하면 그렇다).

추가적 명제 A 대다수의 시민들은 기권할 것이다(가정 1, 3~6, 14. 이는 한 개인의 표가 선거에서 결과를 좌우할 가능성이 낮다는 사실을 가정하면 그렇다).

명제 23 정당은 집권할 때마다, 그들이 공약한 바를 최대한 이행하려고 하는 경향이 있다(가정 1, 3, 4, 10, 13).

명제 24 정당은 압도적인 득표 차로 패배하지만 않는다면 지속적으로 일관적인 이데올로기 위치를 유지하려는 경향이 있다. 반면에 압도적인 득표 차로 패배한 경우, 승리한 정당의 이데올로기를 모방하는 방식으로 자신의 이데올로기를 변경한다(가정 1, 2~5, 9~13, 15).

3. 다운스의 공간 모형에 필요한 추가적 가정들

추가적 가정 1 정책 선호는 직선상에서 표현될 수 있다. 만약 더 많은 차원에서 경쟁이 발생하더라도 가중 평균을 구하는 등의 방식을 통해 1차원 공간으로 축약할 수 있다.

추가적 가정 2 이런 직선은 ⓐ와 ⓑ라는 두 점을 그 경계로 한다(유한성).

추가적 가정 3 정책 선호는 ⓐ와 ⓑ 사이의 연속된 분포로 정렬될 수 있다(연속성).

추가적 가정 4 모든 개인이 가장 선호하는 지점은 ⓧ라는 한 점에 위치될 수 있다. 그 점은 ⓐ, ⓑ, 혹은 두 점 사이의 어디든지 위치할 수 있다. 그리고 ⓧ의 왼쪽에 있든 오른쪽에 있든 간에, ⓧ에 더 가까운 점이 ⓧ에서 더 먼 점보다 더 선호된다(선호의 단봉성, 선호의 준대칭성).

추가적 가정 5 정당은 ① 고유한 이데올로기 위치, 혹은 ② 다양한 쟁점에서 취하는 정책 위치의 가중평균이라는 두 가지 표현 방식을 통해, 직선상의 한 점에 위치될 수 있다(정당의 위치).

추가적 가정 6 정당 정책이 평균 위치뿐만 아니라 분산 값을 가질 경우, 정당 간 효용 격차는 평균 위치와 분산 값 두 가지 모두의 관점에서 계산될 수 있다(수정된 정당 간 효용 격차).

추가적 가정 7 여러 정당들은 직선상에서 서로의 위치를 넘어서 위치할 수 없다. 즉 좌파 정당-우파 정당이 있을 경우, 좌파 정당은 우파 정당보다 더 오른쪽에 위치할 수는 없고 우파 정당은 좌파 정당보다 더 왼쪽에 위치할 수 없다(뛰어 넘기leap-frogging의 금지).

4. 일반적인 다운스 모형의 가정들과 공간 모형에서의
추가적 가정들로부터 도출되는 명제들

명제 3 양당제에서 정당 정책은 다당제에서의 정당 정책보다 ① 더 모호하고, ② 타 정당의 정책과 더 유사하며, ③ 이데올로기와 덜 직접적으로 연결되어 있다(가정 1, 2~5, 9~13, 16~22).

명제 4 연립정부에 의해 통치되는 다당제하에서 정부는, 양당제하에서의 정부보다 기본적인 사회문제를 해결하는 데 덜 효율적으로 행동하며, 정부의 정책은 덜 통합되어 있고 덜 일관적이다(가정 1, 2~5, 9~13, 16~22).

추가적 명제 B 유권자의 선호가 단봉적인 양당제에서는 유권자의 선호가 쌍봉적인 양당제에서보다 정당 정책이 ① 더 모호하며, ② 타 정당의 정책과 더 유사하며, ③ 이데올로기와 덜 직접적으로 연결되어 있으며, ④ 집권 정당이 바뀐다 하더라도 정부 정책이 더 일관적이며, ⑤ 공적 영역에서의 무질서로 이어질 가능성이 낮다(가정 1, 3~5, 9~13, 16~20, 22).

추가적 명제 C 정치적 척도상에서의 유권자 분포가 단봉적이거나 쌍봉적이면 양당제가 나타난다. 반면에 정치적 척도상에서의 유권자 분포가 다봉적이면 다당제가 나타난다(가정 1~5, 9~13, 16~20, 22).

명제 5 다음 세 가지 경우에 신생 정당이 등장한다. ① 투표권을 규정하는 법률이 개정되어 정치적 척도상에서의 시민들의 분포가 급격히 변할 때, ② 전쟁·혁명·인플레이션·불황과 같은 사회적 격변 때문에 유권자들의 사회관이 급격하게 변할 때, ③ 양당제에서 어느 한 정당이 어떤 쟁점에 대해 온건한 입장을 취해서, 그 정당의 급진적인 당원들이 그 정당을 척도상 좀 더 극단 쪽에 가까운 위치로 되돌려 놓기 위해 분파 정당을 조직할 때이다(가정 1~5, 9~13, 16~20. 이런 가정들로부터 명제 5-①과 명제 5-②를 도출할 수 있지만, 여기에는 추가적 조건이 필요하다. 그것은 곧 가정 10, 12에서는 기성 정당이 새로운 선거 상황에 적응했을 것이라고 말했던 상황에서 정당들이 일시적으로나마 적응에 실패해야 한다는 것이다).

명제 25 주로 연립정부가 집권하는 체제에서는, 대부분의 시민이 선거가 정부를 선출하는 장치가 아닌 것처럼 [비합리적으로] 투표한다(가정 1~5, 9~14, 16~20이 모두 연관된 가정들이다. 그러나 명제 25는 주로 가정 4로부터 도출된다).

참고문헌

Aristotle. 1943. *Politics.* Jowett Translation, Modern Library Edition. New York: The Modern Library.

Arrow, Kenneth J. 1951a. "Alternative Theories of Decision-Making in Risk-Taking Situations." *Econometrica* XIX: 404-437.

_____. 1951b. *Social Choice and Individual Values.* New York: John Wiley & Sons, Inc.[『사회적 선택과 개인의 가치』, 윤창호 옮김, 한국경제신문사, 1987]

Baumol, William J. 1952. *Welfare Economics and the Theory of the State.* London: Longmans, Green and Co.

Berelson, Bernard. 1952. "Democratic Theory and Public Opinion." *The Public Opinion Quarterly* XVI(Fall): 313-330.

Berelson, Bernard, Paul F. Lazarsfeld and William N. McPhee. 1954. *Voting.* Chicago: University of Chicago Press.

Bergson, Abram (Burk). 1938. "A Reformulation of Certain Aspects of Welfare Economics." *Quarterly Journal of Economics* LII(February): 314-344.

_____. 1949. "Socialist Economics." Howard S. Ellis ed. *A Survey of Contemporary Economics* vol. I. Philadelphia: The Blakiston Company.

Boulding, Kenneth. 1952. "Welfare Economics." Bernard F. Haley ed. *A Survey of Contemporary Economics* Vol. II. Homewood, Illinois: Richard D. Irwin Inc.

Bowen, Howard R. 1943. "The Interpretation of Voting in the Allocation of Economic Resources." *Quarterly Journal of Economics* LVIII(November): 27-48.

Buchanan, James. 1949. "The Pure Theory of Government Finance: A Suggested Approach." *Journal of Political Economy* LVII(December): 496-505.

Calhoun, John C. 1954. "Disquisition on Government." Katz, Cartwright, Eldersveld and Lee eds. *Public Opinion and Propaganda.* New York: The Dryden Press.

Campbell, Angus, Gerald Gurin and Warren E. Miller. 1954. *The Voter Decides.*

Evanston, Illinois: Row, Peterson, and Company.

Campbell, Angus and Robert L. Kahn. 1952. *The People Elect a President.* Ann Arbor: Survey Research Center, Institute for Social Research.

Colm, Gerhard. 1955. *Essays in Public Finance and Fiscal Policy.* New York: Oxford University Press.

Cort, John C. 1955. "The Dice Are Slightly Loaded." *The Commonweal* LXII(June 24): 302-303.

Dahl, Robert A. 1956. *A Preface to Democratic Theory.* Chicago: University of Chicago Press.

Dahl, Robert A. and Charles E. Lindblom. 1953. *Politics, Economics and Welfare.* New York: Harper & Brothers.

Dalton, Hugh. 1932. *The Principles of Public Finance.* London: George Routledge and Sons, Ltd.

Durkheim, Emile. 1937. "Division of Labor and Social Solidarity." V. F. Calverton ed. *The Making of Society.* New York: Modern Library.

Edwards, Lyford P. 1927. *The Natural Hisotry of Revolution.* Chicago: University of Chicago Press.

Fagan, Elmer D. and C. Wards Macy eds. 1936. *Public Finance: Selected Readings.* New York: Longmans, Green and Co.

Friedman, Milton. 1953a. "Chocie, Chance and the Presonal Distribution of Income." *Journal of Political Economy* LXI(August): 277-290.

_____. 1953b. *Essays in Positive Economics.* Chicago: University of Chicago Press.

Groves, Harold M. ed. 1947. *Viewpoints on Public Finance.* New York: Henry Holt and Company.

Hicks, J. R. 1950. *Value and Capital.* Oxford: Clarendon Press, 2nd ed.[『가치와 자본』, 민경휘 옮김, 한국경제신문사, 1988]

Horney, Karen. 1937. *The Neurotic Personality of Our Time.* New York: W. W. Norton & Company, Inc.[카렌 호나이, 『현대인의 이상성격』, 김재은·김현옥 옮김, 배영사, 1991]

Hotelling, Harold. 1929. "Stability in Competition." *The Economic Journal* XXXIX: 41-57.

Katz, E. and Paul F. Lazarsfeld. 1955. *Personal Influence.* Glencoe, Illinois: The

Free Press.

Key Jr., V. O. 1953. *Politics, Parties, and Pressure Groups*. New York: Thomas Y. Cromwell Company.

Keynes, John Maynard. 1936. *The General Theory of Employment, Interest, and Money*. New York: Harcourt, Brace and Company.[『고용, 이자, 화폐의 일반이론』, 이주명 옮김, 필맥, 2010]

Lazarsfeld, Paul F., Bernard Berelson and Hazel Gaudet. 1948. *The People's Choice*. New York: Columbia University Press.

Lerner, Abba P. 1944. *The Economics of Control*. New York: The Macmillan Company.

_____. 1952. "The Essential Properties of Interest and Money." *Quarterly Journal of Economics* LXVI: 172-193.

Lerner, Abba P. and H. W. Singer. 1937. "Some Notes on Duopoly and Spatial Competition." *Journal of Political Economy* XLV: 145-186.

Lippmann, Walter. 1922. *Public Opinion*. New York: The Macmillan Company. [『여론』, 이충훈 옮김, 까치, 2012]

_____. 1955. *Essays in the Public Philosophy*. Boston: Little, Brown and Company.

Lipset, Seymour, Paul F. Lazarsfeld, Allen H. Barton and Juan Linz. 1954. "The Psychology of Voting: An Analysis of Political Behavior." Gardner Lindzey ed. *Handbook of Social Psychology* II. Cambridge, Mass.: Addison-Welsey Publishing Company, Inc.

Lösch, Augst. 1954. *The Economics of Location*. New Haven: Yale University Press.

Mannheim, Karl. 1955. *Ideology and Utopia*. Harvest Book Series. New York: Harcourt, Brace and Company.[『이데올로기와 유토피아』, 임석진 옮김, 청아, 1991]

Margolis, Julius. 1955. "A Comment on the Pure Theory of Public Expenditures." *Review of Economics and Statistics* XXXVII(November): 347-349.

Maritain, Jacques. 1955. *The Social and Political Philosophy of Jacques Maritain*. ed. by J. Evans and L. R. Ward. New York: Scribner's.

Marschak, Jacob. 1954. "Towards and Economic Theory of Organization and Information." R. M. Thrall, C. H. Coombs and R. L. Davis eds. *Decision Processes*. New York: John Wiley & Sons, Inc.

Meyerson, Martin and Edward C. Banfiled. 1955. *Politics, Planning, and the Pub-*

lic Interest. Glencoe, Illinois: The Free Press.

Musgrave, Richard A. 1939. "The Voluntary Exchange Theory of Public Economy." *Quarterly Journal of Economics* LIII: 213-237.

Musgrave, Richard A., J. J. Carroll, L. D. Cook and L. France. 1951. "Distribution of Tax Payments by Income Groups: A Case Study for 1948." *National Tax Journal* IV(March): 1-53.

Niebuhr, Reinhold. 1951. *Faith and History*. New York: Charles Scribner's Sons.

Peacock, Alan and P. R. Browning. 1954. "The Social Services in Great Britain and the Redistribution of Income." *Income Redistribution and Social Policy*. London: Jonathan Cape.

Peck, Harvey W. 1925. *Taxation and Welfare*. London: Macmillan and Company.

Pigou, A. C. 1932. *The Economics of Welfare*. London: Macmillan and Company Ltd., 4th ed.

Plato. 1943. *The Republic*. Jowett Translation, Modern Library Edition. New York: The Modern Library.

Riesman, David. 1950. *The Lonely Crowd*. New Haven: Yale University Press.

Rousseau, Jean Jacques. 1954. *The Social Contract*. Hafner Library of Classics Edition. New York: Hafner Publishing Company.[『사회계약론』, 김중현 옮김, 펭귄클래식 코리아, 2010]

Samuelson, Paul A. 1954. "The Pure Theory of Public Expenditures." *Review of Economic and Statistics* XXXVI(November): 387-389.

_____. 1955. "Diagrammatic Exposition of a Theory of Public Expenditure." *Review of Economics and Statistics* XXXVII(November): 350-356.

Schneider, Erich. 1935. "Bemerkungen zu Einer Theorie der Raumwirtschaft." *Econometrica* III: 79-105.

Schumpeter, Joseph A. 1950. *Capitalism, Socialism, and Democracy*. New York: Harper & Brothers.[『자본주의·사회주의·민주주의』, 변상진 옮김, 한길사, 2011]

Scitovsky, Tibor. 1951. "The State of Welfare Economics." *American Economic Review* XLI: 303-315.

Seligman, E. R. A. 1926. "The Social Theory of Fiscal Science." *Political Science Quarterly* XLI.

Selznick, Philip. 1952. "A Theory of Organizational Commitments." Merton, Gray,

Hocket and Selvin eds. *Reader in Bureaucracy*. Glencoe, Illinois: The Free Press.

Simon, Herbert A. 1947. *Administrative Behavior*. New York: The Macmillan Company.[『관리 행동론 : 조직의 의사 결정 과정 연구』, 이시원 옮김, 금정, 2005]

_____. 1955. "A Behavioral Model of Rational Choice." *Quarterly Journal of Economics* LXIX(February).

Simons, Henry C. 1948. *Economic Policy for a Free Society*. Chicago: University of Chicago Press.

Smith, Adam. 1937. *The Wealth of Nations*. Modern Library Edition. New York: The Modern Library.[『국부론』 상·하, 김수행 옮김, 비봉출판사, 2007]

Smithies, Arthur. 1941. "Optimum Location in Spatial Competition." *The Journal of Political Economy* XLIX: 423-439.

Zeuthen, F. 1933. "Theoretical Remarks on Price Policy: Hotelling's Case with Variations." *Quarterly Journal of Economics* XLVII: 231-253.

찾아보기